누구나 알기 쉬운

실전경매 고수 비법

저자 약력

임동근
E-mail : dklim22@hanmail.net

고려투자개발 자문위원
풍생종합부동산컨설팅 자문위원
대원경매아카데미 교수부장
현) 리치실전경매교육원 원장

누구나 알기 쉬운
실전경매 고수 비법

초판 1쇄 발행일 2008년 12월 1일

지은이 임동근
펴낸이 정병국

펴낸곳 웅보출판사
등록일자 1991년 5월 30일
등록번호 2-1033호
주소 서울시 마포구 성산동 260-34 이조빌딩 2층
전화 02-326-1497
팩시밀리 02-326-1843

정가 28,000원

잘못된 책은 구입하신 곳에서 바꿔드립니다.
ISBN 978-89-8462-260-9 13320

누구나 알기 쉬운

실전경매 고수 비법

임동근 저

웅보출판사
www.woongbo.co.kr

여는 글

부동산경매가 다른 재테크 수단에 비해 비교적 높은 수익을 올릴 수 있는 것은 사실이지만, 정확한 권리분석이나 물건분석 없이 무조건 입찰에 참가하는 것은 금물이다. 작은 실수로 인하여 수익 창출은 고사하고 오히려 정신적, 금전상 손해로 연결될 수 있기 때문이다. 법원경매의 모든 책임은 오로지 당사자 자신이 져야 할 몫이기에, 경우에 따라서는 전문가들의 조언도 필요하겠지만 무엇보다도 본인 스스로 부동산경매와 관련해서 많은 실력을 쌓도록 노력해야 할 것이다.

재테크의 수단으로 인식된 부동산경매가 일반화된 요즘 대학, 교육단체, 사설학원 등에서 경매강좌를 개설하고 있으며 출판가에서 또한 많은 경매 이론서가 출간되고 있다. 그러나 이론과 현장에서는 많은 차이가 있게 마련이다.

현장에서 보면, 이제는 기초적인 부동산 권리분석만으로는 고수익의 투자 목적을 달성하기가 어렵다 해도 과언이 아니다. 그렇기 때문에 다소 복잡하고 어려운 경매물건을 검토할 줄 알아야 한다. 즉 부동산경매의 틈새시장을 공략할 필요가 있다. 따라서 어려운 권리분석을 해결할 수 있는 능력을 갖춘 전문가가 되어야 한다. 권리분석이 어렵게 느껴지는 이유는 물건에 대한 권리의 정확한 이해 없이 대충 알고 있거나, 등기부에 대하여 정확한 지식이 없기 때문이다. 또한 임차인의 권리와 관련된 임대차보호법의 깊이 있는 이해가 없기 때문에 권리분석을 마치고도 정확한 권리분석인지 자신감이 없게 되는 것이다.

이런 문제점들을 갖고 있는 이들을 위해 이 책을 출간하게 되었다. 저자가 부동산경매 현장에서 경험했던 사항들 중에서 이것만은 반드시 알아야만 하는 내용을 '사례와 질의 & 답변' 형식으로 설명하였고, 살아있는 법이라 할 수 있는 판례 내용을 함축성 있게 정리하였다. 독자 여러분들이 이들 내용 하나하나를 되새기다가 보면, 입찰할 때마다 느껴봤던 그 부족한 2% 때문에 입찰을 포기해야만 했던 안타까움은 많이 덜어질 것이다.

낙찰을 받아도 실무상 많은 어려움을 겪는 이들이 많다. 바로 명도문제 때문이다. 이러한 명도 부분을 비롯하여 매각허가, 불허가 등 실전에서 일어날 수 있는 각종 문제들을 실무 위주로 강의를 하고 있는 리치 실전경매교육원(기초, 고급과정)에서 독자들과 함께 만나게 되기를 기원한다.

끝으로 이 책이 독자 여러분들 스스로가 부동산경매의 고수로 갈 수 있는 발판을 마련해 줄 수 있는 길잡이가 되었으면 하는 바람이다. 이 책이 출간되기까지 마음 써주신 고마운 분들이 내 주위에 너무나 많다. 이 순간을 빌어 그분들에게 감사의 말씀을 드린다.

저 자

부동산경매의 매각절차

법원경매란 경매신청된 목적부동산을 집행법원이 매각절차의 진행 순서에 따라 매각허가결정기일에 최고가매수신청인에게 매각허가결정을 함으로써 매매하는 제도이다. 일반적으로 민사집행법에 의하여 진행되는 것을 '법원경매', 국세징수법에 의한 압류한 재산을 매각하는 것을 '공매'라 부른다(한국자산관리공사 http://www.kamco.or.kr대행).

1

경개신청 및 경매개시결정, 촉탁등기

❶ 경매신청서 작성요령 ❷ 비용 및 첨부서류
❸ 경매신청 관할법원

2

배당요구의 종기결정 및 공고

❶ 배당요구의 종기결정
❷ 배당요구의 종기공고
❸ 배당요구를 하지 않은 경우의 불이익
❹ 배당요구를 하여야 할 채권자
❺ 배당요구를 하지 않아도 되는 채권자

3

매각의 준비

❶ 현황조사
❷ 공과를 주관하는 공무소에 대한 최고
❸ 이해관계인에 대한 채권신고의 최고
❹ 부동산의 평가 및 최저매각가격의 결정
❺ 매각물건명세서의 작성 비치

미납(재경매)

불허가(신경매)

4

매각 및 매각결정기일의 지정, 공고, 통지

❶ 매각기일 및 매각결정기일의 지정
❷ 매각기일의 공고
❸ 매각기일의 통지
❹ 매각기일이 변경

유찰(신경매)

5

매각의 실시

❶ 입찰장소
❷ 입찰표의 기재사항 ❸ 매수보증금

6

매각허부결정절차

❶ 매각기일 및 매각허부 결정
❷ 매각허부에 대한 즉시항고

7

매각대금의 납부

❶ 대금납부기한 ❷ 대금납부의 절차
❸ 대금납부의 효과
❹ 대금납부하지 않은 경우 법원의 조치
• 차순위매수신고인에 매각허가 결정
• 매각

8

배당절차

❶ 채권계산서의 제출 ❷ 배당표의 작성 및 확정

9

소유권이전등기 등의 촉탁, 인도명령

❶ 소유권이전등기 및 기타말소등기촉탁
❷ 부동산인도명령

매각절차와 관련해서 알아두면 좋을 부동산경매 용어

구법과 신법의 용어상 차이점

구법(민사소송법)	신법(민사집행법)	구법(민사소송법)	신법(민사집행법)
경매	매각	경락(낙찰)기일	매각결정기일
경매장소	매각장소	경락(낙찰)허부결정	매각허부결정
경매가격	매각가격	최고가입찰자	최고가매수신고인
일괄경매, 과잉경매	일괄매각, 과잉매각	차순위입찰신고인	차순위매수신고인
경매기일	매각기일	신경매	신매각
경매물건명세서	매각물건명세서	재경매	재매각
최저경매가격	최저매각가격	경락대금	매각대금

※ 일반적으로 기존의 '경매' 라는 용어를 '매각' 으로 고쳐 부르면 된다.

집행법원

강제집행에 관하여 관할하는 법원이다. 부동산에 대한 강제경매는 그 부동산 소재지의 지방법원의 관할로 한다. 임의경매도 강제경매에 준하여 실시하므로 마찬가지다. 집행법원은 원칙적으로 지방법원이며 단독판사가 담당한다.

경매계

법원경매사건을 효율적으로 집행하기 위하여 통상적으로 매각부동산을 100건 기준으로 1계가 정해지는 법원행정조직이다. 따라서 경매계의 수가 많은 지방법원인 경우, 매각할 부동산의 수가 많은 경우이다.

집행관

집행관은 지방법원에 소속되어 재판의 집행(압류, 가압류, 점유이전금지가처분의 집행 등)과 서류의 송달, 기타 법령에 의한 사무에 종사하는 자를 말한다. 매각기일에 매각절차를 진행하는 것도 집행관이 하게 된다.

사건번호

경매가 시작되어 종결될 때까지 법원에서 사용하는 관리번호이다. 예컨대 사건번호 '2008타경 12345' 의 앞부분의 숫자는 경매신청사건이 접수된 연도이고 '타경' 은 부동산경매 사건에 부여된 고유번호이다. 뒷자리의 숫자는 매년마다 경매신청사건이 접수된 순서에 따라 정해지는 접수번호이다.

물건번호

한 개의 사건번호에서 2개 이상의 물건을 개별적으로 매각을 진행하는 경우, 사건번호 외에 물건번호도 각각 부여한다. 입찰표 작성 시 사건번호 이외에 응찰하고자 하는 물건의 번호도 함께 기재하여야 한다. 물건번호가 없는 경우에는 사건번호만 기재하면 된다.

경매개시결정

채권자가 신청한 경매신청의 요건이 구비되었다고 판단되면, 집행법원은 경매절차를 개시한다는 결정을 한다. 이와 동시에 집행법원은 그 부동산의 압류를 명하고, 경매개시결정을 등기부에 기입할 것을 등기관에게 촉탁한다. 경매개시결정이 채무자에게 송달된 때 또는 경매신청의 기입등기가 된 때에 압류의 효력이 발생한다.

강제경매

집행법원이 민사집행법의 절차에 따라 채무자 소유의 부동산을 압류, 현금화하여 그 매각대금으로 채권자의 금전채권에 만족을 줄 목적으로 진행하는 집행절차이다.

임의경매(담보권의 실행을 위한 경매)

저당권 또는 전세권 등의 담보권자인 채권자가 채무변제기일까지 채무자가 변제를 하지 않을 경우, 그 저당목적물이나 전세목적물을 경매 신청하여 자기보다 후순위권리자, 기타 일반채권자보다 우선하여 매각대금에서 자기채권의 만족을 얻는 집행절차이다.

채무명의

강제집행에 의하여 그 청구권을 실현할 수 있도록 인정한 공정의 증서이다. 민사소송법상 채무명의의 종류에는 확정판결, 가집행선고부판결, 화해조서, 제소전화해조서, 인낙조서, 지급명령, 채무이행명령 등이 있다. 기타 법률상 채무명의의 종류에는 파산채권표, 회사정리채권자표, 회사정리담보권자표 등이 있다.

집행문

목적물을 강제집행할 수 있도록 채무명의증서에 집행을 허락한 증서이다. 법원사무관 등에게 채무명의를 제출하고 그 채무명의증서에 집행문을 부여받으면 된다.

집행정본('집행력 있는 채무명의 정본'의 줄임말)

채무명의 정본에 집행문이 붙은 문서를 "집행력 있는 정본" 또는 "집행정본"이라 한다. 강제집행은 채무명의만으로는 청구할 수 없다. 집행정본 즉, 채무명의에 대하여 집행문을 부여받고 그 채무명의가 상대방(채무자 등)에게 도달되었음을 증명하는 송달증명원을 첨부하여야 적법한 강제집행신청이 될 수 있다. 집행문과 송달증명원은 법원사무관에게 발급받으면 된다.

신법사건, 구법사건

현재 집행법원에서 진행하는 매각절차는 2002년 7월 1일부터 시행되고 있는 민사집행법에 의하여 이루어지고 있다. 민사집행법이 제정되기 전에는 민사소송법의 강제집행 절차에 따라 법원경매의 매각절차가 진행되어 왔다. 목적부동산의 경매개시결정일이 2002년 7월 1일 이전이면 '구법사건', 그 이후이면 '신법사건이라고 부른다.

매각물건명세서

집행법원은 집행관의 현황조사서, 임대차관계조사서 등을 참고하여 목적부동산에 대하여 매각물건명세서를 작성하게 된다. 또한 목적부동산에 등기된 가처분으로서 매각에 의하여 그 효력이 소멸되지 아니하는 것, 법정지상권의 성립 여부 등도 함께 기재하게 된다. 매각물건명세서는 매각기일의 1주일 전까지 일반인이 열람할 수 있도록 집행법원에 비치하여 둔다.

감정평가서

집행법원은 매각부동산에 대하여 경매개시결정이 되면 감정인으로 하여금 부동산을 평가하게 하고 그 평가액을 참작하여 최저매각가격을 정한다. 집행법원은 감정인의 평가액을 그대로 최저매각가격으로 정해야 하는 것은 아니지만, 실무상에서는 대부분 감정인의 평가액을 그대로 최저매각가격으로 정하고 있다. 이 감정평가서는 매각기일 1주일 전부터 매각물건명세서에 첨부하여 일반인의 열람이 가능하도록 비치하게 되어 있다.

현황조사보고서

집행법원은 경매개시결정 후 지체 없이 집행관에게 매각부동산의 현상, 점유관계, 임차인의 차임 또는 임대차보증금, 기타 현황에 관하여 조사할 것을 명하게 된다. 이때 집행관이 그 조사내용을 집행법원에 보고하기 위하여 작성한 문서가 현황조사보고서이다.

최고

타인에게 일정한 행위를 요구하는 통지를 말한다. 이는 상대방 있는 일방적 의사표시이고, 법률에 최고가 규정되어 있는 경우에는 법률 규정에 따라 직접적으로 일정한 법률효과가 발생한다. 최고에는 의무자에게 의무의 이행을 구하는 경우와 권리자에 대한 권리의 행사 또는 신고를 요구하는 경우가 있다.

공무소에 대한 최고
집행법원은 조세 기타 공과를 주관하는 공무소에 대하여 경매개시결정 후 목적부동산에 관한 채권의 유무와 한도를 일정한 기간 내에 통지할 것을 최고한다. 공무소로부터 우선채권인 조세채권의 유무, 금액을 통지받아 경매신청채권자의 잉여의 가망이 있는지 여부를 확인함과 동시에 주관 공무소로 하여금 조세 등에 대한 교부 청구의 기회를 주기 위함이다.

교부 청구
『국세징수법』상 국세, 지방세, 징수금 등 채무자가 강제집행이나 파산선고를 받은 때 채무자의 부동산에 대하여 압류등기를 하지 않은 경우라도 체납된 조세를 배당받기 위하여 관할청에서 집행법원에 교부 청구하는 것을 말한다. 관할공무서가 교부 청구한 경우 배당요구를 한 것으로 본다.

이해관계인
매각절차에서 법에서 보호할 필요가 있어 법률에 의하여 규정된 자이다. 이해관계인은 매각절차에 대하여 관여할 권리가 있고 집행법원은 이해관계인에게 매각절차에 필요한 각종의 통지를 하여야 한다.

채권신고서
집행법원은 경매개시결정에 따른 압류의 효력이 생긴 때부터 1주일 내에 배당요구의 종기를 결정하게 되고, 일정한 이해관계인에게 채권계산서를 배당요구의 종기까지 제출할 것을 최고한다. 통지를 받은 채권자는 원금과 이자 및 부대비용을 적은 채권계산서를 집행법원에 제출하여야 불이익을 받지 않게 된다. 채권계산서와 배당요구는 다르다.

개별매각(분할매각)
수개의 부동산에 관하여 동시에 경매신청이 있는 경우에는 각 부동산별로 최저매각가격을 정하여 매각을 진행하여야 한다는 원칙이다. 민사집행법은 개별매각을 원칙으로 하고 있다.

일괄매각
집행법원은 경매신청된 수개의 부동산이 상호 간의 위치, 형태, 이용관계 등을 고려하여 이를 동일인에게 일괄매수시키는 것이 상당하다고 인정한 때에는 직권 또는 이해관계인의 신청에 따라 일괄매각을 결정하고 그 부동산을 일괄로 매각절차를 진행하는 것을 말한다.

지분매각
경매목적부동산의 소유권이 수인의 공유지분으로 나누어져 있는 경우 채무자가 아닌 다른 공유자의 지분은 경매신청을 할 수 없다. 따라서 채권자는 자기 채무자의 소유권지분에 대하여만 경매신청을 하여야 한다. 지분매각으로 매각절차가 진행되는 경우, 채무자가 아닌 다른 공유자는 우선매수신청권이 주어진다.

과잉매각
한 채무자의 여러 개의 부동산을 매각하는 경우, 일부 부동산의 매각대금으로 모든 채권자의 채권액과 집행비용을 변제하기에 충분한 경우가 있을 수 있다. 이런 경우 그 부동산의 전부를 매각하는 경우 과잉매각이 된다. 이때 집행법원은 다른 부동산의 매각을 허가하여서는 안 된다. 다만, 일괄매각의 경우에는 그러하지 아니하다. 과잉매각에 해당되는 경우 채무자는 그 부동산 가운데 매각할 것을 지정할 수 있다.

공동매각
수인의 채권자가 동시에 경매신청을 하거나 아직 경매개시결정을 하지 아니한 동안에 같은 부동산에 대하여 다른 채권자로부터 경매신청이 있으면 수개의 경매신청을 병합하여 1개의 경매개시결정을 한다. 이를 '공동경매' 라 부르고 사건번호도 1개가 된다. 이 경우 수인은 공동의 압류채권자가 되고, 매각절차는 단독으로 경매신청을 한 경우에 준하여 실시된다.

중복사건
매각매목적부동산에 경매신청이 되어 사건번호가 부여된 후 다른 채권자가 그 부동산에 대하여 경매신청을 하여, 또 다른 사건번호가 부여되어 매각절차가 진행되는 사건을 말한다. 즉, 매각목적부동산에 사건번호가 둘 이상이 부여되어 매각절차가 진행되는 사건이다. 이 경우 원칙적으로 가장 먼저 부여된 사건번호로 매각절차를 진행하고 그 절차가 취하, 취소되면 뒤에 경매신청한 사건번호에 의하여 매각절차를 계속 진행한다.

병합사건(병합결정)
일괄매각을 할 부동산이 별개의 사건으로 신청된 경우 각 사건을 병합 결정하는 것(예컨대, 토지에 대한 경매절차가 진행 중에 그 지상 건물에 대한 경매가 신청된 경우)과 수인의 채권자가 각각 경매신청을 한 경우, 각 신청사건을 병합하여 매각절차를 진행하는 것을 말한다.

매각조건
매각조건은 법정매각조건과 특별매각조건으로 구별된다. 전자는 모든 경매절차에 공통으로 적용되는 매각 조건을 말하며, 후자는 각개의 경매절차에 있어서 특별히 정한 매각조건을 말한다.

법정매각조건
민사집행법에서 정한 일반적인 매각조건이다. 경매의 일반적인 조건과 절차를 말한다. 최저매각가격결정, 매수인의 자격, 잉여의 가망이 없는 경우의 매각불허가, 매수인의 대금지급의무와 그 지급시기 등이 법정매각조건에 해당된다.

특별매각조건

법정매각조건 중에서 공공의 이익이나 경매의 본질에 관계되지 아니한 조건이다. 재 매각시 최저매각가격에 대한 입찰보증금을 20~30%로 하는 경우, 매각조건에 농지취득자격이 필요한 경우, 관할청의 기본재산처분허가서 등이 특별매각조건에 해당된다.

최저매각가격

매각을 허가하는 최저의 가격이다. 입찰 시 이 금액에 미달하는 가액으로 매수 신고한 경우에는 무효처리 된다.

매수신청보증금

매각물건을 매수하고자 입찰에 참가하는 사람은 매각기일에 입찰표와 함께 매수신청보증금을 집행관에게 제공하여야 한다. 통상적인 일반매매의 계약금과 같은 성질을 가지고 있다. 매수신청보증금은 원칙적으로 매각부동산의 최저매각가격 10분의 1에 해당하는 금액이나 재매각인 경우 10분의 2, 10분의 3인 경우도 있으므로 매각조건을 잘 살펴보아야 한다.

공동입찰

매각부동산을 수인이 매수하기 위하여 공동으로 입찰에 참가하는 것을 말한다. 공동입찰자는 입찰신고 시 각자의 매수할 지분을 표시하여야 하고, 그 지분이 표시되지 않은 경우 매각부동산에 대하여 각자 평등한 비율로 매수한 것으로 본다.

기일입찰

통상적인 법원의 입찰방식으로 지정된 매각기일에 매각장소에 직접 참석하여 입찰에 참가하는 방식이다.

기간입찰

민사집행법을 제정하면서 새로이 도입한 입찰방식으로, 기일입찰과는 달리 일정한 입찰기간 내에 응찰자가 직접 또는 등기우편으로 입찰서류를 제출하는 방법이다.

입찰기간

기일입찰과는 달리 입찰기간을 정하여 지역적 · 시간적인 구애 없이 보다 많은 사람이 입찰에 참여할 수 있게 하기 위하여 기간입찰에서 정한 기간이다.

신매각
처음으로 입찰을 진행하는 경우 또는 입찰을 실시하였으나 유찰된 경우에 다시 입찰을 진행하는 경우이다. 즉, 매각기일에 허가할 매수가격의 신고자가 없는 때 집행법원은 최저매각가격을 상당히 저감(법원마다 일률적이지 않으나 일반적으로 20~30%)하고 신매각기일을 정한다. 매각허가에 대한 이의사유와 매각의 불허가 규정에 의하여 매각을 허가하지 아니하고 다시 매각을 명하는 때에도 신매각일을 정한다.

재매각
최고가매수인이 매각허가결정을 받고 대금지급기일에 대금납부의무를 완전히 이행하지 아니하고 차순위매수신고인도 없는 경우 법원은 직권으로 재매각을 명한다. 이 경우 통상적으로 매수신청보증금은 최저매각가격의 10분의 2이다.

변경
집행법원이 매각공고를 하였으나 그 사건이 공고시 누락되었을 경우 또는 중대한 사항을 추가할 일이 발생했을 때 집행법원이 직권으로 매각기일을 변경하는 것을 말한다.

연기
채무자, 소유자 등 이해관계인의 신청 또는 신청채권자의 연기신청으로 매각기일을 연기하는 것을 말한다. 통상적으로 2회에 한하여 연기가 가능하나 실무에서는 그 이상도 연기신청을 받아 주는 경우도 있다.

정지
채권자 또는 이해관계인의 신청에 의하여 매각절차를 일시 정지시키는 것을 말한다. 매각절차를 정지할 서류가 첨부된 경우, 집행법원은 그 사건에 대하여 매각절차를 중단하게 된다.

취소
채무의 변제 또는 매각원인사유가 소멸된 때, 경매신청채권자에게 잉여가 없는 경우에 집행법원이 경매개시결정을 취소하는 것을 말한다. 이에 대하여 이해관계인은 즉시항고를 할 수 있다.

제시 외 물건
매각부동산 중 등기부에 표시되어 있지 않는 미등기 건물이 존재할 때 사용하는 용어이다. 법률상 용어는 아니나 경매실무용어로 '제시 외 물건' 이라 표시한다. 통상적으로 매각목적물에 포함되나 그러하지 않은 경우도 있으므로 '제시 외 건물' 이 존재하는 경우 감정평가에 포함되어 있는지를 살펴보아야 한다.

무잉여

집행법원은 법원이 정한 최저매각가격으로 경매신청채권자의 채권에 우선하는 부동산상의 부담과 경매비용을 변제하면 남는 것이 없다고 인정될 경우, 경매신청채권자에게는 무잉여가 되게 된다. 이런 경우 집행법원은 이러한 사실을 압류채권자에게 통지하고, 압류채권자가 그 우선채권을 넘는 가액으로 매수하는 자가 없는 경우 스스로 매수할 것을 신청하고 충분한 보증을 제공하지 않는 한 집행법원은 매각절차를 직권으로 취소하게 된다.

보증보험증권제도

입찰 시 매수신청보증금을 현금 대신 보증보험 증권으로 할 수 있도록 민사집행법에 새롭게 도입된 제도이다. 입찰자들의 현금 소지로 인한 위험 방지 및 거액의 현금을 준비하지 않고서도 손쉽게 입찰에 참가할 수 있도록 한 제도이다.

매각기일

입찰법정에서 목적부동산의 매각이 진행되는 날이다. 통상적으로 아침 10시(일부 법원에서는 시간이 다소 다름)에 개찰하여 1시간 뒤 입찰을 마감하게 되고 최고가매수인을 정하게 된다. 최고가매수신고인이 없는 경우 유찰되어 다시 매각기일을 정하여 매각절차를 진행한다.

매각결정기일

매각기일에 최고가매수인이 결정되면 집행법원은 매각결정기일을 열어 매각의 허부에 관하여 이해관계인의 진술을 듣고 직권으로 법정의 이의사유가 있는지 여부를 조사한 다음 최고가매수인에게 매각의 허가 또는 불허가를 선고하는 날이다. 통상적으로 매각기일로부터 1주일되는 날에 결정한다. 그러나 이 기간은 훈시규정이므로 위반한다고 하여 위법은 아니다.

최고가매수신고인

매각기일에 목적부동산의 입찰자 중에서 최고가로 입찰하여 집행관이 최고가매수인으로 인정한 자이다. 만약 동일한 가격으로 최고가매수인이 2인 이상이면 이들만을 상대로 즉시 추가입찰을 실시한다. 이때 입찰가격은 종전의 최고가매수신고 가격보다 적으면 안 된다.

차순위매수신고인

최고가매수신고인 이외의 입찰자 중 입찰금액이 최고가매수신고액에서 매수신청보증금을 공제한 금액(예컨대, 매수신청보증금이 1000만원, 최고가입찰가액이 1억원인 경우 9000만원 이상)보다 높은 사람은 집행관에게 차순위매수신고를 할 수 있다. 차순위매수신고를 한 경우 매수인이 매각대금을 납부하기 전까지 매수신청보증금을 반환받지 못한다.

유찰
매각기일에 입찰에 참여한 사람이 없는 경우를 말한다. 매각기일에 목적부동산이 유찰되면 통상적으로 4주 정도 후 다시 매각기일이 정해진다. 이 경우 최저매각가격은 20~30% 저감된 가격으로 매각절차가 진행된다.

즉시항고
이해관계인은 재판의 결정에 대하여 이의가 있으면 상급법원에 항고를 할 수 있다. 항고에는 보통항고와 즉시항고가 있다. 즉시항고는 일정한 불변기간 내에 제기하여야 하는 항고를 말한다. 즉 재판의 성질상 신속히 확정시킬 필요가 있는 결정에 대하여 인정되는 상소방법을 말한다. 항고의 제기기간을 정하지 않고 원 결정의 취소를 구하는 실익이 있는 한 어느 때도 제기할 수 있는 보통항고와는 다르다. 매각결정기일에 매각의 허가나 불허가 결정이 있는 경우, 항고방법은 즉시항고로서 결정일로부터 1주일 내에 제기하여야 적법한 항고가 된다.

항고보증금
일반적으로 재판 결정에 대하여 항고를 제기함에는 항고보증금을 납부하지 않는다. 그러나 민사집행법에서는 매각절차의 지연을 방지하고 항고의 남발을 방지하기 위하여 매각허가결정에 대하여 항고를 하고자 하는 모든 사람은 항고보증금으로 매각대금 10분의 1에 해당하는 금전 또는 법원이 인정한 유가증권을 공탁하게 하고 있다. 이를 제공하지 아니한 때에는 항고를 각하하게 된다.

각하
법원에 소송을 제기하기 위하여 제출하는 신청서의 절차나 형식이 적법하지 않아 처음부터 그 신청이유를 판단하지 않은 채 법원에서 내리는 결정이다.

기각
기각은 각하와 달리 신청서의 형식이나 절차는 적법하지만, 신청인의 신청이유가 인정되지 않는다고 판단될 때 법원이 내리는 판단이다. 예컨대 매각허가결정에 대하여 항고하였으나 그 항고사유가 이유 없다고 판단되면 법원은 항고를 기각하게 된다.

대금지급기한
매각허가결정이 확정되면 집행법원은 대금의 지급기한을 정하고, 이를 매수인과 차순위매수신고인에게 통지한다. 매수인은 대금지급기한까지 매각대금을 완납하여야 한다. 실무상 대금지급기한은 매각허가확정일로부터 30일 정도이다.

배당요구

강제집행에 있어서 압류채권자 이외의 채권자가 집행에 참가하여 변제를 받는 방법으로 민법, 상법, 기타 법률에 의하여 우선변제청구권이 있는 채권자, 집행력 있는 정본을 가진 채권자 및 경매개시결정의 기입등기 후 가압류를 한 채권자는 집행법원에 대하여 배당요구종기까지 배당요구를 신청하여야 배당절차에 참가할 수 있다.

배당기일

매각된 부동산에 대하여 이해관계인에게 각 배당순위에 따른 금액을 배당표에 의하여 배당하는 날이다. 배당기일에 배당표에 대하여 이의가 있는 자는 배당이의를 할 수 있다.

배당이의

배당기일에 출석한 채권자는 자기의 이해에 관계되는 범위 안에서 다른 채권자를 상대로 이에 대한 채권 또는 채권의 순위에 대하여 이의를 할 수 있다. 배당이의를 제기한 채권자는 1주일 내에 배당이의의 소를 제기하고 소제기증명원을 제출하여야 한다. 소제기증명원이 제출된 경우 집행법원은 배당이의된 금원에 대하여는 지급을 보류하고 공탁하게 된다. 만일 배당이의권자가 1주일 내에 소제기 증명을 제출하지 않은 경우, 배당이의는 효력을 잃고 배당기일의 배당표대로 배당금을 지급하게 된다.

배당배제의견서

허위의 채권자가 배당요구를 하여 배당절차에 참가하고 있는 경우, 이해관계인은 자기의 채권보호를 위하여 그 자를 상대로 배당에서 제외해 줄 것을 집행법원에 제출하는 의견서이다. 예컨대, 임차인이 아니면서 위장전입신고를 하여 배당에 참가한 허위의 임차인을 상대로 배당에서 제외해 줄 것을 이해관계인은 집행법원에 배당배제의견서를 제출할 수 있다.

상계

받을 채권과 지급하여야 하는 채무를 서로 대등한 금액에서 공제하는 것을 말한다. 예컨대 매각절차에서 채권자가 동시에 매수인이 된 경우, 집행법원에 상계신청을 하고 납부해야 할 매각대금에서 자신이 배당에서 받을 채권액을 상계하고 매각대금을 납부할 수 있다.

공탁

채무자를 보호하기 위한 제도로서, 채무자가 변제의 목적물을 채권자를 위하여 공탁소에 임치하여 채권자의 협력이 없는 경우에도 채무를 면하는 제도이다.

분할채권
같은 채권에 2인 이상의 채권자 또는 채무자가 있을 때 분할할 수 있는 채권을 말한다. 예컨대, 갑과 을이 병에게 10만원의 채권을 가지고 있을 때 각각 5만원씩의 채권으로 분할할 수 있는 경우 그 10만원은 분할채권이 된다. 민법은 채권자 또는 채무자가 수인인 경우에 특별한 의사표시가 없으면 각 채권자 또는 채무자는 균등한 비율로 권리가 있고 의무가 있다고 규정하여 분할채권관계를 원칙으로 하고 있다.

토지별도등기
우리나라 등기부는 토지등기부와 건물등기부가 2원화되어 있다. 따라서 토지별도등기는 집합건물인 경우 사용되는 용어이다. 즉 집합건물을 완공하고 집합건물등기부가 만들어지면, 이후 집합건물은 토지와 건물이 일체가 되어 모든 권리들은 집합건물등기부에 기재되고 거래되게 된다. 그러나 집합건물을 짓기 전 토지등기부에 저당권 등 제한물권이 설정되어 있는 경우 건물을 완공하고 집합건물등기부가 만들어지면 기존의 토지등기부와 집합건물의 등기부권리 관계가 일치하지 않게 된다. 이 경우 집합건물등기부에 "토지에 별도의 등기가 있다" 는 표시를 하게 된다. 실무상 토지에 별도등기가 있는 경우 매수인에게 인수되는 권리가 있을 수 있으므로 입찰 전 잘 살펴보아야 한다.

공유와 합유
공유와 합유는 공동소유의 한 형태이다. 그러나 공유는 각 공유자의 지분을 자유로이 타인에게 양도할 수 있고, 만일 공유자가 분할할 것을 희망하면 분할도 가능하다. 반면 합유는 각각 지분을 가지고 있어도 자유로이 타인에게 양도할 수 없고, 분할도 인정되지 않고 제한된다. 공유는 편의상 일시 공동소유의 형식을 가진 것으로 개인적 색채가 강하나, 합유는 공동목적을 위하여 어느 정도 개인적인 입장이 구속되는 것으로 근본적인 차이가 있다.

필지와 획지
필지는 하나의 지번이 붙는 토지의 등록 단위로 법적 개념인 반면, 획지는 부동산상의 개념이다.

환지
『토지구획정리사업법』에 의하여 토지구획정리를 실시할 때 필연적으로 발생하는 인접 토지와의 교환 분합을 말한다.

용도지역
토지 이용 및 건축물의 용도, 건폐율, 용적률, 높이 등을 입지별로 제한함으로써 토지를 경제적 · 효율적으로 이용하고 지역끼리 서로 중복되지 않게 건설교통부장관 또는 시 · 도지사가 지정한다. 용도지역의 종류는 '도시지역, 관리지역, 농림지역, 자연환경보전지역' 으로 구분된다.

용도지구
용도지역 지정을 보완하는 성격이 짙다. 즉 용도지역에 대한 제한을 강화 또는 완화할 필요가 있을 때 용도지구를 지정한다. 용도지구는 '경관지구, 미관지구, 고도지구, 방화지구, 방재지구, 보전지구, 시설보호지구, 취락지구, 개발진흥지구' 등으로 구분된다.

용도구역
토지의 이용 및 건축물의 용도 · 건폐율 · 용적률 · 높이 등에 대한 용도지역 및 용도지구의 제한을 강화하거나 또는 완화하여 시가지의 무질서한 확산 방지, 토지 이용의 종합적 조정 · 관리 등을 위하여 도시관리계획으로 결정하는 지역을 말한다. 개발제한구역(그린벨트), 시가화조정구역, 수산자원보호구역, 도시자연공원구역, 지구단위계획구역 등이 있다.

주택거래신고지역
주택거래신고지역으로 지정되면 전용면적 60㎡를 넘는 아파트(재건축 · 재개발 정비구역은 모든 아파트)를 거래할 경우 계약일로부터 15일 이내에 거래가액과 자금 조달 계획 및 입주 계획 등을 관할 행정관청에 신고해야 한다. 신고를 하지 않거나 지연하는 경우, 또는 허위로 신고하는 경우에는 매도 · 매수자 모두에게 취득세액의 최대 5배에 해당하는 과태료가 부과된다.

투기과열지구
투기가 과열되어 지정된 지구로, 분양권의 전매가 금지된다.

투기지역
주택투기지역과 토지투기지역으로 구분된다. 양도가액은 원칙적으로 실거래가로 과세된다.

입주권
재개발 · 재건축사업 또는 택지개발사업 등에 의해 원 조합원이었던 자가 받을 부동산의 취득권리를 말한다. 그렇기 때문에 평형은 확정되어 있으나, 아직 동과 호수가 미확정되어 있다.

분양권
주택을 사고자 하는 사람들이 새 아파트 청약신청을 하여 당첨이 되고난 후 계약을 하게 되면 '분양권' 이 생긴다. 즉 아파트나 상가의 소유권으로서 청약통장 등에 의해 분양받은 자가 받을 부동산에 대한 취득권리이다. 따라서 일반적으로 분양계약을 할 때 평형과 동 · 호수가 확정이 되어 있다.

용적률

대지면적에 대한 건축물 연면적의 비율을 말한다. 지하층은 건축 연면적에는 포함되나 용적률 산정시에는 제외된다.

> 용적률=(건축물 연면적/대지면적)×100

건폐율

대지면적에 대한 건축물 바닥면적의 비율이다.

> 건폐율=(건축면적/대지면적)×100

건축 연면적

건축물 각층의 바닥면적 합계를 말한다.

부 록

PART 1

법원경매의 매각절차

PART 1에서는 법원 실무에서 진행되는 매각절차에 따라 설명하였다. 매각절차의 각 부분마다 모두 중요하지만, 특히 SECTION 01 경매 신청 과정과 SECTION 02 배당요구, SECTION 06 매각 허부 결정은 실무상 특히 중요하다. 이 부분에 대해서 질의 및 답변 코너를 마련하여 좀 더 심도 있게 설명하고자 한다.

01 SECTION 경매신청, 경매개시결정 및 촉탁등기

질의 응답 수록

경매 신청은 집행법원에 대하여 매각절차의 개시를 구하는 소송행위의 일종이다. 채권자는 경매신청서를 작성하여 집행법원에 접수하고 경매비용을 미리 예납하여야 한다. 통상 경매비용의 예납금액은 청구채권금액의 1.5~5% 정도이다.

경매신청

1. 관할법원

부동산경매의 관할법원은 매각목적물의 소재지를 관할하는 지방법원으로 한다.

2. 구비서류

(1) 강제경매 신청인 경우

- 집행정본(채무명의+집행문+송달증명원)
- 약속어음공정증서

  어음상 지급일이 백지인 경우에는 아직 변제기가 도래하지 않았으므로 채권자는 백지의 보충을 하여 경매 신청을 하여야 한다.

(2) 임의경매 신청인 경우

- 경매신청채권자가 저당권자 등 담보권자인 경우

  매각부동산에 설정된 담보권의 존재를 증명하는 서류(등기부등본)를 첨부하여야 한다.
- 경매신청채권자가 전세권자인 경우

  전세권자는 전세권설정자에게 "전세목적물을 인도하고 전세권설정등기말소에 필요한 서류(전세권등기필증 등)를 교부할테니 그때까지 전세금을 지급하여 주기 바란다"는 내용증명으로 발송한 통지서를 첨부하면 된다.

(3) 공통사항

- 매각목적물이 농지인 경우에는 도시계획확인원(구청에서 발급)을 제출하여야 한다.
- 신청인이 법인인 경우 대표자의 자격을 증명할 자격증명서(법인등기부), 대리인을 통하여 신청할 경우에는 위임장을 첨부하여야 한다.

서식

부동산강제경매신청서

채권자
주 소
채무자
주 소
청구금액 : 원금 원 및 이에 대한 년 월 부터 다 갚을 때까지 연 20%비율에 의한 금원
경매할 부동산의 표시: 별지목록기재와 같음(부동산 목록)

경매의 원인된 채권과 집행할 수 있는 채무명의

채무자는 채권자에게 ○○법원 가 ○○○호 청구사건의 년 월 일 선고한 판결(공정증서인 경우 : 공증인 작성○○호 공정증서)의 집행력 있는 정본에 기하여 위 청구금액을 변제하여야 할 것이나 이를 이행하지 아니하므로 위 부동산에 대한 강제경매절차를 개시하여 주시기 바랍니다.

첨부서류

1. 집행력 있는 정본
1. 송달증명서
1. 부동산등기부등본
1. 부동산목록
1. 등록세를 납부한 영수필통지서 및 영수필확인서
1. 경매수수료의 예납증명서(통상 청구금액의 1.5%~5%)

년 월 일

위 채권자: (인)
연락처(☎)

○ ○지방법원 귀중

[참고사항]

▶ 송달료는 신청서상의 (이해관계인+3)×10회분을 은행에 납부하고 납부증을 경매신청서에 첨부한다.
▶ 수입인지를 첨부한다(법원 구내 우체국에서 구입). 집행력 있는 정본이 여러 개이면 그 수에 상응하는 인지를 붙인다.
▶ 첨부서류 중 등록세는 관할구청에서 등록세납부고지서를 발급받아 은행에 납부한 증명서를 첨부한다. 등록세는 청구채권금액의 2/1000와 지방교육세(등록세의 20/100)이다.
▶ 이해관계인 일람표도 작성(등기부를 참조하여)하여 첨부한다.

순위	이해관계인	성 명	주 소
1	채권자	○○○	서울 동대문구 ○○○
2	채무자	○○○	서울 광진구 ○○○
3	소유자	○○○	서울 송파구 ○○○
4	근저당권자	주식회사 ○○(은행)	서울 광진구 ○○○
5	전세권자	○○○	서울 송파구 ○○○

▶ 경매수수료(매각부동산의 감정료, 신문 공고, 이해관계인 등에게 송달할 통지비용 등)는 채무자를 대신하여 경매신청채권자가 미리 예납하여야 한다. 예납한 경매수수료는 목적부동산이 매각이 된 경우 매각대금 중 제일 먼저 경매신청채권자가 수령하게 된다.

▶ 부동산목록을 작성한 후 20여 통 복사하여 첨부한다. 경매개시결정과 이후 각종 촉탁 등에 필요한 부동산목록은 원칙적으로 집행법원이 이를 작성하여야 할 것이나 법원의 사무 처리의 편의를 위하여 실무상 경매신청인이 제출하고 있다.

서식

부동산임의경매신청서

채권자
주　소
채무자
주　소
청구금액 : 원금　　원 및 이에 대한　　년　　월　　일 부터 다 갚을 때까지 연 20%비율에 의한　　　　　　　금원
경매할 부동산의 표시: 별지목록기재(부동산 목록)와 같음.

담보권과 피담보채권의 표시

채무자는 채권자에게　　년　　월　　일 금　　　원을, 이자는 연 %, 변제 기일은　　년　　월　　일로 정하여 대여하였고, 위 채무의 담보로 별지목록기재 부동산에 대하여 OO지방법원 등기 접수 제 호로 근저당권설정등기를 마쳤으나, 채무자는 변제기가 지났음에도 아직까지 변제하지 아니하므로 위 청구금액의 변제에 충당하기 위하여 위 부동산에 대하여 담보권실행을 위한 경매절차를 개시하여 주시기 바랍니다.

첨부서류

1. 부동산등기부등본
1. 근저당권설정계약서(채권원인서면 포함) 사본
1. 별지목록(부동산목록)

년　　월　　일
위 채권자 :　　　　　(인)
연락처(☎)

○ ○지방법원　　귀중

[참고사항]
강제집행신청과 마찬가지로 신청서상의 (이해관계인+3)×10회분 송달료를 은행에 납입하고 경매신청서에 납입영수증을 첨부한다. 수입인지를 첨부하는 것도 강제경매신청의 경우와 같다.
첨부서류 중 채권원인서면은 차용증, 약속어음 등 채권의 존재와 금액을 확인할 수 있는 서면을 말한다. 근저당권설정계약서 사본도 함께 첨부하여야 한다.
부동산목록과 이해관계인 일람표의 작성, 경매수수료를 미리 예납하는 것도 강제집행신청의 경우와 같다.

부동산목록 작성 예

토지인 경우

1. 서울시 서초구 서초동 000번지

대000㎡

단독주택(근린주택, 다가구 포함)

1. 서울시 서초구 서초동 000번지

2. 위 지상

철근콘크리트조 스라브지붕 주택

1층 00㎡

2층 00㎡

집합건물 (아파트, 다세대 등)

1. 서울시 서초구 서초동 000번지

1동의 건물의 표시

서울시 서초구 서초동 000번지

00아파트 0동

철근콘크리트조 슬래브지붕 00층 아파트

전유부분의 건물의 표시

건물의 번호: 예컨대, 7층 502호이면 7-502 이다

구조 : 철근콘크리트조

면적 : 0층 0호 00㎡

대지권의 표시

토지의 표시 : 1. 서울시 서초구 서초동 000번지

대 000㎡

대지권의 종류: 소유권

대지권의 비율: 0000분의00

※ 각 해당 등기부등본의 표제부를 참조하여 작성하면 된다.

경매개시결정

1. 채권자로부터 경매신청서가 접수되면 집행법원은 심리의 결과 경매신청이 적법하고 요건이 구비되었다고 판단되면 경매개시결정을 한다(통상 접수일로부터 2~3일 내). 그 결정에 대하여 이해관계인은 즉시항고를 할 수 있다.

2. 즉시항고에는 집행정지의 효력이 없다. 따라서 매각절차를 정지시키려면 이해관계인은 별도로 집행정지결정문을 받아서 제출하여야 한다. 경매신청이 흠결이 있고 보정될 수 없는 경우에는 결정으로 경매신청을 기각하게 된다.

경매개시결정등기의 촉탁 및 송달

1. 집행법원은 경매신청이 적법하다 인정되면 경매개시결정을 하고, 그 결정을 등기부에 기입할 것을 등기관에게 촉탁한다(통상 경매개시결정 후 2일 내). 경매개시결정이 등기부에 기입되면 압류의 효력이 발생한다.

2. 채무자, 소유자의 경매개시결정문 송달에 관한 문제
   (1) 경매개시등기가 되어 압류의 효력이 발생하였더라도 별도로 경매개시결정문은 채무자, 소유자에게 송달하여야 한다. 강제경매인 경우에는 채무자에게 송달한다(임의경매와는 달리 소유자와 채무자는 동일하기 때문이다). 임의경매인 경우도 원칙적으로 채무자에게 송달하지만 소유자가 채무자를 위하여 보증(물상보증인)을 한 경우 실무에서는 소유자, 채무자 모두에게 송달하고 있다.
   (2) 실무상 집행법원은 강제경매개시결정과 동시 또는 직후 등기관에게 경매개시기입등기를 촉탁하고 채무자에게는 그보다 나중에 송달한다. 경매개시결정이 등기부에 기입되기 전 채무자에게 먼저 송달이 될 경우, 채무자가 다른 마음을 먹고 그 부동산을 급히 처분함으로써 채권자가 불측의 손해를 입는 일이 없도록 하기 위해서이다.
   (3) 경매개시결정문이 채무자의 이사 불명 등으로 송달되지 않을 경우 집행법원은 경매신청채권자에게 송달될 수 있는 장소로 다시 주소보정을 명한다. 보정된 주소로도 송달 되지 않아 달리 송달할 장소를 알 수 없는 경우 당사자의 신청 또는 직권으로 '공

시송달' 방법에 의하여 송달한다.

(4) 채무자, 소유자가 법인인 경우에는 법인등기부상의 주소로 송달하고 대표이사 개인 주소지에도 송달한다. 그 주소지에도 송달이 되지 않을 경우 공시송달을 한다.

경매개시결정에 대한 이의

1. 이의기간

집행법원의 경매개시결정에 대하여 불복하는 이해관계인은 매수인이 매각대금을 완납할 때까지 경매개시결정을 한 집행법원에 이의를 신청 할 수 있다. 그러나 경매개시결정에 대한 이의신청만으로는 매각절차가 정지되지 않으므로 별도로 경매집행정지신청을 받아 제출하여야 매각진행절차가 정지된다. 강제경매, 임의경매 모두 공통된 사항이다.

2. 이의사유

(1) 강제경매개시결정의 이의사유

강제경매개시결정의 이의사유는 절차상의 사유에 한하여 인정된다.

- 절차상의 이의사유는 경매신청 시 신청방식이 적합하지 않을 때, 신청인의 적격 문제, 경매신청부동산의 표시 문제 등 경매개시결정의 형식적 효력에 관한 것이다(대법원 94마147).
- 절차상의 문제라도 경매개시결정 후 절차상의 위법 즉, 최저매각가격의 결정, 매각기일의 공고 · 통지 등의 위법은 경매개시결정에 대한 이의 사유가 되지 않는다. 이는 집행에 관한 이의 사유에 해당된다.

(2) 임의경매개시결정의 이의사유

강제경매와는 달리 위의 절차상 사유 외에도 실체적 사유인 담보권(저당권 등)의 부존재 또는 소멸 등도 이의 사유가 된다. 예컨대, 저당권자의 임의경매신청으로 매각이 진행되어 최고가매수인이 정해지고 매각허가결정 후라도 매수인의 매각대금완납 전까지 매각비용과 근저당권의 채권 전액(원금과 이자 등)을 변제하고 임의경매개시결정에 대하여 이의신청을 할 수 있다.

이중경매개시결정

이미 경매개시결정을 한 부동산에 대하여 다른 경매신청이 있는 때 집행법원은 다시 경매절차의 개시결정(2중 개시결정)을 하고 매각절차는 먼저 개시 결정한 집행절차에 따라 진행한다. 먼저 경매신청된 것을 '선행사건', 나중에 경매신청된 것은 '후행사건' 이라 부른다.

질의 및 답변(경매신청, 경매개시결정 및 촉탁등기)

질의 1 **상속등기를 하지 않은 부동산의 경매신청 방법은 어떻게 하는가?**

채무자가 상속은 하였으나 아직 상속등기는 하지 않은 부동산인 경우 경매신청채권자가 대위에 의한 상속등기(상속인을 대신하여 상속인 앞으로 이전등기)를 경료한 후 경매신청을 하여야 한다. 이때 대위원인을 증명하는 서류는 강제경매인 경우에는 집행력있는 정본, 임의경매인 경우에는 근저당권이 설정된 등기부등본을 첨부하여야 한다.

질의 2 **소유자가 경매개시결정 전 이미 사망한 경우 매각절차의 진행 방법은 어떻게 진행하는가?**

▶ 강제경매인 경우

상속인에 대하여 강제집행요건(승계집행문을 부여받아야 함)을 구비한 후 경매신청을 하여야 한다. 만약 사망한 소유자를 상대로 경매신청을 하여 경매개시결정을 허가하였다면, 집행법원은 그 개시결정을 취소하고 강제경매신청을 각하하여야 한다.

▶ 임의경매인 경우

저당권 등 담보권의 실행대상은 담보부동산이지 그 상대방을 전제로 하는 것이 아니므로 강제경매와는 달리 경매개시결정의 자체에는 지장 없이 진행된다. 후에 법원이 알았을 때 그 당사자 표시를 경정(상속인으로)하여 진행된다(대법원 95다15537).

질의 3	소유자가 경매개시결정 후 사망한 때 매각절차는 어떻게 진행하는가?
	▶ **강제경매인 경우** 강제집행은 그 유산에 대하여 속행되므로 경매개시결정은 상속인에게 송달한다(승계집행문은 필요하지 않음). 만일 상속인이 없거나 상속인의 소재가 불분명하면, 특별대리인을 선임하여 그 자에게 송달한다. ▶ **임의경매인 경우** 소유자가 경매 진행 중에 사망한 경우에는 사망한 등기부상의 소유자와 관계에서 그대로 속행한다. 상속인들은 상속사실을 증명하면, 이해관계인으로서 진행 중인 매각절차에 참여할 수 있다.

질의 4	부동산의 일부 지분에 대한 저당권자의 경매신청이 허용되는 범위는 어떻게 되나?
	원칙적으로 '저당권 일부 실행금지'의 원칙에 반하여 일부 지분에 대한 부동산의 경매신청은 허용되지 않는다. 예컨대, 갑이 단독으로 토지를 소유하고 저당권을 설정한 경우 저당권자가 임의로 토지의 일부 지분에 대하여만 경매신청을 하는 것은 허용되지 않는다. 예외적으로 갑, 을이 각각 2분의1 지분씩 부동산을 공유하고 있고 갑, 을이 각자의 지분에 저당권을 설정하였을 경우 일부 지분에 대한 경매신청은 가능하다.

질의 5 등기가 되어 있지 않은 부동산(미등기부동산)의 경매 신청은 어떻게 하나?

적법하게 건축허가나 건축신고를 마친 건물이 사용승인을 받지 아니하여 보존등기를 마치지 못한 미등기 건물에 관하여도 그 건물이 채무자의 소유이면 다음의 서류를 첨부하여 경매신청을 할 수 있다. 이 경우 채권자의 경매신청에 의하여 집행법원에서 경매개시결정을 하면 법원의 촉탁에 의하여 등기공무원이 직권으로 등기부를 만들어 소유권보존등기를 먼저 한 후 경매개시결정등기를 등기부에 기입하게 된다.

※ 경매 신청 시 첨부서류

- 토지인 경우 : 토지대장, 소유권확인판결, 수용증명서 등
- 건물인 경우 : 가옥대장, 건축물관리대장, 재산소유증명서(과세대장에 의하여 발부된 건물표시 및 소유자 표시가 있어야 함)를 첨부하여야 한다(대법원 92그32).

질의 6 나대지의 저당권자는 그 지상 위에 존재하는 건물도 함께 경매 신청이 가능한가?

나대지란 지상에 건축물 등이 없는 토지이다. 나대지를 목적으로 저당권을 설정한 후 설정자(토지소유자)가 그 토지상에 건축물을 축조한 때 저당권자는 그 건물에 대하여 저당권을 설정하지 않은 경우라도 토지와 함께 건물에 대하여 일괄로 경매신청이 가능하다. 다만, 토지의 매각대금에서만 우선변제의 효력과 배당을 받을 수 있다.

근저당권이 설정된 후 건축된 건물의 일부가 저당권의 목적이 된 토지 외에 다른 대지에 걸쳐 있는 경우에도 그 건물 전체가 불가분의 일체로서 소유권의 객체를 이루고 있다면 건물 전부에 대하여 일괄매각청구권을 행사할 수 있다(대법원 85다카246).

질의 7 **기존건물을 철거하고 새로운 건물을 신축한 경우에도 일괄경매 신청이 가능한가?**

채무자(소유자)가 대지와 건물에 대하여 근저당권을 설정한 후 건물을 철거하고 대지상에 새로운 건물을 신축한 경우, 신축건물에 대하여 저당권이 설정되어 있지 않은 경우라도 일괄매각을 신청할 수 있다. 물론 이 경우 토지의 매각대금에서만 우선변제의 효력과 배당을 받을 수 있다.

질의 8 **경매개시결정이 채무자에게 송달이 되지 않은 경우 매각절차는 어떻게 진행 되는가?**

경매개시결정 통지가 채무자에게 송달이 되지 않은 상태에서 집행법원이 매각을 진행하여 매각불허가사유가 되는 등 실무에서는 가끔 문제가 발생한다. 이러한 이유로 매각이 불허가되면 최고가매수인은 매수보증금을 환급받게 되고, 집행법원은 다시 채무자에게 경매개시결정문을 송달하고 매각절차를 진행한다.

경매개시결정이 채무자에게 송달됨이 없이 매각절차가 진행되어 매수인이 대금을 완납하고 소유권이전등기를 마친 경우라도 그 매각은 당연 무효가 된다. 입찰에 참가하려는 매수희망자들은 입찰 전에 대법원 법원경매정보 홈페이지(http://www.courtauction.go.kr)에서 송달내역을 확인할 필요가 있다.

질의 9 임의경매인 경우 금융기관의 경매개시결정문 송달특례의 진행방법은?

▶ 금융기관부실자산 등의 효율적 처리 및 자산관리공사의 설립에 관한 법률상의 특칙(송달특칙)

경매개시결정문은 채무자, 소유자에게 송달되어야 한다. 그러나 강제경매와는 달리 임의경매는 도달이 아니라 발송함으로써 송달이 된 것으로 간주하는 발송주의의 특칙이 주어진다.

① 금융기관이 임의경매 신청채권자인 경우 경매신청 당시 부동산등기부에 기재된 주소(법원에 신고한 주소가 있으면 그 주소)로 발송함으로써 경매개시결정이 송달된 것으로 본다.
② 부동산등기부상에 주소가 기재되어 있지 아니하거나 주소를 법원에 신고를 하지 아니한 때에는 공시송달의 방법으로 송달한다(대법원 97다39865).
③ 등기부상 주소 및 주민등록상 주소가 일치하지 아니하고 주소가 법원에 신고가 되지 아니한 경우는 두 곳 모두에 송달하여야 한다. 이후의 기일 통지는 그 중 송달된 곳으로 하되, 모두 송달 불능된 경우에는 부동산등기부상의 주소로 발송 송달한다.
④ 단, 위 발송송달특례를 적용받기 위해서는 채권자가 경매신청을 하기 전에 미리 채무자, 소유자에게 경매실행예정사실통지를 하여야 한다.

▶ 특례가 적용되는 금융기관

자산관리공사, 은행법의 규정에 의하여 인가를 받은 금융기관(예컨대 외환은행, 하나은행 등), 한국산업은행, 중소기업은행, 한국수출입은행, 농업협동조합중앙회, 수산업협동조합중앙회, 축산업협동조합중앙회

▶ 특례가 배제되는 금융기관

외국금융기관의 지점 또는 대리점, 단위농업협동조합, 단위수산업협동조합, 단위축산업협동조합, 보험사업자, 상호신용금고, 단기금융회사, 종합금융회사, 신용협동조합, 증권회사, 신용보증기금, 여신전문금융회사, 기술신용보증기금, 새마을금고

※ 종래 위의 발송송달의 특칙은 강제나 임의경매 모두에 적용되었으나 헌법재판소의 위헌결정으로 지금은 강제경매인 경우에는 적용되지 않고 임의경매인 경우에만 적용된다.

질의 10 외국에 주소를 둔 경우 경매개시결정문의 송달방법은 어떻게 하나?

당사자가 외국에 주소를 두고 있는 경우 그 외국에 거주하는 대한민국 영사에게 송달을 촉탁한다. 주소 기타 송달할 장소를 알 수 없는 경우 집행법원은 공시송달명령에 의하여 법원 게시판에 게시하고 그 사유를 대한민국의 대사, 영사에게 통지한다. 이 경우 공시송달의 효력은 게시 후 2개월이 경과한 후 발생한다.

질의 11 이중경매 시 먼저 경매신청된 사건의 경매개시결정문 송달특례는?

우리 민법은 원칙적으로 의사표시의 효력은 상대방에게 도달한 때 그 효력이 발생하는 도달주의를 취하고 있다. 먼저 경매신청한 선행사건이 채무자에게 도달이 되지 않아 공시송달로 진행되던 중 이중경매신청이 들어와 후행사건의 경매개시결정문이 채무자나 소유자에게 송달된 경우 선행사건의 공시송달명령을 취소하고 통상의 우편송달을 한다. 만약 우편송달이 되지 않을 경우에는 발송송달을 하게 된다. 발송송달이란 경매개시결정문을 채무자, 소유자에게 발송한 때 도달한 것으로 보는 도달주의의 예외이다.

02 SECTION

배당요구의 종기 결정 및 공고

질의 응답 수록

매각절차가 진행되면 집행법원은 이해관계인들이 배당요구를 할 수 있는 기간을 정하여 공고하게 된다. 목적부동산에 대한 채권자는 물건이 매각되면 배당절차에서 순위에 따른 자기의 채권을 배당받게 되지만 배당요구가 필요한 채권자는 집행법원이 정한 배당요구종기까지 배당요구를 하여야 불이익을 당하지 않는다.

배당요구의 종기 결정

경매개시결정에 따른 압류의 효력은 채무자에게 그 결정이 송달되거나 등기부에 기입된 때 효력이 생긴다. 집행법원은 그 효력이 생긴 때부터 1주일 내에 배당요구를 할 수 있는 종기를 첫 매각기일 이전으로 결정을 한다. 배당요구종기일이 정해지면 원칙적으로 연기하지 못하나 집행법원은 특별히 필요하다고 인정하는 경우 배당요구의 종기를 연기할 수 있다(민사집행법 제84조 제6항).

배당요구의 종기 공고

집행법원은 압류의 효력이 생긴 때부터 1주일 내에 경매개시결정을 한 취지 및 배당요구의 종기를 공고(대법원 홈페이지 법원경매정보에서 매각사건번호 참조)한다. 또한 이해관계인에게는 별도로 배당요구종기일의 통지를 하여야 한다.

배당요구의 종기까지 배당요구를 하여야 할 채권자

1. 집행력 있는 정본(판결문등)을 가진 채권자

2. 민법, 상법 기타 법률에 의하여 우선변제청구권이 있는 채권자

- 「주택(상가)임대차보호법」에 의한 소액임차인, 확정일자부임차인
- 「근로기준법」에 의한 임금채권자

3. 국세 등의 교부 청구권자

국세 등 조세채권 이외에도 의료보험법, 국민의료보험법, 산업재해보상보험법, 국민연금법에 의한 보험료, 기타 징수금도 교부 청구를 하여야 한다.

4. 경매개시결정기입등기 후에 가압류한 채권자

배당요구를 하지 않아도 당연히 배당에 참가할 수 있는 채권자

1. 첫 경매개시결정등기 이전에 이미 등기부에 등기가 되어 있는 담보권자, 임차권등기권자, 체납처분에 의한 압류등기권자, 가압류권자, 배당요구종기까지 이중경매를 신청하여 등기부에 2중 경매개시결정이 기입된 경우 이중경매 신청권자가 해당된다.
2. 첫 경매개시결정등기 후에 등기를 경료한 담보권자(저당권 등)는 배당요구종기까지 권리신고를 하면 별도의 배당요구가 필요하지 않다.

채권자가 배당요구를 하지 아니한 경우 발생하는 불이익

배당요구종기까지 배당을 하여야 하는 채권자가 배당요구를 하지 않은 경우 매각절차에서 배당을 받을 수 없다. 나중에라도 자기보다 후순위채권자로서 배당을 받은 자를 상대로 별도의 소송으로 부당이득반환청구를 하는 것도 허용되지 않는다.

질의 및 답변(배당요구의 종기 결정 및 공고)

질의 1 **채권자의 배당요구 신청은 어디에서 언제까지 하여야 하는가?**

배당요구의 신청은 채권의 원인과 금액을 기재한 배당요구신청서(법원 내 비치)를 작성하여 배당요구종기까지 집행법원에 제출하여야 한다.

질의 2 **배당요구와 권리신고의 차이는 어떻게 다른가?**

▶ **배당요구**

경매신청채권자 이외의 채권자가 경매절차에 참가하여 배당요구를 함으로써 매각대금에서 채권의 우선순위에 따른 교부 또는 배당을 받게 되는 권리이다.

▶ **권리신고**

부동산 위의 권리자가 집행법원에 권리신고하고 그 권리가 증명되면 매각절차에 있어서의 이해관계인이 되는 것뿐이며, 배당을 받을 수 있는 권리가 아니라는 점에서 서로 다르다(예컨대, 유치권자의 유치권권리신고 등). 특히 임차인들은 권리신고 및 배당요구를 하여서 배당에서 제외되는 일이 없도록 신경을 써야 한다. 집행법원에 비치되어 있는 권리신고 및 배당요구서를 작성하여 제출하면 된다.

질의 3 채권계산서란 무엇인가?

채권자가 자신이 변제받을 채권액을 계산하여 집행법원에 미리 제출함으로써 배당기일에 순위에 따른 배당을 받기 위하여 집행법원에 제출하는 계산서이다. 매각부동산 위의 각 채권자는 배당요구종기까지 그 채권의 원금, 이자비용, 기타 부대채권의 계산서를 제출하고 집행법원은 제출한 채권계산서를 토대로 배당의 기초자료로 삼는다. 그러나 경매개시결정 전에 등기부상 기입되어 있는 채권자가 채권계산서를 제출하지 않았다고 하여 배당에서 제외할 수 없다.

질의 4 배당요구종기 이후 배당요구를 철회할 수 있는가?

현행 민사집행법은 배당요구에 따라 매수인이 인수하여야 할 부담이 바뀌는 경우 배당요구를 한 채권자는 배당요구의 종기가 지난 뒤에 이를 철회하는 것을 허용하지 않고 있다(제88조 제2항). 구법(민사소송법)은 채권자의 배당요구와 철회를 경락기일(매각결정기일)까지 자유로이 허용하여 선순위 임차인 등이 배당요구를 한 후 경락기일 전에 배당요구를 철회하여 매수인에게 대항력을 주장하는 경우가 있어 매수인의 입장에서는 매각절차가 매우 불안정하였다. 현행 민사집행법은 이러한 불합리한 절차상의 문제점을 시정하여 이러한 경우 배당요구종기 이후 배당요구의 철회를 인정하지 않으므로 매각절차의 안정성을 크게 강구하고 있다.

질의 5 **담보가등기권자인 경우에도 배당요구를 하여야 하는가?**

매각부동산 위에 가등기권자가 있는 경우 실무에서는 경매개시결정과 동시에 가등기권자에게 그 가등기가 소유권이전청구권가등기인지, 담보가등기인지를 최고한다. 최고를 받은 가등기권자가 담보가등기권자인 경우 배당요구종기까지 배당요구를 하여야 한다. 담보가등기는 저당권과 같이 취급하므로 저당권과 마찬가지로 순위에 관계없이 말소된다.

질의 6 **주택임차권 등기가 경료된 임차인도 배당요구를 하여야 하는가?**

경매개시 결정기입 등기전 등기부에 임차권등기명령에 의하여 주택임차권이 기입된 임차인은 별도로 배당요구를 하지 않아도 순위에 따른 배당을 받을 수 있다. 다른 권리자들과의 우선순위는 등기부상 순위번호에 의하는 것이 아니라, 임차권등기를 하기 전 기존의 대항력과 우선변제권으로 결정된다.

질의 7 **배당요구신청서 대신 채권계산서만 제출한 경우에도 배당요구의 효력은 있는가?**

채권자가 배당요구종기일 전에 배당요구신청서 대신 배당요구사실을 특정하기에 충분한 채권계산서를 제출한 경우, 그 채권계산서는 배당요구로서의 효력이 인정된다.

03
SECTION

매각 준비

경매개시결정이 있으면 집행법원은 경매개시결정 기입등기를 촉탁하고 감정평가인, 집행관에게 매각부동산의 환가를 위해 감정평가와 부동산의 현상 및 점유관계 등을 조사하여 매각물건명세서를 작성하게 된다.

각종 통지 및 최고서 발송

집행법원이 경매개시결정을 한 때에는 관할등기소에 경매개시결정 기입등기 촉탁을 하고 등기관은 경매개시결정 기입등기를 마친 등기부등본을 법원에 송부하게 된다. 한편 집행법원은 경매개시결정정본을 채무자, 소유자에게 송달하고 매각의 준비 단계로서 이해관계인들에게 각종의 최고 및 통지를 한다. 또한 집행관에게 매각부동산에 대한 현황조사를, 감정인에게는 감정평가명령을 하게 된다.

1. 공과를 주관하는 공무소에 대한 최고

집행법원은 조세 기타 공과를 주관하는 공무소에 대하여 부동산에 관한 채권의 존재, 부존재와 금액을 배당요구종기까지 통지할 것을 최고한다. 이는 우선채권인 조세채권의 유무, 금액 등을 검토하여 경매신청채권자에게 잉여의 가망이 있는지의 여부를 확인하고 동시에 교부 청구의 기회를 주기 위한 것이다.

(1) 최고하여야 할 대상

- 부동산 소유자 주소지의 관할 세무서장 : 매각할 부동산의 소유자 주소지를 관할하는 세무서이다.
- 부동산 소재지의 관할 구청장 등 : 부동산 소재지의 시 · 구청장, 자치구가 없으면 군 · 읍 · 면장에게 최고를 한다.

(2) 관세청장

「공장저당법상」 저당권자의 신청에 의한 임의경매와 강제경매의 채무자가 법인(회사)인 경우 관세청장에게도 통지하여야 한다.

2. 이해관계인에 대한 채권신고서의 최고

경매개시결정일로부터 3일 내에 등기부에 기입된 부동산 위의 권리자 등에 대하여 채권의 원금, 이자, 비용, 기타 부대채권에 관한 채권계산서를 배당요구종기까지 제출할 것을 최고한다.

3. 공유자에 대한 통지

부동산 공유지분에 대하여 경매신청이 있는 경우 경매개시결정등기 후 다른 공유자에게 경매신청이 있음을 통지하여야 한다. 만약 통지를 하지 않고 매각절차가 진행된 경우에는 항고사유가 된다.

4. 임차인에 대한 통지

집행법원은 집행관의 현황조사보고서 등에 기재된 것을 토대로 임차인들에게 배당요구종기까지 배당을 하여야만 배당이 가능하다는 안내통지문을 한다.

기타 매각준비에 관련된 사항

집행법원은 집행관에게 현황조사를 명령하고 감정인으로 하여금 목적물을 평가하여 최저매각가격을 정하게 된다. 최저매각가격으로 경매신청채권자보다 우선하는 채권자들의 채권을 변제하고 경매신청채권자에게 돌아갈 잉여(남은 돈)의 금액이 없게 될 경우 무잉여통지절차를 취하고, 남음이 있으면 매각기일과 매각허가결정기일을 지정 · 공고하고 매각절차를 진행한다.

1. 현황조사명령

경매개시결정이 되면 집행법원은 매각목적부동산의 현황(위치 및 현상, 내부 구조, 임대차 관계 등)을 정확히 파악한 조사보고서를 집행관에게 제출할 것을 명령한다.

2. 현황조사보고서

(1) 현황조사명령을 받아 집행관이 작성한 현황조사보고서는 매각물건명세서 작성의 기본이 될 뿐만 아니라 임차인의 대항력, 우선변제권 등의 유무를 정함에 있어 중요한 자료이므로 실체 파악이 매우 중요하다.

(2) 현황조사명령을 받은 집행관은 실무상 2주 이내에 매각목적물에 관한 현황조사를 한다. 이중압류(이중경매)의 신청이 있는 경우에는 선행절차에서 현황조사를 마쳤으면 다시 할 필요는 없다.

3. 부동산의 감정평가 및 최저매각가격의 결정

(1) 집행법원은 등기관으로 부터 경매개시결정의 등기가 되었다는 통지를 받은 후 3일 이내에 감정평가명령을 하여 감정인으로 하여금 매각부동산을 평가하게 한다. 집행법원은 감정인이 평가한 금액을 참작하여 최초의 최저매각가격을 정한다. 실무에서는 대부분 감정평가인이 제출한 평가금액을 최초의 최저매각가격으로 정하고 매각절차를 진행한다.

(2) 최저매각가격은 매각을 허가하는 최저의 가격이므로 그 금액에 미달하는 입찰가격은 무효이다. 통상적으로 최저매각가격은 1회 유찰시마다 20%씩 저감(낮추어 줄임)되어 매각이 진행되나 30%씩 저감되는 법원도 있으므로 입찰 참가시 잘 살펴보아야 한다.

4. 매각물건명세서의 작성 및 비치

(1) 매각물건명세서는 집행법원이 목적물의 현황 및 평가금액 등을 매수희망자들에게 알리기 위하여 작성하는 문서이다. 현황조사보고서나 감정평가서는 매각부동산의 정보제공 또는 평가를 위한 매각물건명세서의 중간적 판단에 불과하다. 집행법원은 이를 기초로 하여 수집된 모든 자료를 정리하여 종합적 정보를 매각물건명세서에 기재하여 매각기일 1주일 전부터 매수희망자들의 열람이 가능하도록 법원에 비치하여 둔다. 또한 대법원 법원경매정보(http://www.courtauction.go.kr)에도 게시하므로, 이를 참고하면 된다.

(2) 매각물건명세상의 중대한 하자가 있는 경우 매각불허가사유가 된다.

5. 무잉여의 경우 경매취소(민사집행법 제102조)

(1) 집행법원은 최저매각가격으로 경매신청채권자의 채권에 우선하는 매각부동산의 채권과 매각비용을 변제하면 경매신청채권자에게 배당할 금액이 없다고 인정한 때에는 경매신청채권자에게 무잉여 통지를 하게 된다.

(2) 무잉여 통지를 받은 채권자는 우선채권을 넘는 가격으로 매수하는 자가 없을 경우 보증금을 제공하고 자기 스스로 매각부동산을 매수할 것을 신청할 수가 있다.

04
SECTION

매각기일 및 매각결정기일의 지정, 공고, 통지

집행법원은 매각기일을 지정하여 미리 이해관계인에게 통지하여야 한다. 또한 목적부동산의 매각기일은 일반인에게 매각공고 후 최소한 14일 이후에 물건소재지의 입찰법정에서 진행하여야 한다.

매각기일 및 매각결정기일의 지정

1. 매각기일

최고가매수인을 정하는 날이다. 집행법원은 공과주관 공무소 등에 대한 통지, 현황조사, 최저매각가격결정 등의 절차가 끝나고 매각절차를 취소할 사유가 없는 경우 매각명령을 하고 직권으로 매각기일을 지정 공고한다. 매각기일에 최고가매수인이 없을 경우 매각부동산은 유찰되어 다음(통상적으로 1개월) 매각기일이 새로이 정해진다.

2. 매각결정기일

(1) 매각기일에 최고가매수인이 결정되면 매각을 허가할 것인지, 불허가할 것인지를 결정하는 날이다. 실무에서는 매각기일로부터 1주일되는 날에 결정한다. 이 기간은 훈시규정이므로 위반한다고 하여 위법은 아니다.

(2) 매각부동산에 대하여 특별매각조건(농지취득자격증명 제출, 관할청의 처분허가서 등)이 있는 경우 특별매각조건에 해당하는 서류를 매각결정기일까지 제출하여야 하는데 사정상 그러하지 못하는 경우가 있을 수 있다. 이런 경우 최고가매수인이 집행법원에 매각기일결정 연기신청을 하여 법원에서 받아주면 매각결정기일은 2~3주 이후로 연기되기도 한다.

(3) 매각기일 및 매각결정기일의 지정은 원칙적으로는 매각을 실시할 때마다 이해관계인에게 통지하여야 한다. 그러나 실무상에서는 3~4회 정도 기일을 일괄로 지정하여 이해관계인들에게 통지하고 매각절차를 진행하고 있다. 예컨대 1회 5월 10일, 2회 6월 10일, 3회 7월 10일 등으로 미리 지정하여 통지한다.

매각기일의 공고

1. 매각 및 매각결정기일을 지정한 때에는 법원은 이를 매각기일 2주 전까지 공고하여야 한다. 실무에서는 매각기일 2주 전까지 대법원 법원경매정보(http://www.courtauction.go.kr)에 게시한다. 2주 전까지 공고를 하지 아니한 때에는 법원은 매각기일을 변경하여야 하고, 변경하지 아니하고 매각이 실시된 경우에는 매각불허가사유가 된다.
2. 기일입찰인 아닌 기간입찰인 경우 매각기일의 공고는 입찰기간 개시일보다 2주 전에 공고하여야 한다.

매각기일의 통지

집행법원은 기일입찰인 경우 매각기일과 매각결정기일을 통지하고, 기간입찰일 경우에는 입찰기간 및 매각기일과 매각결정기일을 지정하여 이를 이해관계인에게 통지하여야 한다. 이 통지는 집행기록에 표시된 이해관계인의 주소에 등기우편으로 발송할 수 있으며, 발송한 때 송달된 것으로 간주된다. 만약 이해관계인에게 이 통지를 하지 않고 매각절차를 진행한 경우 이해관계인은 매각허가결정에 대하여 항고할 수 있는 사유가 된다.

매각기일의 변경

1. 직권으로 변경하는 경우

이미 지정된 매각기일 및 입찰기간 등은 원칙적으로 변경할 수 없으나 법원이 필요하다고 인정할 경우에는 변경할 수 있다. 예컨대 이해관계인에게 통지해야 할 사항을 발송하지 않은 경우, 공고사항을 누락한 경우 등의 사유로 인하여 직권으로 변경하는 경우가 있다.

2. 매각집행정지서류가 제출된 경우

매각기일 전에 매각절차를 정지하여야 할 서류가 집행법원에 제출된 경우, 그 매각기일의 지정을 취소하는 것이 원칙이다. 그러나 실무에서는 매각기일을 변경하여 추후 필요한 조치를 취하게 된다. 매각기일 하루 전이라도 이러한 서류가 제출된 경우 매각기일은 변경된다. 입찰에 참가하는 자는 매각기일에 입찰목록 부동산에서 자기가 입찰할 매각 목적물이 변경되거나 연기, 취하, 취소되었는지를 제일 먼저 확인하고 입찰에 참가하는 습관을 가져야 한다.

3. 당사자의 신청에 의한 변경

(1) 채무자 또는 소유자가 매각기일을 연기 신청할 경우에는 경매신청채권자의 동의서를 첨부하여야 한다. 경매신청채권자가 연기 신청한 경우에는 실무상 원칙적으로 2회까지 허용하고, 1회의 연기기간은 2개월 이내를 원칙으로 하되 통산하여 6개월을 넘길 수 없다.

서식

매각기일변경(연기)신청

채권자
채무자

위 당사자 간 귀원 타경 호 부동산강제경매 사건에 관하여 당사자 사이에 화해가 진행 중이므로 . . . 의 매각기일을 변경(연기)하여 주시기를 바랍니다.

채권자 : (인)

○ ○지방 법원 귀중

05 SECTION

매각의 실시(기일입찰, 기간입찰)

법원에서 실시하는 부동산경매의 입찰방법은 크게 기일입찰제와 기간입찰제가 있다. 현행 실무상 기일입찰제가 주류를 이루고 있지만, 기간입찰제를 병행하여 진행하는 법원도 많이 있다.

기일입찰제

기일입찰제는 미리 정하여진 매각기일에 입찰 장소(법원)에서 직접 매수희망자가 입찰표를 작성하여 입찰에 참가하는 방식이다.

1. 입찰의 시작과 마감 및 개찰

(1) 매각기일에서의 입찰절차는 집행관이 주관하여 실시한다. 집행관이 입찰표의 제출을 알리고 입찰마감시간과 개찰시각을 고지하면 입찰은 시작된다.

(2) 입찰시간은 서울을 비롯한 대부분의 집행법원이 아침 10시에 입찰을 시작한다. 입찰마감은 입찰을 시작한지 1시간이 지나지 않으면 마감할 수 없으므로 통상적으로 11시 10분 정도를 입찰마감시간으로 정하고 매각절차를 진행한다. 그러나 일부 법원은 입찰시간이 다를 수 있으므로, 매각공고를 참조하여 미리 알아두어야 한다. 입찰을 마감하면 바로 집행관이 입찰표를 개봉하여 개찰을 실시하게 된다.

2. 최고가매수신고인의 결정

(1) 개찰결과 최고의 가격으로 응찰하고 매수신청의 보증을 제출한 자를 최고가매수신고인으로 결정한다.

(2) 최고가매수신고인이 두 명 이상일 경우에는 이들만을 상대로 추가입찰을 실시한다. 이 때 추가입찰가격은 바로 전에 입찰한 금액 미만으로 입찰할 수 없다. 그러한 경우에는 추가입찰에 응찰하지 아니한 것으로 본다. 추가입찰의 결과 또다시 2인 이상이 최고가 가격이 같으면 이들 중에서 추첨으로 최고가매수신고인을 정한다.

3. 차순위매수신고와 결정

(1) 차순위매수신고인의 제도는 매각절차가 늦어지는 것을 막고, 법원의 업무 부담을 덜어주기 위한 제도이다.

(2) 차순위매수신고를 할 수 있는 자격은 입찰가액이 '최고가매수신고인의 금액에서 매수신청보증금을 제외한 금액' 을 넘는 가격으로 입찰에 참가한 매수신고인이다. 예컨대, 최고가매수가격이 2억 5천만원, 매수보증금은 2천만원일 때 2억 3천만원 이상 입찰가액으로 응찰한 사람이 차순위신고자격이 주어진다. 실무상 이러한 경우 집행관이 차순위신고를 할 것인지 물어본다. 차순위매수신고자가 2명 이상인 때에는 신고한 매수가격이 높은 사람을 차순위신고인으로 정하고, 신고한 매수가격이 같으면 추첨으로 정한다.

(3) 차순위매수신고를 한 경우 최고가매수신고인이 매각불허가결정을 받거나 대금납부를 하지 못한 경우 집행법원은 차순위신고인에게 매각허가결정을 하게 되므로 이득이 있을 수 있다. 그러나 매수신청보증금은 최고가매수신고인이 매각대금을 완납하면, 그때 돌려받을 수 있기 때문에 여러 모로 득과 실을 판단하여 차순위매수신고를 할 것인지를 결정하여야 한다.

4. 공유자우선매수신고

(1) 매각목적물의 공유자는 매각기일까지(집행관이 목적부동산에 대하여 매각기일을 종결한다는 말을 하기 전까지를 의미한다) 매수보증금의 제공을 하고 최고가매수신고 금액과 같은 금액으로 우선매수하겠다는 공유자우선매수신고를 할 수 있다. 이 경우 최고가매수신고인이 있음에도 불구하고 우선매각신고를한 공유자에게 최고가매수신고인으로 결정해야 한다.

(2) 공유자우선매수신고가 있으면 최고가매수신고인은 당연히 차순위매수신고인으로 간주되므로 매수신청보증금도 즉석에서 회수할 수 없다. 이 경우 차순위매수신고인의 자격을 포기하려면, 집행관에게 포기의사를 하여야 한다. 차순위신고를 포기하면 매수신청보증금은 바로 회수할 수 있다.

5. 매각기일의 종결

최고가매수신고인이 결정 되면 집행관은 그 이름과 입찰가격을 부른 다음 매각목적부동산에 대하여 매각절차의 종결을 고지한다.

6. 매수신청 보증의 반환

집행관은 매각절차의 종결을 고지한 뒤에는 최고가매수신고인과 차순위매수신고인을 제외한 입찰자들에게 입찰 시에 그들이 제출한 매수신청의 보증금을 즉시 돌려준다.

7. 입찰표 작성 시 주의할 점과 준비서류

입찰표를 제출한 후 입찰의 취소 및 반환하는 것이 허용되지 않음으로 정확하게 작성하여 제출하여야 한다. 특히 입찰표 작성 시 금액란을 잘못 기재한 경우, 금액란은 정정할 수 없으므로 즉시 새로운 입찰표를 다시 작성하여 입찰 마감시까지 제출하여야 한다.

(1) 사건번호와 입찰자의 인적사항 기재

- 본인이 직접 입찰할 경우에는 입찰표 서식에 사건번호, 물건번호(사건에 물건번호가 있는 경우에 한함), 입찰자의 성명과 주민등록번호, 주소를 기재하고 성명란에 도장을 날인한다.
- 대리인이 입찰할 경우는 위 사항 이외에도 대리인의 이름과 주소를 함께 기재하고 날인한다.
- 공동입찰

  ① 공동입찰은 2인 이상이 공동으로 매각목적부동산에 대하여 함께 입찰에 참가하는 것을 말한다. 법원에 비치되어 있는 공동입찰신고원과 공동입찰자 목록을 작성하여 입찰표와 함께 제출하면 된다.

  ② 사건번호(물건번호가 있는 경우 물건번호도 기재함)와 입찰자란에는 "별첨 공동입찰자목록 기재와 같음"이라고 기재한다. 공동입찰인에 대하여 매각허가의 여부는 일괄하여 결정된다. 즉 공동입찰자 중 매각불허가 사유가 있는 사람이 있는 경우 전원에 대하여 매각이 불허되므로 입찰 시에 주의를 요한다. 예컨대 채무자는 입찰에 참가할 수 없음에도 불구하고 공동입찰자 중에 채무자가 있는 경우 전체에 대하여 매각이 불허가 된다.

(2) 입찰가액란과 보증금액란

- 입찰가액란에는 자기가 응찰할 금액을, 보증금액란은 최저매각가격의 10% 보증금액을 적는다. 유의할 점은 구법사건이 적용되는 매각물건은 최저매각가격의 10%가 아니고 매수희망자가 입찰할 금액의 10%이다.

• 특별매각조건(재매각)으로 매수보증금을 20~30% 제공하여야 하는 경우에는 입찰가액란에는 자기가 응찰할 금액을 보증금액란의 금액은 최저매각가격금액(20~30%)을 기재한다.

(3) **입찰표와 함께 준비할 서류**

- 본인이 입찰할 경우 : 매수신청보증금, 신분증(주민등록증, 운전면허증 등), 도장
- 임의대리인이 입찰할 경우 : 매수신청보증금, 위임장, 본인의 인감도장과 인감증명서, 대리인의 신분증과 도장
- 법정대리인이 입찰할 경우 : 무능력자(미성년자, 금치산자, 한정치산자)를 대리하여 부모 또는 후견인이 대리하는 경우 매수신청보증금, 법정대리인증명서(호적등본, 주민등록등·초본 등)
- 법인 명의로 매수하고 대표이사가 입찰할 경우 : 매수신청보증금, 법인등기부등본, 법인의 인감도장과 대표이사의 신분증(주민등록 등)
- 법인 명의로 매수하고 대리인이 입찰할 경우 : 매수신청보증금, 법인등기부등본, 법인의 인감증명서, 위임장, 대리인의 신분증과 도장
- 공동입찰자 본인이 입찰 시 : 매수신청보증금, 공동입찰신고원, 공동입찰자목록, 입찰자의 각각 신분증과 도장
- 공동입찰자의 대리인이 입찰할 경우 : 위 서류 이외에 위임장, 본인의 인감도장, 인감증명서, 대리인의 신분증 및 도장

8. 입찰표의 잘못 기재로 인하여 입찰이 무효로 처리되는 경우

(1) 입찰표상의 금액란을 정정한 경우

(2) 매수보증금액을 입찰봉투에 넣지 않은 경우와 부족한 경우

※ 재매각시와 구법사건인 경우 매수보증금액은 주의를 하여야 한다.

(3) 입찰가격이 최저매각가격의 미만인 경우

(4) 한 장의 입찰표에 수개의 사건번호나 물건번호를 기재한 경우

(5) 사건번호는 하나이나 물건번호가 여러 개인 경우 각 물건마다 매각이 진행되면 물건별로 입찰표를 작성하여 제출하여야 하고 사건번호와 함께 반드시 물건번호를 기재하여야 한다. 물건번호의 기재가 없으면 무효처리 된다.

(6) 대리행위의 하자가 있는 경우 즉, 대리인이 입찰에 참가할 경우에 본인의 인감도장이 위임장에 날인되지 않았거나 인감증명서가 첨부되지 않은 경우 등

서식

기 일 입 찰 표

○○지방법원 집행관 귀하 　　　　　　　　　　　　입찰기일 : 200 년 월 일

사건번호	타 경 호	물건번호	※물건번호가 여러 개 있는 경우에는 꼭 기재

입찰자					
본인	성 명	ⓘ인	전화번호		
	주민(사업자) 등록번호		법인등록 번호		
	주 소				
대리인	성 명	ⓘ인	본인과의 관계		
	주민등록번호		전화번호	—	
	주 소				

입찰 가격	천억	백억	십억	억	천만	백만	십만	만	천	백	십	일	
													원

보증 금액	백억	십억	억	천만	백만	십만	만	천	백	십	일	
												원

보증의 제공방법	□ 현금 ·자기앞수표 □ 보증서	보증을 반환 받았습니다. 입찰자 ⓘ인

※ 주의사항

1. 입찰표는 물건마다 별도의 용지를 사용하십시오, 다만, 일괄입찰시에는 1매의 용지를 사용하십시오.
2. 한 사건에서 입찰물건이 여러 개 있고 그 물건들이 개별적으로 입찰에 부쳐진 경우에는 사건번호 외에 물건번호를 기재하십시오.
3. 입찰자가 법인인 경우에는 본인의 성명란에 법인의 명칭과 대표자의 지위 및 성명을, 주민등록란에는 입찰자가 개인인 경우에는 주민등록번호를, 법인인 경우에는 사업자등록번호를 기재하고, 대표자의 자격을 증명하는 서면(법인의 등기부 등 · 초본)을 제출하여야 합니다.
4. 주소는 주민등록상의 주소를, 법인은 등기부상의 본점소재지를 기재하시고, 신분확인상 필요하오니 주민등록증을 꼭 지참하십시오.
5. <u>입찰가격은 수정할 수 없으므로, 수정을 요하는 때에는 새 용지를 사용하십시오.</u>
6. 대리인이 입찰하는 때에는 입찰자란에 본인과 대리인의 인적사항 및 본인과의 관계 등을 모두 기재하는 외에 본인의 <u>위임장(입찰표 뒷면을 사용)과</u> 인감증명을 제출하십시오.
7. 위임장, 인감증명 및 자격증명서는 이 입찰표에 첨부하십시오.
8. 일단 제출된 입찰표는 취소, 변경이나 교환이 불가능합니다.
9. 공동으로 입찰하는 경우에는 공동입찰신고서를 입찰표와 함께 제출하되, 입찰표의 본인란에는 "별첨 공동입찰자목록 기재와 같음"이라고 기재한 다음, 입찰표와 공동입찰신고서 사이에는 공동입찰자 전원이 간인하십시오.
10. 입찰자 본인 또는 대리인 누구나 보증을 반환 받을 수 있습니다.
11. 보증의 제공방법(현금 · 자기앞수표 또는 보증서)중 하나를 선택하여 ☑표를 기재하십시오.

위 임 장

대리인	성 명		직 업	
	주민등록번호	—	전화번호	
	주 소			

위 사람을 대리인으로 정하고 다음 사항을 위임함.

-다 음-

○○ 지방법원 타경 호 부동산

경매사건에 관한 입찰행위 일체

본인 1	성 명	인감인	직 업	
	주민등록번호	—	전 화 번 호	
	주 소			
본인 2	성 명	인감인	직 업	
	주민등록번호	—	전 화 번 호	
	주 소			
본인 3	성 명	인감인	직 업	
	주민등록번호	—	전 화 번 호	
	주 소			

※ 본인의 인감증명서 첨부

※ 본인이 법인인 경우에는 주민등록번호란에 사업자등록번호를 기재

○ ○지방 법원 귀중

서식

공동입찰신고서
법원 집행관 귀하

사건번호　　　타경　　　호

물건번호

공동입찰자　별지 목록과 같음

위 사건에 관하여 공동입찰을 신고합니다.

년　　월　　일

신청인　　　외　　　인(별지목록 기재와 같음)

※ 1. 공동입찰을 하는 때에는 입찰표에 각자의 지분을 분명하게 표시하여야 합니다.
　2. 별지 공동입찰자 목록과 사이에 공동입찰자 전원이 간인하십시오.

공동입찰자 목록

번 호	성 명	주 소		지 분
		주민등록번호	전화번호	
	(인)			
		-		
	(인)			
		-		
	(인)			
		-		
	(인)			
		-		
	(인)			
		-		
	(인)			
		-		
	(인)			
		-		
	(인)			
		-		
	(인)			
		-		
	(인)			
		-		

※ 공동입찰신고원, 공동입찰목록, 위임장

입찰표와 함께 첨부할 서류 중 위임장, 공동입찰신고원, 공동입찰목록은 입찰법정에 비치되어 있으므로 그 서식을 작성하여 제출하면 된다. 입찰표와 공동입찰신고원 사이에는 공동입찰자 전원이 간인하여야 한다.

기간입찰제

기간입찰제는 민사집행법(2002년 7월 1일)이 제정되면서 도입된 방식으로, 기일입찰과 함께 법원경매의 입찰방식 중의 하나이다. 매수희망자가 법원이 공고한 입찰기간 내에 매수보증금을 납입한 입금표를 입찰표(법원에 비치)에 첨부하여 집행법원에 제출하거나 등기우편으로 제출하는 방법으로 입찰에 참가한다. 현행 실무상으로는 기일입찰제 방식으로 통상적으로 매각절차를 진행하고 있으나, 민사집행법의 제정으로 지금은 기간입찰제와 병행하여 매각절차를 진행하는 법원이 증가하고 있는 추세이다.

1. 입찰기간

입찰기간은 1주일 이상 1개월 이하의 범위 안에서 정한다(예컨대 7월 10일부터 7월 27일까지).

2. 개찰시기

개찰기일(매각기일)은 입찰기간이 끝난 뒤 1주일 안의 날로 정한다. 법원은 입찰기간 종료 후 개찰기일에 입찰법정에서 개찰을 실시하여 최고가매수신고인을 정한다.

3. 입찰방법

통상적인 매각절차는 기일입찰과 같으나 입찰표를 제출하는 방식 등은 기일입찰제와는 다른 점이 있으므로 잘 알아 두어야 한다.

(1) 직접 제출 방법

기간입찰봉투에 입찰표, 매수신청보증금(입금증명서 또는 보증서), 기타 첨부서류를 넣고 기간입찰봉투에 적힌 매각기일란에는 반드시 매각기일을 적어 입찰기간 마감일까지 집행관 사무실로 직접 가서 집행관에게 제출하고 입찰봉투접수증을 수령하면 된다.

(2) 등기우편으로 제출하는 방법

입찰표 등을 모두 작성한 기간입찰봉투를 입찰기간 개시일부터 마감일까지 법원에 등기우편으로 도착하여야 한다. 보통우편으로 접수하면 무효 처리되므로 반드시 등기우편으로 접수하여야 한다.

4. 입찰표 작성 및 주의할 점

(1) 입찰표 작성방법

입찰표의 용지 색깔은 기일입찰표는 하얀색이지만 기간입찰표는 연두색이다. 매수금액란을 정정하여 기재하면 무효처리되는 등 입찰표 작성 시의 기재요령과 주의할 점은 앞서 설명한 기일입찰표와 같다.

5. 매수신청보증금

기일입찰과는 달리 현금(자기앞수표 포함)으로는 납입할 수 없고, 은행에 납입한 입금증명서나 경매보증보험증권에서 발행한 보증서 중 하나를 선택하여 제출하면 된다.

(1) 입금증명서

집행관사무실에 비치되어 있는 입금증명서에 법원보관금납부서를 작성하여 매수신청보증금액과 함께 은행에 납부하면 납부법원보관금영수증과 법원보관금영수필통지서(법원제출용)를 내어준다. 보관금영수증은 직접 보관하고 영수필통지서는 기간입찰 서식에 있는 입금증명서의 첨부할 부분에 첨부한다.

(2) 보증서

입금증명서 대신 보증보험증권사에서 발급해준 보증서를 첨부하여도 된다. 여기서 보증서는 보증보험증권사(실무상에서는 거의 대부분 서울보증보험에 해당됨)에 일정한 보험료를 납부하면 입찰자의 매수신청보증금을 보증보험증권사에서 보증하는 제도이다.

(3) 매수신청보증금의 반환

- 매수신청보증금을 입금증명서로 제출한 경우

  기일입찰에 있어서는 매각기일에 최고가매수인 이외의 입찰자는 매각종료 후 바로 반환을 받으나 기간입찰제에서는 법원보관금납부서에 기재한 입찰자의 잔액환급 계좌번호로 반환된다.

- 매수신청보증금을 보증서(보험증권)로 제출한 경우

  원칙적으로 입찰에 참가하여 보험증권을 이용한 경우 납입한 보험료는 돌려받을 수 없다. 그러나 예외적으로 반환받을 수 있는 자(보험료의 환급 참조)는 보험증권 뒷면의 법원확인란에 확인을 받아 보증보험회사에 제출하고 보험료의 일부를 반환받을 수 있다.

6. 첨부서류

입찰표, 매수신청보증금과 함께 첨부하여야 할 서류(발행일로부터 3개월 이내)

(1) 입찰자가 본인(개인)인 경우

본인임을 증명하는 서류로 기일입찰에서는 신분증을 제시하지만, 기간입찰에서는 주민등록등본을 첨부하여 제출하여야 한다.

(2) 입찰자가 대리인, 법인, 공동입찰인 경우 등은 앞서 설명한 기일입찰과 같다.

7. 기간입찰에서의 주의사항

(1) 기간입찰봉투는 반드시 등기우편으로 우송하여야 한다. 일반우편물은 무효처리된다.

(2) 기간입찰봉투에 적혀 있는 매각기일란에 매각부동산의 매각기일을 반드시 적어야 한다.

(3) 입찰자의 신분을 확인하기 위한 증명으로 기일입찰과는 달리 주민등록등본을 반드시 첨부하여야 한다.

(4) 우편물(기간입찰봉투)이 입찰개시일로부터 입찰기간마감일까지 법원에 도착하여야 한다. 입찰기간마감 후에 도착한 것은 무효처리되며 입찰개시 이전에 미리 도착하여도 무효가 된다.

서식

기간입찰표

○○지방법원 집행관 귀하 　　　　　　　　　　　　　매각(개찰) : 　 년 　 월 　 일

사건번호	타 경 　　 호			물건번호	※물건번호가 여러 개 있는 경우에는 꼭 기재
입찰자	본인	성 명	㊞	전화번호	
		주민(사업자) 등록번호		법인등록 번호	
		주 소			
	대리인	성 명	㊞	본인과의 관계	
		주민등록번호		전화번호	—
		주 소			

입찰 가격	천억	백억	십억	억	천만	백만	십만	만	천	백	십	일	원
													원

보증 금액	백억	십억	억	천만	백만	십만	만	천	백	십	일	원
												원

보증의 제공방법	□ 현금·자기앞수표 □ 보증서	보증을 반환 받았습니다. 입찰자 ㊞

※ 주의사항

1. 입찰표는 물건마다 별도의 용지를 사용하십시오. 다만, 일괄입찰 시에는 1매의 용지를 사용하십시오.
2. 한 사건에서 입찰물건이 여러 개 있고 그 물건들이 개별적으로 입찰에 부쳐진 경우에는 사건번호 외에 물건번호를 기재하십시오.
3. 입찰자가 법인인 경우에는 본인의 성명란에 법인의 명칭과 대표자의 지위 및 성명을, 주민등록란에는 입찰자가 개인인 경우에는 주민등록번호를, 법인인 경우에는 사업자등록번호를 기재하고, 대표자의 자격을 증명하는 서면(법인의 등기부 등·초본)을 제출하여야 합니다.
4. 주소는 주민등록상의 주소를, 법인은 등기부상의 본점소재지를 기재하시고, 신분확인상 필요하오니 주민등록등본이나 법인등기부등본을 동봉하십시오.
5. 입찰가격은 수정할 수 없으므로, 수정을 요하는 때에는 새 용지를 사용하십시오.
6. 대리인이 입찰하는 때에는 입찰자란에 본인과 대리인의 인적사항 및 본인과의 관계 등을 모두 기재하는 외에 본인의 위임장(입찰표 뒷면을 사용)과 인감증명을 제출하십시오.
7. 위임장, 인감증명 및 자격증명서는 이 입찰표에 첨부하십시오.
8. 입찰함에 투입된 후에는 입찰표의 취소, 변경이나 교환이 불가능합니다.
9. 공동으로 입찰하는 경우에는 공동입찰신고서를 입찰표와 함께 제출하되, 입찰표의 본인란에는 "별첨 공동입찰자목록 기재와 같음"이라고 기재한 다음, 입찰표와 공동입찰신고서 사이에는 공동입찰자 전원이 간인하십시오.
10. 입찰자 본인 또는 대리인 누구나 보증을 반환받을 수 있습니다(입금증명서에 의한 보증은 예금계좌로 반환됩니다).
11. 보증의 제공방법(입금증명서 또는 보증서) 중 하나를 선택하여 ☑표를 기재하십시요.

위 임 장

대리인	성　　명		직　　업	
	주민등록번호	—	전화번호	
	주　　소			

위 사람을 대리인으로 정하고 다음 사항을 위임함.

\- 다　　음 -

○○ 지방법원　　　　　타경　　　　　　　　　　　호 부동산

경매사건에 관한 입찰행위 일체

본인 1	성　　명	인감인	직　　업	
	주민등록번호	—	전 화 번 호	
	주　　소			
본인 2	성　　명	인감인	직　　업	
	주민등록번호	—	전 화 번 호	
	주　　소			
본인 3	성　　명	인감인	직　　업	
	주민등록번호	—	전 화 번 호	
	주　　소			

※ 본인이 인감증명서 첨부

※ 본인이 법인인 경우에는 주민등록번호란에 사업자등록번호를 기재

○ ○지방 법원　　귀중

입금증명서
[입찰자 기재란]

사건번호		매각기일	
성명 · 날인	(인)		

법원보관금 영수필통지서(법원제출용)첨부 장소

이 곳에 법원보관금 영수필통지서를 붙여 주십시요.

[확인란]

환급금 종류	□ 집행관 □ 사건담임자			출납공무원	
	환급사유	환급통지일	기명 · 날인	환급지시일	기명 · 날인
기간입찰 환급금	미낙찰, 취하, 취소, 미입찰, 기타 ( )	200 . . .	(인)	200 . . .	(인)

경매보증보험제도의 이용과 보험료

1. 경매보증보험증권

경매보증보험증권은 입찰 시에 현금으로 제공하여야 할 매수보증금을 보험사가 대신 보증하는 제도이다. 종전에는 법원경매에 참가하여 부동산을 매수하려는 입찰자는 매수보증금을 현금 또는 수표로 납부하고 입찰에 참가하여 왔다. 그러나 민사집행법의 제정으로 매수신청보증금을 경매보증보험증권으로 대신할 수 있다. 입찰시 매수보증금이 없으나 대금납부까지는 매각대금이 마련되어 납부할 수 있는 경우에 유용하게 이용할 수 있다. 실무에서는 서울보증보험회사의 경매보증보험증권이 이용되고 있다.

2. 경매보증보험의 이용절차

입찰에 참가할 사람이면 지역 제한이 없이 누구나 이용 가능하다. 서울에 있는 사람이 제주도에 있는 매각부동산에 응찰한다고 하여도 제한이 없다. 그러나 신용불량자나 보증보험사에 채무를 지고 있는 사람은 제한될 수도 있다. 그러므로 미리 보증보험사에 보증이 가능한지 문의하여 입찰시 착오가 생기지 않게 주의하여야 한다.

(1) 보험청약시 구비서류

- 본인 출석 시 : 본인 신분증 및 도장
- 대리인이 출석 시 : 본인 신분증 및 도장, 대리인의 신분증 및 도장

(2) 보험료 납부와 보험증권

보증보험사에 경매보증보험청약과 함께 입찰할 부동산의 종류에 따라서 일정한 보험료(보험요율 참조)를 납부한 후 경매보증보험증권을 발급받아 매수신청보증금으로 현금 대신에 제출하면 된다.

(3) 보증보험사의 구상권

입찰에 참가하여 매수인으로 된 경우 매각대금을 납부기한까지 완납하면 아무런 문제가 없다. 그러나 매수인이 대금납부를 하지 않을 경우 집행법원은 매수신청보증금을 회수하기 위하여 경매보증보험사에 매수보증금납부 최고서를 보낸다. 최고서를 받은 보증보험사는 매수신고인의 매수보증금을 법원에 지급하고, 그 금액을 반환받기 위하여 매수인에게 구상권을 행사할 수 있다.

3. 경매보증보험증권의 유효기간

경매보증보험증권의 보증서는 잔금 납부 시까지 유효하다. 따라서 매수인이 매수신청보증금을 포함한 매각대금을 완납하면 보증보험사와의 보험계약도 종결되게 된다.

4. 부동산별의 보험요율

물건의 종류	기본요율
아파트	건당 0.65%
다세대주택, 연립주택, 단독주택, 다가구주택, 근린주택, 상가주택	건당 1.30%
상가(점포, 사무실, 근린상가, 근린생활시설 등), 오피스텔 숙박시설(여관 등), 빌딩 공장(공장용지 포함) 주상복합건물(상가아파트, 아파트상가) 기타건물(주유소, 축사 등)	건당 2.34%
대지, 임야, 잡종지, 과수원, 전, 답, 목장, 염전 기타 토지(도로, 하천, 재방, 유원지, 묘지 등) 종교시설(사찰, 교회), 학교시설, 공공시설(철도용지) 광업권, 어업권, 기타 위에서 제외된 부동산 등	건당 2.90%

※ 매각부동산의 최저매각가격에 기본요율을 곱하면 보험료가 된다.

5. 보증보험사에 납부할 보험료

입찰부동산의 종류에 따라 납부할 보험료도 달라진다.

입찰할 목적물이 아파트이고 최저매각가격은 1억원인 경우(매수신청보증금 10%) 보험증권회사에 납입할 보험료는 65,000원이다. 즉, 매수신청보증금×기본요율 = 보험가입금액(1,000만원×0.65% = 65,000원)이 된다.

6. 보험료의 환급

입찰에 참가하여 보험증권을 이미 이용한 경우 납입한 보험료는 원칙적으로 반환받을 수 없다. 그러나 다음과 같은 경우에는 예외적으로 보험료의 일부를 돌려받을 수 있다.

- 발급받은 보험증권을 매각기일 전에 보증보험회사에 반환한 때

- 매각부동산의 경매절차가 매각기일 또는 개찰기일(기간입찰인 경우) 전에 취하, 취소된 때
- 보험계약자(입찰자)의 잘못으로 보험청약 내용이 잘못되어 법원에서 보험증권 접수를 거부할 때

(1) 환급보험료의 계산

예외적으로 보험료를 환급받을 수 있는 금액은 전액을 환급받을 수 있는 것이 아니라, 납입한 보험료에서 최저보험료(15,000원)를 공제한 금액이다. 예를 들어 납입한 보험료가 50,000원인 경우 환급받을 수 있는 보험료는 납입한 보험료에서 최저보험료인 15,000원을 공제한 금액이 된다. 최저보험료의 공제는 부동산의 종류와 관계없이 일률적인 금액이다.

보험료의 환급을 받기 위해서는 매각부동산의 기록이 집행관에게 있는 때(통상 입찰시 입찰법정)에는 집행관에게, 법원에 있는 때에는 법원사무관 등에게 보험증권 뒷면의 법원확인란에 확인을 받은 후 보험회사에 제출하여 환급을 받을 수 있다.

입찰에 참가할 자격이 없는 자

다음과 같은 경우 입찰에 참가하여 최고가매수신고인이 되어도 무효처리가 된다.

- 채무자(채무자의 가족은 참가 가능함)
- 채무자 겸 소유자, 단 채무자가 아닌 소유자(채무자의 보증으로 매각부동산을 담보로 제공한 물상보증인)는 참가 가능하다.
- 무능력자(미성년자, 금치산자, 한정치산자)는 법정대리인을 통하여만 입찰이 가능하다.
- 재매각인 경우 대금납부를 하지 못한 전 매수인
- 매각기일에 입찰을 방해하거나 교사한 자
- 매각진행과 이해 관계있는 집행관, 감정인, 법원 직원 및 그 배우자, 4촌 이내의 친족

매각절차의 집행정지, 취소/취하

1. 집행정지와 취소

(1) 매각절차의 정지는 경매신청채권자 또는 이해관계인의 신청에 의하여 집행정지사유가 있는 경우 집행법원이 매각절차를 일시적으로 정지시키는 것을 말한다.

(2) 집행의 취소는 경매원인의 소멸(매각부동산의 멸실), 무잉여에 의한 경매의 취소 등 집행법원이 경매개시결정 자체를 취소하는 것을 말한다.

2. 매각절차의 취하

경매신청인이 스스로 집행법원에 대하여 경매신청을 철회하는 소송행위를 말한다. 경매신청인은 자유로이 경매신청을 취하할 수 있으며, 경매신청의 취하에 의하여 경매개시결정의 압류 효력은 소멸하고, 매각절차는 당연히 종료하게 된다. 경매신청채권자는 일단 취하서를 제출하면 그 후에는 취하한 것을 철회하고 다시 매각절차속행을 신청할 수 없다.

06
SECTION

매각결정기일

질의 응답 수록

매각기일에 최고가매수인이 정해지면 집행법원은 매각결정기일에 이해관계인의 의견을 들은 후 매각의 허가 여부를 결정한다. 통상적으로 매각절차에 위법이 없는 한 최고가매수신고인에게 매각허가결정을 하게 된다.

매각결정기일

1. 매각결정기일은 집행법원이 매각기일의 종결 후 이해관계인에게 매각에 관한 의견을 진술하게 하여 매각허가 결정 또는 매각불허가 결정을 재판하는 날이다. 매각기일로 부터 1주일 이내로 정하여야 한다. 실무에서는 매각기일로부터 1주일 되는 날에 결정한다.
2. 매각결정의 허부는 매각결정기일 오후 2시 이후 법원을 방문하여 알아 볼 수 있고, 사건번호로 담당경매계에 직접 전화로 문의하여 알아볼 수도 있다. 대법원 법원경매정보(http://www.courtauction.go.kr)로도 확인이 되지만, 매각결정기일 다음날에 기록이 정리되므로 하루, 이틀 정도 늦게 볼 수 있다.
3. 법원은 매각결정기일을 변경할 수 있으나 최고가매수인 및 이해관계인에게는 변경된 기일을 통지하여야 한다.

이해관계인의 진술

1. 매각허가에 대한 이의의 진술

법원은 이해관계인에게 매각허가에 관한 의견이 있으면, 그 의견을 진술하게 하여야 한다.

2. 이해관계인의 범위

통상적인 매각절차의 이해관계인(민사집행법 제90조) 이외에 최고가매수신고인(차순위신고자 포함)도 이해관계인에 포함된다.

매각허가에 관한 이의사유(매각불허가사유)

이해관계인은 매각부동산에 대하여 매각을 허가하여서는 안 된다는 이의를 진술할 수 있다. 매각허가에 관한 이의사유는 「민사집행법」 제121조에 열거된 경우에 가능하다.

1. 제1호

강제집행을 허가할 수 없거나 집행을 계속 진행할 수 없을 때

(1) 강제집행을 허가할 수 없다

강제집행의 요건, 강제집행의 개시요건, 강제경매 신청의 요건에 흠이 있는 경우를 말한다.

(2) 집행을 계속 진행할 수 없다

매각절차의 정지나 취소사유가 있는 때를 말한다.

2. 제2호

최고가매수인이 부동산을 매수할 능력이나 자격이 없는 때

(1) 부동산을 매수할 능력이 없다

미성년자, 금치산자, 한정치산자 등과 같이 무능력자가 대리인을 통하지 않고 독립하여 매수신청을 한 경우를 말한다.

(2) 부동산을 매수할 자격이 없다

법률의 규정에 따라 매각부동산을 취득할 자격이 없거나(채무자, 재매각에서의 전 매수인 등) 그 부동산을 취득하려면 관청의 증명이나 허가서가 필요한 경우 이를 받지 못한 경우를 말한다(예컨대, 농지매각의 경우 농지취득자격증명서, 관할청의 허가서가 필요한 경우 기본재산처분허가서 등). 다만, 이러한 증명 또는 허가서류들은 매각결정기일까지 제출하면 된다.

3. 제3호

부동산을 매수할 자격이 없는 사람이 최고가매수신고인을 내세워 매수신고를 한 때

(1) 부동산을 매수할 자격이 없는 사람

최고가매수신고인이 부동산을 매수할 능력이나 자격이 없는 때를 말하며, 위 제2호에 해당되는 사람을 말한다. 그러한 자가 제3자인 다른 사람의 명의를 빌려 최고가매수신고를 한 경우이다.

4. 제4호

최고가매수신고인, 그 대리인 또는 최고가매수신고인을 내세워 매수신고를 한 사람이 민사집행법 제108조의 각 호 가운데 어느 하나에 해당되는 때

(1) 민사집행법 제108조

- 제1호 : 다른 사람의 매수신청을 방해한 사람
- 제2호 : 부당하게 다른 사람과 담합하거나 그 밖에 매각의 적정한 실시를 방해한 사람
- 제3호 : 제1, 2호의 행위 교사자
- 제4호 : 위 규정으로 유죄판결 후 2년 경과되지 아니한 사람

5. 제5호

최저매각가격의 결정, 일괄매각의 결정 또는 매각물건명세서의 작성에 중대한 하자

(1) 최저매각가격의 결정에 중대한 하자가 있는 때

- 매각부동산의 감정평가결정이 법에 정한 절차 위반, 감정인의 자격 또는 평가방법의 위반에 기초하여 감정평가가 정하여진 경우를 말한다(매각 대상이 된 목적물의 일부를 누락하여 평가한 경우 등).
- 단순히 매각목적물의 감정평가액이 시가에 비하여 저렴하다는 사유만으로는 여기에 해당한다고 볼 수 없다. 그렇지만 감정평가의 일반적 기준에 현저하게 반한다거나 사회통념상 현저하게 감정평가액이 부당하다고 인정되는 경우에는 중대한 하자가 있는 것으로 될 수 있다(대법원 2000마1143).

- 최저매각가격의 저감이 잘못된 경우 예컨대, 1회 유찰이 되었으나 2회 유찰일 경우의 최저매각가격으로 진행되는 경우를 말한다.

(2) **일괄매각의 결정에 중대한 하자가 있는 때**

일괄매각을 하여야 할 경우가 아닌데도 불구하고 일괄매각에 포함시키는 등 일괄매각의 결정절차 또는 결정 자체에 중대한 위법이 있는 경우를 말한다.

(3) **매각물건명세서의 작성에 중대한 하자가 있는 때**

그 기재 내용에 중대한 오류가 있거나 현황조사를 생략하는 등 작성절차에 중대한 하자가 있는 경우를 말한다(대법원 99마2696, 99마4498, 99마7804). 여기에 해당하는 지의 여부는 그 하자가 일반 매수희망자가 매수신고의사나 가격을 정할 때 어느 정도의 영향을 받았는지의 여부로 합리적으로 판단하여야 한다.

6. 제6호

천재지변, 그 밖에 자기가 책임을 질 수 없는 사유로 부동산이 현저하게 훼손된 사실 또는 부동산에 관한 중대한 권리관계가 변동된 사실이 경매절차의 진행 중에 밝혀진 때

(1) **부동산에 관한 중대한 권리관계가 변동된 때**

예컨대 제1순위로 저당권이 설정되고 제2순위로 소유권이전처분금지가처분이 각 등기되어 있는 부동산에 대하여 매각절차가 진행 중 집행법원도 모르는 사이에 제1순위 저당권이 말소되어 제2순위인 소유권처분금지가처분이 매수인에게 인수되는 경우와 같이 입찰 시와 다르게 매수인에게 인수되는 권리 변동이 발생한 경우를 말한다.

7. 제7호

매각절차에 그 밖의 중대한 잘못이 있는 때

(1) 매각공고한 부동산의 표시가 동일성을 식별하는데 지장을 주거나 평가를 그릇치게 할 정도인 경우(대법원 99마4157)

(2) 최저매각가격의 기재가 누락되었거나 착오로 잘못 기재한 것이 사소한 것이 아닌 경우(대법원 94마1673)

(3) 매각기일의 공고를 규정된 방법에 의하지 아니한 경우(대법원 99마7372)

(4) 매각기일에 입찰표의 제출을 최고한 뒤 1시간이 지나야 입찰을 마감할 수 있음에도 이에 위반한 경우

매각에 관한 재판

집행법원은 매각결정기일에 출석한 이해관계인에게 의견을 진술하게 하여 이를 참고로 하는 외에도 직권으로 매각불허가사유(민사집행법 제121조)가 있는지 조사한 다음 매각허가의 여부를 결정하게 된다.

1. 매각허가결정

법원은 이해관계인의 이의가 이유 없다고 인정되거나 직권으로 매각을 불허가할 사유가 없다고 인정되는 때에는 최고가매수신고인에게 매각을 허가하는 결정을 한다. 물론 이해관계인은 매각허가결정에 대하여 즉시 항고를 할 수 있다.

2. 매각불허가결정

(1) 매각불허가결정 을 하는 경우

- 이의신청이 정당하다고 인정한 때 : 집행법원은 매각결정기일에 출석한 이해관계인의 매각허가에 대한 이의가 정당하다고 인정한 경우에는 매각불허가결정을 한다.
- 민사집행법 제121조에 규정한 사유가 있는 때 : 법원이 직권으로 조사한 결과 제121의 각호 사유가 있다고 인정되는 때에는 직권으로 매각불허가결정을 하여야 한다.

(2) 매각불허가 후의 매각진행절차

- 매각불허가결정이 확정되면 직권으로 새 매각기일을 정한다. 다만, 집행의 일시정지를 명하는 서류(민사집행법 제49조 제2호)의 제출에 따라 허가하지 아니한 경우에는 그 뒤의 절차를 사실상 정지한다.
- 부동산이 멸실되거나 집행취소사유가 있어 불허가결정이 선고된 경우에는 경매신청 자체를 포함한 그 뒤의 매각절차는 모두 소멸하여 매각는 이로써 종결된다. 이 경우 집행법원은 매각불허가결정 정본을 원인증서로 첨부하여 등기소에 경매개시결정 기입등기의 말소를 촉탁하게 된다.

• 과잉매각을 이유로 불허가결정을 한 경우라도 매각이 허가된 다른 부동산에 대하여 대금완납을 할 때 과잉매각으로 불허가된 다른 부동산에 대하여 경매개시결정 기입등기의 말소를 촉탁한다.

서식

매 각 불 허 가 신 청

채권자
채무자

위 당사자 간 귀원 타경 호 부동산강제(임의) 경매사건에 관하여 년 월의 매각기일에서 신청인은 최고가의 매수신고를 하고, 아직 매각결정기일 전이나 천재지변으로 인하여 별지 목록부동산의 토지가 현저히 훼손되었으므로 매각을 불허가하여 주시기를 바랍니다.

첨부서류

1. 훼손증명서 1통

년 월 일
위 신청인(최고가매수인): (인)

○ ○지방법원 귀중

※참고사항

▶ 매각기일에 최고가매수신고인이 되었으나 매각결정기일 전에 토지가 훼손되어 매수신고인에게 불리한 경우 최고가매수신고인이 매각불허가신청을 한 경우이다. 위와 같이 신청서를 제출하고, 매각불허가결정이 확정되면 매수보증금을 반환받을 수 있다.

▶ 하천이나 하천 인근에 있는 토지를 6~7월경에 입찰한 경우, 여름철 장마로 인한 폭우로 토지가 유실되는 경우가 종종 있으므로 주의 깊게 잘 살펴볼 필요가 있다.

▶ 채권자, 채무자는 경매신청채권자와 채무자이다. 매각불허가의 신청서류를 작성할 때 매각불허가의 이의사유는 각 이해관계인마다 자기에게 해당되는 불허가의 이의사유를 주장하면 된다.

매각허가결정의 여부에 대한 즉시항고방법과 항고보증금

1. 매각허부결정에 대한 불복방법

(1) 이해관계인은 매각허가 또는 불허가의 결정에 의하여 손해를 받은 경우 그 결정에 대하여 즉시항고를 할 수 있다.

(2) 매각허부결정에 대한 즉시항고는 집행정지의 효력이 없으므로 항고장을 제출하였다고 하여 매각절차가 중단되는 것은 아니다. 그러므로 매각절차를 일시중단하려면, 별도의 강제집행정지를 받아 집행법원에 제출하여야 한다.

2. 항고기간

즉시항고는 원 결정(매각허가 또는 불허가결정)을 고지한 날로부터 1주일 내에 제기하여야 한다. 항고기간 내에 이의가 없으면 매각허부결정은 확정된다. 이 결정은 선고한 때에 고지의 효력이 발생하므로 별도로 송달은 하지 않는다. 그러므로 이해관계인들은 항고기간을 넘겨 불측의 손해를 입지 않도록 주의할 점이다.

3. 항고의 제기방식

(1) 즉시항고장은 매각허부결정을 선고한 집행법원에 제출하여야 한다.

4. 매각허가결정에 대한 항고 시 보증 제공

(1) 항고를 남용하는 것을 방지하기 위하여 항고하고자 하는 사람은 모두 항고보증금으로 최고가매수인의 매각대금 중 10분의1에 해당하는 현금 또는 법원이 인정하는 유가증권을 공탁하여야 한다. 지급보증의 위탁(보증보험)의 보증 제공은 허용되지 않는다.

(2) 채무자 및 소유자가 제기한 항고가 기각된 때에는 보증금은 몰수당하며 그 보증금은 배당 시 배당할 금액에 포함된다. 항고인이 항고를 취하한 경우에도 마찬가지이다. 그러나 항고가 기각되어 보증금을 반환받을 수 없을 경우라도 그 후에 경매신청이 취하되거나 경매절차가 취소된 때에는 반환받을 수 있다.

(3) 채무자 및 소유자 외의 사람이 제기한 항고가 기각된 때에는 보증금 전액을 몰수당하는 것은 아니다. 항고를 한 날부터 항고기각결정이 확정된 날까지의 매각대금의 연 20%에 의한 금액만 반환받을 수 없다. 항고인이 항고를 취하한 경우에도 마찬가지이다. 그러나 경매신청이 취하되거나 경매절차가 취소된 때 항고보증금을 반환받을 수

있음은 채무자 및 소유자가 항고한 경우와 같다.

(4) 항고인이 보증의 제공 없이 항고한 경우에는 집행법원은 항고장을 받은 날로부터 1주일 내에 항고를 각하한다.

매각허부결정의 효력 발생 시기

매각허가결정 또는 불허가결정은 확정되어야 효력이 있으므로 매각허부결정에 대하여 이해관계인의 즉시항고가 제기되면, 매각허부결정은 확정되지 않는다 따라서 집행법원은 대금지급이나 배당기일을 지정, 실시할 수 없다.

매각허가결정의 취소

천재지변, 그 밖에 자기가 책임을 질 수 없는 사유로 부동산이 현저하게 훼손된 경우 또는 부동산에 중대한 권리관계가 변동된 경우 집행법원은 매수인의 신청에 의하여 매각허가결정을 취소하게 된다. 이러한 사실이 매각결정기일 이전이면 매각불허가 신청을 하고 이미 매각허가결정이 확정된 뒤에 밝혀진 경우에는 대금납부 전까지 매수인은 매각허가결정의 취소신청을 할 수가 있다.

서식

항고장

항고인 :
주　소 :

항고인은 귀원 　타경 　호 부동산강제(임의)경매 사건에 관하여 귀원이 　. 　. 　에 선고한 매각허가결정에 대하여 불복이므로 항고를 제기합니다.

항고취지

원심결정을 취소한다.
라는 재판을 구합니다.

항고이유

매각기일은 이해관계인에게 미리 통지하여야 함에도 　. 　. 　. 매각기일에 관하여 항고인은 통지를 전혀 받지 못하였습니다. 그런데 원심법원은 위 매각기일에서 최고가매수신고인으로 정하여진 OOO에게 매각을 허가하는 결정을 하였습니다. 따라서 매각을 허가한 원심결정은 민사집행법 제104조 제2항, 제121조 제1호, 제130조 제1항에 따라 취소되어야 합니다.

년　　월　　일
항고인 : 　　　　(인)

○ ○지방법원 　귀중

※ 참고사항

▶ 매각기일의 통지를 받아야 할 이해관계인에게 통지를 하지 않아 매각허가결정을 취소해달라는 항고장 서식이다.

▶ 집행법원에 항고장을 제출하면서 항고이유를 적지 아니한 때에는 항고장을 제출한 날로부터 10일 이내에 항고이유서를 원심법원(매각허가결정을 한 집행법원)에 제출하여야 한다. 이에 위반한 경우 원심법원은 결정으로 즉시항고를 각하한다. 민사집행법은 항고를 남발하여 경매절차가 지연되는 것을 막기 위하여 항고장에 반드시 항고이유서를 기재하여 제출하도록 항고이유서 제출 강제주의를 채택하고 있다.

질의 1 **매각절차에서 이해관계인에 해당되는 자는 누구인가?**

매각절차에서 이해관계인의 해당 여부는 중요한 의미를 가지고 있다. 이해관계인은 매각절차에 이의가 있으면 항고 등의 권리가 있으며 배당에 관하여도 이의를 할 수 있는 등 많은 자격이 주어진다.
다음에 해당되는 이들은 이해관계인으로 본다(민사집행법 제90조).

1. **압류채권자와 집행력있는 정본에 의하여 배당을 요구한 채권자(동법 제90조 제1호)**
   압류채권자라 함은 경매신청을 한 채권자를 말한다. 압류가 경합(이중경매)된 경우 이 중 경매신청권자도 이해관계인에 포함 된다.
   - ① 채무자 및 소유자(동법 제90조 제2호)
   - ② 여기서 채무자는 경매신청채권자에 대한 채무자이다.
   - ③ 등기부에 기입된 부동산 위의 권리자(동법 제90조 제3호)
   - 경매개시결정의 촉탁등기 당시에 이미 등기가 되어 있는 자로, 용익권자(전세권자, 지상권자, 지역권자, 임차등기를 한 임차권자), 담보권자(저당권자, 저당채권자의 질권자 등), 환매권자, 압류등기한 채권자가 이에 해당된다.
2. **가등기담보권자**
   가등기만으로 그것이 담보가등기인지, 소유권이전청구권가등기인지를 알 수 없으므로 모든 가등기권리자를 이해관계인으로 규정한다.
3. **공유자**
   부동산이 지분으로 매각이 되는 경우, 다른 공유자도 이해관계인에 해당된다.
4. **부동산 위의 권리자로서 그 권리를 증명한 자(동법 제90조 제4호)**
   '부동산 위의 권리자'란 경매개시결정등기 이전에 목적부동산에 관하여 등기 없이도 제3자에게 대항할 수 있는 물권 또는 채권을 가진 자를 말한다. 예컨대 임차인, 유치권자 등을 집행법원에 스스로 그 권리를 증명하여 이해관계인이 될 수 있다. 이러한 권리증명은 매각허가결정기일까지 할 수가 있다.

질의 2 항고를 제기할 수 있는 자격이 있는 자는 누구인가?

원칙적으로 이해관계인이다. 즉시항고는 재판의 성질상 신속히 확정지을 필요가 있는 경우 인정되는 것으로 법률의 규정이 있는 경우에만 할 수 있는 것을 원칙으로 한다.
항고기간은 1주일의 정함이 있고, 그 기간이 경과하면 재판이 확정된다. 민사집행법 절차에 대한 재판에 관하여는 특별한 규정이 있는 경우에 즉시항고가 가능하다(민사집행법 제15조). 이때 항고권자는 앞서 설명한 이해관계인과 최고가매수신고인이다. 그러나 이해관계인에 해당된다고 하여도 매각허부결정에 의하여 손해를 받을 가능성이 있는 자만이 항고권자가 될 수 있으므로 다른 이해관계인의 권리에 관한 것을 이유로 하여 항고할 수 없다. 예컨대, 공유지분매각에 있어 다른 공유자에게 매각기일통지를 하지 않고 매각허가결정이 된 경우 그 공유자가 아닌 다른 이해관계인은 그러한 사유로 항고할 수 없다.

질의 3 주택임차인이 매각절차의 통지를 받지 못한 경우 항고사유가 되는가?

원칙적으로 임차인은 이해관계인이 아니다. 따라서 항고를 제기할 권한이 없다. 그러나 임차인이 그 권리를 증명(배당요구 및 권리신고)한 경우에는 이해관계인으로 취급되므로 임차인이 매각기일 등의 통지를 받지 못한 경우 항고사유가 될 수 있다.

질의 4 **매각부동산 중 일부가 감정평가에서 제외된 경우 매각 불허가 사유가 되는가?**

일부 매각대상의 물건이 감정평가에서 누락되었다 하더라도 그 누락 부분이 낙찰을 허가하지 아니할 정도로 중대한 경우에만 최저매각가격의 결정에 중대한 하자가 있는 사유로 판단할 수 있다(대법원 2000마3530).

질의 5 **가압류, 가처분, 예고등기권자는 이해관계인에 포함되는가?**

가압류, 가처분, 예고등기권자는 이해관계인에 해당되지 않는다. 또한 집행력 있는 정본이 없이 배당요구를 한 일반채권자도 이해관계인이 아니다(대법원 98다53240). 단, 경매개시 전의 가압류권자는 이해관계인은 아니지만 배당요구를 하지 않은 경우도 당연히 배당요구를 한 것으로 취급한다.

질의 6 **매각물건명세서에 선순위임차인의 주민등록이 누락된 경우 배각 불허가 사유가 되는가?**

매각물건명세서는 법원경매에 참가하려는 매수희망자가 매각부동산에 대하여 필요한 정보를 쉽게 얻을 수 있게 하여 예측하지 못한 손해를 입는 것을 방지하여야 한다. 따라서 매각부동산에 매수인에게 인수되는 선순위임차인이 있음에도 불구하고 매각물건명세서에는 그 기재가 누락되어 임차인 미상 등으로 기재되어 있거나 아무런 기재도 없는 경우 매각불허가 사유가 된다(대법원 95마1197).

질의 7 최저매각가격 결정에 있어서 '중대한 하자'의 의미는 무엇인가?

경매개시결정이 되면 집행법원은 매각부동산에 대하여 감정평가기관에 감정평가를 명하게 된다. 감정인이 감정평가서를 집행법원에 제출하면, 이를 토대로 매각부동산의 가격이 정해지고 그 가격을 최저매각가격으로 하여 최초의 입찰이 진행된다.

여기서 '중대한 하자'란 매각에 영향을 줄 수 있는 정도에 해당하는 것으로, 매각을 허가함이 상당하지 않다고 인정할 정도로 그 하자가 중대한 것을 말한다. 최저매각가격의 결정에 중대한 하자가 있다고 하려면, 감정평가 명령 결정이 법에 정한 절차에 위반하여 이루어지거나 감정인의 자격 또는 평가방법에 위법사유가 있어 이에 기초한 결정이 위법한 것으로 되는 등의 사정이 있어야 한다(대법원 98마2336).

질의 8 매각물건명세서에 임차인의 배당요구가 기재되지 않은 경우 중대한 사유가 되는가?

매각물건명세서에 임차인의 배당요구나 그 통지에 관한 사항이 기재되지 않은 것은 매각불허가사유가 되는 '물건명세서의 작성에 중대한 하자가 있는 때'에 해당하지 않는다(대법원 2001다1942).

질의 9 공유지분매각 시 다른 공유자에게 매각기일을 통지하지 않은 경우는 항고사유인가?

공유물의 지분을 매각함에 있어 다른 공유자에게 매각기일과 매각결정기일을 통지하여야 하므로, 다른 공유자들이 그 통지를 받지 못한 경우에는 이해관계인으로 그 절차상의 하자를 이유로 항고할 수 있다.

질의 10 **매각물건명세서에 '농지취득자격이 필요함'이라 잘못 기재된 경우 매각불허가 사유가되는가?**

매각부동산에 대하여 농지취득자격증명서가 필요하지 않음에도 불구하고 집행법원의 잘못으로 인하여 매각물건명세서에 필요한 것으로 작성되어 있는 경우가 있다. 이것은 일반인에게 매수의사나 매수신고가격을 결정함에 있어 심대한 영향을 끼쳤다고 할 것이므로 매각불허가사유에 해당한다(대법원 2002마1208).

질의 11 **이해관계인에게 최저매수가격을 잘못 통지한 경우 항고사유가 되는가?**

집행법원이 이해관계인에게 통지할 의무가 있는 사항은 매각기일과 매각결정기일에 관한 것에 한하고, 최저매수가격은 통지의무가 있는 사항이 아니다. 따라서 당사자의 편의를 위하여 통지하여 주는 것에 지나지 않는 최저매수가격을 착오로 잘못 통지하였다고 하여 매각을 허가한 결정을 취소할 만한 사유가 될 수 없다(대법원 99마2906).

질의 12 **입찰 후 인수되는 권리가 발생한 경우 어떻게 대치해야 하나?**

근저당권(말소기준권리)의 바로 다음 후순위임차권의 대항력이 소멸하는 것으로 알고 입찰에 참가하여 최고가매수신고인이 되었으나 그 근저당권이 입찰 후 매각결정기일 전에 소멸하였으면 매각불허가신청을, 매각허가결정 후에 소멸되었으면 매각허가결정취소신청을 할 수 있다(대법원 98마1031).

질의 13 매각공고와 실제 매각할 부동산의 면적이 차이가 있는 경우 항고사유가 되는가?

매각부동산의 실제 면적이 입찰기일 공고에 크게 차이가 나도록 잘못 기재된 경우 매각기일공고가 법률의 규정에 위반한 경우에 해당되므로 집행법원은 직권으로 매각불허가 결정을 하여야 한다. 그러나 판례는 그 차이가 근소한 차이인 경우 매각불허가를 인정하고 있지 않다. 부동산의 면적이 전 7,672㎡를 7,686㎡로 잘못 표시하여 공고한 사례에서, 차이가 나는 면적은 근소한 차이이므로 중대한 하자로 인정하지 않는다(대법원 2000라166).

※ 매수희망자는 결국 공고된 면적이 아닌 등기부상의 면적으로 소유권을 취득하게 되므로 특히 매각목적물이 전이나 답인 경우 등기부상의 면적과 매각공고상의 표시를 잘 살펴보아야 한다.

질의 14 매각부동산이 과잉매각인 경우?

경매 신청된 채무자의 여러 개의 부동산 중에서 한 개의 부동산 매각대금으로 모든 채권자의 채권액과 집행비용을 변제하기에 충분하다면, 다른 부동산에 대한 매각을 허가하지 아니한다. 이 경우 채무자는 매각할 부동산을 지정할 수 있다. 이에 위반하였을 경우 과잉매각이 되어 매각불허가 사유가 된다.

과잉매각의 경우 채무자의 선택에 따라(채무자가 매각결정일까지 지정하지 아니하면 집행법원의 재량으로 지정한다) 일부 부동산에 대한 매각을 불허가한다. 다만, 일괄매각인 경우에는 과잉매각이더라도 매각을 불허가할 수 없다.

※ 과잉매각금지 원칙에 위반하여 매각을 허가하였을 경우 항고 사유는 될 수 있으나 항고법원이 과잉매각인지의 여부를 직권으로 조사할 사항이 아니므로 그것을 다투려면 항고권자가 매각허가결정에 대한 항고로서 과잉매각을 주장하여야 한다.

질의 15 **목적부동산이 훼손된 경우 매수인의 구제절차는?**

매각기일 후에 천재지변 기타 자기가 책임질 수 없는 사유로 인하여 부동산이 훼손된 경우 매각결정기일 이전이면 최고가가매수인은 매각불허가신청을, 매각허가결정 후 대금납부 시사이에 훼손된 경우 매수인은 매각허가결정의 취소신청을 할 수 있다.

질의 16 **집행정지결정 정본이 제출되는 경우 집행법원의 조치는 어떻게 진행하나?**

매각기일 후 매각결정기일 선고 전에 집행정지결정 정본이 제출된 경우에는 매각불허가결정을 한다. 강제집행을 허가할 수 없거나 집행을 속행할 수 없을 때에 해당되기 때문이다.

질의 17 **감정평가금액이 상식 밖으로 저평가되었을 경우 중대한 하자에 해당되는가?**

단순히 감정인의 평가액과 이에 근거하여 결정한 최저매각가격이 시가에 비하여 저렴하다는 사유만으로는 여기에 해당된다고 볼 수 없다. 그러나 감정평가액이 일반적 기준에 현저하게 반한다거나 사회통념상 현저하게 부당하다고 인정되는 경우에는 최저매각가격의 결정에 중대한 하자가 있는 것으로 될 수 있다(대법원 2000마1143).

07 SECTION

매각대금의 납부

대금납부기한은 통상적으로 매각허가일로부터 1개월 이내로 정하여진다. 민사집행법은 매수인의 대금납부시기를 대금납부 '기일'이 아니라 '기한'으로 규정함으로써, 매수인은 대금납부통지서를 받고 그 기한 내에 납부하면 된다.

매각대금 지급(납부)기한 및 통지서

1. 집행법원은 매각허가결정이 확정되면 확정된 날부터 1개월 안의 날로 매각대금 지급기한을 지정하고 매수인에게 대금납부명령을 한다. 대금납부통지서를 받은 매수인은 법원이 지정한 기한까지 매각대금을 현금으로 납부하여야 한다.

2. 실무에서는 대금 납부기한을 매각허가결정 확정일로부터 통상적으로 25~35일 사이에 정해진다. 구법에서는 법원이 정한 매각대금지급기일에 대금을 납부하도록 되어 있어서 그 기일 전에 대금을 납부하여도 효력이 없고 반드시 그 기일에 납부해야 대금납부의 효력이 인정되었다. 민사집행법은 대금납부 "'기일'이 아닌 '기한' 내로 규정함으로써 그 기한 내에 납부하면 된다.

납부금액

납부금액은 원칙적으로 매각대금(입찰한 금액)에서 매수신청보증금액을 공제한 금액이다. 그러나 입찰시 매수신청보증금을 경매보증보험증권으로 대신한 매수인은 입찰한 금액 전액을 납부하여야 한다.

대금납부절차

1. 대금납부명령서

매각기일에 최고가매수신고인이 되었을 때 받은 매수신청보증금에 대한 보관영수증을 담당 경매계에 제출하고 대금납부명령서를 발급받은 후 매각대금과 함께 은행에 납부가고 영수증을 경매계에 제출하면 된다.

2. 특별한 대금지급(납부)방법

(1) 배당액과의 상계 처리

1) 목적부동산에 관하여 배당받을 채권자가 매수인이 된 경우에는 매각결정기일이 끝날 때까지 상계신청서(차액지급신고서)를 법원에 신고하고 배당받아야 할 금액을 공제한 금액을 배당기일에 현금으로 납부할 수 있다(민사집행법 143조 제2항).

2) 채권자가 상계신청을 한 경우에는 대금지급기한을 따로 정하지 않고 배당기일과 같은 날에 지정하여 처리한다. 만약 매수인이 배당받아야 할 금액에 대하여 다른 이해관계인이 이의를 제기한 경우에는 상계처리를 할 수 없고 배당기일이 끝날 때까지 매각대금 전액을 납부하여야 한다. 납부하지 않을 경우에는 재매각의 절차에 따른다. 다만, 실무에서는 매수인이 이의 있는 금액을 납부하겠다고 하면 재매각을 하지 않고 배당기일을 따로 정하여 속행한다.

(2) 채무의 인수

1) 매수인은 배당표의 실시에 따라 관계되는 배당권자의 승낙을 받고 매각대금의 한도 내에서 대금의 지급에 갈음하여 그 배당액에 상당하는 채무를 인수하고 인수한 금액을 제외한 금액만 납부할 수 있다(민사집행법 제143조 제1항). 예컨대 대금납부할 금액이 1억원이고 7천만원을 배당받는 저당권자가 있다면, 저당권자의 동의하에 그 저당권을 인수하고 3천만원만 대금납부하면 된다. 물론 그 저당권등기는 매수인이 소유권이전촉탁등기시에 말소되지 않고 매수인이 부담한다.

2) 채무 인수의 경우 채무인수신청서를 제출하여 허가를 받아야 하고, 앞서 설명한 배당액의 상계처리와 같이 대금지급기한을 배당기일과 같은 날로 지정한다.

서식

채 권 상 계 신 청 서

사건번호 타경 호

채권자

채무자

위 사건에 관하여 매수인이 납부할 매각대금을 민사집행법 제143조 제2항에 의하여 매수인이 채권자로서 배당받을 금액한도로 상계하여 주시기 바랍니다.

년 월 일

매수인 겸 채권자 (인)

연락처(☎)

○ ○지방법원 귀중

서식

매수인의 채무인수신청서

타경 호

매수인

주 소

채권자

주 소

채무자

주 소

배당요구채권자

주 소

근저당권자

주 소

○○지방법원 타경 부동산 강제(임의)경매사건에 관하여, 매수인은 별지기재부동산에 관하여 년 월 일 최고가매수신고인으로 매각허가결정을 받고 년 월 일 대금지급기일 및 배당기일이 지정된 바, 매수인은 다음과 같이 관계채권자(근저당권자)의 승낙을 얻었으므로 동 채권자에게 대한 채무자의 채무를 매각대금의 지급에 갈음하여 인수하고(근저당권자의 근저당권은 존속시키고) 그 배당액 상당의 매각대금의 지급을 면하도록 민사집행법 제143조 제1항에 따라서 매입대금의 지급에 갈음하여 채무인수신청을 합니다.

다 음

1 근저당권자 000의 승낙

주 소 :

첨부서류

1. 채무인수승낙서 1통
1. 인감증명 1통(근저당권자)
1. 부동산목록 1통
1. 채권계산서 1통

년 월 일

매수인 (인)

○ ○지방법원 귀중

대금납부의 효과(소유권 취득)

일반적인 매매는 매수인이 잔금을 지급한 경우라도 소유권이전등기를 하여야 비로소 소유권을 취득하게 되나, 법원경매는 소유권이전등기의 여부와 관계없이 매수인이 대금납부를 완납한 때 소유권을 취득한다. 강제경매와 임의경매 모두 동일하다. 따라서 매수인은 대금 완납 후 소유자의 자격으로 매각부동산에 대하여 점유할 권리가 없는 자를 상대로 인도명령을 신청할 수 있다. 차순위매수신고인이 있는 경우 매수인이 매각대금을 완납한 후 비로소 차순위신고인은 매수신청보증금을 돌려받을 수 있다.

공매절차와의 경합

동일한 부동산이 국세체납 절차에 의하여 공매절차가 진행 중에 있는 경우라도 집행법원은 강제경매나 임의경매를 그 공매절차와 별도로 독자적으로 진행할 수 있다. 이 경우 양 매수인 중에서 매각허가결정을 누가 먼저 받은 것과 관계없이 대금납부를 먼저 한 자가 그 소유권을 취득하게 된다. 실무에서는 대금납부 전에 공매로 인하여 소유권을 먼저 취득한 자가 있는 경우 집행법원은 매수인에게 항고취하서를 받아 두고 매수신청보증금을 돌려준 후 매각절차를 취소한다.

매각대금미납에 따른 법원의 조치

1. 차순위매수신고인과 그에 대한 매각허부 결정

최고가매수신고인 이외의 입찰자 중 최고가매수금액에서 매수신청보증금을 공제한 금액보다 많은 가격으로 응찰한 사람은 차순위매수신고를 할 수 있다. 매수인이 대금지급기한 내에 그 의무(대금납부)를 이행하지 않을 경우, 차순위매수신고인의 유무에 따라 매각절차는 다르게 진행된다.

(1) 차순위매수신고인이 있는 경우

차순위매수신고인에 대한 매각결정기일의 지정은 처음 매수인의 대금지급기한 마지막 날로부터 3일 안에 정하고 2주일 안에 매각허가 여부를 결정한다. 차순위매수인에게 매각허가결정이 확정(항고 없이 1주일 경과)되면 대금지급기한을 지정한다.

(2) 차순위매수신고인이 없는 경우

매수인이 매각대금을 납부하지 않은 경우, 집행법원은 직권으로 재매각을 실시한다.

2. 재매각

재매각은 매각허가결정이 확정된 후 대금납부기한 내에 매수인이 매각대금을 완납하지 아니하고 차순위매수신고인도 없는 경우 집행법원이 매각절차를 다시 진행하는 것을 말한다.

(1) 매수인이 대금지급기일까지 대금납부를 완전히 이행하지 않고 차순위매수신고인이 없을 때, 또는 차순위신고인이 있더라도 의무를 이행하지 않을 경우 집행법원은 직권으로 재매각을 명하여야 한다. 재매각기일의 지정은 재매각사유 발생일로부터 1주일 안에 하고 그 기일은 공고일로부터 2주일 후 20일 안의 날로 정하여야 한다. 실무에서는 대금미납으로 인한 재매각기일은 통상적으로 대금미납일로부터 25~35일 사이에 진행된다.

(2) 재매각시 특별매각조건으로 매수신청보증금액은 각 법원마다 조금씩 차이가 있지만 통상적으로 최저가액의 20%이다. 재매각의 입찰 시에는 매수신청보증금액에 주의를 하여야 한다. 어렵게 최고가매수신고인이 되었지만 매수신청보증금을 10%로 착각하여 무효 처리되는 경우가 종종 있다.

(3) 매수인이 재매각기일의 3일전까지 매각대금, 그에 따른 지연이자와 매각절차비용을

지급한 때에는 재매각절차를 취소하여야 한다. '재매각기일의 3일전까지'라 함은 소급하여 3일이 되는 날이다. 예컨대 재매각기일이 4월 5일이면 역산하여 3일이 되는 날 즉 4월 2일까지가 된다. 실무에서는 재매각기일 당일까지도 대금납부를 받아들이는 법원이 많이 있다. 입찰에 참가하기 전에 담당 경매계에 전화로 재매각취소 여부를 문의하고 재매각 당일 날에도 입찰법정 게시판에서 제일 먼저 목적부동산이 취소, 변경되었는지를 확인하고 입찰에 참가하도록 하여야 한다.

(4) 지연이자의 계산기간은 대금지급기한 다음 날부터 대금완납기일까지이다. 그 이율은 연 20%이다.

(5) 최고가매수신고인이 대금납부를 하지 않아 차순위매수신고인이 매각허가결정을 받고 매수인이 되었으나 매각대금을 납부하지 않아 재매각을 실시하는 경우 재매각 기일전까지 최고가매수인과 차순위매수인 중 먼저 대금을 지급한 자가 소유권자가 된다(민사집행법 제138조 제3항 후문).

(6) 재매각이 실시된 때에는 전 매수인은 재매각 입찰에 참가할 자격이 없다. 전 매수인의 입찰보증금은 반환받을 수 없고 몰수당하며 그 보증금은 후에 법원이 배당할 금액에 합산되어 채권자들에게 배당된다. 다만 재경매 후에 목적부동산이 멸실되었거나 매각절차가 취소, 취하된 경우에는 매수인은 담보취소결정을 받아서 매수신청보증금의 반환이 가능하다.

3. 매각부동산이 이중경매인 경우

(1) 매각허가결정이 확정된 후 매각절차정지결정이 제출되어 대금지급기한을 지정하지 못하고 있는 사이에 이중경매신청에 의한 경매개시결정이 내려진 경우 후행사건에 기하여 대금지급기한을 지정한다. 선행사건의 절차가 정지되는 경우, 후행사건의 절차는 선행사건이 진행된 상태를 그대로 이어받아 진행하기 때문이다.

(2) 매각결정기일 전에 경매취소결정을 하였지만 그 결정이 확정되기 전에 이중경매신청에 의한 경매개시결정이 내려진 경우, 취소된 선행사건의 최고가매수신고인에게 후행사건에 기하여 매각허가 여부를 선고한다. 후행사건의 절차는 선행사건절차의 속행적 성격을 가지기 때문이다.

(3) 매각허가결정 이후 매각대금납부 이전에 강제집행정지결정이 제출되어 매각절차를 정지하여야 함에도 이를 무시하고 집행법원이 대금납부기한을 지정하고 이에 따라

매수인이 대금을 완납하였다면 집행법원의 이러한 대금납부기한지정 조치 등은 위법함에도 불구하고 매수인은 소유권을 취득한다(대법원 94마1871).

서식

매 각 대 금 완 납 증 명 서

사건번호　　타경　　호
채권자
채무자
소유자
매수인

위 사건의 별지목록기재 부동산을　　년　월　일　　금　　원에 낙찰받아　　년　월　일 매각대금 전액을 납부하였음을 증명하여 주시기 바랍니다.

년　월　일
매수인　　　(인)

○ ○지방법원　귀중

※ 매각대금을 납부하고 동시에 매각대금완납증명서를 발급 받아두면 편리하다. 등록세 및 취득세를 납부하기 위하여 관할구청에서 납부고지서 등을 수령할 때 필요한 증명서가 된다.

08 SECTION

배당절차

매각허가결정이 확정된 후 매각대금지급을 통지받은 매수인은 대금납부기한까지 매각대금을 완납하여야 한다. 매수인이 매각대금을 완납하면 집행법원은 매각대금을 각 채권자에게 순위에 따른 배당을 실시하기 위하여 배당절차를 실시하게 된다.

배당기일과 배당요구

1. 배당기일

(1) 매수인이 납부한 매각대금으로 각 채권자들의 채권액을 변제하기가 부족한 때에는 집행법원은 민법, 상법, 기타 법률에 의한 채권의 우선순위로 각 채권자들의 채권을 배당하는 절차를 진행하게 되고 그 배당이 이루어지는 날을 '배당기일' 이라 한다.

(2) 배당기일은 전 채권자가 출석하여 합의에 기하여 배당 내용을 확정하는 것을 목적으로 하는 기일이다. 채권자, 채무자 및 소유자에게 배당기일에 출석하여 배당절차가 적법하지 않는 경우 배당이의를 신청할 수 있는 기회를 보장하여 준다. 실무에서는 통상적으로 배당기일은 매각대금 완납 후 25~35일 사이에 정해진다.

2. 배당요구

(1) 배당요구를 하지 않아도 당연히 배당에 참가할 수 있는 자

- 선행사건의 배당요구종기까지 이중경매신청을 한 채권자
- 첫 경매개시결정등기 전에 등기된 가압류권자
- 경매개시결정기일등기 전에 등기되어 있는 저당권자나 전세권(매각으로 인하여 소멸되는 경우)자, 압류권자
- 경매신청기입등기 후에 설정된 저당권 등의 담보물권자로서 권리신고를 한 자
- 등기된 임차권등기명령권자

(2) 배당요구가 필요한 채권자

- 집행력 있는 정본을 가진 채권자(판결문 등)

• 경매개시결정등기 후에 가압류를 한 채권자
• 국세 등의 교부 청구채권자
체납된 조세가 등기부에 압류가 되어 있지 않은 경우, 주무관서는 배당요구종기까지 교부청구를 하여야 한다. 이후 교부 청구는 배당에서 제외해야 한다. 교부 청구는 배당요구와 동일한 성질이라 볼 수 있다. 그러나 매각부동산에 조세 체납에 의한 압류등기가 되어 있는 경우에는 그 등기로써 교부 청구의 효력이 있다.

3. 민법, 상법, 기타 법률에 의하여 우선변제청구권이 있는 채권자

'우선변제청구권 있는 채권자'는 확정일자부임차인, 임금채권 등과 같이 우선변제청구권은 인정되고 있으나 등기가 되어 있지 않기 때문에 배당요구를 하지 않으면, 그 채권의 존부나 액수를 알 수 없는 채권을 가진 자를 말한다. 소액임차인도 배당요구를 하여야 한다. 배당요구를 하지 않은 경우 배당에서 제외된다.

4. 배당요구의 종기

배당요구는 경매개시결정 이후부터 첫 매각기일 이전에 집행법원이 정한 배당요구종기까지 하여야 한다.

5. 배당요구의 방식

채권자는 배당을 요구하는 채권이 어떠한 채권(이자, 비용, 기타 부대채권 포함)인지의 여부와 채권금액을 기재한 배당요구서를 제출하여야 한다. 「국세징수법」이 적용되는 조세나 기타 공과금채권은 배당요구종기까지 당해 공무소로부터 교부 청구가 있거나, 참가압류의 통지를 받은 경우에는 배당요구를 한 것으로 인정한다(국세징수법 제56조, 제57조).

6. 배당요구의 철회

배당요구를 한 채권자도 원칙적으로 자유롭게 배당요구의 철회를 할 수 있다. 그러나 배당요구의 철회에 따라 매수인이 인수하여야 할 부담이 바뀌는 경우 배당요구의 종기가 지난 뒤에는 이를 철회하지 못한다(민사집행법 제88조 제2항). 예컨대 대항력과 확정일자 있는 임차인이 배당요구를 한 경우, 그 임차인은 배당종기 이후에는 배당요구를 철회하지 못하며 설상 철회하였더라도 철회의 효력은 없다.

배당기일의 지정 및 통지

1. 매수인이 매각대금을 완납하면 3일 내에 집행법원은 배당에 관한 진술 및 배당을 실시할 기일을 결정하게 된다. 실무에서는 대금완납 후 25~35일 사이에 배당기일을 정하고 있다.
2. 배당기일은 이해관계인과 배당을 요구한 채권자에게 이를 통지하여야 한다. 다만 채무자가 외국에 있거나 있는 곳이 분명하지 아니한 때에는 통지하지 아니한다(민사집행법 제146조 단서).

배당표의 작성과 비치

1. 집행법원은 늦어도 배당기일의 3일 전까지는 배당표를 작성하여, 법원에 비치해야 한다. 각 채권자와 채무자로 하여금 열람할 기회를 주어야 한다. 배당표에는 매각대금과 배당받을 각 채권자의 채권의 원금, 이자, 비용, 배당의 순위와 비율을 적어야 한다.
2. 이해관계인들은 본인들에게 배당될 채권이 정확하게 배당되어 있는지 미리 배당표를 확인하고 잘못 배당이 있는 경우에는 배당기일에 출석하여 배당이의를 제기하여야 한다. 배당이의신청서를 미리 제출하였더라도 배당기일에 출석하여 배당이의 제기하지 않으면 배당이의 소를 제기하지 못한다.

배당순위

매각대금과 이와 관련된 이자, 재매각인 경우에는 전 매수인의 몰수한 매수신청보증금액을 합한 금액에서 집행비용을 제외한 금액을 실질배당할 금액으로 정하여 다음과 같은 순위로 배당을 실시한다.

1. 저당권 · 전세권으로 담보되는 채권이 조세채권의 법정기일 전에 설정된 경우

제1순위

- 소액임차보증금, 최종 3개월분 임금채권, 최종 3년간의 퇴직금
  이들 상호 간의 순위는 같은 순위이다.

제2순위

- 당해세

  당해세 우선의 원칙에 따라 집행의 목적물에 대하여 부과된 국세, 지방세와 가산금이다. 국세인 당해세에는 상속세, 증여세, 재평가세가 있으며 지방세의 경우, 재산세, (분리과세 된)종합토지세, 도시계획세, 자동차세, 소방공동시설세가 있다. 그러나 취득세와 등록세는 당해세로 인정되지 않는다.

제3순위

- 국세 및 지방세의 법정기일 전에 설정등기된 담보권(저당권, 담보가등기, 전세권), 확정일자부임차인의 임차보증금채권은 저당권과 같이 취급된다.

제4순위

- 1순위의 3개월분 임금채권을 제외한 임금채권, 그 밖의 근로관계로 말미암은 채권

제5순위

- 당해세가 아닌 국세, 지방세 등 지방자치단체의 징수금

  다만 법정기일 등이 담보물권설정 등기 이전인 경우에는 후순위 담보물권의 피담보채권과 일반임금채권에 앞선다.

제6순위

- 국세 및 지방세의 다음 순위로 징수하는 각종 공과금채권
- 건강보험료(의료보험료), 국민연금보험료, 산업재해보상보험금, 기타 징수금

  건강보험료와 국민연금보험료는 각 납부기한 전에 설정된 저당권 등에 대하여는 우선하지 못하나, 그 납부기한 이후에 설정된 저당권 등과 기타 일반채권에 대하여는 우선하여 배당한다. 이러한 배당순위의 관계로 말미암아 실무에서는 안분배당 후 흡수배당하는 과정을 통하여 배당을 하게 된다. 산업재해보상금보험금, 기타 징수금은 저당권과 같은 담보권보다는 후순위로, 일반채권자보다는 선순위로 배당한다(대법원 96다50063). 단, 압류등기가 된 위의 보험료들은 후순위권리자보다 우선하여 배당된다(대법원 98다26149).

제7순위

- 가압류채권과 집행력 있는(판결 등) 일반채권

  일반 공과금이나 과태료 등도 포함된다. 이들 간에는 채권 성립 시기의 선후에 관계없

이 각 채권액에 비례하여 안분배당한다(채권평등주의).

2. 저당권 · 전세권으로 담보되는 채권이 조세채권의 법정기일이 보다 후에 설정된 경우

1순위 : 앞에서 설명한 배당순위와 같다. 즉 소액임차보증금, 최종 3개월분 임금과 최종 3년간의 퇴직금

2순위 : 조세 그 밖에 이와 같은 순위의 징수금(당해세 포함)

3순위 : 조세 다음의 순위의 공과금 중 납부기한이 저당권, 전세권의 설정등기보다 앞서는 건강의료보험료, 국민연금보험료

4순위 : 저당권, 전세권으로 담보되는 채권

5순위 : 임금 그 밖의 근로관계로 말미암은 채권

6순위 : 조세 다음 순위의 공과금 중 산업재해보상보험금, 그 밖의 징수금, 구 의료보험료, 구 연금보험료, 납부기한이 저당권 · 전세권의 설정등기보다 늦은 의료보험료, 연금보험료

7순위 : 일반채권

3. 매각부동산에 저당권 등으로 담보되는 담보채권이 없는 경우

1순위 : 앞에서 설명한 배당순위와 같다. 즉 소액임차보증금, 최종 3개월분 임금과 최종 3년간의 퇴직금

2순위 : 임금 그 밖의 근로관계로 인한 채권

3순위 : 조세 그 밖에 이와 같은 순위의 징수금

4순위 : 조세 다음 순위의 공과금

5순위 : 일반채권

※ 확정일자부 임차인이 존재하는 경우, 그 순위는 저당권의 순위와 같이 취급되어 배당을 받는다.

배당의 실시

1. 배당을 실시하여야 할 경우

(1) 배당기일에 배당표에 대하여 이의가 없는 경우 또는 이의가 있더라도 이에 관계없는 부분에 대하여는 배당표가 확정되므로 즉시 배당을 실시하여야 한다(민사집행법 제

152조 제2항, 제3항).

(2) 배당기일에 출석하지 아니한 채무자, 채권자 등 이해관계인은 배당표의 실시에 동의한 것으로 본다. 그러나 배당기일에 출석하지 아니한 채권자가 다른 채권자가 제기한 이의에 관계된 때에는 출석하지 않은 채권자는 그 이의를 정당하다고 인정하지 아니한 것으로 본다(민사집행법 제153조 제2항).

(3) 배당이의신청인이 이의를 철회하거나 배당이의의 소 제기 사실(소제기증명원)을 1주일 내에 집행법원에 증명하지 아니한 때에는 집행법원은 배당표에 따라 배당을 그대로 실시한다.

2. 집행정본 또는 채권증서의 교부, 영수증의 수령 및 교부

(1) 채권자에게 채권 전부를 배당하는 경우

채권자에게 배당액 지급증을 교부함과 동시에 그 채권자가 소지하고 있는 집행력있는 정본을 제출하게 하고, 만일 없는 경우에는 채권증서를 제출하게 한다. 제출된 집행력있는 정본 또는 채권증서를 채무자에게 교부한다(민사집행법 제159조 제2항).

(2) 채권자에게 채권의 일부를 배당하는 경우

채권자가 제출한 집행력 있는 정본 또는 채권증서에 배당액을 적은 다음 채권자에게 돌려주고 배당액 지급증을 교부하는 동시에 채권자로부터 배당금액 영수증을 제출받아 이를 채무자에게 교부한다(민사집행법 제159조 제3항). 채권자에게 채권증서를 돌려주는 이유는 아직 변제받지 못한 금액을 나중에라도 다시 채무자에게 받을 수 있도록 하기 위함이다.

3. 배당액의 공탁

다음의 경우에는 그 배당액을 공탁하여야 한다.

(1) 민사집행법 제160조 제1항의 사유

제1호 : 채권에 정지조건 또는 불확정기한이 붙어 있는 때

제2호 : 가압류채권자의 채권인 때

제3호 : 집행의 일시정지를 명한 취지를 적은 재판의 정본, 담보권실행을 일시 정지하도록 명한 재판의 정본이 제출되어 있는 때

제4호 : 저당권설정등기에 가등기가 마쳐져 있는 때

제5호 : 배당이의의 소가 제기된 때

제6호 : 민법 제340조 제2항, 제370조에 따른 배당금액의 공탁청구가 있는 때

(2) **민사집행법 제160조 제2항의 사유**

채권자가 배당기일에 출석하지 아니한 때

4. 공탁된 배당액의 처리

(1) **공탁된 금액을 배당표에 기재된 채권자가 전부 받는 것으로 확정된 경우**

집행법원은 배당액의 지급위탁서를 작성하여 공탁공무원에게 보내는 한편, 채권자에게는 배당액 지급증(지급증명서)을 교부한다. 채권자는 지급증을 공탁공무원에게 제출하고 공탁금을 수령할 수 있다.

(2) **기타 경우**

- 예컨대 가압류가 취소되거나, 근저당권의 피담보채무가 존재하지 않은 경우 그 권리는 공탁된 금액에 대하여 채권을 주장할 수 없으므로 공탁된 금액은 채무자에게 지급할 것인가 아니면 추가로 배당할 것인가의 문제가 발생한다.
- 종래 민사소송법은 이 경우 아무런 규정을 두고 있지 아니하여 판례도 이 경우 엇갈리는 태도를 취하고 있었다. 즉, 공탁된 금액은 추가배당할 것이 아니라 채무자에게 지급하여야 한다는 견해(대법원 79마94)와 다른 채권자에게 추가로 배당을 하여야 한다는 견해로 나누어져 있었다(대법원 2001다37613). 그러나 민사집행법은 명문의 규정으로 이 경우 추가 배당하는 것으로 정리하고 있다(동법 제161조 제1항와 제3항). 다만, 추가배당절차에서의 배당이의는 종전의 배당기일 뒤에 생긴 사유로만 이의할 수 있다(동법 제161조 제4항).

배당이의의 소

배당이의의 소는 배당기일에 출석하여 배당표에 대하여 이의가 있는 채무자 또는 채권자가 기존의 배당표 변경을 구하기 위하여 제기하는 소이다.

1. 이의를 할 수 있는 자

배당기일에 출석하여 배당표에 대한 실체상의 이의신청을 한 채권자 또는 채무자이다.

배당기일에 이의신청을 하지 않은 자는 배당이의 소를 제기할 수 없다. 배당기일 전에 이의신청서를 제출하였지만, 배당기일에 출석하지 않은 자도 배당이의 소를 제기할 수 없다(대법원 79다1846). 배당표에 대한 이의은 구술에 의해서만 가능하고, 서면에 의한 이의는 허용되지 않는다.

2. 이의에 대한 사유

(1) 절차상

채무자와 각 채권자 등 이해관계인은 배당표의 작성과정이나 배당실시 절차상에 위법이 있을 경우 배당이의를 할 수 있다. 집행법원은 이러한 이의가 정당하다고 인정하는 때는 배당표의 기재를 고쳐 바로잡거나 바로 고쳐잡기에 시간이 걸릴 경우 배당기일을 연기하고 다시 배당기일을 연다. 이의가 이유 없다고 판단되면 그대로 배당 절차를 속행한다.

(2) 실체상

이해관계인은 실체상의 사유인 채권의 존재 여부, 채권 금액, 배당순위 등에 관하여 이의가 있으면 배당이의를 할 수 있다. 이해관계인은 자기의 이해에 관계되는 것에 한하여 이의할 수 있다(대법원 92다50270). 이 경우 이의가 제기된 금액은 공탁되고 배당이의소송의 결과에 따른다.

(3) 채무자가 이의신청을 한 경우

채무자가 집행력 있는 정본(판결문 등)을 가진 채권자에 대하여 배당이의를 한 경우에는 배당이의의 소를 제기할 수 없고 청구이의의 소를 제기하여야 한다. 배당이의의 소는 별도의 집행정지결정문 없이 배당이의소송이 확정될 때까지 배당표가 확정되지 않으나 청구이의 소는 별도로 집행정지결정문을 제출하여야 배당절차가 중단된다.

3. 배당이의의 소의 제기기간

배당이의의 소는 이의신청을 한 배당기일로부터 7일 내에 제기하여야 한다.

4. 관할법원

배당이의의 소는 배당을 실시한 집행법원이 속한 지방법원이 관할한다(민사집행법 제156조).

5. 소송 절차

원고가 배당이의소송의 첫 변론기일에 출석하지 아니하면 배당이의의 소를 취하한 것으로 본다(민사집행법 제158조). 이는 배당절차의 신속한 종결을 위하여서이다.

6. 배당이의의 소장 및 소제기증명원

서식

소 제 기 증 명 원

원 고
피 고

원고가 . . . 피고에 대하여 귀원 호 별지 소장과 같은 배당이의 소송을 제기한 사실을 증명하여 주시기를 바랍니다.

20 . . .
위 원고 (인)

○○지방법원 귀중

위 증명함.
년 월 일
지방법원 법원사무관 (인)

※ 소제기증명원은 배당이의의소 소장을 접수한 후 발급받아 집행법원에 제출하면 된다.

서식

소 장

원 고
주 소
피 고
주 소

청 구 취 지

1. 귀원 20 타경○○○○호 부동산강제(임의) 사건에 관하여 귀원이 20 . . . 작성한 배당표 중 원고에 대한 배당액 15,000,000원을 45,000,000원으로, 피고에 대한 배당액 45,000,000원을 15,000,000원으로 각 경정한다.
2. 소송비용은 피고의 부담으로 한다.
라는 판결을 구합니다.

청 구 원 인

1. 원고를 채권자 000(경매신청채무자)를 채무자로 하는 귀원 20 타경○○○○호 부동산강제(임의)경매 사건의 배당절차에서 귀원은 20 . . 배당금액 100,000,000원 중 소외 근저당권자 000에게 40,000,000원을, 2순위 확정일자부임차인 피고에게 45,000,000원을 각 배당하고 나머지 15,000,000원을 원고에게 배당하기로 하는 배당표를 작성하였습니다.
2. 그러나 피고는 경매신청채무자와 인척관계로 임차인을 가장하여 거짓의 임대차계약서를 만들어서 있지도 않은 임차보증금 45,000,000원을 우선하여 배당을 받은 것이고 그로 인하여 원고는 경매신청채권액 45,000,000원 중 15,000,000원 밖에 배당을 못 받게 된 것입니다.
3. 그러므로 위 배당표를 청구취지와 같이 변경하여 줄 것을 청구하는 것입니다.

입증방법

1. 배당표등본
1. 호적등본

년 월 일
위 원고 (인)

○○지방법원 귀중

SECTION 09

소유권이전등기 등의 촉탁, 부동산 인도명령

우리나라는 등기신청 시 원칙적으로 공동신청주의를 채택하고 있다. 즉, 매도인과 매수인이 함께 소유권이전등기신청을 하여야 한다. 물론 변호사나 법무사에게 등기신청을 위임한 경우에는 단독으로 신청할 수 있다. 그러나 부동산을 경매로 매수한 경우 매수인의 촉탁으로 집행법원에서 매수인을 대신하여 등기소에 촉탁등기를 하게 된다.

소유권이전등기

1. 촉탁등기신청

(1) 매수인은 매각대금을 완납하고 소유권이전등기 및 매수인이 인수하지 않은 등기부상의 권리들은 말소등기신청을 하게 된다. 등기촉탁신청은 대금납부 후에는 배당실시 이전이라도 집행법원에 신청할 수 있다.

(2) 일반적인 매매인 경우에는 매도인과 매수인이 공동으로 등기소에 소유권이전등기신청을 하게 되지만, 법원경매에 있어서는 매수인 신청에 의해 소유권이전등기 및 기타 말소등기를 집행법원이 대신하여 등기소에 촉탁하게 된다. 그러나 일반매매와 마찬가지로 등기신청서 작성, 첨부서류, 채권매입 등 등기에 필요한 일체의 사항은 매수인이 준비하여 집행법원에 제출하여야 한다. 법원사무관 등은 소유권이전 및 말소등기촉탁신청서가 접수되면 곧바로 관할등기소에 촉탁서를 보내고 등기소에서는 촉탁등기를 경료한 후 등기권리증을 발급하게 된다.

2. 촉탁등기 시 등기부상 권리의 말소 여부

원칙적으로 말소기준권리를 포함하여 후순위 권리들은 모두 말소할 권리에 해당된다.

(1) 경매개시결정기입등기(임의경매, 강제경매)는 말소대상이다.

(2) 저당권등기

저당권은 순위에 관계없이 원칙적으로 모두 말소대상이 된다. 저당권에 부기등기(기존의 등기에 부기번호를 붙여서 하는 등기)된 권리들도 저당권 자체가 말소되므로, 모두 말소하게 된다.

(3) **전세권등기**

원칙적으로 전세권도 말소대상이다. 다만 말소기준권리보다 선순위전세권은 매수인에게 인수되는 권리이므로 말소되지 않는다. 단, 선순위전세권이라도 전세권자가 배당요구한 경우에는 말소촉탁의 대상이 된다.

(4) **가압류등기**

모든 가압류는 순위에 관계없이 말소촉탁대상이 된다. 선행가압류, 즉 가압류 이후 소유권이 이전된 경우 그 가압류도 배당에 참가하게 되므로 말소된다. 단, 그 가압류를 인수하는 조건인 경우에는 예외이다.

(5) **국세체납에 의한 압류등기 는 말소대상이다.**

(6) **소유권에 관한 처분금지가처분등기**

- 원칙적으로 그 가처분이 말소기준권리보다 후순위인 경우에는 매수인에게 인수되지 않는 권리이므로 말소촉탁대상이다. 그러나 그 가처분이 말소기준권리보다 선순위인 경우에는 매수인이 인수하여야 할 권리이다. 따라서 촉탁등기 시 말소되지 않는다.
- 토지소유자가 그 지상 건물소유자에 대한 건물 철거와 토지인도청구권을 보전하기 위하여 건물에 관하여 처분금지가처분이 되어 있는 경우는 주의해야 한다. 즉 가처분은 말소기준권리 이후에 설정되어 있어도 말소되지 않는다. 따라서 건물만 경매가 진행되는 경우 처분금지가처분이 설정되어 있으면 다시 한 번 검토하여야 한다.

(7) **가등기**

- 순위보전을 위한 가등기가 최선순위이면 매수인이 인수하여야 할 권리에 해당되어 말소대상이 아니다. 물론 말소기준권리보다 후순위보전가등기는 말소촉탁대상이 된다.
- 담보가등기는 저당권과 마찬가지로 순위에 관계없이 말소촉탁대상이다.

(8) **임차권등기**

- 임차권등기는 원칙적으로 말소대상이다. 임차인의 주민등록전입과 확정일자가 말소기준권리보다 선순위인 임차권등기라도 배당절차에서 등기된 보증금 전액을 배당받은 이후에는 말소대상이 된다.
- 배당표에 의하여 임차보증금 전액이 배당된 경우 배당기일에 그 보증금에 대하여

배당이의가 있거나 임차인이 매수인의 명도확인서를 제출하지 못해 배당금을 수령하지 못한 경우에도 임차권등기는 말소대상이 된다.

- 예외적으로 선순위임차인이 배당에서 보증금 전액을 배당받지 못한 경우, 나머지 금액은 매수인이 인수하여야 하므로 말소대상이 되지 않는 점을 유의하여야 한다. 물론 나중에 배당받지 못한 금액을 임차인에게 지급하면 말소할 수 있다.

(9) 소유권이전등기

소유권이전등기는 부동산의 이전 과정을 공시하는 기능이 있으므로 원칙적으로 말소촉탁대상이 아니다. 그러나 경매개시결정등기 이후에 경료된 소유권이전등기는 말소대상이 된다.

3. 등기촉탁과 관련된 특수한 문제들

(1) 예고등기

예고등기는 권리에 관한 공시를 목적으로 하는 등기가 아니므로 순위에 관계없이 말소대상이 되지 않는다. 본안소송의 결과에 따라 말소 여부가 결정된다.

(2) 매각대상이 지분인 경우

부동산 전체에 대하여 저당권이나 가압류가 설정되어 있는 경우라도 매각 목적물이 일부 지분이면 말소할 저당권이나 가압류도 해당 지분에 한하여 말소등기촉탁을 한다. 다만 인수되지 않은 지상권은 이 경우에도 전부 말소촉탁을 한다.

(3) 토지에 대하여 별도등기가 되어 있는 등기

집합건물에서 토지에 별도등기(예컨대 저당권)가 있는 경우에는 토지등기부에 저당권의 변경등기 형식으로 토지부분의 별도등기를 말소한다.

(4) 부기등기

부기등기는 주등기와 일체를 이루는 것이어서 주등기의 말소에 따라 등기관이 직권으로 말소한다. 즉 부기등기인 근저당권 변경은 주등기인 그 근저당권설정등기를 말소할 때 함께 말소된다. 이때 주등기에 부기등기가 수없이 많이 존재하여도 말소등기 시에 납부하는 비용은 1건으로 본다. 매수인은 부기등기의 말소를 구할 필요가 없으며, 주등기만 말소신청을 하면 부기등기는 당연히 말소가 된다.

(5) 재외국민 또는 국외이주자, 외국인이 매수인인 경우

- 제외국민 또는 국외이주자가 소유권이전촉탁 시 주민등록번호가 없는 경우에는 제

외국민부동산등기용등록번호증명서를 제출하여야 한다. 증명서는 대법원 소재지의 관할등기소(현재 서울중앙 지방법원)에 신청하여 부여받을 수 있다.

- 외국인에 대한 등록번호는 체류지(국내 체류지가 없는 경우에는 대법원 소재지)를 관할하는 출입국관리사무소장 또는 출입국관리사무소출장소장이 부여한다.

⑹ **등기부상의 현 소유자(제3취득자)가 입찰에 참가하여 매수인이 되었을 경우의 소유권이전등기의 촉탁방법**

- 경매개시결정 이전 소유권자가 된 경우 : 등기부상 현재의 소유권이전등기는 그대로 두고 인수하지 않는 권리들만 말소촉탁을 한다.
- 경매개시결정 이후 소유자가 된 경우 : 등기부상 현재의 소유권이전등기는 말소하고 등기원인을 매각으로 하여 새로 소유권이전등기를 한다.

4. 추가말소촉탁

말소할 등기가 촉탁등기 시 누락된 경우 집행법원은 소유권이전등기의 촉탁 후에도 누락된 등기의 말소를 추가로 촉탁하여야 한다. 또한 착오로 말소하지 아니할 등기를 말소촉탁한 경우에는 직권으로 그 회복등기를 촉탁하여야 한다(이 경우 회복에 관하여 이해관계가 있는 제3자가 있는 경우에는 그 승낙서나 이에 대항할 수 있는 재판의 등본을 첨부하여야 함). 말소촉탁대상이나 신청 시 누락되어 말소촉탁을 하지 못한 등기는 매수인의 신청으로 추가말소촉탁을 할 수 있다.

서식

부동산소유권이전등기 촉탁신청서

사건번호　　타경　　부동산강제(임의)경매
채 권 자
채 무 자(소유자)
매 수 인　주소

위 사건에 관하여 매수인　　　는(은) 귀원으로부터 매각허가결정을 받고　　년 월 일 매각대금 전액을 완납하였으므로 별지목록기재 부동산에 대하여 소유권이전 및 말소등기를 촉탁하여 주시기 바랍니다.

첨부서류

1. 부동산목록　　4통
1. 부동산등기부등본　　1통
1. 토지대장등본　　1통
1. 건축물대장등본　　1통
1. 주민등록등본　　1통
1. 등록세 영수증(이전, 말소)
1. 대법원수입증지-이전 9,000원, 말소 1건당 2,000원(토지, 건물 각각임)
1. 말소할 사항(말소할 각 등기를 특정할 수 있도록 접수일자와 접수번호를 기재) 4부

년 월 일

신청인(매수인)　　　(인)
연락처(☎)

○ ○지방법원　귀중

※ 유의사항
1. 법인등기부등(초)본, 주민등록등(초)본, 토지대장 및 건물대장등본은 발행일로부터 3월 이내의 것이어야 함
2. 등록세 영수필확인서 및 통지서에 기재된 토지의 시가표준액 및 건물의 과세표준액이 각 500만원 이상일 때에는 국민주택채권을 매입하고 그 주택채권발행번호를 기재하여야 함

부동산 인도명령

인도명령은 매수인이 대금을 완납한 후 매각부동산에 관하여 대항력 없는 점유자가 부동산을 점유하고 인도를 해주지 않을 경우, 그 부동산을 매수인에게 인도하라는 명령을 법원에 신청하는 제도를 말한다.

1. 인도명령의 신청과 기한

인도명령은 대금을 완납한 후 6개월 내에 신청을 하여야 한다. 6개월을 지나면 소유권에 기한 명도소송을 제기하여야 한다.

2. 관할법원

매각 부동산에 대한 경매사건이 현재 계속 중이거나 또는 과거에 담당한 집행법원에 신청을 한다.

3. 인도명령의 신청인

매수인과 매수인의 일반승계인(상속권자)이다. 특별승계인(매수인으로부터 다시 매수한 자)은 신청권자가 될 수 없으나, 매수인은 그대로 신청할 수 있는 권리를 가지고 있다.

4. 인도명령의 대상자

(1) 채무자

채무자는 경매개시결정에 표시된 채무자를 말하고 세대주인 채무자와 동거하는 가족도 포함한다. 채무자의 피용인, 채무자의 상속인 등도 포함되며 상속인이 여러 명인 경우 개별적으로 인도명령을 신청하여야 한다. 그러나 채무자가 적법한 임차인으로서 매수인에게 대항할 수 있는 권리가 있는 경우에는 제외된다.

(2) 소유자

(3) 대항력 없는 점유자

매각부동산을 무단으로 점유한 불법점유자와 매수인에게 대항력 없는 임차인 등이 여기에 해당된다.

5. 인도명령의 결정과 송달

집행법원은 인도명령신청이 이유가 있다고 판단되면 인도명령결정을 하고 인도명령정본은 신청인 및 상대방에게 송달한다. 통상 2~3개월 이상 소요되는 명도소송과는 달리 원칙적으로 인도명령은 신청한 서류만으로 심사하고 결정하므로 15일 정도면 인도명령 결정문이 상대방에게 송달된다.

6. 인도명령에 대한 집행과 불복방법

(1) 인도명령의 집행

인도명령결정 정본은 신청인 및 상대방에게 송달하여야 한다. 인도명령결정문이 상대방에게 송달된 후에도 목적물을 인도하여 주지 않으면, 신청인은 집행관에게 위임하여 집행관으로 하여금 인도집행(강제집행)을 하도록 하고 목적부동산을 인도받아야 한다.

(2) 인도명령에 대한 불복방법

인도명령의 신청에 대한 재판에 대하여는 즉시 항고할 수 있다. 인도명령결정에 대하여 즉시항고를 제기한 경우 그 자체로는 집행정지의 효력이 없으므로 별도로 집행정지명령을 받아서 제출하여야 인도집행(강제집행)을 막을 수 있다.

서식

인 도 명 령 신 청 서

신청인(매수인)　　　○○○

피신청인(채무자 등)　○○○

신청인 ○○○, 피신청인 ○○○ 사이의 별지 목록 기재 부동산에 관한 귀원　　타경　　호 부동산강제(임의)경매 사건에서 신청인은 매수인으로서　　.　.　.에 매각대금을 완납 후 위 피신청인에게 위 부동산의 인도를 청구하였으나 위 피신청인은 적법한 점유자가 아님에도 인도에 불응하고 있으므로 위 피신청인으로 하여금 신청인에게 위 부동산을 인도하도록 하는 명령을 내려 주시기를 바랍니다.

년　　월　　일

신청인(매수인)　　　　(인)

○○지방법원　　귀중

※ 매각대금완납증명원, 별지목록(부동산목록)을 함께 첨부하여 제출한다.

PART 2

권리분석의 기초와 인수주의 및 소제주의

법원경매의 입찰에 참가하기 위해서는 물건분석과 함께 권리분석은 무엇보다 중요하다. 권리분석를 잘못하여 입찰에 참가하였다가 매수신청을 포기해야하는 경우 정신적, 금전적으로 막대한 손해를 입을 수 있기 때문이다.

01 SECTION 권리분석의 개요

권리분석은 입찰 전 목적부동산에 대하여 등기부상 권리관계와 그 부동산을 점유하고 있는 점유자의 권리를 파악하여 직접 매수인이 될 경우 법률적으로 안전하게 목적부동산을 취득할 수 있는지를 검토하는 과정이다.

권리분석의 필요성

1. 법원경매는 일반적인 매매방법과 다르다

일반적으로 부동산 매매의 경우 목적부동산의 등기부에 존재하는 모든 권리는 순위와 관계없이 매수인에게 승계되고, 임차인이 존재하는 경우에는 그 임차권도 승계해야 하는 것이 원칙이다. 그러나 법원경매로 부동산을 취득하는 경우에는 다르다. 즉, 매각대상 부동산 위에 존재하는 등기부상의 어떠한 권리(말소기준권리)를 기준으로 선순위 권리는 매수인이 인수하고 후순위인 권리는 인수하지 않은 것이 원칙이다. 따라서 그러한 분석방법을 통하여 정확한 권리분석이 된 경우 입찰에 참가하여야 한다.

2. 물건분석과 함께 권리분석이 정확하면 합리적인 입찰가액을 결정할 수 있다

입찰법정에서 응찰할 금액을 놓고 걱정하는 사람을 볼 수 있는데 그만큼 물건분석이나 권리분석에 대하여 확신이 없다는 것이다. 물건분석, 권리분석이 정확하게 검토되었으면 설령 인수되는 권리가 있다고 하여도 손익계산을 하여 합리적인 입찰금액은 자연히 결정될 것이다. 매각부동산에 대한 권리분석이 이루어지지 않은 경우, 입찰은 포기하여야 하며 요행을 기대하고 입찰하여서는 안 된다.

3. 권리분석이 강하면 법원경매의 틈새시장이 보인다

법원경매로 부동산을 취득하면 수익성은 많을 수 있으나, 앞서 설명한 것과 같이 통상적인 일반매매와는 달리 권리분석 과정을 자기 책임 하에 분석하고 입찰에 참가하여야 한다. 지금은 법원경매시장도 일반화되어 많은 사람들이 입찰에 참가하고 있으며 낙찰가액도 많이 높아지고 있다. 기초적인 권리분석으로는 소기의 고수익 투자목적을 달성하기가 어렵다. 그러나 일반인들이 쉽게 접근하지 못하는 복잡한 권리분석을 해결할 수 있는 능력을 갖추고 있다면, 법원경매는 고수익을 올릴 수 있는 틈새시장이 될 것이다. 이제는 틈새시장을 공략하기 위하여도 어려운 권리분석도 해결할 수 있는 능력을 키워 전문가의 수준으로 만들어 가야 한다. 법원경매에서는 물건분석 못지않게 권리분석의 중요성은 몇 번이고 강조하여도 지나치지 않다. 물건에 대한 하자는 얼마간의 재산상의 손실만 입게 되지만, 권리에 대한 하자는 치명적인 손실을 입을 염려가 있기 때문이다.

물권의 8종류

<table>
<tr><td rowspan="6">소유권
어떤 물건을 전면적 · 완전하게 지배할 수 있는 권리이다.</td><td rowspan="6">제한물권</td><td rowspan="3">용익물권</td><td>전세권 : 전세금을 지급하고 타인의 부동산을 그 용도에 따라 사용 · 수익할 수 있는 권리이다.</td></tr>
<tr><td>지상권 : 타인의 토지에 건물, 기타 공작물(고속도로 주변의 광고판 등), 수목을 소유하기 위하여 그 토지를 사용할 수 있는 권리를 말한다.</td></tr>
<tr><td>지역권 : 타인의 토지를 일정한 목적(통행 등)을 위하여 자기 토지의 편익에 이용하는 권리이다.</td></tr>
<tr><td rowspan="3">담보물권</td><td>저당권 : 목적부동산은 인도하지 않고 담보로만 제공하고 채무의 변제기까지 변제가 없을 때 그 부동산을 매각한 후 후순위담보권자, 일반채권자보다 우선변제를 받을 수 있는 권리이다.</td></tr>
<tr><td>유치권 : 타인의 물건 또는 유가증권을 점유한 자가 그 물건에 관하여 생긴 채권의 전액을 변제받을 때까지 그 목적물을 유치할 수 있는 권리이다(목적부동산에 관한 공사대금채권 등). 목적물 자체를 점유하여 채권 확보를 하는 권리이므로 등기부에는 등기할 사항이 아니다.</td></tr>
<tr><td>질권 : 금전을 빌려주면서 차용인의 물건을 보관하고 변제 시까지 채무의 변제가 없을 경우 그 목적물에서 우선변제를 받을 수 있는 권리이다(예컨대, 전당포에 노트북, 카메라 등을 맡기고 금전을 빌리는 경우 등).</td></tr>
<tr><td colspan="4">점유권 : 점유라는 사실을 법률요건으로 하여 발생하는 권리이다. 즉, 소유권과 관계없이 물건을 시실상 지배함으로써 갖게 되는 권리이다.</td></tr>
</table>

물권과 채권

1. 재산권에는 물권과 채권으로 크게 나뉘며, 이들 간에도 우선순위가 있다. 정확한 권리분석이 되기 위해서는 이들 간의 우선순위를 먼저 알아둘 필요가 있다.
2. 물권은 특정의 물건을 직접적 · 배타적으로 지배하여 이익을 얻을 수 있는 지배권이다. 반면 채권은 특정인(채권자)이 특정인(채무자)에게 어떤 급부(예컨대 대여금, 손해배상금 등)를 청구할 수 있는 청구권이다.

물권과 채권 간의 우선순위

1. 물권과 물권 간의 우선순위

물권과 물권 간의 우선순위는 시간이 빠른 물권이 우선 한다. 예컨대 등기부에 저당권이 먼저 설정되고 이후에 전세권이 설정된 경우 같은 물권이지만 저당권이 우선한다.

2. 물권과 채권 간의 우선순위(물권우선주의)

물권은 채권과 비교하여 시간이 빠르고 늦음에 관계없이 채권에 우선하는 것이 원칙이다. 그러나 채권(압류, 가압류 등)이라도 물권인 저당권보다 먼저 등기가 되어 있으면 배당에 있어서의 우선순위는 각각 채권액에 따라 안분배당된다. 예외적으로 채권인 확정일자부임차인의 임차보증금은 등기를 하지 않아도 물권인 저당권과 같은 효력을 인정받게 된다. 즉, 후순위담보권자, 기타일반채권자보다 우선하여 임차보증금의 변제를 받을 수 있다.

3. 채권과 채권 간의 우선순위(채권자평등주의)

물권과 달리 채권과 채권 사이에는 채권자평등주의 원칙이 적용된다. 즉, 각각 채권이 언제 성립하였는가를 불문하고 원칙적으로 동등한 순위이다. 그러므로 배당에 있어서도 순위에 관계없이 각각 채권액에 비례하여 안분배당하게 된다.

등기부 분석

1. 부동산등기와 등기부

등기부에 대하여 확실한 지식을 가지고 있어야 한다. 등기부에 관한 사항이 정확하게 이해가 되지 않으면 권리분석을 마치고서도 그 분석이 옳은지 자신이 없게 되어 결국 정확한 권리분석이 되지 못한다.

(1) 등기부의 구성

등기부는 부동산의 표시와 부동산에 관한 권리관계에 관한 사항을 기재하는 장부이다. 우리나라 등기부는 크게 토지등기부와 건물등기부로 구별된다.

등기부의 양식은 '표제부, 갑 구, 을 구' 순으로 만들어져 있다. '표제부'에는 부동산의 표시와 그 변경사항, '갑 구'는 소유권에 관한 사항, '을 구'에는 소유권 이외의 권리에 관한 사항을 등기신청의 접수순서에 따라 기재하게 된다.

(2) 등기의 형식에 의한 분류

등기의 방법 내지 형식에 따라 주등기(독립등기)와 부기등기로 분류한다.

- 주등기 : 등기부의 순위번호란에 독립한 번호를 기재하는 등기이다. 원칙적으로 등기는 주등기의 형식으로 기재한다.

[을 구]

순위번호	등기목적	접수	등기원인	권리자 및 기타사항
1	근저당권 설정	2006년 5월 3일 접수 제25466호	2006년 5월 1일 설정계약	채권최고액 8,000만원 채무자　　홍선일 근저당권자 김지선

- 부기등기 : 주등기와의 동일성과 주등기의 순위를 그대로 유지하기 위한 등기로, 기존 주등기의 순위번호에 부기번호를 붙여서 하는 등기를 말한다. 부기등기의 순위는 주등기의 순위에 따른다.

[을 구]

순위번호	등기목적	접수	등기원인	권리자 및 기타사항
1	근저당권 설정	2006년 5월 3일 접수 제25466호	2006년 5월 1일 설정계약	채권최고액 8,000만원 채무자 홍선일 근저당권자 김지선
2	전세권			
1-1	근저당권변경			

※ 순위번호란의 1은 주등기가 되고, 1-1이 부기등기가 된다.

(3) 등기의 효력에 의한 분류

- 종국등기 : 부동산 물권에 대해 득실 변경의 효력을 발생하게 하는 등기로서, 소유권이전등기, 전세권설정등기, 저당권설정등기 등이 있다.
- 예비등기 : 예비등기는 종국등기를 할 수 있는 요건이 갖추어지지 않은 경우, 장차 행하여질 종국등기를 준비하는 등기이다. 예비등기의 종류에는 가등기와 예고등기가 있다.

① 가등기

가등기는 장차 종국등기를 할 수 있는 요건이 갖추어진 때에 본등기를 위하여 미리 그 순위를 보전해두는 효력을 가진다. 따라서 가등기 그 자체로서는 물권 변동(소유권이전 등)의 효력은 없으며 후에 가등기에 기한 본등기를 한 경우, 그 본등기의 순위가 가등기의 순위로 소급되어 자기의 권리를 보전하게 된다. 물권 변동의 효력은 본등기를 한 때에 발생한다. 가등기에는 보전가등기(소유권이전청구권) 이외에도 채권담보를 목적으로 하는 담보가등기가 있다.

② 예고등기

등기원인의 무효 또는 취소로 인한 등기의 말소 또는 회복의 소가 제기된 경우 이를 제3자에게 경고하기 위하여 수소법원(소를 접수한 법원)의 촉탁에 의하여 등기관이 등기부에 기입하는 등기를 말한다. 예고등기는 계쟁(係爭, 당사자 간의 법적인 방법으로 다투는 것) 부동산에 관하여 소송의 결과로 발생할 불측의 손해를 방지시키려는 목적으로 이루어지는 등기로, 선의의 제3자를 보호하려는 사실상의 경고적 효력만 있을 뿐이다. 따라서 목적부동산에 대한 처분금지의 효력이 있는 것이 아니므로, 예고등기 후라도 계쟁부동산에 대하여 유효하게 법률행위를 할 수 있다.

(4) **우리나라 등기에는 공신력이 없다**

- 등기의 공신력이란 등기를 신뢰하고 거래한 자를 보호하기 위하여 비록 그 등기가 실체관계와 다르다고 하여도 그 등기를 믿고 거래한 자는 권리를 유효하게 취득하는 것을 말한다. 예컨대 서류를 위조하여 소유권이전등기가 경료된 부동산을 다시 매매하여 소유권이전등기를 마친 매수인은 등기의 공신력이 인정된다면, 유효하게 소유권을 취득하게 된다. 그러나 우리나라는 등기의 공신력을 인정하지 않으므로 위와 같은 경우 원래의 소유자가 소유권이전등기말소청구소송에서 승소하면 위조한 자로부터 소유권을 취득한 매수인은 결국 소유권을 잃게 된다. 예고등기가 필요한 이유도 이와 같이 등기에 공신력을 인정하지 않기 때문이다.
- 등기의 공신력을 인정하게 되면 등기만을 믿고 거래한 자는 보호를 받음으로써 거래의 안정성은 확보할 수 있으나 실제 권리자가 보호를 받지 못한다. 등기의 공신력을 인정하지 아니하면, 거래의 안정성은 저해되나 진실한 권리자는 보호를 받게 된다. 등기에 공신력을 인정할 것인가의 문제는 결국 그 나라의 법률문제나 등기제도 등을 고려하여 결정할 문제이다.

2. 등기부상 각 권리들의 우선순위 결정과 말소기준권리 찾는 방법

(1) 등기부

표제부			
표시번호	접수	소재지번, 건물명칭	등기원인 및 기타사항
1	1999년 10월 2일	서울특별시 종로구	도면 편철장 제O책 제O장

갑 구				
순위번호	등기목적	접수	등기원인	권리자 및 기타사항
1	소유권이전	2000년 5월 7일	매매	소유자 김기철
2	가압류	2006년 3월 10일 접수 제4354호	2006년 3월 9일 OO지방법원 가압류결정(2006카단OOO)	채권최고액 8,000만원 채무자　　홍기식
3	가등기	2006년 11월 8일 접수 제61453호	매매계약	가등기권자 김진태
4	임의경매신청	2007년 2월 7일 접수 198710호	OO지방법원 2007년 2월 5일 경매개시결정 (2007타경OOO)	채권자 국민은행

을 구				
순위번호	등기목적	접수	등기원인	권리자 및 기타사항
1	근저당권설정	2005년 11월 10일 접수 제59740호	2005년 11월 9일 설정계약	채권최고액　금 12,000만원 채무자 김기철 근저당권자 국민은행
2	근저당권설정	2006년 12월 15일 접수 제3765호	2006년 12월 12일 설정계약	채권최고액 금 5,000만원 채무자 김기철 근저당권자 신용보증기금

(2) 등기부상 같은 구(갑 구끼리, 을 구끼리)에서의 우선순위는 순위번호에 따라 정해진다

등기부상의 갑 구에서의 우선순위는 '2번 가압류, 3번 가등기, 4번 경매개시결정' 순이고, 을 구에서는 '1번 저당권, 2번 저당권' 순이다.

(3) 등기부상 갑 구와 을 구 전체의 우선순위는 다음과 같이 결정된다

- 다른 구 즉, '갑 구와 을 구' 간의 우선순위는 순위번호가 아닌 년도가 빠른 것이 우선순위가 되고 같은 년도이면 접수번호가 빠른 것이 우선순위가 된다. 등기소에서는 등기신청을 할 때마다 각 접수번호를 부여하고 접수번호는 1년마다 새로 주어지기 때문이다. 예컨대, 2007년 1월 1부터 접수번호 1에서 시작하여 12월 31일까지 80,000번으로 접수번호가 마쳤으면 2008년 1월 1일부터 다시 접수번호 1부터 시작한다.
- 갑 구의 '2번 가압류' 보다 을 구의 '1번 저당권' 이 접수번호는 늦지만 년도가 빠르다. 그러므로 저당권이 우선순위가 된다. 물론 년도가 같으면 접수번호로 우선순위를 결정한다. 따라서 갑 구의 '2번 가압류', '3번 가등기' 와 을 구의 '2번 저당권' 은 년도가 2006년으로 같으므로 각 접수번호에 따라 우선순위가 결정되게 된다.

(4) 말소기준권리는 등기부에서 찾아야 한다

말소기준권리가 될 수 있는 권리는 (근)저당권, 담보가등기, 가압류, 압류, 경매개시결정이 있다. 말소기준권리가 될 수 있는 것 중 (근)저당권만 등기부상 '을 구' 에 기재되고 나머지는 모두 '갑 구' 에 기재된다.

(5) 말소기준권리를 빨리 찾는 요령

매각부동산에 대한 말소기준권리를 빨리 찾기 위해서는 앞서 설명한 등기부상의 '갑 구' 와 '을 구' 란에 존재하는 각 권리들 간의 우선순위를 알아야 한다.

먼저 매각부동산의 등기부에서 '갑 구, 을 구' 란의 구별 없이 권리가 설정된 년도가 빠른 것부터 나열한다. 년도가 같으면 접수번호가 빠른 순서대로 나열한다. 위 등기부상에서 각 권리들의 설정된 순서가 빠른 것부터 나열해 보면 다음과 같다.

등기된 년도	등기부상의 권리	말소기준권리
2005년 11월 10일	근저당권(국민은행)	○
2006년 3월 10일	가압류	
2006년 11월 8일	가등기(보전가등기)	
2006년 12월 15일	근저당권(신용보증)	
2007년 2월 7일	임의경매개시결정	

다음으로 말소기준권리가 될 수 있는 권리를 찾아내어 그 중 가장 순위가 빠른 권리가 말소기준권리가 되는 것이다. 위 등기부상 말소기준권리가 될 수 있는 권리로는 가압류, 경매개시결정, 근저당권이 있다. 물론 가등기가 담보가등기라면, 말소기준권리가 될 수 있는 권리 중의 하나이다. 이들 중 가장 먼저 등기가 설정된 권리가 말소기준권리가 된다. 즉, 여기서는 2005년 11월 10일에 설정된 근저당이 말소기준권리가 될 수 있음을 알 수 있다.

기타 권리분석을 하기 위한 참고사항

권리분석의 핵심은 매각부동산에 대한 등기부분석과 임대차분석이다.

- 등기부에서 말소기준권리를 찾아내어 매수인에게 인수되는 권리 여부를 등기부를 통해서 분석한다.
- 매각부동산에 관하여 임차인이 존재하면 임차인의 권리도 분석해야 하므로, 임대차보호법을 기초로 하여 임대차의 법률문제를 정확히 알고 있어야 한다.
- 배당과 관련하여 물권과 채권은 무엇이며 이들 간의 권리의 우선순위가 어떻게 되는지를 비교 검토하여야 한다.
- 등기부등본과 동사무소에서의 임차인의 세대열람은 가장 기초적인 참고 자료이면서도 최종적으로 반드시 직접 확인을 하면서 권리분석을 하여야 한다. 법원의 매각물건명세서에 임차인의 기록이 첨부되어 있는 경우에도 이것은 어디까지나 참고사항일 뿐이며 입찰에 참가하는 매수희망자들은 번거롭다고 하여도 직접 등기부와 세대열람을 통하여 권리분석을 한 후 입찰에 참가하는 습관을 가져야 한다. 법원경매는 1%의 실수로 금전적 손실이 발생할 수 있는 부동산시장이라는 것을 항상 염두에 두어야 한다.

- 매각부동산에 유치권이 존재하는 경우 임장활동(현장을 직접 방문하는 활동)을 통하여 확인하여야 한다. 그 밖에도 도시계획확인원, 토지대장, 건축물관리대장 등도 참조하여야 한다.

02
SECTION

소제주의와 인수주의

매수자가 대금을 완납한 후 집행법원의 촉탁으로 소유권이전등기를 하게 된다. 이때 매수인에게 인수되지 않고 촉탁등기 시에 말소되는 것을 '소제(소멸)주의'라 하고 소제되지 않고 매수인의 부담으로 남는 것을 '인수주의'라 한다.

말소기준권리

매각되는 목적부동산 위의 권리들이 매수인과의 관계에서 소제(말소)되는지, 인수되는지의 기준이 되는 권리를 '말소기준권리'라 한다.

인수되는 권리와 소제되는 권리의 유형

인수되는 권리	말소기준권리	소제되는 권리
※ 말소기준권리보다 선순위인 경우 1. 가등기(소유권이전청구권) 2. 가처분(소유권처분금지) 3. 전세권, 지상권, 지역권 4. 환매등기(환매권) 5. 대항력 있는 임차인	(근)저당, 담보가등기, 가압류, 압류, 경매개시결정 ※ 위 말소기준권리 중 가장 먼저 등기부상에 설정된 권리가 그 부동산의 말소기준권리가 된다.	※ 말소기준권리보다 후순위인 경우 1. 가등기(소유권이전청구권) 2. 가처분(소유권처분금지), 가압류 3. 전세권, 지상권, 지역권 4. 환매등기(환매권) 5. 대항력 없는 임차인
※ 예외적으로 순위에 관계없이 유치권, 예고등기(소유권에 관한)는 인수될 수가 있으므로 주의를 요한다.	※ 말소기준권리는 매수인이 인수할 권리가 아니므로, 순위와 관계없이 원칙적으로 모두 소제된다.	※ 종전에는 예외적으로 전소유자에게 등기된 가압류(선행가압류)는 인수되는 경우도 있었으나, 지금은 매수인이 인수하지 아니하고 배당에 참가시킨다.

PART 3

말소기준권리의 유형과 사례

매각부동산의 등기부상 말소기준권리를 기준으로 하여 원칙적으로 이보다 앞선 선순위권리는 매수인에게 인수되고 후순위권리는 인수되지 않는다. 따라서 말소기준권리가 될 수 있는 것은 어떠한 권리인지 사례를 통하여 설명하고자 한다.

01

SECTION

저당권

저당권은 채무자 또는 제3자(물상보증인; 물건을 담보로 제공한자)가 채무의 담보로 제공한 목적물을 채무의 변제기까지 변제를 하지 않을 경우, 그 목적물을 매각한 후 매각대금에서 후순위담보권, 기타일반채권자 보다 우선변제를 받을 수 있는 전형적인 담보물권이다.

일반저당권

1. 등기부(을 구)

순위번호	등기목적	접수	등기원인	권리자 및 기타사항
1	저당권 설정	2006년 10월 6일 제37655호	2006년 10월 4일 설정계약	채권액 10,000만원 채무자 박태식 저당권자 국민은행(주)

2. 개요

일반저당권은 저당권설정시에 등기된 금액으로 채권액이 확정된다. 그러므로 근저당권과는 달리 채권최고액이란 용어는 사용하지 않고, 등기부상 등기목적도 근저당이 아닌 저당권으로 기재된다. 근저당권과 마찬가지로 말소기준권리가 된다. 지연이자는 변제기 이후 1년분만 인정된다.

하나 더!

등기부 보는 방법

등기원인란은 그 등기목적이 어떠한 원인으로 설정되었는지의 이유를 말하며, 표시되어지는 일자는 원인일자를 말한다. 예컨대 저당권설정계약이면 계약을 체결한 날을 말한다. 반면 접수란은 등기소에 그 등기를 신청한 날이 된다. 이로 인해 등기원인일자와 접수일자가 다를 수 있다.

근저당권

1. 등기부(을 구)

순위번호	등기목적	접수	등기원인	권리자 및 기타사항
2	근저당권 설정	2006년 12월 10일 제67564호	2006년 12월 9일 설정계약	채권최고액 13,000만원 채무자 김홍철 근저당권자 기업은행

2. 종류

(1) 한정근저당

- 한정근저당은 당사자 사이의 계속적인 거래관계로부터 발생하는 불특정채권에 대하여 어느 시기에 계산하여 잔존하는 채무를 등기된 일정한 한도액의 범위(채권최고액) 내에서 담보하는 저당권이다. 일반적으로 근저당이라고 하면 한정근저당을 말한다.
- 일반저당권과는 달리 근저당권설정 당시에는 채권금액이 확정되지 않는다. 변제기때 채권금액과 이자를 포함한 금액이 근저당권으로 등기된 채권최고액의 범위까지 담보되는 저당권이다. 채무불이행으로 인한 지연이자는 일반저당권과는 달리 1년분에 한하지 않고, 채권최고액의 한도 이내에서 담보된다.
- 등기부상 등기목적이 저당권이 아닌 근저당권이라 기재된다. 실무에서 보면 근저당권이 말소기준권리에 해당되는 경우가 대부분이다.
- 한정근저당권은 채무가 목적부동산에 관한 것이지만, 포괄근저당은 채무의 종류를 불문한다. 따라서 포괄근저당권자인 은행에서 카드를 사용하고 연체한 경우에도 근저당의 채권최고액의 범위 내에서 담보된다.

(2) 포괄근저당권

- 포괄근저당권이라도 등기부에는 근저당권이라 기재되므로 설정계약서의 내용을 보아야 알 수 있다. 경매에서보다 일반매매 시 매수인이 근저당권을 인수하는 조건으로 계약을 체결하는 경우, 한정근저당권인지 포괄근저당권인지 중개업자는 특히 유의하여 중개를 하여야 한다.
- 근저당권설정계약서에 "주 채무자가 은행에 대하여 기왕, 현재 또는 장래에 부담하

는 모든 채무를 담보하기 위하여 부동산에 근저당권을 설정한다"라는 기재가 있는 경우 그 기재는 이른바 포괄근저당의 문언이다. 따라서 주 채무의 종류나 성립시기에 관계없이 채무자의 모든 채무를 근저당권의 채권최고액의 범위 내에서 담보하기로 하는 저당권이다.

법정저당권

1. 타인의 토지에 건물을 지어 사용하고 있는 건물소유자가 토지사용료(지료)를 지급하지 않을 경우 토지소유자는 그 건물을 압류하게 되는 경우가 있다. 이 경우 건물에 대한 압류의 효력은 저당권과 같이 취급하는 것을 '법정저당권' 이라 한다.
2. 배당순위에 있어서 채권인 압류로 배당순위가 정하여지는 것이 아니고 저당권으로 간주하기 때문에, 특히 배당순위에 주의를 요한다. 토지소유자와 건물소유자가 다르고 건물만 매각될 경우 배당절차에서 간혹 이런 상황이 발생한다.

사례

사례의 등기부상의 권리관계란에는 편의상 등기부의 '갑 구, 을 구' 란의 각 권리들을 우선순위에 따라 정리하여 기재하였다.

● (근)저당권이 말소기준권리가 되는 경우 ●

사건 2008타경 물건내역	감정평가액 최저매각액	임대차내역 전입. 확정. 보증금	등기부상의권리관계
서울 성동구 행당동 ○○○ 면적 대지권 8.78㎡ (2.7평) 건물-전용 26.22㎡ (7.9평) 오피스텔	105,000,000원 105,000,000원	갑 05. 12.10 05. 12.10 (확정) 4500만 배당요구	① 근저당 05. 3. 5 9,000만원 국민은행 ② 근저당 06. 5. 15 3,000만원 하나은행 ③ 가압류 06. 8. 10 3,500만원 신용보증기금 ④ 임의 국민은행

사례설명

근저당권자인 국민은행이 임의경매신청을 하였다. 말소기준권리보다 선순위 권리가 존재하는 경우, 그 권리는 매수인에게 인수되고 후순위 권리는 매수인의 부담으로 되지 않는 것이 원칙이다.

말소기준권리

말소기준권리가 될 수 있는 권리로는 근저당, 가압류가 있다. 말소기준권리가 될 수 있는 권리 중 등기부상 순위가 가장 먼저인 권리가 목적부동산의 말소기준권리가 된다. 따라서 '① 근저당' 이 말소기준권리가 된다. 다른 채권자들이 경매신청을 하였을 경우에도 마찬가지이다.

등기부관계

말소기준권리보다 선순위인 권리가 없다. 따라서 매수인에게 인수되는 권리도 없으므로 이후 매수인의 소유권이전등기촉탁 시 등기부상의 권리들은 모두 말소된다. 저당권은 원칙적으로 순위와 관계없이 모두 말소되며 채권액 전부를 배당에서 받지 못한 경우에도 매수인은 인수하지 않는다.

임차인관계

- 말소기준권리보다 먼저 대항요건(점유 및 전입)을 마친 임차인은 매수인에게 대항할 수 있다. 그러나 대항요건이 말소기준권리보다 나중인 경우에는 매수인에게 대항할 수 없으며 확정일자를 갖춘 임차인은 배당요구종기까지 배당요구한 경우에 한하여 배당에 참가하여 순위에 따른 배당을 받을 수 있다.
- 확정일자부 임차인은 저당권과 마찬가지로 자기보다 후순위담보권자, 기타일반채권자보다 우선변제권이 있다. 또한 소액임차인에 해당되면 최우선변제권이 주어진다. 소액임차인은 확정일자를 갖추지 않아도 배당순위에서 최우선으로 일정한 금액을 변제받을 수 있다. 그러나 확정일자부임차인이나 소액임차인 모두 반드시 배당요구종기까지 배당요구를 하여야 한다.
- 임차인 갑은 전입일자가 말소기준권리보다 늦어 매수인에게 대항력은 없다. 그러나 확정일자를 갖추고 배당요구를 하였으므로 자기보다 후순위담보권자, 기타일반채권자보다 배당에서 우선변제를 받을 수 있다. 임차보증금이 4,500만원이므로 소액임차인에 해당되지 않아 최우선변제권은 주어지지 않는다.

02
SECTION

담보가등기

담보가등기는 소유권이전청구권가등기와는 달리 실제로는 소유권이전 매매예약이 아니고 채권담보를 목적으로 이용하는 제도이다. 예컨대 돈을 빌리면서 변제기까지 변제하지 않을 경우 대물변제(물건으로 채무를 변제하는 것)의 예약을 하고 가등기를 하여 두는 것이다.

담보가등기의 특징

담보가등기는 등기원인이 '대물변제예약'으로 기입되어야 하나 실무상 보전가등기와 같이 '매매예약'으로 등기부에 통상 기입되기 때문에 등기부상으로는 그 가등기가 어떠한 가등기인지 구별하기가 어렵다. 대법원도 등기원인이 대물변제예약으로 되어 있지 아니하고 매매예약으로 되어 있어도 실제 채권담보목적이면 담보가등기로 인정한다. 말소기준권리가 될 수 있는 권리이다.

하나 더!

가등기의 종류

가등기에는 소유권이전청구권을 목적으로 하는 보전가등기와 채권담보를 목적으로 하는 담보가등기로 크게 구분할 수 있다. 소유권이전청구권가등기라 함은 부동산물권 또는 부동산임차권의 변동을 목적으로 하는 청구권을 보전하고자 장래에 행해질 본등기의 순위를 확보하기 위하여 하는 예비등기이다. 따라서 본등기 시의 순위는 가등기시 순위로 소급하게 된다. 소유권이전청구권가등기는 담보가등기와는 달리 말소기준권리는 될 수 없으나, 말소기준권리보다 먼저 설정되어 있는 경우 매수인이 부담하여야 하는 권리이다.

사례

• 담보가등기가 말소기준권리인 경우 •

사건 2008타경 ○○○○ 물건내역	감정평가액 최저매각액	임대차내역 전입 · 확정 · 보증금	등기부상의 권리관계
서울 노원구 상계동 ○○○ 면적 대지권 20.96㎡ (6.3평형) 건물-전용 43.02㎡ (13.1평형) 다세대	95,000,000원 95,000,000원	갑 2006년 8월 16일 2006년 8월 16일 (확정) 5,000만원 배당요구	① 가등기 2005년 11월 5일 박성진 ② 가압류 2006년 6월 11일 3,000만원 상호저축은행 ③ 가압류 2007년 12월 11일 2,000만원 김정연 ④ 가압류 2008년 1월 13일 3,500만원 홍범식 ⑤ 임의 청구금액 4,000만원 박성진

사례설명

- 등기부상 가등기가 최선순위로 되어 있다. 가등기가 보전가등기인지 담보가등기인지를 먼저 파악되어야 한다. 등기부상에는 담보권이 존재하지 않은데 임의경매신청 사건인 경우가 종종 있다. 보통 일반인들은 저당권 실행을 위한 경매만이 임의경매인 것으로 알고 있기 때문에 이런 경우 당황스럽게 느껴진다.
- 담보가등기권자는 담보가등기만으로도 임의경매신청이 가능하다. 담보가등기는 저당권과 같이 취급된다. '① 가등기'가 담보가등기여서 가등기권자인 박성진이 임의경매신청을 한 사안이다.

말소기준권리

등기부상의 말소기준권리가 될 수 있는 권리는 담보가등기, 가압류가 있다. 이 중에서 가장 먼저 설정된 담보가등기가 사례에서 말소기준권리가 된다. 담보가등기와는 달리 그 가등기가 소유권이전청구권가등기라면 말소기준권리가 될 수 없다.

등기부관계

담보가등기는 소유권이전청구권가등기와는 달리 최선순위 담보가등기라도 매수인에게 인수되는 권리가 아니며 저당권과 같이 취급한다. 따라서 후순위담보권자, 기타일반채권자보다 먼저 매각대금에서 우선변제를 받는다. 등기부상 말소기준권리보다 빠른 인수되는 권리가 없으므로 매수인의 소유권이전등기 촉탁 시 모두 말소된다.

임차인관계

임차인 갑은 말소기준권리보다 전입일이 늦으므로 매수인에게 대항력을 주장할 수 없다. 그러나 확정일자를 갖추고 배당요구를 하였으므로 후순위담보권자, 기타일반채권자보다는 우선변제권이 있다. 임차보증금이 5,000만원이므로 소액임차인에는 해당되지 않는다.

03 SECTION 가압류

가압류는 금전채권을 확보하기 위하여 행하여지는 보전처분이다. 즉 채권자가 소송을 제기하기 전에 채무자가 재산을 도피시키지 못하도록 미리 처분금지의 효력이 있는 가압류를 하여 둠으로써 장래 강제집행을 하여 채권을 보전할 수 있다.

가압류의 일반적인 사항

가압류는 아직 확정된 채권이 아니므로 가압류 권리 자체만으로는 경매신청을 할 수가 없다. 배당기일 전에 가압류에 의한 재판이 확정되지 않은 경우 집행법원은 가압류 채권자에게 배당할 금액 배당기일에 공탁 한다. 가압류채권자는 본안소송 결과에 따라 승소판결이 확정이 되면 공탁된 대금을 수령할 수 있다.

집합건물의 등기부

가압류는 소유권은 물론 소유권 이외의 등기부 권리에도 가능하다. 예컨대 저당권자에게 채권을 가지고 있는 자는 그 저당권에 대하여 부기등기로 가압류를 설정할 수 있다.

1. 소유권자에게 채권이 존재하는 경우의 가압류

[갑 구]

순위번호	등기목적	접수	등기원인	권리자 및 기타사항
1	소유권 보존			소유권 김형진
2	가압류	2004년 5월 14일 제2433호	2004년 5월 12일 ㅇㅇ지방법원 기압류결정(2008카ㅇㅇ)	청구금액 5,200만원 채권자 기술신용보증

2. 소유권자가 아닌 저당권자에게 채권이 존재하는 경우의 가압류

[을 구]

순위번호	등기목적	접수	등기원인	권리자 및 기타사항
1	근저당권설정	2006년 5월 3일 제4575호	2006년 5월 1일 설정계약	채권최고액 8,000만원 근저당권자 김상식
2	1번 근저당권가압류	2008년 3월 10일 제3565호	2008년 3월 8일 ○○지방법원 가압류결정(2008카○○)	청구금액 8,000만원 채권자 박용만

사례

• 가압류가 말소기준권리가 되는 경우 •

사건 2008타경 ○○○○ 물건내역	감정평가액 최저매각액	임대차내역 전입 · 확정 · 보증금	등기부상의 권리관계
서울 구로구 개봉동 면적 대지권 29.06㎡ (8.8평형) 건물-전용 35.34㎡ (10.7평형) (지층) 다세대	60,000,000원 60,000,000원	갑 2006년 4월 10일 3,000만원 배당요구	① 가압류 2004년 5월 14일 5,200만원 기술신용보증 ② 근저당 2005년 2월 11일 2,000만원 하나은행 ③ 압류 2007년 10월 11일 구로구청 ④ 강제 기술신용보증

사례설명

등기부상 가장 먼저 설정된 권리가 그 매각 부동산의 말소기준권리가 된다. 가압류는 아직 확정된 채권은 아니지만 말소기준권리는 될 수 있다. 가압류는 그 자체로는 경매신청을 할 수 없고 소송을 제기하여 승소한 후 판결문을 첨부하여 경매신청을 하여야 한다.

말소기준권리

등기부상 말소기준권리가 될 수 있는 권리는 가압류, 근저당, 강제경매개시결정이 존재하나 그 중 순위가 가장 선순위인 '① 가압류' 가 말소기준권리가 된다.

등기부관계

말소기준권리보다 선순위인 권리가 존재하지 않으므로 가압류 이하 모든 권리들은 등기촉탁 시 모두 말소되고 매수인은 등기부상 인수할 권리가 없다.

임대차관계

임차인 갑은 대항요건(점유 및 전입)이 말소기준권리인 가압류보다 늦게 되어 있어 매수인에게 대항력을 주장할 수 없다. 또한 확정일자가 없으므로 배당에 참가하여 우선변제권을 주장할 수도 없다. 다만, 소액임차인에 해당되어 최우선변제로 1,600만원을 배당 받게 된다.

04

SECTION

압류

압류는 금전 집행을 위해 압류한 물건을 강제적으로 구속하는 것을 말한다. 부동산에 관한 압류는 등기부에 압류등기가 기입되어야 압류의 효력이 있다. 등기부상의 압류에는 조세체납으로 인하여 압류가 된 경우와 채권자의 경매신청에 의한 경매개시결정이 있다.

압류의 일반적인 사항

조세 등의 채무가 체납된 경우 관할공무소는 체납자의 재산을 압류하고 이를 환가하여 그 환가대금으로 체납된 조세에 충당하므로 궁극적으로는 조세채권을 회수하기 위한 절차로 채무자 소유의 부동산소재지 관할등기소에 압류의 기입등기를 촉탁한다.

집합건물등기부

[갑 구]

순위번호	등기목적	접수	등기원인	권리자 및 기타사항
1	소유권 보전			소유자 손기옥
2	압류	2006년 3월 12일 제4551호	2006년 3월 11일 압류 (세일13410-○○○)	권리자 은평구청

※ 조세가 체납되어 압류한 경우 등기원인란에 표시된 '세일' 이란 '압류한 구청의 세무1과' 라는 의미이다. 참고로 '세정' 은 '군청의 세무과', '징세' 는 '세무서에서 압류' 한 의미가 된다. '부세' 는 '부가가치세과' 의 약자이다.

사례

• 압류가 말소기준권리가 되는 경우 •

사건 2008타경 ○○○○ 물건내역	감정평가액 최저매각액	임대차내역 전입 · 확정 · 보증금	등기부상의 권리관계
서울 은평구 응암동 ○○○ 면적 대지권 7.11㎡ (2.1평형) 건물-전용 33.05㎡ (10.1평형) 오피스텔	130,000,000원 104,000,000원 1유찰	갑 2006년 4월 10일 2006년 4월 10일 5,000만원 배당요구	① 압류 2006년 3월 12일 은평구청 ② 가압류 2006년 12월 11일 5,000만원 신용보증 ③ 근저당 2007년 12월 11일 5,000만원 하나은행 ④ 임의 하나은행

사례설명

체납조세로 주무 관공서가 채무자의 부동산에 대하여 등기소에 압류등기를 촉탁하였다. 통상적으로 조세채권의 압류권자가 목적부동산을 매각할 경우에는 자산관리공사에게 위탁하여 공매로 진행하는 경우가 대부분이다. 그러나 다른 채권자가 집행법원에 경매신청한 경우, 조세채권자는 그 매각절차에 참가하여 배당순위에 따라 조세채권을 회수하게 된다.

말소기준권리

사례에서 말소기준권리가 될 수 있는 권리는 압류, 가압류, 근저당권이 있다. 이 중에서 가장 먼저 등기부에 설정된 '① 압류'가 말소기준권리가 된다.

등기부관계

말소기준권리보다 먼저 설정된 권리가 없으므로 매수인의 소유권이전등기촉탁 시 모두 말소되고 매수인에게 인수되는 권리는 없다.

임대차관계

임차인 갑은 말소기준권리보다 늦게 대항요건(점유 및 전입)을 갖추었으므로 매수인에게 대항력을 주장할 수 없다. 그러나 확정일자를 갖추었으므로 배당에 참가하여 저당권과 마찬가지로 후순위담보권, 기타일반채권자보다 우선변제를 받게 된다. 임차보증금이 5,000만원이므로 소액임차인에는 해당되지 않는다.

05 SECTION

경매개시결정

일반채권자는 담보권자와는 달리 소송을 통하여 확정판결을 받은 후 목적부동산을 경매신청할 수 있다. 집행법원은 채권자의 경매신청에 의하여 경매개시결정을 한 경우 등기관에게 등기부에 경매개시결정의 기입등기를 촉탁하게 된다.

경매개시결정의 일반적인 사항

저당권과 같은 담보물권은 등기부만 첨부하여 경매신청이 가능하나, 일반채권인 경우에는 소송을 통하여 채권에 대하여 승소판결을 받은 후 경매신청이 가능하다. 물론 공정증서를 받은 채권은 소송절차 없이도 공정증서를 첨부하여 강제경매신청이 가능하다. 전자를 '임의경매' 라 부르고, 후자를 '강제경매' 라 한다. 양자는 경매신청의 방법과 매각절차에 대한 이의 등에서 차이가 있다. 경매개시결정은 말소기준권리 중의 하나가 된다.

건물등기부

[갑 구]

순위번호	등기목적	접수	등기원인	권리자 및 기타사항
1	소유권 보전			소유자 박범진
2	강제경매신청	2008년 3월 9일 제3544호	2008년 3월 7일 ㅇㅇ지방법원 강제 경매개시결정(2008 타경ㅇㅇㅇ)	채권자 홍기표

사례

● 강제경매개시결정이 말소기준권리가 되는 경우 ●

사건 2008타경 OOOO 물건내역	감정평가액 최저매각액	임대차내역 전입 · 확정 · 보증금	등기부상의 권리관계
서울 마포구 노고산동 00 면적 대지 73.7㎡ (22.3평형) 건물 48.64.㎡ (14.7평형) 주택	264,000,000원 264,000,000원	갑 2005년 4월 10일 2005년 4월 10일 12,000만원 을 2006년 3월 7일 5,000만원 배당요구	① 소유권 박범진 ② 강제 2008년 3월 9일 홍기표

사례설명

- 을 구에는 담보권이나 채권이 존재하지 않고 갑 구에 강제경매개시의 기입등기만 설정되어 있다. 경매신청채권자인 홍기표는 임차인 갑으로서 임대차 종료 후 소유자가 임차보증금을 반환해주지 않아 임차보증금반환청구소송을 제기한 후 판결문을 첨부하여 강제경매신청을 한 경우이다.
- 등기부상 권리관계가 거의 없이 강제경매신청이 이루어진 경우 일반적으로 임차인들이 임차보증금을 받지 못하여 강제경매신청을 한 경우가 많으므로 특히 임대차분석을 면밀히 조사하여야 한다.

말소기준권리

등기부상에 관하여 말소기준권리가 될 수 있는 권리로는 강제경매개시결정 뿐이다. 따라서 '② 강제경매' 가 말소기준권리가 된다.

등기부관계

등기부상에는 강제경매개시설정 외에는 아무런 권리가 존재하지 않는다. 매수인의 등기촉탁 시 강제경매개시는 말소되고 매수인이 인수하여야 할 권리는 없다.

임차인관계

- 임차인 갑은 경매신청채권자로서 배당요구가 없어도 당연히 배당요구한 것으로 인정된

다. 전입일자가 말소기준권리보다 선순위이므로 매수인에게 대항력을 주장할 수 있다. 또한 확정일자도 갖추고 있으므로 저당권과 마찬가지로 자기보다 후순위담보권자자, 기타일반채권자보다 우선변제를 받을 수 있다.

- 임차인 을은 확정일자가 없으므로 배당요구를 하였어도 배당에 참가할 자격이 없다. 다만, 소액임차인에 해당되면 일정한 한도의 금액으로 최우선변제를 받을 수 있으나 임차보증금이 5,000만원으로 소액임차인에 해당되지 않아 최우선변제를 받을 수 없다. 그러나 대항요건이 말소기준권리보다 선순위이므로 매수인에게 대항력을 행사할 수 있는 임차인이다. 따라서 매수인은 임차인 을의 권리를 인수하여야 한다.

PART 4

말소기준권리보다 선순위이면 인수되는 권리유형과 사례

앞서 설명한 말소기준권리를 기초로 하여 이번 PART에서는 직접 입찰에 참가할 경우 매수인에게 인수되는 권리는 어떠한 경우인지 자세히 검토해보기로 한다. 목적부동산에 대하여 인수되는 권리가 존재하는 경우 매수인에게 매수대금 이외에 추가로 부담하여야 하므로, 입찰 전에 정확한 권리분석이 되어야 한다.

01
SECTION

소유권이전청구권가등기

소유권이전청구권가등기는 부동산 물권 또는 부동산 임차권의 변동을 목적으로 하는 청구권을 보전하고자 장래에 행해질 본등기의 순위를 확보하기 위한 예비등기이다. 따라서 본등기(소유권이전등기) 시 순위는 가등기 시 순위로 소급하게 된다.

소유권이전청구권가등기의 일반적인 사항

1. 순위보전을 위한 예비등기

소유권이전청구권가등기는 본등기(소유권이전등기)를 할 수 있는 요건을 갖추지 못한 경우에 미리 그 순위보전을 위한 예비등기이다. 따라서 가등기 자체로는 소유권을 주장할 수가 없다.

2. 가등기에 기한 물권 변동의 시점

소유권이 변동되는 시점은 가등기에 기한 본등기를 한 때이다.

3. 가등기를 미리 하는 이유

물권 변동시점(소유권이전 등)은 등기부에 기재된 때부터 효력이 발생한다. 예컨대, 부동산 매매계약을 체결하고 중도금을 지급한 후 잔금지급 전에 매도인이 제3자에게 이중매매를 한다거나 그 부동산에 다른 권리(저당권 등)를 설정할 수 있다. 이러한 경우에 대비하여 매수인은 본등기(소유권이전)를 하기 전에 미리 가등기를 하여둠으로써 자기의 소유권이전청구권을 보전할 수 있다. 본등기 시 순위는 가등기를 설정한 때로 소급하므로, 가등기 이후에 설정된 권리들은 가등기권자가 본등기를 마치면 더 이상 권리를 주장할 수 없고 말소된다.

4. 말소기준권리보다 앞선 가등기는 매수인이 인수하여야 한다

소유권이전청구권가등기는 담보가등기와는 달리 말소기준권리가 되지 않는다. 그러나 말소기준권리보다 먼저 설정되어 있으면, 가등기는 매수인에게 인수된다. 여기서 '인수된다'는 것은 가등기권자가 나중에 본등기(소유권이전등기)를 하게 되면, 매수인은 소유권을 잃게 된다는 의미이다.

집합건물등기부

[갑 구]

순위번호	등기목적	접수	등기원인	권리자 및 기타사항
1	소유권 보존			소유자 박흥수
2	소유권이전가등기	2006년 6월 10일 제38790호	2006년 6월 8일 매매계약	권리자 김정태

사례

● 말소기준권리보다 먼저 소유권이전가등기가 설정된 경우 ●

사건 2008타경 OOOO 물건내역	감정평가액 최저매각액	임대차내역 전입 · 확정 · 보증금	등기부상의 권리관계
서울 강남구 개포동 00 면적 대지권 42.35㎡ (12.8평) 건물-전용 60.00㎡ (18.2평) 아파트	720,000,000원 576,000,000원 1유찰	갑 2006년 11월 1일 16,000만원	① 가등기 2006년 6월 10일 김정태 ② 가압류 2006년 7월 5일 7,500만원 박홍기 ③ 근저당 2007년 8월 10일 13,500만원 최수일 ④ 강제경매 박홍기

사례설명

등기부상의 '② 가압류권자'가 본안소송에서 승소한 후 강제경매신청을 한 경우이다. 집행법원의 매각물건명세서에는 "매수인에게 인수되는 가등기 있음"이라고 기록되어 있어서 '① 가등기'는 보전(소유권이전청구권)가등기라고 생각하면 될 것이다. 보전가등기는 담보가등기와 달리 배당에 참가할 수 없다. 따라서 매수인에게 인수되는 권리인지 문제가 된다.

말소기준권리

담보가등기와는 달리 소유권이전청구권가등기는 말소기준권리가 되지 않는다. 사례에서 말소기준권리가 될 수 있는 권리는 가압류, 근저당, 강제경매이다. 그 중 가장 먼저인 '②

가압류' 가 말소기준권리가 된다.

등기부관계

원칙적으로 등기부상의 가등기(보전가등기)는 말소기준권리보다 먼저 설정되어 있으며 매수인이 인수하게 되고 늦으면 부담할 권리가 아니다. 사례의 경우 말소기준권리인 '② 가압류' 보다 보전가등기가 먼저 설정되어 있어 매수인이 인수하여야 하는 권리가 된다. 인수는 '매수인이 대금완납을 하고 소유권을 취득한 후라도 가등기권자가 본등기(소유권이전등기)를 마치면 매수인은 소유권을 상실한다' 는 의미이다. 물론 소유권이전가등기가 말소기준권리보다 후순위인 경우에는 매수인이 인수할 권리가 아니므로 매수인의 소유권이전등기촉탁 시 말소된다.

임차인관계

임차인 갑의 전입일자는 말소기준권리보다 늦으므로 매수인에게 대항력이 없다. 또한 확정일자가 없으므로 배당에 참가할 자격도 없다. 임차보증금이 16,000만원으로 소액임차인에도 해당되지 않는다. 임차인 갑은 매수인의 인도명령 시 무조건 집을 비워주어야 한다.

02 SECTION 지상권

지상권은 타인의 토지 위에 건물, 기타 공작물이나 수목을 소유하기 위하여 그 토지를 사용할 수 있는 권리이다. 토지소유자와 지상권약정계약에 의하여 등기부에 지상권설정을 하는 약정지상권과 법률에 의하여 당연히 인정되는 법정지상권이 있다.

지상권의 일반적인 사항

1. 지상권은 타인의 토지를 사용할 수 있는 권리이다

(1) 지상권은 타인의 토지에 건물, 기타 공작물, 수목 등을 소유하기 위하여 토지소유자와 지상권설정의 약정을 하고 그 토지를 사용할 수 있는 권리이다.

(2) 토지소유자는 토지 임대차보다 강한 효력이 있는 지상권을 탐탁하게 생각하지 않기 때문에 현실적으로는 일반지상권은 흔치 않고, 오히려 은행 등 금융기관에서 건물이 없는 토지(나대지)를 저당권으로 담보하면서 함께 지상권을 설정하는 경우가 실무상 많다. 실무에서는 일반지상권 보다 오히려 법정지상권이 중요한 문제가 된다.

2. 지상권의 존속기간

(1) 지상권의 존속기간에 대하여는 최장기를 제한하지 않는다.

(2) 최단존속기간

지상권은 최장기간은 제한이 없으나 다음과 같이 최단기간 이상으로 존속기간을 약정하여야 한다. 존속기간을 정하지 않은 지상권은 최단존속기간의 규정을 적용한다.

- 석조, 석회 조, 연와 조 또는 이와 유사한 견고한 건물이나 수목 위 소유를 목적으로 하는 지상권은 30년, 그 밖의 건물은 15년
- 공작물의 소유를 목적으로 하는 때에는 5년

토지등기부

[을 구]

순위번호	등기목적	접수	등기원인	권리자 및 기타사항
1	지상권설정	2002년 12월 11일 제67532호	2002년 12월 10일 OO지방법원 가압 류결정(2006카OO)	목적 철근콘크리트 건물 소유 범위 토지전부 존속기간 만 30년 지료 월 50만원 지상권자 정영석

사례

• 지상권이 말소기준권리보다 먼저 설정된 경우 •

사건 2008타경 OOOO 물건내역	감정평가액 최저매각액	임대차내역 전입 · 확정 · 보증금	등기부상의 권리관계
경기도 김포시 감정동 000 면적 토지 226㎡ (68평) 토지	101,700,000원 101,700,000원	건물소유자 정영석 점유	① 지상권 2002년 12월 11일 지상권자 정영석 ② 가압류 2006년 7월 18일 5,000만원 최봉진 ③ 가압류 2007년 7월 12일 6,500만원 엘지카드 ④ 강제 최봉진

사례설명

지상권자 정영석이 토지소유자에게 지상권을 설정하고 그 대지상에 주택을 지어 사용하고 있는 중 토지가 경매신청되었다. 지상권이 매수인에게 인수되는 권리가 아니면 지상권자의 주택은 철거대상이 되지만, 그렇지 않은 경우 매수인은 그 지상권의 존속기간을 보장해주어야 한다.

등기부관계

등기부상에 말소기준권리가 될 수 있는 권리로는 가압류와 강제경매개시결정이 있다. 가장 먼저 등기부에 설정된 '② 가압류'가 말소기준권리가 된다. 따라서 말소기준권리보다 먼저 설정된 사례의 지상권은 매수인이 인수하여야 한다. 매수인의 촉탁등기 시에 지상권은 말소되지 않는다. 이 경우 매수인은 지상권자에게 지료는 지급받을 수 있으나 토지 사용을 제한당하는 점을 고려하여 볼 때 손익 계산을 면밀히 살펴본 후 입찰에 참가하여야 한다.

지상권의 존속기간

지상권의 존속기간은 당사자 간의 약정으로 원칙적으로 무한정 기간 설정할 수 있지만, 지상권자인 정영석은 존속기간이 등기부에 30년으로 설정되어 있다. 존속기간이 정해지지 않은 지상권의 기간은 최단존속기간을 적용한다.

03
SECTION

전세권

전세권은 전세금을 지급하고 타인의 부동산을 용도에 따라 사용 · 수익할 수 있는 용익물권이다. 전세권자는 전세권이 만료되어 소유자가 전세금을 반환하지 않을 경우 목적부동산에 대하여 경매신청권이 있다.

전세권의 일반적인 사항

1. 전세권의 존속기간

전세권은 최장 10년을 넘어 존속기간을 정할 수 없다. 그 기간 내에서 당사자 간의 합의로 존속기간을 정하며, 주택의 전세권은 1년 미만으로 전세권설정등기를 할 수 없다. 전세권의 존속기간을 약정하지 않은 경우, 각 당사자들은 언제든지 상대방에게 전세권 소멸을 통고할 수 있고, 통고한 날로부터 6개월이 경과하면 전세권은 소멸한다.

2. 전세권의 법정갱신(묵시의 갱신)

전세권의 존속기간만료 전 6개월부터 1개월 사이에 전세권설정자(소유자)가 전세권설정계약을 갱신하지 않겠다는 거절의사표시를 하지 아니한 경우 종전의 전세권과 동일한 조건으로 다시 전세권을 설정한 것으로 보게 되는 것을 '법정갱신(묵시의 갱신)' 이라고 한다. 이 경우 종전의 전세권을 제3자에게 주장할 수 있으나, 전세권의 존속기간은 약정이 없는 것이 된다. 따라서 각 당사자는 언제든지 전세권 소멸을 주장할 수 있고 그 효력은 상대방에게 통고한 날로부터 6개월이 경과하면 소멸된다.

3. 전세권에 기한 경매신청

(1) 전세권자가 건물의 일부(예컨대 2층 주택 중 일부)에 대하여 전세권을 설정한 경우 임의경매신청을 할 수가 없다. 이 경우 소유자를 상대로 전세금반환청구소송을 제기하여 승소한 후 건물 전체에 대하여 강제경매신청을 하여야 한다. 물론 건물 전체에 대하여 전세권을 설정한 경우에는 판결문 없이도 임의경매신청이 가능하다.

(2) 전세권자의 전세목적물 인도 및 전세권설정등기 말소에 필요한 서류(전세권등기필증)

의 이행과 전세권설정자의 전세금반환의무는 동시이행 관계에 있다. 그러므로 전세권자가 경매를 신청할 경우, 그 이행을 제공한 사실을 증명하여야 한다. 증명방법으로는 "전세목적물을 인도하고 전세권설정등기 말소에 필요한 서류를 교부할 테니 그때까지 전세금을 지급하여 주기 바란다"고 통보한 내용증명을 첨부하여 법원에 제출하면 된다.

(3) 전세권은 목적부동산이 경매로 매각이 될 경우 전세금에 대하여 후순위담보권리자, 기타일반채권자보다 매각대금에서 우선변제를 받을 수 있는 담보물권의 성질도 함께 가지고 있다.

집합건물의등기부

[을 구]

순위번호	등기목적	접수	등기원인	권리자 및 기타사항
1	전세권설정	2006년 11월 28일 제76843호	2006년 11월 28일 설정계약	전세금 12,000만원 범 위 건물전부 존속기간 2006년 11월 28일부터 2008년 11월 28일까지 전세권자 심윤선

사례

● 말소기준권리보다 선순위전세권자가 배당요구를 하지 않은 경우 ●

사건 2008타경 ○○○○ 물건내역	감정평가액 최저매각액	임대차내역 전입 · 확정 · 보증금	등기부상의 권리관계
서울 송파구 문정동 000 면적 대지권 30.99㎡ (9.4평) 건물-전용 46.24㎡ (14평) 아파트	380,000,000원 304,000,000원 1유찰	전세권자(점유) 전입신고는 없음	① 전세권 2006년 11월 28일 존속기간 2008년 11월 28일 12,000만원 심윤선 ② 가압류 2007년 3월 30일 4,300만원 한기섭 ③ 저당권 2007년 7월 31일 8,000만원 새마을금고 ④ 임의 새마을금고

사례설명

등기부상 말소기준권리보다 먼저 전세권이 설정된 경우 그 전세권은 배당에 참가하여 전세금을 배당받을 수 있는 지, 매수인이 인수하여야 하는 권리인지를 검토해본다.

등기부관계

말소기준권리는 '② 가압류'가 된다. 등기부상 말소기준권리보다 먼저 설정된 전세권이 존재한다. 이 경우 그 전세권은 소멸하지 않고 매수인에게 인수되는 것이 원칙이다. 예외적으로 전세권자가 경매신청의 전세권인 경우에는 배당에 참가하게 되고 매수인에게 인수되는 권리가 아니다. 사례의 경우 최선순위전세권자가 임의경매를 신청한 경우가 아니므로, 그 전세권은 매수인에게 인수되고 매수인의 소유권이전등기촉탁 시 말소되지 않는다.

임대차관계

동사무소에서 세대열람을 확인한 결과 별도로 임차인은 존재하지 않고 전세권자가 전입신고는 하지 않고 거주하고 있는 것으로 밝혀졌다. 전세권자는 주택임대차보호를 받는 임차인과는 달리 대항요건(점유와 전입)을 갖추지 않아도 물권인 전세권으로 보호를 받는다. 만약 전세권자가 대항요건(전입 및 점유)을 갖춘 경우, 임차인으로 주장할 수 있는 권리(대항력 등)도 함께 주장할 수 있는 겸유권이 있다.

04
SECTION

지역권

지역권이 말소기준권리보다 선순위인 경우에는 지역권자는 매수인에게 그 권리를 주장할 수 있다. 물론 말소기준권리보다 후순위인 경우 매수인에게 인수되는 권리가 아니므로 매수인의 소유권이전촉탁등기 시 말소된다.

지역권의 일반적인 사항

1. 지역권의 의의

(1) 타인의 토지를 자신의 토지 편익을 위해 사용, 수익할 수 있도록 승역지의 소유자와 요역지의 소유자가 지역권 설정등기를 함으로써 취득하는 권리이다. 이때 편의를 제공하는 토지를 '승역지'라 하며 제공받는 토지를 '요역지'라 부른다. 예컨대, 갑(요역지) 토지의 소유자가 을(승역지) 토지를 거치지 않으면 공로에 진입할 수 없는 경우 그 통로를 개설하기로 당사자 간에 약정을 하고, 통로에 사용되는 범위 등을 정하여 등기부에 지역권설정기입을 하게 된다.

(2) 통상적으로 지역권을 당사자간에 약정하여 설정하는 경우는 드물고 오히려 토지 경매시 실무에서는 지역권의 하나인 '주위토지통행권'을 확인할 필요가 있다.

하나 더!

주위토지통행권

토지가 타인의 토지에 둘러싸여 공로(도로 등)에 진입할 수 없는 경우 어쩔 수 없이 타인의 토지를 거쳐서 나올 수밖에 없다. 그러나 타인의 부동산에 소유자의 승낙 없이 무단으로 출입하면, 점유침입에 해당되는 것이 현실의 법 규정이다. 따라서 주위토지소유자가 지역권을 설정해 주지 않아도 공로를 통행할 수 있는 권리가 주위토지통행권이다. 이는 지역권과는 달리 등기부에 기입되지 않고도 인정되는 권리이므로 토지 매각 시 맹지인 경우 입찰에 참가하기 전 살펴둘 필요가 있다.

토지등기부

[을 구(등기부) 〉 승역지 토지 (서울 성북구 00동 118번지)]

순위번호	등기목적	접수	등기원인	권리자 및 기타사항
1	지역권설정	2002년 3월 5일 제5644호	2002년 3월 2일 설정계약	목적 통행 범위 동측 90㎡ 요역지 서울 성북구 ○○동 119번지 지역권자 김을령

※ 승역지 토지등기부 권리자란에는 요역지 토지의 주소가 기재된다.

[을 구(등기부) 〉 요역지 토지 (서울 성북구 ○○동 119번지)]

순위번호	등기목적	접수	등기원인	권리자 및 기타사항
1				승역지 서울 성북구 ○○동 118번지 목적 통행 범위 동쪽 90㎡

※ 요역지 토지등기부 권리자란에는 승역지 토지의 주소가 기재된다.

사례

• 말소기준권리보다 먼저 설정된 지역권이 존재하는 경우 •

사건 2008타경 ○○○○ 물건내역	감정평가액 최저매각액	임대차내역 전입 · 확정 · 보증금	등기부상의 권리관계
서울 영등포구 신길동 ○○○ 면적 400㎡ (121평) 토지	1,219288,000원 1,219288,000원		① 지역권 2002년 3월 5일 지역권자 김을령 ② 가압류 2007년 5월 12일 32,000만원 최현준 ③ 저당권 2007년 6월 11일 22,0000만원 상호저축은행 ④ 가압류 2007년 8월 10일 3,500만원 신용보증기금 ④ 강제 최현준

사례설명

말소기준권리보다 먼저 설정된 지역권은 매수인이 부담하는 권리인지 살펴본다. 지역권은 지상권과 달리 토지의 한 쪽 구석 부분에 통로로 개설되어 있는 경우가 많으므로, 인수되는 지역권의 범위가 작다면 무조건 입찰을 피할게 아니라 토지를 매수할 경우 사용할 수 있는 토지의 범위 등을 파악하여 입찰에 참가할 수도 있을 것이다.

등기부관계

지역권은 말소기준권리가 될 수 없다. 따라서 등기부상 말소기준권리는 '② 가압류'가 된다. 지역권이 말소기준권리보다 선순위이므로 매수인은 그 지역권을 인수해야 한다. 말소기준권리보다 후순위 권리들은 매수인이 부담하여야 하는 권리가 아니므로 소유권이전등기촉탁 시 모두 말소된다.

05 SECTION 환매권

환매등기가 말소기준권리보다 선순위인 경우에는 소멸되지 않고 매수인에게 인수된다. 환매권자가 환매기간 이내에 환매권을 행사하면, 매수인은 소유권을 잃을 수도 있으므로 말소기준권리보다 선순위환매권이 존재할 경우 입찰 전 정확한 권리분석이 이루어져야 한다.

환매권의 일반적인 사항

- 환매권은 매매와 동시에 특약으로 매도인이 환매기간 내에 그 목적물을 다시 매수할 수 있는 권리이다. 매도인이 매수인에게 소유권을 이전하면서 환매기간 내에 매수인에게 환매대금을 지급하고 다시 매수할 수 있는 일종의 특수한 재매매를 말한다.

- 환매기간

  환매기간은 5년을 넘기지 않는 범위 내에서 당사자 간의 약정으로 정한다. 5년을 넘긴 약정이라도 5년으로 본다. 등기부에 기입된 환매기간은 다시 연장하지 못한다.

- 환매특약의 효력

  환매권이 말소기준권리보다 먼저 등기된 경우에는 매수인이 인수하여야 하는 권리이다. '인수하여야 한다' 는 것은 '매수인이 매각대금을 완납한 후 소유권이전등기까지 경료하여도 환매권자가 환매기간 안에 등기부에 기입된 환매대금을 매수인(낙찰자)에게 지급하고 다시 매수청구를 하면 매수인은 이미 취득한 그 소유권을 상실한다' 는 의미이다. 그러나 최선순위 환매권도 경매개시 전에 이미 환매기간이 만료된 경우, 그 환매권은 소멸된 것이므로 매수인은 인수하지 않아도 된다.

잡합건물 등기부

[갑 구]

순위번호	등기목적	접수	등기원인	권리자 및 기타사항
1	소유권보존			소유자 김태식
2	소유권이전	2004년 11월 9일 제23212호	2004년 11월 9일 환매특약부 매매	소유자 박인환
2-1		2004년 11월 9일 제23212호	2004년 11월 8일 특약	환매대금 35,000만원 환매기간 2008년 11월 8일까지 환매권자 김태식

※ 위 부동산에서 환매권자는 김태식이다. 즉, 매도인이 환매권자가 된다.

사례

● 인수되는 선순위환매권이라도 입찰에 참가할 수 있는 경우 ●

사건 2008타경 ○○○○ 물건내역	감정평가액 최저매각액	임대차내역 전입 · 확정 · 보증금	등기부상의 권리관계
서울 노원구 중계동 000 면적 대지권 50.22㎡ (16.6평) 건물-전용 84.99㎡ (25.7평) 도시지역 2종일반주거지역 아파트	400,000,000원 320,000,000원 1유찰	갑 2006년 4월 10일 2006년 4월 10일 (확정) 12,000만원 배당요구	소유권 김태식 소유권이전 박인환 ① 환매권 2004년 11월 9일 환매대금 35,000만원 환매기간 2008년 11월 8일 환매권자 김태식 ② 가압류 2006년 2월 4일 13,000만원 박정기 ③ 가압류 2007년 3월 12일 2,000만원 정한수 ④ 강제 박정기

사례설명

- '② 가압류권자'가 승소판결을 받아 강제경매를 신청한 경우이다. 최선순위로 환매권이 설정되어 있다. 즉, 김태식이 소유권을 박인환에게 이전하면서 환매기간을 4년으로 정하고, 그 기간 안에 다시 목적물을 매수할 것을 환매특약한 경우이다. 환매권은 반드시 매매와 동시에 환매권(환매특약)을 설정하여야 한다. 환매권자의 환매대금은 35,000만원이다.
- 원칙적으로 말소기준권리보다 선순위환매권은 매수인이 인수하여야 하는 권리이지만, 매수인에게 항상 불리한 것만은 아니다. 예컨대, 소유권을 취득할 때 총지출한 비용이 환매대금보다 훨씬 적으면 오히려 이익을 줄 수 있는 경우도 있으므로 환매권이 존재한다고 해서 입찰을 포기할 필요가 없다. 왜냐하면 환매권자가 다시 자기 앞으로 이전등기를 할 경우, 등기부상에 기재된 환매대금을 매수인에게 지급해야 하기 때문이다. 물론 말소기준권리보다 후순위환매권은 인수할 권리가 아니다.
- 리스크가 큰 만큼 고수익을 기대할 수 있는 곳이 법원경매의 틈새시장이다. 그러나 정확한 분석도 없이 무조건 입찰에 참가하는 것은 바람직한 일이 아니다. 또한 금전적 손해도 감수하여야 한다. 인수되는 환매권이 존재하더라도 정확한 물건분석과 권리분석을 통하여 적정한 가격에 입찰에 참가할 수도 있을 것이다.

등기부관계

- 환매권은 말소기준권리가 되지 않으므로 '② 가압류'가 말소기준권리가 된다. 말소기준권리보다 먼저 환매권이 설정되어 있으므로 매수인이 인수하여야 한다. 즉 매수인이 매각대금을 완납한 후 소유권이전등기까지 경료한 경우라도 환매권자가 환매기간 안에 등기부에 기입된 환매대금을 지급하고 다시 매수청구를 하면 매수인(낙찰자)은 이미 취득한 그 소유권을 상실한다.
- 환매기간이 2008년 11월 8일까지이므로 매수인의 소유권이전등기촉탁 시 환매권은 말소되지 않는다. 다만 환매기간이 이미 만료된 경우는 환매권은 소멸되어 환매권을 더 이상 행사할 수 없어 말소기준권리보다 선순위인 경우에도 그 환매권은 매수인에게 인수되지 않는다. 환매권이 존재하는 경우 등기부를 통하여 환매기간이 이미 만료하였는지 주의 깊게 살펴볼 필요가 있다.

임대차관계

임차인 갑은 대항요건과 확정일자를 모두 갖추고 배당요구를 한 경우이다. 대항요건이 말소기준권리보다 후순위이므로 대항력은 없다. 그러나 확정일자부임차인이므로 저당권과 마찬가지로 후순위담보권자, 기타일반채권보다는 우선변제권이 주어진다. 대항력이 없으므로 변제받지 못한 임차보증금이 존재하여도 매수인은 부담하지 않는다. 임차보증금액이 소액임차인에 해당되지 않아 소액임차인에게 주어지는 최우선변제권은 없다.

Memo

06 SECTION 가처분

우리나라의 등기신청은 공동신청주의가 원칙이지만, 가처분등기는 집행법원이 등기관에게 촉탁하여 기입하는 등기이다. 말소기준권리보다 선순위가처분은 가처분권자가 본안소송에서 승소한 경우 매수인이 인수하여야 하는 권리이다.

가처분의 일반적인 사항

1. 가처분의 의의

가처분은 소유권이전청구권, 목적물반환청구권 등 특정물에 대한 채권을 가진 채권자가 장차 그 목적물의 집행보전을 위해 목적물의 처분을 금지 또는 제한하여 채권을 보전하기 위한 처분을 말한다. 즉, 특정물에 대하여 채권을 가지고 있는 채권자가 그 목적물에 대하여 매매, 저당권설정 등 일체의 처분행위를 금지하여 장차 소송을 제기한 판결이 확정될 때까지 채권의 보전을 위한 보전행위이다.

2. 가처분의 종류

가처분은 일반적으로 부동산상의 권리를 처분하지 못하게 설정하여 두는 처분금지가처분을 말한다. 그러나 단순히 점유하고 있는 목적물을 다른 사람에게 이전하지 못하게 미리 조치를 하여 두는 점유이전금지가처분도 있다.

3. 가압류와의 차이

가압류는 장래의 금전채권의 집행을 보전하는 반면, 처분금지가처분은 집행보전으로서 다툼이 있는 특정한 부동산에 대하여 처분을 제한한다.

집합건물등기부

[갑 구 : 소유권에 대한 처분금지가처분]

순위번호	등기목적	접수	등기원인	권리자 및 기타사항
1	소유권보존			소유자 김한일
2	가처분	2006년 5월 10일 제6566호	2006년 5월 9일 ○○법원 가처분결정 (2006카합 ○○○)	• 금지사항 매매, 증여, 전세권, 저당권, 기타 일체의 처분행위금지 • 피보전권리 근저당권설정등기청구권 채권자 신용보증기금

[을 구 : 소유권 이외의 권리에 대한 가처분]

순위번호	등기목적	접수	등기원인	권리자 및 기타사항
1	근저당권설정	2006년 10월 8일 제58340호	2006년 10월 6일 설정계약	채권채고액 22,000만원 근저당권자 김영식
1-1	1번 근저당권가처분	2007년 2월 12일 제8977호	2007년 2월 11일 ○○법원 가처분결정 (2007카합○○○)	• 금지사항 양도, 담보권설정, 기타 일체의 처분행위의 금지 • 피보전권리 사해행위 취소로 인한 근저당권말소등기청구권 채권자 신용보증기금

※ 1 저당권이 허위이므로 그 저당권을 말소하라는 소송을 제기하기 전에 미리 가처분을 한 경우이다.

사례

• 말소기준권리보다 선순위인 소유권에 대한 가처분은 매수인에게 인수되는 권리이다. •

사건 2008타경 ○○○○ 물건내역	감정평가액 최저매각액	임대차내역 전입 · 확정 · 보증금	등기부상의 권리관계
서울 성북구 길음동 000 면적 대지권 53.81㎡ (16.3평) 건물-전용 114.73㎡ (34.7평) 아파트	700,000,000원 448,000,000원 1유찰 1유찰	소유자 점유	① 소유권가처분 2006년 5월 10일 채권자 정일호 ② 가압류 2006년 12월 11일 32,000만원 신용보증기금 ③ 가압류 2007년 3월 11일 7,000만원 최현준 ④ 압류 2007년 11월 14일 강남세무서 ⑤ 강제 최현준

사례설명

최선순위로 가처분(소유권처분금지)이 설정되어 있고 '③ 가압류권자 최현준'이 본안소송에서 승소하여 강제경매신청을 한 경우이다. 가처분은 계쟁물(다툼이 있는 물건)에 대한 청구권을 보전하기 위하여, 채권자가 채무자의 목적물을 처분하지 못하도록 미리 법원에 신청을 하게 된다. 가처분신청에 대해 이유가 있으면 법원은 가처분결정을 하고 촉탁으로 등기관에게 그 가처분을 등기부에 기입하게 한다. 가처분은 처분금지의 효력이 있으므로 목적부동산이 매각이 되었을 때 매수인과의 관계는 어떻게 될 것인지 분석되어야 한다.

등기부관계

가처분은 최선순위라도 말소기준권리에 해당되지 않는다. 따라서 '② 가압류'가 말소기준권리가 된다. 사례 경우 말소기준권리보다 먼저 설정된 가처분이 존재한다. 매수인이 소유권을 취득한 후에도 가처분권자가 본안소송에서 승소하면, 매수인은 소유권은 상실하게 된다. 따라서 그 가처분은 매수인의 소유권이전등기촉탁 시 말소되지 않는다.

배당관계

소유권처분금지가처분권자는 배당에 참가할 수 없다. 다만 저당권이나 전세권에 대하여 가처분한 경우, 가처분권자는 직접 배당표에 의하여 배당을 받을 수 없으나 가처분권자의 본안소송의 결과에 따라 저당권자, 전세권자가 받을 배당금액을 전부명령이나 추심명령을 받아서 수령할 수 있는 경우가 있다.

인수여부

말소기준보다 선순위가처분(소유권에 관함)은 원칙적으로 매수인에게 인수되는 권리이다. 따라서 가처분권자가 본안소송에서 승소한 경우 매수인은 소유권을 잃을 수도 있다. 입찰 시 주의해야 한다.

Memo

07 SECTION

임차인의 대항력

임차인은 임차권을 등기부에 설정하지 않아도 일정한 조건을 갖춘 경우 임차인의 권리를 보호를 받을 수 있다. 즉, 임차인의 대항요건이 말소기준권리보다 선순위인 경우 매수인에게 대항력을 주장할 수 있다.

임차인 대항력의 일반적인 사항

임차인의 대항력이란 임차목적물이 제3자에게 이전된 경우라도 임차인의 권리를 제 3자에게 주장할 수 있는 권리이다. 통상적인 일반매매인 경우 임차인은 대항요건(전입 및 점유)의 순위에 관계없이 매수인에게 대항력을 주장할 수 있다. 그러나 법원경매에서 임차목적물이 매각되는 경우 대항력이 있다. 라는 의미는 좀 다르다. 즉 임차인의 대항요건이 말소기준권리보다 먼저인 경우에만 매수인에게 대항력을 주장할 수 있고 나중인 경우에는 대항력을 주장할 수가 없다. 법원경매의 입찰 시 임차인의 권리분석을 하여야 하는 이유 중의 하나이다. 말소기준권리보다 먼저 대항요건을 갖춘 임차인의 권리는 매수인이 인수하여야 한다. 자세한 설명은 'PART 8 중요 권리별 사례와 질의 및 답변' 의 임대차편에서 살펴 보기로 한다.

PART 5

순위에 관계없이 인수될 수 있는 권리유형

원칙적으로 말소기준권리보다 후순위인 권리는 매수인에게 인수되지 않는다. 그러나 순위에 관계없이 등기부상 인수되는 권리가 있을 수 있다. 또한 등기부에는 기입이 되지 않으나, 법률에 정한 일정한 조건을 갖추고 있으면 순위에 관계없이 당연히 매수인에게 인수되는 권리가 있으므로 검토되어야 한다.

01

SECTION

법정지상권

법정지상권은 등기부상에 지상권 설정이 되어 있지 않은 경우라도 법률에 규정된 요건을 갖추고 있으면 당연히 지상권으로 인정된다. 법정지상권이 성립되면 그 지상권은 순위와 관계없이 매수인이 인수하여야 한다.

법정지상권의 일반적인 사항

1. 법정지상권은 등기부에 기입되어 있지 않다

우리나라는 토지와 건물을 각각 독립한 부동산으로 취급하고 있으며, 등기부의 구조도 토지등기부와 건물등기부로 나뉘어져 있다. 따라서 토지만 매매를 할 수도 있고 건물만 매매가 가능하다(집합건물인 아파트, 다세대 등은 건물과 대지권이 일체성을 이루고 함께 매매가 됨). 만약 토지와 건물이 별도로 매각되어 소유자가 각각 다른 경우 건물소유자가 토지에 대하여 정당한 권리가 존재하지 않을 경우 건물이 철거당할 위험에 처하게 되어 사회 경제적으로도 큰 낭비가 될 것이다. 이러한 이유로 일정한 조건이 성립되면 건물소유자와 토지소유자 간에 일반지상권설정계약이 없더라도 건물을 철거당하지 않을 권리를 부여하는 것이 법정지상권이다. 법률의 규정에 의하여 당연히 인정되는 권리이므로 일반지상권과는 달리 등기부에는 기입이 되지 않는다.

2. 경매로 인한 법정지상권이 성립하기 위한 요건(민법 제366조)

(1) 저당권이 설정될 당시 그 지상에 건물이 존재하여야 한다

저당권설정 시 건물이 실제 존재하여야 하며 건물등기부가 없는 미등기 건물이라도 가능하다. 저당권설정 후 건물이 신축된 경우, 법정지상권은 인정되지 아니하고 오히려 그 건물은 철거대상이 된다.

(2) 저당권설정 당시 토지소유자와 건물소유자가 같아야 한다

(3) 토지나 건물 어느 한쪽 또는 양쪽에 저당권이 설정되어 있어야 한다

(4) 경매로 인하여 토지소유자와 건물소유자가 각각 달라져야 한다

※ 위의 조건이 성립되면 토지소유자는 건물소유자에게 지상권을 설정한 것으로 본다.

3. 법정지상권의 존속기간

당사자 간의 약정지상권은 존손기간에 대하여 최장기간의 제한이 없으나 기간을 약정하지 않은 경우, 법으로 정한 최단기간 이상으로 존속기간이 보장된다. 법정지상권의 기간은 일반지상권의 존속기간의 정함이 없는 경우를 준용한다. 즉 다음과 같이 최단기간이 적용된다.

- 석조, 석회 조, 연와 조 또는 이와 유사한 견고한 건물이나 수목 위 소유를 목적으로 하는 지상권은 30년, 그 밖의 건물은 15년
- 공작물의 소유를 목적으로 하는 때에는 5년

4. 분묘기지권

타인의 토지에 분묘를 설치한 자는 그 분묘 기지에 대하여 지상권에 유사한 일종의 물권을 취득한다. 이것을 '분묘기지권' 이라고 부르는데 관습법상 인정되는 특수한 지상권이다. 분묘기지권은 매각부동산이 임야일 경우 발생할 수 있는 권리이다.

자세한 사항은 Part 6의 부동산유형별 임야 부분을 참조하기를 바란다.

토지등기부

[갑 구]

순위번호	등기목적	접수	등기원인	권리자 및 기타사항
1	소유권이전	2003년 4월 12일 제45733호	2003년 3월 8일 매매	소유자 김부연

[을 구]

순위번호	등기목적	접수	등기원인	권리자 및 기타사항
1	근저당권설정	2005년 1월 15일 제5155호	2005년 1월 14일 설정계약	채권최고액 금12,000만원 채무자 김부연 근저당권자 박형권
2	근저당권설정	2006년 12월 11일 제76566호	2006년 12월 11일 설정계약	채권최고액 금20,000만원 채무자 김부연 근저당권자 하나은행 공동담보 동소 건물

건물등기부

[갑 구]

순위번호	등기목적	접수	등기원인	권리자 및 기타사항
1	소유권보존	2004년 8월 9일 제54544호		소유자 김부연

[을 구]

순위번호	등기목적	접수	등기원인	권리자 및 기타사항
1	근저당권설정	2006년 12월 11일 제76566호	2006년 12월 11일 설정계약	채권최고액 금20,000만원 채무자 김부연 근저당권자 하나은행 공동담보 동소 토지

사례

• 매각부동산에 법정지상권이 성립되는 경우 •

사건 2008타경 ○○○○ 물건내역	감정평가액 최저매각액	임대차내역 전입 · 확정 · 보증금	등기부상의 권리관계
경기도 의정부시 교산동 ○○○ 면적 1,216㎡ (368평) 토지	539,000,000원 539,000,000원	2층 주택 소재 건물소유자 김부연 (점유)	토지등기부 소유자 2003년 4월 12일 김부연 ① 근저당 2005년 1월 15일 12,000만원 박형권 ② 근저당 2006년 12월 11일 20,000만원 하나은행 공동담보 동소 건물 ③ 가압류 2006년 12월 11일 5,000만원 정칠성 ④ 임의 박형권 건물등기부 소유권보존 2004년 8월 9일 김부연 ① 근저당 2006년 12월 11일 20,000만원 하나은행

사례설명

- 토지만 경매신청된 경우이다. 일반지상권은 등기부를 검토하여 보면 매수인에게 인수되는 권리인지의 여부를 분석할 수 있지만, 법정지상권은 등기부에 기입되지 않으므로 어떠한 조건하에 법정지상권이 성립하는지 살펴보도록 한다. 법정지상권 문제는 토지나 건물이 함께 매각될 경우에는 발생할 수 있는 권리가 아니다. 토지와 건물의 매수인은 동일한 사람이 되기 때문이다.
- 대지상에 2층 단독주택이 존재하고 있고 건물등기부를 보면 대지의 근저당권 설정 당시 대지상에 건물이 존재하고 있음을 알 수 있다. '대지의 ① 근저당권자'는 건물에는 저당권을 설정하지 않고 대지에 관하여만 저당권을 설정한 후 경매를 신청한 경우이다.
- 목적부동산이 매각될 경우 토지소유자와 건물소유자가 각각 다르게 된다. 사례에서 토지

가 매각이 된 경우 건물소유자는 법정지상권을 주장할 수 있는지 검토되어야 한다. 매각물건명세서상에 "법정지상권 성립여지 있음"이라고 기재된 경우 잘 살펴보고 입찰에 참가하여야 한다.

등기부관계

토지와 건물은 각각 별개의 독립된 부동산으로 등기부도 토지등기부와 건물등기부로 구분되어 있다. 따라서 토지만 처분할 수도 있고, 건물만 처분할 수도 있다. 다만, 집합건물(아파트 다세대 등)은 대지권과 함께 전유부분도 일체성을 가지고 함께 매매가 된다. 말소기준권리는 '① 근저당'이다. 말소기준권리보다 먼저 설정된 인수되는 권리가 없으므로 매수인의 등기촉탁 시 모두 말소된다.

법정지상권의 성립 여부

- 법정지상권(민법 제366조)은 등기부상에 지상권설정이 되어 있지 아니한 경우에도 일정한 법정요건을 갖추면 지상권이 성립한 것으로 보는 법률의 규정에 의한 지상권이다. 다음과 같은 경우 토지소유자는 건물소유자에게 지상권을 설정한 것으로 간주한다.

> ① 저당권설정 당시 대지상에 건물이 존재하여야 한다.
>
> ② 대지소유자와 건물소유자가 동일인이어야 하고, 경매로 인하여 토지소유자와 건물소유자가 각각 달라져야 한다.

- 사례 경우 건물소유자는 위와 같은 조건을 갖추었으므로 토지매수인은 건물소유자에게 지상권을 설정한 것으로 보고 건물을 철거할 수 없다. 이 경우 지상권의 존속기간은 약정이 없는 것으로 본다. 즉 건물은 최소한 30년의 지상권을 인정받을 수 있다.

※ 매각물건에 법정지상권이 성립한다고 하여 입찰을 무조건 포기할 것이 아니다. 이런 물건들은 많이 유찰되어 최저가격이 많이 저감되어 있는 경우가 많다. 만일 법정지상권이 성립하는 매각부동산이 토지가 아닌 건물인 경우 상권도 좋고 유동인구도 많아 향후 가치가 있다고 판단되면 포기할 것이 아니라 적정한 입찰금액으로 참가할 수도 있다. 현장답사가 중요한 것은 물론이다. 이 경우 지상권의 존속기간이 종료되면 다시 갱신청구권을 행사할 수 있고, 이를 거절하면 건물을 매수하여 갈 것을 토지소유자에게 청구할 수도 있기 때문에 다각도로의 분석 하에 득실을 가려 입찰에 참가할 수도 있다.

02
SECTION

예고등기

예고등기는 등기원인의 무효 또는 취소로 인한 등기의 말소 또는 회복의 소가 제기된 경우 등기부에 기입되는 등기다. 따라서 소송결과에 따라 매수인에게 인수될 수 있으므로 주의를 요한다.

예고등기의 일반적인 사항

1. 예고등기가 필요한 이유

우리나라는 등기부에 공신력을 인정하지 않고 있기 때문이다. 예컨대 매매서류를 위조하여 원인 없이 소유권이전이 된 경우 그 등기부상 권리관계를 믿고 거래한 매수인이라도 후에 진정한 소유자가 소유권이전말소소송에서 승소하면 매수인은 소유권을 상실하게 된다. 따라서 수소법원(소가 제기된 법원)은 이러한 소송이 제기되면 등기부에 소가 제기된 사실을 제3자에게 알리기 위하여 예고등기를 등기부에 기입할 것을 촉탁하게 한다. 즉 예고등기는 어떠한 권리에 대하여 이의가 있어 소송이 제기된 경우 제3자에게 그러한 소의 제기가 있었다는 것을 알려주는 등기이다.

2. 예고등기의 종류

(1) 말소의 예고등기

등기된 권리가 원인 없이 등기부에 기입되어 있는 경우 즉, 기존등기가 실체 관계와 부합하지 않게 된 경우에 기존등기를 소멸시킬 목적으로 소송이 제기된 경우 기입되는 등기이다.

(2) 말소회복의 예고등기

말소소송과는 반대로 등기된 권리가 원인(채권을 변제하지도 않고 저당권이 말소된 경우 등) 없이 말소된 경우 부당하게 말소된 등기에 대하여 말소되기 전의 등기로 회복시키라는 소송이 제기된 경우 기입되는 등기이다.

3. '을 구' 의 예고등기는 매수인에게 인수되는 권리가 아니다

예고등기는 먼저 갑 구의 예고등기인지, 을 구의 예고등기인지를 살펴보아야 한다. 을 구의 예고등기인 경우에는 매수인에게 인수되는 권리가 아니다. 하지만 경우에 따라서는 경매가 취하될 수도 있고, 말소기준권리에 변함이 있을 수도 있다. 따라서 예고등기가 말소예고등기인지 말소회복예고등기인지도 함께 검토되어야 한다.

4. 예고등기는 소송결과에 따라 말소 또는 회복 여부가 좌우된다

예고등기는 권리에 관한 공시를 목적으로 하는 등기가 아니므로 부동산상의 부담으로 되지 아니라 한다. 순위에 관계없이 말소의 대상이 되지 않으며 소송결과에 따라서 말소 여부가 결정된다. 즉 소송(말소 또는 회복)결과 원고(소 제기자)가 패소하여 재판이 확정될 때, 제1심법원은 지체 없이 등기관에게 예고등기의 말소를 촉탁하게 된다. 원고의 승소로 확정되어 예고등기의 목적이 된 등기를 말소 또는 회복을 한 때에는 그 예고등기는 등기관이 직권으로 말소한다.

집합건물등기부

[갑 구]

순위번호	등기목적	접수	등기원인	권리자 및 기타사항
1	소유권			소유자 김정식
2	소유권이전	2006년 3월 11일 제4323호	매매	소유자 박기연
3	가압류			
4	2번 소유권말소 예고등기	2007년 7월 5일 제23423호	2007년 7월 3일 ○○지방법원에 소 제기(2007가합 ○○○호)	

사례

소유권(갑 구)에 관하여 예고등기가 설정된 경우

사건 2008타경 ○○○○ 물건내역	감정평가액 최저매각액	임대차내역 전입 · 확정 · 보증금	등기부상의 권리관계
서울 중랑구 망우동 ○○○ 면적 대지권 24.54㎡ (7.4평) 건물-전용 46.29㎡ (14평) 다세대	130,000,000원 130,000,000원	갑 2006년 9월 10일 2006년 9월 10일 (확정) 4,500만원 배당요구 을 2006년 12월 14일 2,000만원 배당요구	① 소유권 김정식 ② 소유권이전 2006년 3월 11일 박기현 ③ 가압류 2006년 4월 11일 15,000만원 신한카드 ④ ②번 소유권말소 예고등기 2007년 7월 5일 ⑤ 강제 신한카드

사례설명

- 소유권에 관하여 다툼이 있는 경우 예고등기는 갑 구에 기재된다. '① 소유권 김정식'이 '② 소유권이전'이 원인 없이 이전등기된 것이라고 주장하면서 '②번 소유권'을 말소하라는 소송을 제기한 경우이다. 말소소송은 기존등기가 실체 관계와 부합하지 않게 된 경우에 기존등기를 소멸시킬 목적을 갖는다.
- 소유권에 관한 예고등기는 소송결과에 따라 매수인에게 영향을 미치므로 가급적 입찰을 피해야 할 대상이다. 그러나 소송결과가 매수인에게 부담이 되지 않게 이미 확정이 되었고 단지, 예고등기만 말소되지 않은 경우라면 무조건 회피할 것이 아니다.

등기부관계

- '③ 가압류'가 말소기준권리이다. 예고등기는 말소기준권리가 될 수 없을 뿐 아니라 단순히 경고적 효력만 있는 등기이다. 그러나 순위에 관계없이 실체적 소송결과에 따라 매수인에게 인수 여부가 결정되므로 항상 주의를 하여야 한다. 즉 등기부에는 공신력이 없으므로 등기부를 믿고 법률행위를 한 경우에도 실체적 관계와 다른 경우 보호를 받을 수 없다.

- 소유권말소소송결과 '② 소유권이전등기'가 서류를 위조하는 등 원인 없이 이루어져 '① 소유권자(예고등기권자)'가 승소한 경우, 매수인이 대금납부를 하고 소유권이전등기까지 경료한 경우라도 매수인은 소유권을 잃게 된다. 따라서 예고등기의 목적인 소송결과가 아직 확정되지 않은 경우 입찰은 삼가야 한다.

임대차관계

- 임차인 갑

  임차인 갑은 말소기준권리보다 대항요건이 늦어 매수인에게 대항력을 주장할 수는 없다. 그러나 확정일자부임차인으로 배당요구도 하였으므로 후순위담보권자, 기타일반채권자보다 먼저 배당에서 임차보증금을 반환받을 수 있다. 임차보증금이 4,500만원으로 소액임차인에는 해당되지 않는다.

- 임차인 을

  임차인 을은 임차인 갑과 마찬가지로 매수인에게 대항력이 없다. 또한 확정일자를 갖추지 못하였으므로 배당요구를 한 경우라도 배당에 참가할 수 있는 자격이 없다. 그러나 소액임차인에 해당되어 최우선변제로 배당에서 1,600만원의 소액보증금을 최우선적으로 배당받을 수 있다.

사례

• 소유권 이외(을 구)에 관하여 예고등기가 설정된 경우 •

사건 2008타경 OOOO 물건내역	감정평가액 최저매각액	임대차내역 전입 · 확정 · 보증금	등기부상의 권리관계
서울 광진구 구의동 000 면적 대지권 37.05㎡ (11.3평) 건물-전용 84.23㎡ (25.5평) 아파트	260,000,000원 260,000,000원	갑 2007년 4월 10일 14,000만원 배당요구 을 2007년 10월 14일 4,000만원 배당요구	① 근저당 2007년 3월 5일 12,000만원 김복성 ② 근저당 2007년 5월 4일 11,000만원 정진기 ③ 가압류 2007년 8월 2일 21,000만원 신용보증기금 ④ ①번 근저당권말소예고등기 2007년 9월 4일 ⑤ 임의 정진기

사례설명

- 소유권 이외의 권리에 관하여 분쟁이 있을 때 예고등기는 을 구에 기재된다. 소유권에 관한 예고등기와는 달리 을 구의 예고등기권자가 승소하여도 매수인에게 인수되는 권리는 없으나 말소기준권리가 바뀌어 질 수 있으므로 권리분석 시 주의를 하여야 한다.
- '③ 가압류권자' 인 신용보증기금이 소유자가 채권 회피의 목적으로 허위의 ① 근저당권을 설정한 것이므로, 그 근저당권을 말소시키고자 ① 근저당의 말소소송을 제기한 경우이다.

등기부관계

순위번호	등기목적	접수	등기원인	권리자 및 기타사항
1	근저당권설정	2007년 3월 5일 제23122호	2003년 3월 4일 설정계약	채권최고액 12,000만원 근저당권자 김복성
2	근저당권설정	2007년 5월 4일 제18545호	2007년 5월 2일 설정계약	채권최고액 11,000만원 근저당권자 정진기
3	1번 근저당권 말소예고등기	2007년 9월 4일 제14344호	2007년 9월 2일 서울 중앙지법에 소 제기(2007가단123)	

등기부상의 을 구(저당권 등)에 관한 예고등기는 원칙적으로 매수인이 인수하지 않는다. 말소기준권리는 '① 근저당' 이다. 이때 주의할 점은 예고등기권자가 승소한 경우 말소기준권리가 변경될 수 있다는 것이다. 즉 '① 근저당' 이 말소되면 '② 근저당권' 이 말소기준권리가 된다. 이 경우 권리분석은 임차인과의 대항력과 연결되는 문제이기 때문에 소송결과에 주의를 요한다.

임대차관계

- 임차인 갑

대항요건이 말소기준권리보다 늦으므로 매수인에게 대항력이 없다. 또한 배당요구를 하였으나 확정일자가 없으므로 배당에 참가할 수도 없고 소액임차인에도 해당되지 않아 최우선변제권도 주어지지 않는다. 그러나 말소기준권리인 '① 근저당 2007년 3월 5일' 이 허위의 저당권으로 밝혀져 말소되면 사례의 말소기준권리는 '② 근저당 2007년 5월 4일' 이 되어 매수인에게 대항력을 주장할 수가 있다. 소송결과에 따라 임차인의 권리가 변할 수 있는 경우이다.

• 임차인 을

임차인 갑과 마찬가지로 대항력이 없다. 배당요구는 하였으나 확정일자가 없으므로 배당에 참가할 수 없다. 소송결과에 따라 말소기준권리가 바뀌어도 대항요건이 늦으므로 매수인에게 대항력을 주장할 수 없다. 그러나 소액임차인에 해당되어 1,600만원의 소액보증금을 최우선적으로 배당받을 수 있다.

Memo

03
SECTION

유치권

유치권은 물건과 관련하여 채권을 가지고 있는 경우 그 채권금액에 대하여 전액변제 받을 때까지 그 물건을 유치(점유)할 수 있는 권리이다. 등기할 사항이 아니므로 등기부에는 기입되는 권리가 아니다.

유치권의 일반적인 사항

1. 유치권의 성립요건

유치권이 성립하려면 다음과 같은 조건을 갖추고 있어야 한다.

- 타인의 물건에 대하여 채권이 존재하고 그 채권이 변제기에 있어야 한다.
- 채권은 그 물건에 관련된 것이어야 한다. 그러므로 그 물건과 관련 없는 다른 채권으로 그 목적물에 대하여 유치권을 행사할 수 없다.
- 유치권의 목적물을 채권자가 점유하고 있어야 한다. 점유는 간접점유도 가능하나 그 점유가 적법한 점유이여야 한다.
- 물건의 소유자와 채권자 사이에 유치권을 주장하지 않기로 하는 특약이 없어야 한다.

2. 유치권자가 주장할 수 있는 권리

(1) 유치권자의 점유권

유치권자는 채권 전액을 변제받을 때까지 그 목적물의 인도를 소유자뿐만 아니라 누구에게도 거부하며 점유할 수 있다. 만일 점유를 강제로 침탈당하였을 경우, 침탈당한 날로부터 1년 이내에 점유 회수의 소송을 제기하여 다시 점유할 수 있다.

(2) 유치권자의 경매신청권

유치권자는 채권의 변제를 받기 위하여 유치물을 경매신청할 수 있으나, 그 매각대금에서 우선변제의 효력은 없다.

(3) 유치권자의 유치물 사용권

유치권자는 소유자의 승낙을 받지 않더라도 유치물의 보전에 필요한 범위 내에서 유치물을 사용할 수 있다. 또한 소유자의 승낙이 있는 경우 유치물을 대여하거나 담보 제공을 할 수도 있다.

(4) 유치권자의 간이변제충당권

유치물의 보관에 많은 비용이 들거나 장기간 보관이 어려운 경우 등에는 유치권자는 감정인의 평가에 의해 유치물로 직접 변제에 충당할 것을 법원에 청구할 수 있다.

(5) 유치권자의 과실수취권, 비용상환청구권

유치권자는 유치물의 과실을 수취하여 다른 채권보다 먼저 채권변제에 충당할 수 있고 유치물에 관하여 필요비 · 유익비를 지출한 때에는 채무자에게 그 상환을 청구할 수 있다.

3. 유치권의 소멸사유

(1) 일반적 소멸사유

유치권도 물권이므로, 물권의 소멸사유인 목적물의 멸실 · 포기 등에 의해 소멸한다.

(2) 담보 제공

유치물의 채무자나 소유자는 상당한 담보를 제공하고 유치권의 소멸을 청구할 수 있다. 담보의 제공에 대하여는 유치권자의 승낙이나 이에 갈음하는 법원의 판결이 필요하다.

(3) 유치권자의 의무위반

유치권자는 선량한 관리자로서 유치물을 점유해야 하며 유치물을 사용하거나 제3자에게 대여 또는 담보로 제공시에는 채무자(소유자)의 승낙을 얻어야 한다. 유치권자가 이러한 의무를 위반한 경우 유치권의 소멸을 청구할 수 있다.

사례

● 매각부동산이 유치권이 성립되는 경우 ●

사건 2008타경 OOOO 물건내역	감정평가액 최저매각액	임대차내역 전입 · 확정 · 보증금	등기부상의 권리관계
서울 서대문구 연희동 000 면적 토지 281㎡ (85평) 건물 688.56㎡ (208.3평) 근린주택 4층	1,118,600,000원 1,118,600,000원	갑 2005년 4월 10일 2005년 4월 10일 (확정) 16,000만원 배당요구 을 2006년 7월 10일 2006년 7월 10일 (확정) 8,000만원 배당요구 병 2006년 11월 8일 2006년 11월 8일 (확정) 7,000만원 배당요구 정 2007년 3월 12일 4,000만원 배당요구	① 근저당 2005년 1월 21일 54,000만원 우리은행 ② 가압류 2007년 3월 30일 10,000만원 대우캐피탈 ③ 가압류 2007년 6월 11일 5,000만원 장일경 ④ 압류 2007년 7월 10일 영등포구청 ⑤ 강제 대우캐피탈

사례설명

목적부동산이 경매가 진행되자 유치권자가 매각목적물에 대한 공사대금을 변제받지 못하였음을 이유로 집행법원에 유치권신고를 하였다. 유치권자의 유치권신고기간은 별도로 정해져 있는지, 유치권이 정당하게 인정될 경우 매수인은 그 금액을 인수해야 하는지를 검토해야 한다.

등기부관계

말소기준권리는 '① 근저당'이다. 유치권은 물권이면서도 등기부에 기입될 수 있는 권리가 아니다. 따라서 매각물건명세서를 참조하여야 하며 현장 확인으로 존재 여부를 파악해야 한다. 등기부상 인수되는 권리는 없으므로 소유권이전촉탁 시 모든 권리는 말소된다. 등기부에는 기입되어 있지 않지만 적법한 유치권은 말소기준권리와 관계없이 매수인이 부담해야 하므로 유치권에 의하여 담보되는 채권금액 등을 참조하여 입찰에 참가하는 세심한 주의가 필요하다.

임차인관계

• 임차인 갑

임차인 갑은 대항력이 없다. 그러나 확정일자를 가진 임차인이므로 배당에서 후순위담보권자, 기타일반채권자보다 우선변제로 임차보증금을 배당받을 수 있다.

• 임차인 을

임차인 을은 말소기준권리보다 늦게 대항요건을 마친 경우이므로 매수인에게 대항력을 주장할 수 없다. 확정일자부임차인으로 배당요구를 한 경우이므로 후순위담보권자, 기타일반채권자보다 먼저 배당에서 임차보증금을 변제 받는다.

• 임차인 병

임차인 병도 임차인 을과 마찬가지 이유로 매수인에게 대항력을 주장할 수 없으나 확정일자부임차인으로 배당에 참가하여 후순위담보권자, 기타일반채권자보다 우선적으로 임차보증금을 배당받을 수 있다.

• 임차인 정

임차인 정은 대항요건이 말소기준권리보다 후순위여서 매수인에게 대항력을 주장할 수 없다. 또한 확정일자가 없는 임차인으로 우선변제권도 주어지지 않는다. 다만 소액임차인에 해당되고 배당요구를 한 경우이므로 최우선변제로 1,600만원을 배당받을 수 있다.

유치권자의 배당 여부

유치권이 적법하게 성립되면 유치권자는 채권의 전액변제를 받을 때까지 그 목적물을 유치할 수 있는 권리가 있다. 그러나 유치권 자체를 주장하면서 배당에 참가할 수는 없다.

매각물건명세상의 표시

"유치권자 ○○○로부터 유치권 신고가 있으나 그 성립여부는 불분명함"이라고 표시한다.

유치권 신고기간

유치권자는 매각절차가 진행되더라도 유치권 신고를 반드시 할 의무는 없다. 그러므로 유치권이 성립할 여지가 있는 매각부동산(특히 준공일이 오래 되지 않은 물건)에 입찰할 경우 매각물건명세서를 참조하여 반드시 소재지를 답사하여 현황조사를 통하여 유치권이 성립되는지, 그 금액은 얼마인지를 파악하고 입찰에 참가하여야 한다. 그러나 유치권신고가 있더라도 실무상에서는 유치권을 가장한 채권신고도 많으므로 오히려 실무 경험이 많고 능력 있는 사람은 틈새시장을 노려 고수익을 노려볼만 하다.

PART 6

부동산 유형별 물건분석 및 권리분석 사례

많은 사람들이 재테크의 수단으로 부동산을 선호하고 있지만, 부동산의 종류에 따라 제각각의 특징이 있다. 부동산을 매수하기 전 투자의 목적이 무엇인지를 명확히 하고 자기의 자본을 충분히 검토하고 거기에 맞추어서 전략을 세워야 한다. 무조건 욕심만 앞서 가지고는 재테크로 성공하기 힘들다.

01
SECTION

주택

부동산은 환금성이 주식이나 여타 재산권보다 떨어진다. 특히 단독주택은 거래 수가 많지 않고 전형적인 가격대도 형성되어 있지 않다. 반드시 입찰하기 전 현장을 방문하고 이와 관련된 정보를 수집하여 주택의 미래가치와 현재 가격대를 분석하여야 한다.

단독주택

사건 2008타경 OOOO 물건내역	감정평가액 최저매각액	임대차내역 전입 · 확정 · 보증금	등기부상의 권리관계
서울 서초구 방배동 000 면적 토지 163.08㎡ (49.58평) 건물 1층 81.35.㎡(24.61평) 2층 81.35.㎡(24.61평) 주택 2층	1,220,114,000원 976,091,200원 1유찰	갑 2005년 1월 14일 2005년 1월 20일 (확정) 20,000만원 배당요구 (1층) 을 2006년 3월 14일 15,000만원 배당요구 (2층)	① 담보가등기 박영일 15,000만원 2004년 1월 8일 ② 근저당 2004년 3월 5일 52,000만원 중소기업은행 ③ 근저당 2006년 5월 15일 17,500만원 새마을금고 ④ 가압류 2006년 11월 17일 6,000만원 이혜숙 ⑤ 가압류 2007년 8월 10일 6,300만원 최영기 ⑥ 임의 중소기업은행

사례설명

주택은 단독주택과 공동주택(아파트 등)으로 구분하고 이들은 소유권 개념으로 분류된다. 즉 단독주택은 1인 소유의 주거이고 공동주택은 공동으로 사용하는 주택이지만 소유권이 구분되어 있는 주택을 말한다.

등기부관계

'① 담보가등기' 가 말소기준권리가 된다. 담보가등기는 소유권이전청구권(보전가등기)과는 달리 매수인에게 인수되는 권리가 아니다. 따라서 '① 담보가등기' 를 비롯한 모든 권리는 소유권이전등기촉탁 시 말소된다.

임대차관계

- 임차인 갑

임차인 갑은 대항력은 없으나 확정일자부임차인이므로 후순위담보권자, 기타일반채권자보다 우선순위로 임차보증금이 배당된다.

- 임차인 을

임차인 을은 대항력이 없으며 확정일자도 갖추지 못하여서 배당에 참가할 수 있는 자격이 주어지지 않는다. 또한 임차보증금이 15,000만원으로 소액임차인에 해당되지 않아 최우선변제권도 주어지지 않는다. 매수인의 인도명령 시 무조건 임차주택을 인도하여야 한다.

단독주택의 종류

1. 단독주택
2. 다가구주택

2가구 이상이 독립된 생활을 할 수 있도록 건축되어 있으나 층·호수는 편의상 구분하여 놓은데 불과하다. 다음과 같은 요건을 갖춘 주택을 말한다.

- 지하층을 제외하고 주택으로 쓰이는 층수가 3층 이하일 것. 단, 1층 전부를 피로티구조(1층에는 벽체는 없고 기둥만 있는 구조)로 하여 주차장으로 사용하는 경우에는 피로티 부분은 층수에서 제외한다.
- 바닥면적(지하주차장면적 제외)의 합계가 660㎡ 이하일 것
- 19세대 이하가 거주하여야 한다.

임차인은 전입신고 시 공동주택과는 달리 층·호수 기재 없이 주택소재지의 지번만 기재하여도 주택임대차보호법의 보호를 받을 수 있다.

물건분석 시 유의사항

1. 물건현황

집합건물(아파트 등)에 비해 단독주택은 아무래도 환금성이 떨어진다. 또한 집합건물처럼 시세가 어느 정도 정해져 있는 것도 아니어서 더욱 그렇다. 특히 단독주택에 있어서 부동산의 위치는 중요하다. 임대사업을 하여도 임차인의 수요가 많고 임차보증금도 더 많이 받을 수 있기 때문이다. 물론 실 거주목적이라면, 단독주택의 장점인 쾌적성을 우선시해야 하고

주변 건물에 비하여 층수가 낮아 일조권이 방해되는지 등 채광과 관련하여서도 주의 깊게 살피어야 한다.

2. 주차장 확인

주택 내에 자체적으로 주차장을 확보하고 있다면 별 문제가 없지만 그러하지 않은 경우 이웃과 마찰이 생길 수 있는 소지가 있다. 주택의 옆면 도로에 거주지 우선지정주차제를 시행하고 있는 곳인지, 가까운 곳에 공영주차장은 있는지도 별도로 확인할 사항이다.

3. 도시계획과 공법상의 제한

토지계획확인원을 통하여 도시계획이 어떻게 진행되고 있으며, 또한 건축을 할 경우 공법상의 제한은 있는지도 확인하여야 한다.

공동주택

공동주택이라 함은 대지 및 건물의 벽, 복도, 계단 기타 설비 등의 전부 또는 일부를 공동으로 사용하는 각 세대가 하나의 건축물 안에서 각각 독립된 주거 생활을 영위할 수 있는 구조로 된 주택을 말한다.

1. 아파트

사건 2008타경 OOOO 물건내역	감정평가액 최저매각액	임대차내역 전입 · 확정 · 보증금	등기부상의 권리관계
서울 성북구 돈암동 OOO 면적 대지권 47.11㎡ (14.25평) 건물-전용 117.16㎡ (35.4평) 아파트	650,000,000원 520,000,000원 1유찰	갑 2005년 2월 10일 2005년 12월 10일 (확정) 32,000만원 배당요구	① 가등기 2004년 3월 4일 김홍기 ② 근저당 2006년 3월 5일 21,000만원 외환은행 ③ 가압류 2007년 5월 15일 7,500만원 국민카드 ③ 압류 2007년 11월 10일 성북세무서 ④ 임의 김홍기 청구금액 12,000만원

➲ 사례설명

아파트는 주택으로 쓰이는 5층 이상인 주택을 말한다. 대지지분은 나중에 재개발, 재건축 시에 큰 평수를 분양받기 위하여 필요한 것이므로 너무 작은 대지지분은 좋은 물건이라고 할 수 없다. 또한 가구 수가 많은 대단지 물건일수록 좋지만, 1동으로 지어진 나홀로 아파트는 가급적 피하는 것이 좋다.

➲ 등기부관계

말소기준권리보다 먼저 설정된 선순위보전가등기는 매수인에게 인수되는 것이 원칙이다. 그러나 담보가등기는 순위에 관계없이 매수인에게 인수되는 권리가 아니며, 저당권과 마찬가지로 배당에 참가하게 된다. 사례 경우 임의경매신청권자는 김홍기로 '① 가등기권자' 이다. 순위보전가등기권자는 경매신청권이 없으나 담보가등기권자는 저당권과 마찬가지로 경매신청권이 있다. 담보가등기도 말소기준권리가 되므로 '① 가등기(담보)' 가 말소기준권리가 된다. 소유권이전등기촉탁 시 매수인에게 인수되는 권리가 없으므로 모두 말소된다.

➲ 임차인관계

임차인 갑은 대항력은 없으나 확정일자부임차인이다. 저당권과 마찬가지로 후순위담보권자, 기타일반채권자보다 우선변제로 순위에 따른 임차보증금을 배당받을 수 있다. 보증금 전액을 배당받지 못한 경우라도 대항력이 없으므로 매수인에게 주장할 수 없다.

➲ 체납관리비

공동주택인 경우 체납된 관리비는 누가 인수해야 하는지의 문제가 발생할 수 있다. 아파트의 체납관리비 중 전유부분을 제외한 공용부분에 해당되는 체납관리비는 매수인이 부담해야 하므로 입찰 전 관리사무소를 방문하여 체납된 관리비를 확인하고 공용부분에 해당되는 금액이 얼마인지 입찰가격을 결정할 때 참고하여야 한다.

➲ 물건분석 시 유의사항

대형평형의 아파트인 경우는 강이나 공원 등 전망이 좋은 곳이나 학군이나 환경 프리미엄이 좋고 아파트의 브랜드명도 대형건설사이면 더 좋다.

소형평형의 아파트인 경우 역세권, 리모델링이나 재건축 또는 인구에 대규모 개발 호재가 있는 곳이면 좋다. 주변 아파트의 시세와의 차이도 검토되어야 한다. 그러나 아파트 시세가 장기간 보합세를 보이는 지역은 일단 보류하는 것이 좋다.

2. 연립주택

사건 2008타경 ○○○○ 물건내역	감정평가액 최저매각액	임대차내역 전입 · 확정 · 보증금	등기부상의 권리관계
서울 성북구 안암동3가 000 면적 대지권 85.41㎡ (25.84평) 건물-전용 84.95㎡ (25.7평) 연립주택	350,000,000원 350,000,000원	갑 2005년 12월 10일 2005년 12월 10일 (확정) 12,000만원 배당요구	① 근저당 2005년 7월 5일 17,000만원 하나은행 ② 근저당 2005년 11월 10일 7,000만원 김기석 ③ 가압류 2007년 5월 10일 정영희 ④ 임의 하나은행

사례설명

연립주택은 주택으로 쓰이는 1개 동의 연면적(지하주차장 면적 제외)이 660㎡ 초과하고, 층수가 4층 이하인 주택을 말한다. 노후된 연립주택이 밀집하여 있는 곳은 뉴타운개발 등 지역발전의 호재가 있을 가능성이 많은 지역이므로 눈여겨 볼만하다. 연립주택은 일반적으로 건축한지 오래된 물건일수록 대지지분이 많다.

등기부관계

'① 근저당' 이 말소기준권리가 된다. 기준권리보다 선순위로 매수인이 인수하여야 할 권리는 존재하지 않는다. 따라서 매수인의 소유권이전등기촉탁 시 다른 모든 권리는 말소된다.

임차인관계

임차인 갑은 대항력이 없다. 그러나 확정일자를 갖춘 임차인이고 배당요구도 하였으므로 저당권과 마찬가지로 후순위담보권자가 기타일반채권자보다 우선적으로 임차보증금을 배당받을 수 있다.

물건분석 시 주의사항

재개발 · 재건축의 호재가 있는 곳이면 일단 눈여겨 볼만하다. 따라서 호수 밀도가 적은 지역을 선택하여야 한다. 여기서 '호수 밀도' 란 정비구역 면적 1ha당 건축되어 있는 건축물의 동수를 말한다. 따라서 호수 밀도가 높으면 조합원이 많은 경우이므로 수익성이 떨어질 수가 있다. 주택의 임대사업으로 연립주택을 구입할 경우, 가격을 좀 더 고가로 매입하더라도 역세권을 선택해야 한다. 세입자를 구하기도 쉬울 뿐만 아니라 부동산 가격의 상승 때 양도차익을 생각해서라도 그렇다.

3 다세대

사건 2008타경 ○○○○ 물건내역	감정평가액 최저매각액	임대차내역 전입 · 확정 · 보증금	등기부상의 권리관계
서울 동대문구 이문동 ○○○ 면적 대지권 59.29㎡ (17.9평) 건물–전용 50.78㎡ (15.4평) 다세대	190,000,000원 190,000,000원	갑 2005년 12월 28일 2006년 2월 10일 (확정) 15,000만원 배당요구	① 근저당 2006년 2월 5일 11,000만원 제일은행 ② 가압류 2007년 5월 15일 8,500만원 현대캐피탈 ③ 압류 2008년 1월 10일 국민건강보험공단 ④ 임의 제일은행

사례설명

다세대는 주택으로 쓰이는 1개 동의 연면적(지하주차장 면적 제외)이 660㎡ 이하이고, 층수가 4층 이하인 주택을 말한다. 빌라는 건축법의 용어상의 이름은 아니나 다세대와 비슷한 개념으로 이해하면 된다. 연립주택과 마찬가지로 대지지분이 너무 작으면 투자가치를 고려해봐야 한다. 따라서 재개발이나 재건축시를 대비하여 최소한 대지지분은 29.7㎡ 이상은 되는 것이 좋다.

등기부관계

말소기준권리는 '① 근저당'이다. 말소기준권리보다 선순위로 매수인에게 인수되는 권리가 없으므로 매수인의 소유권이전등기촉탁 시 말소기준권리를 포함하여 모든 권리들은 말소된다.

임대차관계

임차인 갑은 말소기준권리보다 먼저 대항요건을 갖추었으므로 매수인에게 대항력이 있다. 또한 확정일자부임차인으로 배당요구를 한 경우이므로 후순위담보권자, 기타일반채권자보다 먼저 임차보증금을 배당을 받는다. 그러나 대항력은 있지만 확정일자일이 '① 근저당' 보다 늦어 배당순위는 '① 근저당' 다음으로 배당을 받게 된다. 만약 배당받지 못한 나머지 금액이 있다면 그 금액은 매수인에게 대항력으로 주장할 수 있다. 따라서 임차인이 배당에서 전액 임차보증금을 변제받을 수 있는지 아니면 일부만 배당이 가능한지를 사전에 검토하고 입찰가액을 결정하여야 한다.

임차인의 전입 시 주의할 점

단독주택(다가구주택 포함)의 경우에는 임차인이 전입신고를 하면서 지번만 기재하고 정확한 호수를 기재하지 않아도 주택임대차보호법상의 보호를 받을 수 있지만, 집합건물(다세대주택 등)인 경우에는 정확한 호수까지 기재하여야 보호받을 수 있다는 것이 판례의 입장이다. 예컨대 현관문(현황)에는 2층 202호로 적혀 있어서 그대로 202호로 전입신고를 하였으나 실제 공부상은 1층 101호인 경우 대항력이 인정되지 않는다.

물건분석 시 유의사항

앞서 설명한 연립주택의 매입시 유의할 점과 대동소이하다.

Memo

02 SECTION 오피스텔

오피스텔은 적은 돈으로 주택임대사업을 할 수 있는 부동산이므로 많은 사람들이 선호한다. 요즘 같이 부동산시장이 조율되고 있고, 가격 상승률이 낮아질 때는 임대수익에 초점을 맞출 수 있는 투자 종목 중의 하나이다.

오피스텔은 근린생활시설에 해당되지만 실지 주거용으로 임대차계약이 체결되고 임차인이 사용하고 있으면 「주택임대차보호법」이 적용된다.

사건 2008타경 OOOO 물건내역	감정평가액 최저매각액	임대차내역 전입 · 확정 · 보증금	등기부상의 권리관계
서울 영등포구 영등포동 000 면적 대지권 11.69㎡ (3.54평) 건물-전용 27.75㎡ (8.39평) 오피스텔	100,000,000원 80,000,000원 1유찰	갑 2006년 4월 10일 2,500만원 배당요구 (월 20만)	① 근저당 2006년 3월 5일 6,500만원 국민은행 ② 가압류 2007년 5월 15일 3,500만원 신용보증기금 ③ 압류 2008년 2월 10일 영등포구청 ④ 임의 국민은행

사례설명

오피스텔은 근린생활시설에 해당되며, 주로 사무실로 사용된다. 그러나 공부상 오피스텔로 등기부에 기입되어 있는 경우라도 실 주거용으로 사용하고 있는 경우가 많다. 따라서 현장답사를 통하여 임차인이 주거로 사용하고 있는지의 여부를 확인해야 한다.

등기부관계

'① 근저당' 이 말소기준권리가 된다. 매수인에게 인수되는 권리가 존재하지 않으므로, 매수인의 소유권이전등기촉탁 시 모두 말소된다.

임대차관계

임차인 갑은 대항력이 없다. 또한 확정일자도 갖추지 못하였으므로 배당요구를 한 경우라도 확정일자부임차인이 아니므로 배당에 참가할 자격이 주어지지 않는다. 그러나 소액임차인에 해당되므로 배당에서 최우선으로 1,600만원을 배당받을 수 있다.

물건분석 시 유의할 점

- 주거용 오피스텔을 매수할 경우 입찰금액을 좀 더 높이더라도 역세권에 위치한 물건을 선정해야 한다. 임대사업을 하기 위한 목적이라면 더욱더 그렇다. 역세권을 벗어난 오피스텔을 저가로 매수하였더라도 임대보증금도 그러하거니와 임차인도 구하기가 힘든 경우도 발생하므로 편의시설이 잘 갖추어진 역세권 주변을 물색하는 것이 바람직하다.
- 아파트나 다세대 등 일반적인 부동산과는 달리 관리비가 비싸므로 입찰 전 관리비의 체납 여부도 확인하여 두어야 한다.

Memo

03 SECTION 상가

정부가 주택과 토지에 대해서는 규제를 가하는 반면 상대적으로 상가는 규제가 심하지 않다. 좋은 물건은 은행금리보다 훨씬 높은 임대수익을 얻을 수 있어 대체 투자처로 인식되고 있다.

사건 2008타경 OOOO 물건내역	감정평가액 최저매각액	임대차내역 전입 · 확정 · 보증금	등기부상의 권리관계
서울 강남구 역삼동 00 면적 대지권 6.63㎡ (2.1평) 건물– 전용 8.04㎡ (2.54평) 상가	100,000,000원 80,000,000원 1유찰	갑 2005년 12월 10일 (사업장등록) 3,000만원 월 35만원 배당요구	① 가압류 2005년 6월 5일 4,300만원 국민카드 ② 가압류 2006년 5월 15일 7,000만원 축협 ③ 가압류 2007년 8월 10일 정상진 ④ 강제 축협

사례설명

경매입찰에 나오는 상가의 대부분은 상권 형성이 미약하고 영업이 잘 안 되는 곳이 많다. 그러기 때문에 주변의 상권분석을 철저히 하여 장래발전 가능성을 면밀히 따져본 후 입찰 여부를 결정해야 한다. 일반적으로 상가는 상권의 활성화와 임대수익이 높은 곳이면 좋은 입지조건이라고 말할 수 있다. 분석에 있어서는 배후지 조사(아파트세대, 역세권, 유동인구수 등)가 필요하고 인접지역에 대형유통단지가 있는지도 검토해보아야 한다. 또한 그 지역의 유사한 상가의 평당 보증금과 월세, 권리금 등이 얼마나 되는지를 사전에 조사할 필요가 있다.

등기부관계

등기부상 권리는 무두 채권이며 담부문권은 없다. 이 경우 채권(가압류)의 등기설정순위와 관계없이 모두 평등하게 매각대금 중 자기의 채권액에 각각 비례하여 안분배당한다. 말소기준권리는 '① 가압류' 가 된다. 말소기준권리보다 선순위로 매수인에게 인수되는 권리가 없으므로, 소유권이전등기촉탁 시 모두 말소된다.

임차인관계

주택임차인이 대항력을 주장하기 위한 조건 중의 하나인 전입신고(주민등록)를, 상가임차인은 사업자등록으로 대신한다. 또한 임차보증금의 계산에서도 주택임대차와는 달리 보증금 이외 월세를 부담하고 있는 경우 그 월세도 보증금으로 환산하여 계산하여야 한다. 환산계산의 방식은 '임차보증금+월세×100' 이다.

- 상가임차인 갑

  상가임차인 갑은 사업장등록일이 말소기준권리인 '① 가압류 2005년 6월 5일' 보다 늦으므로 매수인에게 대항력이 없다. 또한 확정일자를 구비하지 않았으므로 배당에 참가할 수 없다. 환산임차보증금(임차보증금 3,000만원+35만원(월세)×100)은 6,500만원으로 소액임차인에 해당되지 않으므로 최우선변제권도 주장할 수 없다.

상권분석 시 유의사항

- 우리나라의 부동산 시장은 주택을 중심으로 형성되어 왔으나 부동산의 조세(양도세중과세, 종합부동산세 등)에 대해 일련의 조치들이 시행되어 투자의 가치가 많이 떨어지므로 상가의 투자 쪽으로 눈을 돌리는 사람이 많아졌다.
- 상가의 입지조건은 전철의 역세권이 당연히 인기가 있다. 역세권 주위에서도 역 입구에 바로 접한 점포보다는 몇 십m 떨어져 있는 상가가 입지조건이 좋은 곳으로 볼 수 있다.
- 1,000세대 이상인 대단지에 위치한 아파트단지 내 상가이면 기본적 수익성은 발생하므로 우선 안정된 상가투자처라고 생각해도 좋다. 그러나 소형단지 내 상가는 공실의 위험이 많아 피하는 것이 좋고, 적어도 500~700세대 이상은 되어야 수익성을 고려할 만하다.
- 도로변을 따라 또는 전철노선을 따라 중심상업지구가 형성된 단지 내 상가는 대단지라 할지라도 피하는 것이 좋다. 일부 품목을 제외하고는 공실이 많은 경우가 많다.
- 아파트 단지 내 상가는 25~30평형의 중 · 소평형의 아파트가 많은 곳이 구매력이 높다. 특히 아파트상가의 경우 2층 상가보다는 투자비용이 더들어가더라도 1층 상가에 투자하는 것이 바람직하다.
- 투자금액은 시중금리 이상의 수익이 보장된 곳이라야 한다. 현 상태에서 시중금리 이상의 수익성이 없는데도 불구하고 장래의 미래가치만 보고 투자하는 것은 리스크가 너무 크다.

- 주택투자에 비해 상가투자는 아무래도 리스크가 많이 잠재하여 있는 시장이다. 그러나 리스크가 큰 만큼 좋은 물건만 제대로 골라 투자한다면, 안정적인 월세 수입원으로 삼을 수 있다.
- 거주 인구수에 비하여 상업지역 면적이 지나치게 넓은 신도시지역 상가에는 가급적 입찰을 피하는 것이 좋다. 또한 주위에 백화점, 대형할인점 등 상권이 중복되는 지역도 권장할 만한 상가라 할 수 없다.

하나 더! 상가의 종류

구분	내용
아파트상가	아파트 단지 내에 위치한 상가
근린상가	1~5층 규모의 단일 상가건물로 보통 미용실, 병원, 약국 등 점포 등으로 사용되고 있는 상가
테마상가	악세사리, 의류 등 단일 업종으로 구성되어 있는 대형상가건물
주상복합상가	주거와 상가가 혼합된 건물에 있는 상가
상가주택	단일건물이며 1~3층은 상가나 사무실, 4층은 주택으로 사용하는 상가건물
재래상가	동대문, 남대문시장과 같이 오랜 세월에 걸쳐 형성된 상가시장

SECTION 04

공장

공장을 설립할 때 이와 관련된 제출서류도 많고 허가가 나기까지 시간도 많이 소요된다. 그러나 경매로 공장을 매수할 수 있다면, 공장설립과 관련된 절차가 필요 없으므로 경제적, 시간적으로 많은 이득을 얻을 수 있다.

일반공장

사건 2008타경 ○○○○ 물건내역	감정평가액 최저매각액	임대차내역 전입 · 확정 · 보증금	등기부상의 권리관계
경기도 김포시 하성면 ○○○ 면적 대지 4803㎡ (1452.9평) 건물 2104.63㎡ (636.65평) 1층 공장-기계기구 포함 2층 사무실 및 기숙사 공장	2,389,500,000원 2,389,500,000원		① 근저당 2005년 3월 5일 52,000만원 중소기업은행 ② 가압류 2006년 5월 15일 9,50만원 서울보증보험 ③ 가압류 2006년 8월 10일 15,500만원 한기순 ④ 임의 중소기업은행

사례설명

공장 담보로 저당권을 설정할 경우, 「공장저당법」의 적용을 받아 토지, 건물, 기계 · 기구류 및 공장의 공용물까지도 일괄 저당되므로 저당권 실행으로 매각이 진행되는 경우 매수인은 일괄로 매수하게 된다.

등기부관계

'① 근저당' 이 말소기준권리가 되며 선순위로 등기부상 매수인에게 인수되는 권리는 존재하지 않으므로 매수인의 소유권이전등기촉탁 시 모두 말소된다.

임대차관계

임차인이 존재하지 않는 것으로 확인되었으나 만일 매각부동산 내에 기숙사가 별도로 존재하는 경우 임차인 분석 시 참고하여야 한다. 기숙사에 전입신고를 마치고 거주하는 직원에 대하여 임대차보호법이 적용될 수도 있기 때문이다.

입찰 시 유의사항

- 「공장저당법」에 의하여 기계 기구도 일괄로 매각되고 매각목적물의 감정평가액에도 포함되어 있지만 경매개시결정 후 상당한 시간이 지난 경우, 현실적으로 현장에 가보면 중요한 부품은 사라지고 기계도 관리 부족으로 녹슬어 있고 없어진 경우가 많다. 따라서 공장에 입찰할 경우 감정평가액에서 기계 · 기구류를 제외한 가격에서 적정한 입찰가액을 정하여야 실수가 없다.
- 지하 내부 혹은 건물 주위에 방치하여 둔 산업폐기물의 방치 여부도 확인사항이다. 이를 처분하는데 상당한 비용을 부담하게 되는 경우도 있다.
- 전기세 · 수도세 등의 체납으로 단수 · 단전된 경우가 많으므로 체납된 공과금을 확인하여 입찰가액을 결정할 때 참조해야 한다. 체납된 공과금을 매수인이 반드시 부담할 사항은 아니지만, 공장을 운영하기 위해서는 체납된 공과금을 납부해야 단전 · 단수가 해제되고 정상적으로 공장을 운영할 수 있기 때문이다.
- 오염물질을 배출하는 공장일 경우 오 · 폐수 배출상태 및 정화시설의 구비여부도 사전에 파악하여야 한다. 환경 관련 법률의 강화로 매각부동산의 시설이 관계 법률에서 요구하는 기준에 미달하고 있을 경우 이들 시설물 보완에 많은 경비가 소요될 수도 있다.
- 제품의 판매시장 및 원자재 구입 등 공장운영과 관련한 사업과의 거리 관계와 도로의 편의성 등을 고려하여야 한다.
- 공장을 매수하여 용도변경을 할 계획이라면, 미리 해당 시 · 군청의 공업담당계를 방문하여 용도 변경의 가능 여부를 확인하고 입찰에 참가하여야 한다.

아파트형 공장

사건 2008타경 ○○○○ 물건내역	감정평가액 최저매각액	임대차내역 전입 · 확정 · 보증금	등기부상의 권리관계
서울 구로구 구로동 000 면적 대지 34..94㎡ (10.57평) 건물-전용 136.49㎡ (41.29평) 12층 중 11층 아파트형 공장	382,000,000원 305,600,000원 1유찰	소유자 점유	① 근저당 2005년 2월 21일 12,000만원 우리은행 ② 근저당 2006년 3월 5일 24,000만원 한국수출보험공사 ③ 가압류 2007년 5월 15일 6,500만원 신용보증기금 ④ 가압류 2007년 8월 10일 2,300만원 근로복지공단 ⑤ 임의 우리은행

사례설명

아파트형 공장은 동일 건축물 내에 다수의 공장이 동시에 입주할 수 있는 3층 이상의 집합 건축물로서, 6개 업체 이상의 공장이 입주할 수 있는 건축물을 말한다. 경기가 호황이라면, 아파트형공장은 목적물의 감정가격을 넘어 낙찰되는 경우가 많다.

등기부관계

'① 근저당' 이 말소기준권리가 된다. 말소기준권리보다 선순위로 매수인에게 인수되는 권리가 없다. 따라서 매수인의 소유권이전등기촉탁 시 모든 권리는 말소된다.

임차인관계

소유자가 점유하고 있으므로 별 문제가 없으나 임차인이 존재하는 경우에는 사업장등록일자를 확인하여 대항력 유무와 확정일자로 인한 우선변제권 유무를 검토해야 한다.

입찰 시 유의사항

앞에서 설명한 일반공장인 경우와 주의할 점은 비슷하다. 전기세, 수도세, 산업폐기물 등의 확인은 반드시 하여야 한다. 사업 특성상 전기 · 수도 사용량이 많으므로 공과금 금액이 소액이 아닌 경우가 많기 때문이다.

05 SECTION 토지

토지는 강력한 정부 규제책으로 인해 메리트가 감소한게 사실이지만 장기적으로 개발호재가 있는 지역에는 그 가치가 사라진 것은 아니다. 토지에 투자할 때는 기대수익을 크게 올린다고 생각하기 보다는 묻어두는 개념으로 접근하는 것이 좋다.

토지는 변수가 많은 부동산 중의 하나이다. 따라서 토지계획이용확인원을 확인하여야 하고 정보를 수집하여 유망 지역을 파악하고 현장을 방문하여 인근 중개사무소에서 인근지역과의 토지가격도 비교하여야 한다.

사건 2008타경 ○○○○ 물건내역	감정평가액 최저매각액	임대차내역 전입 · 확정 · 보증금	등기부상의 권리관계
경기도 용인시 기흥구 중동 ○○○ 면적 208㎡ (63평) 토지	312,000,000원 312,000,000원 1유찰		① 근저당 2006년 3월 5일 45,000만원 중소기업은행 ② 가압류 2006년 5월 15일 8,500만원 상호저축은행 ③ 근저당 2007년 1월 10일 12,000만원 정형진 ④ 임의 중소기업은행

사례설명

일반매매인 경우 토지거래 시 원칙적으로 토지거래허가를 받아야 된다. 그러나 경매에 있어서는 그러한 제약이 없으므로 토지매입 시 장점이 있다. 그러나 주택과는 달리 공법상의 제한이 많이 있고, 토지 모양이나 위치 등에 따라 가격 차이도 많이 있으므로 입찰 전 반드시 현장 답사가 이루어져야 한다.

등기부관계

말소기준권리는 '① 근저당' 이다. 매수인에게 인수되는 권리는 존재하지 않으므로 매수인의 소유권이전등기촉탁 시 모든 권리는 말소된다.

토지매입 시 유의할 점

- 대지가 너무 작은 평수는 나중에라도 다세대 등 집합건물을 건축할 경우, 주차장 확보 등 제약이 많이 따르므로 대지 평수도 고려하여 입찰에 참가하여야 한다. 적어도 165㎡ 정도는 넘어야 토지로서의 활용가치가 있다.
- 토지이용계획확인원을 통하여 공법상 제한 여부를 확인하여야 한다. 특히 건축법상 제한이 있는 경우 활용가치가 없는 대지를 보유하므로 보유세에 의한 조세부담이 클 수밖에 없다.
- 대지의 위치와 모양새도 중요하므로 현장답사를 통하여 확인하여야 한다.
- 매각 토지가 특히 하천 주변인 경우 여름철 장마로 인하여 토지가 하천으로 유실된 경우도 있으므로 등기부상의 면적과 실지 면적과 비교하여 보아야 한다.

Memo

06

SECTION

농지

농지는 지목이 전, 답, 과수원으로 되어 있는 토지와 지목 여부에 불구하고 실제의 토지 현황이 농작물의 경작 또는 다년생식물 재배지로 이용되고 있는 토지를 말한다. 농지의 취득시 농지취득자격증명원을 제출하여야 한다.

예전보다 농지의 형질변경이 수월해지는 추세이다. 농지가 대지로의 형질변경 시 그 이득은 어느 것보다 많다고 할 수 있다. 그러나 농지의 취득 시 농지취득자격증명이 필요하며, 같은 농지라도 지역마다 각 특성이 다르므로 이와 관련된 정보를 알고 있어야 한다.

사건 2008타경 OOOO 물건내역	감정평가액 최저매각액	임대차내역 전입 · 확정 · 보증금	등기부상의 권리관계
경기도 김포시 대곶면 000 면적 568㎡ (172평) 농지(전)	97,130,000원 97,130,000원		① 근저당 2005년 3월 5일 5,500만원 농협 ② 가압류 2007년 7월 15일 7,500만원 최문식 ③ 압류 2008년 1월 10일 김포시청 ④ 강제 최문식

사례설명

입찰 전 해당 구, 읍, 면사무소에 농지취득자격증명 발급의 가능 여부를 미리 알아보고 입찰하는 것이 바람직하다. '매각물건명세서에 농지법 제8조의 서류 필요함'이라고 기재되어 있으면, 그것은 농지취득자격증명원을 말하는 것이다.

등기부관계

'① 근저당' 이 말소기준권리가 된다. 말소기준권리보다 선순위로 매수인에게 인수되는 권리는 없다. 따라서 매수인의 소유권이전등기촉탁 시 모든 권리는 말소된다.

하나 더! 농지취득자득증명원

1. 농지취득자격증명이 필요한 토지

(1) 매각목적물인 토지의 지목이 농지(전, 답, 과수원) 여하를 불구하고 실제로 농작물의 경작 또는 다년생식물의 재배지로 이용되는 토지는 원칙적으로 농지취득자격증명이 필요하다.

(2) 주택부지로 농지전용허가가 되었으나 견고한 구조물이 축조되어 있지 아니하고 야영장으로 이용되고 있어 원상회복이 쉽게 될 수 있는 경우에는 농지취득자격증명이 필요하다(대법원 98마2604). 농지취득자격증명이 필요함에도 이를 간과하고 진행하여 낙찰허가결정을 하고 매수인 앞으로 등기까지 마쳐진 경우라도 그 등기는 무효이다(대법원 97다42991).

(3) 도시계획구역 내의 농지를 취득하는 경우에는 농지취득자격증명은 원칙적으로 필요없다. 그러나 도시계획구역 내의 농지라도 녹지지역에 해당하는 경우에는 필요하다.

2. 제출시기

농지취득자격증명원은 매각허가결정기일까지 제출하여야 한다. 그 기일까지 제출하지 못한 경우, 매각불허가결정과 함께 매수보증금을 몰수당할 수 있음을 주의하여야 한다. 사정상 매각결정기일까지 증명서를 제출하지 못할 경우, 매각허가기일 변경신청서를 집행법원에 제출하여 집행법원에서 그 기일을 변경하여주면 변경된 기일 안에 증명원을 제출하여 매각

물건분석 시 유의할 점

농지를 매수하려는 자는 농지취득자격증명원을 제출해야 한다. 따라서 입찰 전 해당기관에 농지취득자격증의 발급이 가능한지를 검토하고 입찰에 참가하여야 한다. 농지취득자격증명원을 제출하지 못할 경우, 매수신청보증금을 몰수당할 수도 있다. 매수할 농지가 향후 형질변경이 가능할 지역인지도 여러 각도의 정보를 통하여 분석되어야 한다.

예전에 비해 지금의 정부 정책은 농지를 제한하려는 방향으로 가는 것이 아니고 오히려 규제를 풀어 절대농지가 아닌 이상 농지에서 대지로 바뀔 수 있는 환경조성이 많이 되어 있다. 농지에서 대지로 지목이 바뀌면 그만큼 많은 수익이 발생하므로 농지에 대하여 눈을 돌릴 필요가 있다고 본다.

허가결정을 받도록 하여야 한다.

3. 농지취득자격증명이 필요하지 않는 토지

(1) 농지(전, 답, 과수원)가 공부상과는 달리 사실상 대지화된 경우
토지의 지목이 전으로 되어 있지만 사실상 대지화되어 농경지로 사용되고 있지 않으면 농지취득자격증명원은 필요하지 않다.

(2) 인근 토지보다 1~2m 성토되고 그 지상에 컨테이너박스와 같은 창고가 설치되어 상당기간 건축자재 하치장으로 사용된 경우에도 농지취득자격증명은 필요하지 않다(대법원 97다42991).

(3) 지목은 농지이나 토지의 현상이 농작물의 경작 또는 다년생식물재배지로 이용되지 않음이 관할관청이 발급하는 서면에 의하여 증명되는 토지를 말한다.

4. 법인과 농지취득자격증명원
영농법인(농업법인) 아닌 주식회사(레저산업주식회사, 부동산컨설팅회사 등)와 같은 일반법인은 농지취득자격증명을 신청할 자격이 없으므로 매각허가결정을 받을 수 없다.

서식

농지취득자격증명신청서

처리기간	접수	. . . 제 호
4일 (농업경영계획서를 작성하지 아니하는 경우에는 2일)	처리	. . . 제 호

농지 취득자 (신청인)	① 성명 (명칭)		② 주민등록번호 (법인등록번호)	−	⑥ 취득자의 구분			
	③ 주소	도 시·군 읍·면 리 번지			농업인	신규농업	법인등	주말체험농장
	④ 연락처		⑤ 전화번호					

취득 농지의 표시	⑦ 소재지						⑪ 농지구분		
	시·군	구·읍·면	리·동	⑧ 지번	⑨ 지목	⑩ 면적(㎡)	진흥구역	보호구역	진흥지역밖

⑫ 취득원인								
⑬ 취득목적	농업경영		농지전용		시험·연구·실습용 등		주말체험영농	

농지법 제8조제2항 및 동법시행령 제10조제1항의 규정에 의하여 위와 같이 농지취득자격증명의 발급을 신청합니다.

년 월 일

농지취득자(신청인) (서명 또는 인)

시장·구청장·읍·면장 귀하

수수료
농지법시행령 제75조의 규정에 의함

구비서류

1. 법인등기부 등본(법인의 경우에 한합니다.)
2. 별지 제2호서식의 농지취득인정서(법 제6조제2항제2호의 규정에 해당하는 경우에 한합니다.)
3. 별지 제6호서식의 농업경영계획서(농지를 농업경영 목적으로 취득하는 경우에 한합니다.)
4. 농지임대차계약서 또는 농지사용대차계약서(농업경영을 하지 아니하는 자가 취득하고자 하는 농지의 면적이 영 제10조제2항제5호 각목의 1에 해당하지 아니하는 경우에 한합니다.)
5. 농지전용허가(다른 법률에 의하여 농지전용허가가 의제되는 인가 또는 승인 등을 포함합니다.)를 받거나 농지전용신고를 한 사실을 입증하는 서류(농지를 전용목적으로 취득하는 경우에 한합니다.)

※ 기재상 주의사항

*란은 민원인이 기재하지 아니합니다.

①란은 법인에 있어서는 그 명칭 및 대표자의 성명을 씁니다.

②란은 개인은 주민등록번호, 법인은 법인등록번호를 씁니다.

⑥란은 다음 구분에 따라 농지취득자가 해당되는 란에 ○표를 합니다.

가. 신청 당시 농업경영에 종사하고 있는 개인은 농업인

나. 신청 당시 농업경영에 종사하지 아니하지만 앞으로 농업경영을 하고자 하는 개인은 신규영농

다. 농업회사법인, 영농조합법인 기타 법인은 법인 등

[취득농지의 표시] 란은 취득대상 농지의 지번에 따라 매필지별로 씁니다.

⑨란은 공부상의 지목에 따라 전 · 답 · 과수원 등의 구분에 따라 씁니다.

⑪란은 매필지별로 진흥구역 · 보호구역 · 진흥지역 밖으로 구분하여 해당란에 ○표를 합니다.

⑫란은 매매 · 교환 · 경락 · 수증등 취득원인의 구분에 따라 씁니다.

⑬란은 농업경영/농지전용/시험 · 실습 · 종묘포 등 취득 후 이용목적의 구분에 따라 해당란에 ○표를 합니다.

(농지취득 후 농지이용목적대로 이용하지 않을 경우 처분명령/이행강제금 부과/징역 · 벌금 등의 대상이 될 수 있으므로 정확하게 기록하여야 합니다.

※ 이 신청서는 무료로 배부되며 아래와 같이 처리됩니다.

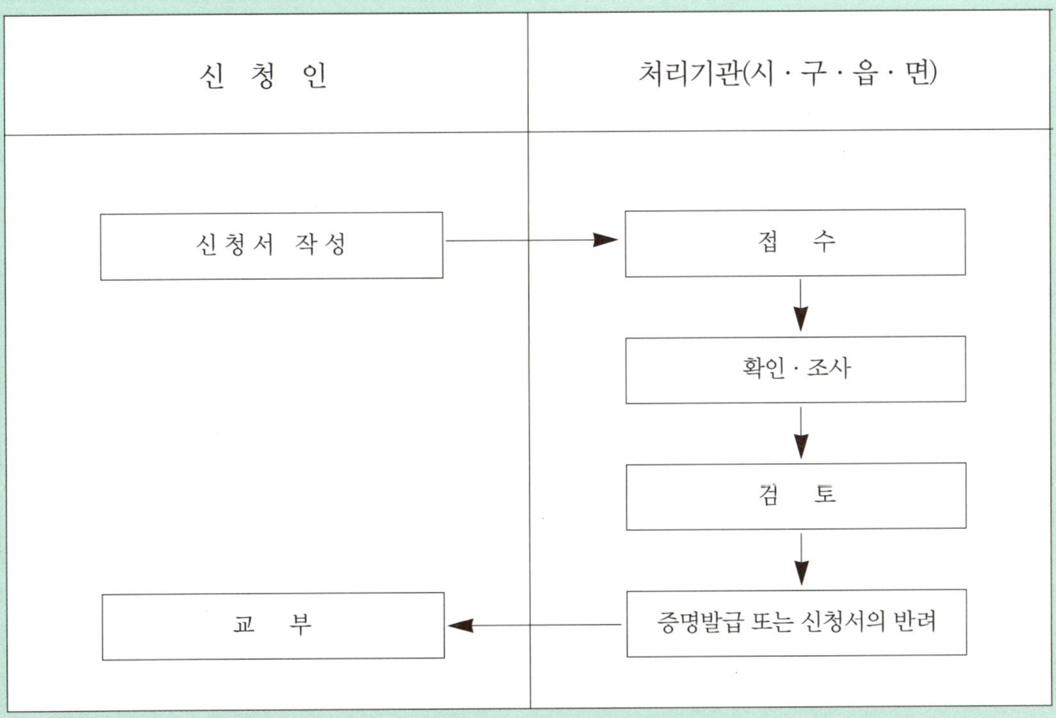

서식

농 업 경 영 계 획 서

취득 대상 농지에 관한 사항	① 소 재 지			② 지번	③ 지목	④ 면적(m^2)	⑤ 영농거리	⑥ 주재배 예정작목	⑦ 영농 착수시기
	시·군	구·읍·면	리·동						
	계								

농업경영 노동력의 확보방안

⑧ 취득자 및 세대원의 농업경영능력

취득자와 관계	성별	연령	직업	영농경력(년)	향후 영농 여부

⑨ 취득농지의 농업경영에 필요한 노동력확보방안

자기노동력	일부고용	일부위탁	전부위탁(임대)

농업 기계 장비의 확보 방안

⑩ 농업기계·장비의 보유현황

기계·장비명	규격	보유현황	기계·장비명	규격	보유현황

⑪ 농업기계·장비의 보유계획

기계·장비명	규격	보유현황	기계·장비명	규격	보유현황

⑫ 연고자에 관한 사항	연고자성명		관계	

농지법 제8조제2항의 규정에 의하여 위와 같이 본인이 취득하고자 하는 농지에 대한 농업경영계획서를 작성·제출합니다.

년 월 일

제출자 (서명 또는 인)

※ 농지취득자격증명신청서에는 이 계획서를 반드시 첨부하여야 한다.

⑬ 소유농지의 이용현황								
소 재 지				지 번	지 목	면적(㎡)	주재배 작목	자경여부
시 · 도	시 · 군	읍 · 면	리 · 동					

⑭ 임차(예정) 농지현황								
소 재 지				지 번	지 목	면적(㎡)	주재배 작목	임 차 (예 정) 여 부
시 · 도	시 · 군	읍 · 면	리 · 동					

전용목적사업의 착수시기	년 월 일
착수전의 농업경영 계획	☐ 직접경작 ☐ 임대 ☐ 휴경
⑮ 특 기 사 항	

※ 기재상 주의사항

⑤란은 거주지로부터 농지소재지까지 일상적인 통행에 이용하는 도로에 따라 측정한 거리를씁니다.

⑥란은 취득농지에 주로 재배 · 식재하고자 하는 직목을 씁니다.

⑦란은 취득농지의 실제 경작예정시기를 씁니다.

⑧란은 같은 세대의 세대원 중 영농한 경력이 있는 세대원과 앞으로 영농하고자 하는 세대원에 대하여 영농경력과 앞으로의 영농 여부를 개인별로 씁니다.

⑨란은 취득하고자 하는 농지의 농업경영에 필요한 노동력을 확보하는 방안을 다음 구분에 의하여 해당되는 란에 표시합니다.

가. 같은 세대의 세대원의 노동력만으로 영농하고자 하는 경우에는 자기노용력란에 ○표

나. 자기노동력만으로 부족하여 농작업의 일부를 고용 인력에 의하고자 하는 경우에는 일부고용란에 ○표

다. 자기노동력만으로 부족하여 농작업의 일부를 남에게 위탁하고자 하는 경우는 일부위탁란에 위탁하고자 하는 작업의 종류와 그 비율을 씁니다(예 : 모내기(10%) 등)

라. 자기노동력에 의하지 아니하고 농작업의 전부를 남에게 맡기거나 임대하고자 하는 경우에는 전부위탁(임대)란에 ○표

⑩란과 ⑪란은 농업경영에 필요한 농업기계와 장비의 보유현황과 앞으로의 보유계획을 씁니다.

⑫란은 취득농지의 소재지에 거주하고 있는 연고자의 성명 및 관계를 씁니다.

⑬란과 ⑭란은 현재 소유농지 또는 임차(예정)농지에서의 영농상황(관계)을 씁니다.

⑮란은 취득농가가 농지로의 복구가 필요한 경우 복구계획 등 특기사항을 기재합니다.

07 SECTION 임야

임야는 임장활동(현장방문)이 요구되는 물건이다. 임야의 경사도는 물론이고 주위의 토지와 경계선을 관찰하고 분묘가 존재하고 있는 경우 등을 검토하여야 한다. 또한 주변이 맹지인 경우가 많으므로 반드시 현장을 방문하여 종합적인 물건분석이 이루어져야 한다.

임야는 다른 부동산과 달리 매수하려는 목적에 따라 선별하여야 한다. 즉 임야를 매수하는 이유가 단순히 가족묘를 만들기 위한 것인지 먼 장래의 투자기치를 보고 매수하려는 것인지 아니면 산림사업을 하려는 것인지 매수하려는 목적을 먼저 결정한 후 매수에 나서야 한다.

사건 2008타경 OOOO 물건내역	감정평가액 최저매각액	임대차내역 전입 · 확정 · 보증금	등기부상의 권리관계
경기도 양주시 장흥면 000 면적 1,282㎡ (388평) 임야	230,760,000원 184,608,000원 1유찰		① 가압류 2005년 5월 9일 9,500만원 홍석현 ② 근저당 2006년 3월 5일 6,300만원 농협 ③ 가압류 2007년 1월 10일 8,000만원 새마을금고 ④ 가압류 2007년 12월 3일 12,000만원 현대캐피탈 ⑤ 임의 농협

사례설명

임야도(토지는 지적도)만 확인하여 입찰에 참가하여서는 안 된다. 현장답사 시 자세한 위치 파악을 위하여 망원경, 분도기 등을 챙기는 것을 잊지 말아야 한다.

등기부등본

'① 가압류' 가 말소기준권리가 되며 매수인에게 인수되는 권리가 없다. 따라서 매수인의 소유권이전등기촉탁 시 모든 권리는 말소되게 된다.

매입 시 유의할 점

- 현장을 답사하여 임야의 경사도는 어느 정도인지 확인하여야 한다. 경사도가 너무 가파르면 아무 쓸모가 없는 땅이 될 수 있다.
- 임야도를 시 · 군 · 구청 지적과에서 발급받아 지형, 지물을 기준으로 경계도 파악해야 한다. 그러나 임야도만 믿지 말고 매각목적물의 주변 토지와의 경계선을 직접 눈으로 확인하여 매각되는 부분의 위치를 정확히 확인해야 한다. 잘못하면 주변에 있는 임야를 매각목적물로 오인한 경우 낭패를 볼 수도 있다.
- 임야를 매입하는 목적이 분묘를 설치하기 위한 것이 아니라 특히 버섯재배 등 임야를 활용하기 위한 경우라면, 진입도로의 상황을 확인해야 한다. 만일 진입로가 없다면 개설에 필요한 인접 토지의 매수비용 등을 고려하여 입찰가격을 결정해야 한다.
- 매각목적물의 범위에 분묘가 존재하는지 존재한다면, 몇 기 정도인지도 확인하고 매수인이 되었을 경우 처리방법도 검토하여야 한다. 특히 여름철에는 숲이 많이 우거져 있어 현장답사 시 자세하게 확인할 필요가 있다.

분묘기지권

1. 임야를 매수하기 위하여 입찰에 참가할 경우, 특히 유심히 살펴보아야 할 부분이다
   타인의 토지에 분묘를 설치한 자는 그 분묘 기지에 대하여 지상권에 유사한 일종의 물권을 취득한다. 이것을 '분묘기지권' 이라고 부르는데 관습법상 인정되는 특수한 지상권이다.
2. 분묘기지권의 성립요건
   - 토지소유자의 승낙을 얻어 그의 토지에 분묘를 설치한 때
   - 분묘기지권은 시효취득을 할 수 있다.
     타인의 토지에 소유자의 승낙 없이 무단이 분묘를 설치한 경우 20년간 평온, 공연하게 그 분묘기지를 점유(매년 성묘를 한다거나 분묘를 관리하여온 경우 등)하면 분묘기지권을 시효 취득한다. 이 경우에는 지료를 지급할 필요가 없다. 물론 분묘가 봉분 등 외부에서 분묘로서의 형태를 갖추고 있는 경우에 한하여 인정되고 평장이나 암장되어 있는 경우에는 인정되지 않는다.
3. 분묘기지권의 존속기간
   분묘기지권의 성질은 지상권에 유사한 물권이지만, 그 존속기간에 관하여는 당사자 사이에 약정이 있으면 이에 의하고, 약정이 없는 경우 권리자가 분묘의 수호와 봉사를 계속하는 한 분묘기지권도 존속된다.

분묘기지권이 성립할 경우 실무상 대처방법

- 분묘가 있을 경우 먼저 분묘의 연고자나 관리자를 찾는다. 연고자를 찾았을 때에는 적당한 타협으로 분묘를 이장하는 방법을 찾아야 한다. 만일 연고자나 관리자 등을 알 수 없을 경우에는 관계 관청(읍, 면, 동사무소)에 분묘개장허가를 신청한다.
- 신청이 접수되면 관계공무원이 현지를 방문하여 분묘의 관리상태, 주변 환경 등을 종합적으로 판단하여 무연고분묘(연고자 없는 분묘)로 판단되면 분묘를 개장해도 된다는 통보를 하게 된다.
- 개장허가를 받은 후 분묘를 개장한다는 공고를 하고 공고기간이 지나도 아무런 연락이 없으면 적법하게 개장하여 화장 및 납골당에 안치하여야 한다.

Memo

PART 7

임대차보호법의 사례와 질의 및 답변

대부분의 권리분석은 근저당권, 가압류 등과 함께 임차인과의 관계되는 부분과 직접 연결되어 있다. 이 장에서는 임차인이 주장할 수 있는 중요한 권리 유형과 빈번히 발생하는 사례를 소개하고, 이와 관련된 질의 및 답변을 통해 독자들의 이해를 돕고자 한다.

주택임대차보호법상 임차인에게 주어지는 중요한 권리 유형

주택임대차보호법은 주택소유자에 비하여 상대적으로 약자의 지위에 있는 주택임차인의 주거생활의 안정을 보장할 목적으로 제정된 민법에 대한 특별법이다. 그 중 중요한 권리로는 다음과 같은 것이 인정된다.

조문	내용
제3조	대항력
제3조의2	우선변제권(확정일자부임차인)
제3조의3	임차권등기명령
제8조	최우선변제권(소액임차인)

주택임대차보호법과 상가건물임대차보호법과의 차이점

구분	주택임대차보호법	상가임대차보호법
적용범위	주택건물	상가건물(사업자등록이 되는 건물)
대항요건	점유 및 전입	점유 및 사업자등록
확정일자 발급기관	동사무소, 등기소	세무서
최우선변제금액	매각대금 중 $\frac{1}{2}$ (대지가격 포함) 범위 내	매각대금 중 $\frac{1}{3}$ (대지가격 포함) 범위 내
임대차기간	2년 이상 보장	1년 이상 보장
차임증감청구권	약정한 차임의 20분의 1 범위 내	약정한 차임, 보증금의 100분의 9 이내
월차임 전환 시 산정율	전환되는 금액의 연 1할4푼	전환되는 금액의 연 1할5푼
월차임의 보증금환산제도	없음	'월차임×100'을 보증금에 합산
계약의 갱신	임대차기간 만료 전 6개월부터 1개월까지에 임차인에 대하여 갱신거절의 통지가 없는 경우, 그 기간이 만료된 때에 전 임대차와 동일한 조건으로 다시 임대차한 것으로 본다. 임차인이 기간만료 전 1개월까지 통지하지 아니한 때에도 또한 같다. 이 경우 임대차의 존속기간은 정함이 없는 것으로	임대인은 임차인이 임대차기간 만료 전 6월부터 1월까지 사이에 행하는 계약갱신 요구에 대하여 정당한 사유없이 이를 거절하지 못한다. 다만, 다음 각호의 경우에는 그러하지 아니하다. ❶ 임차인이 3기의 차임액에 달하도록 차임을 연체한 경우

구분	주택임대차보호법	상가임대차보호법
	본다. 단 임차인이 2기의 차임을 연체한 임차인은 적용되지 않는다.	❷ 임차인이 거짓 그 밖의 부정한 방법으로 임차한 경우 ❸ 쌍방의 합의하에 임대인이 임차인에게 상당한 보상을 제공한 경우 ❹ 임차인이 임대인의 동의 없이 목적 건물의 전부 또는 일부를 전대한 경우 ❺ 임차인이 임차한 건물의 전부 또는 일부를 고의 또는 중대한 과실로 파손한 경우 ❻ 임차한 건물의 전부 또는 일부가 멸실되어 임대차의 목적을 달성하지 못할 경우 ❼ 임대인이 목적건물을 재건축하기 위해 목적 건물의 점유회복이 필요한 경우 ※ 임차인의 계약갱신요구권은 최초의 임대차기간을 포함한 전체 임대차기간이 5년을 초과하지 않는 범위 내에서 행사할 수 있다.

01 SECTION

주택임대차보호법의 사례와 질의 및 답변

주택임대차보호법과 관련된 법 조문은 그리 많지 않지만, 그에 따른 판례는 많다. 특히 임차인의 대항력, 우선변제권(확정일자), 소액임차인에 관련된 사항들은 다른 권리들과의 관계에서 중요한 부분이므로 사례와 질의응답을 통하여 분석할 수 있는 방법을 습득하여야 한다.

하나 더!

용어정리

(1) 대항요건

대항요건은 임차인이 임차목적부동산을 인도(점유)하고 주민등록(전입신고)을 마친 경우를 말한다.

(2) 대항력

임차인이 대항요건(점유 및 전입)을 말소기준권리보다 먼저 갖춘 경우 확정일자 여부와는 관계없이 매수인에게 임차보증금 전액을 대항력으로 주장할 수 있는 권리를 말한다. '매수인에게 대항력을 주장할 수 있다'는 것은 임대차기간이 종료할 때까지 임차목적물을 사용하고, 기간종료 후에는 임차보증금을 매수인에게 반환받을 수 있음을 의미한다.

- 대항력의 발생시점

임대차는 임차권의 등기가 없는 경우에도 임차인이 대항요건을 마친 때에는 그 익일(다음날 00:00시)부터 제3자에 대하여 효력이 발생한다.

- 일반매매와 경매 시의 차이점

통상적으로 일반매매인 경우 주택의 인도와 전입신고(대항요건)를 마친 임차인은 순위에 관계없이 제3자에 대하여 대항력을 주장할 수 있다. 하지만 경매에 있어서는 좀 다르다. 임차인이 매수인에게 대항력을 주장하기 위해서는 말소기준권리보다 먼저 대항요건(주택의 인도와 전입신고)을 갖추어야 한다.

- 대항력의 존속기간

배당요구종기까지 전입신고와 점유라는 대항요건을 유지해야 한다. 매각 진행 중 임차인이 배당요구종기까지 배당요구를 하고 이사를 가버린 경우, 그대로 매각절차가 진행되면 별문제가 없지만 채권자가 경매를 취하한 경우 대항력은 상실되므로 주의를 요한다. 이러한 경우 임차권등기를 한 후 이사를 가면 기존의 대항력을 유지할 수가 있다.

(3) 확정일자

주택임대차보호법의 적용범위

1. 주택임대차보호를 받을 수 있는 물적, 인적의 적용범위

(1) 물적 범위

임차한 건물이 원칙적으로 주거용 건물의 전부 또는 일부이어야 주택임대차보호법의 적용대상이 된다. 임차주택의 일부가 주거 외의 목적으로 사용되는 경우에도 또한 같다. 주거용 건물인지, 비주거용 건물인지의 판단 시점은 원칙적으로 임대차계약 체결 당시를 기준으로 결정한다.

확정일자는 '어떤 문서가 그 날짜에 존재하고 있었다는 사실을 증명하는 공적인 증명서' 이다. 임대차계약서에 확정일자인을 받아 두면 그것이 곧 임대차계약서상의 확정일자인 것이다.
1981년 3얼 5일에 제정된 「주택임대차보호법」은 1983년 12월 30일 제1차 개정 시 소액임차인에게 최우선변제권을 인정하는 소액임차인제도를 도입하고 나아가 1989년 12월 30일 제2차 개정 시에는 저당권과 유사한 권리를 인정하는 확정일자제도(제3조의2)를 신설하여 임차인을 더욱더 보호하고 있다. 즉, 대항요건과 임대차계약증서상의 확정일자를 갖춘 임차인은 「민사집행법」에 의한 경매 또는 국세징수법에 의한 공매 시 임차주택(대지가액 포함)의 환가대금에서 후순위담보권자, 기타 일반채권자보다 우선하여 임차보증금을 변제받을 권리가 있다.

(4) 우선변제권

대항요건과 확정일자까지 갖춘 임차인이 배당요구를 하여 저당권과 같은 유사한 권리를 주장할 수 있는 권리를 말한다. 따라서 배당순위는 후순위담보권자, 기타일반채권자보다 우선하여 임차보증금을 변제받을 수 있다. 확정일자가 없는 임차인은 배당에 참가할 자격이 주어지지 않는다. 배당요구를 하였더라도 마찬가지이다. 또한 대항요건(점유 및 전입) 없이 임대차계약서상에 확정일자만 부여받은 경우에도 우선변제권은 인정되지 않는다. 즉 우선변제권은 대항요건을 갖춘 확정일자부임차인이 배당요구를 한 경우 주어지는 권리이다.

(2) 「주택임대차보호법」의 적용 대상자

원칙적으로 적법하게 주택임대차계약을 체결한 모든 임차인은 적용대상이 된다. 일정한 요건 하에 외국인, 재외동포도 본법의 보호를 받을 수 있다.

사례

• 임차한 건물의 일부가 주거 이외의 목적으로 사용되는 경우 •

사건 2008타경 OOOO 물건내역	감정평가액 최저매각액	임대차내역 전입 · 확정 · 보증금	등기부상의 권리관계
서울 금천구 독산동 000 면적 토지 116.02㎡ (35.2평) 건물 136.49㎡ (41.3평) 근린주택 3층	369,590,000원 369,590,000원	갑 2005년 4월 1일 (1층) 9,000만원 배당요구 을 2006년 2월 18일 (2층) 2006년 2월 18일 (확정) 7,000만원 배당요구 병 2006년 9월 12일 (3층) 4,000만원 배당요구	① 근저당 2005년 7월 5일 13,000만원 국민은행 ② 가압류 2006년 5월 15일 7,500만원 새마을금고 ③ 근저당 2007년 8월 10일 6,000만원 하나은행 ④ 임의 국민은행

사례설명

임차인 갑은 건물 3층 중에서 1층 전부를 임대차계약하고, 그 중 일부는 거실 겸 방으로 사용하고 나머지 부분은 쌀과 과일을 판매하는 장소로 임차하고 있다. 이 경우 임차인 갑은 주택임대차보호를 받을 수 있는 임차인에 해당되는지, 만일 그렇다면 어떠한 기준 하에 보호를 받을 수 있는지가 검토 대상이 된다. 즉, 주거용 건물의 일부를 주거 이외의 목적으로 사용하는 임차인은 주택임대차보호법의 보호를 받을 수 있는가의 문제이다.

등기부관계

말소기준권리는 '① 근저당' 이다. 말소기준권리보다 선순위로 매수인에게 인수되는 권리가 없으므로 매수인의 소유권이전촉탁 시 모든 권리는 말소된다.

임대차관계

- 임차인 갑

임차인 갑은 말소기준권리보다 대항요건(점유 및 전입)이 먼저 설정되어 있어 매수인에게 대항력이 있다. 그러나 배당요구는 하였으나 확정일자가 없으므로 배당에 참가할 수는 없다. 문제는 임차인 갑이 1층에 임차한 점포에서 주거생활을 함께 하고 있는 경우 「주택임대차보호법」의 적용을 받을 수 있는가의 여부에 따라 매수인에게 대항력을 행사 여부가 결정된다. 이 경우 판례에서는 임차한 주택과 점포의 구조와 점유면적, 건물의 주된 용도 등을 종합적으로 판단하여 주택임차인으로서의 적용을 받을 수 있는지를 결정해야 한다고 한다. 특히 임차주택에 임차인 갑만 전입이 되어 있는지 아니면 세대원 전부가 전입이 되어 거주하고 있는 지가 본법을 적용할 것인지를 판단함에 중요한 부분이 될 것이다. 가족 모두가 전입신고가 된 경우 그 장소에서 실질적으로 주거생활을 하고 있다고 볼 여지가 많기 때문이다.

- 임차인 을

임차인 을은 대항요건이 말소기준권리보다 후순위여서 매수인에게 대항력은 없다. 그러나 확정일자부임차인으로서 저당권과 마찬가지로 후순위담보권, 기타일반채권자보다 먼저 임차보증금을 우선하여 변제받을 수 있다. 대항력이 없으므로 배당에서 배당받지 못한 나머지 임차보증금이 존재하더라도 그 금액을 매수인에게 주장할 수 없다.

- 임차인 병

임차인 병은 대항력도 없을 뿐만 아니라 확정일자 없는 임차인이므로 배당에 참가할 수 없다. 그러나 소액임차인에 해당되므로 최우선적으로 임차보증금 중 1,600만원을 배당받게 된다.

질의 및 답변(주택임대차보호법의 적용 범위)

질의 1 **임차주택이 소유권보존등기가 되지 않은 경우에도 임대차보호법이 적용되는가?**

등기부가 개설되어 있지 않은 미등기된 건물, 무허가건물 등도 건축허가 여부와는 관계없이 주택이면 임대차보호법의 적용 대상이 된다. 이때 주의할 점은 임대차계약을 체결하기 전에 임대인이 실제 소유자인지 여부를 확인하고 계약을 체결할 필요가 있다. 등기부가 존재하지 않음으로 나중에 문제점이 발생할 수 있기 때문이다.

질의 2 **다가구용 단독주택의 옥탑방도 이 법의 적용을 받을 수 있는가?**

적용받을 수 있다. 현실적으로 옥탑방이 불법 건축물로 증축된 경우를 주위에 흔히 볼 수 있다. 불법 건축물이라도 적법하게 임대차계약을 체결하고 실제 임차인이 주거용으로 사용하면서 대항요건을 마친 경우에는 「주택임대차보호법」의 적용을 받을 수 있다.

질의 3 **비주거용 건물의 일부를 주거로 사용하고 있는 경우에도 적용되는가?**

적용되지 않는다. 주거용 건물의 일부가 비주거용으로 사용되는 경우, 일정한 조건 하에 본법이 적용될 수 있는 것과는 다르다. 예를 들어 임차한 건물이 커피숍을 운영하는 등 비주거용 건물의 일부를 방과 주방을 구비하고 그 곳에 거주하면서 전입신고를 마친 경우 보호를 받을 수 없다. 이 경우 비주거용 건물의 일부인 방과 주방은 커피숍 영업에 부수하여 사용하는 것이지 주거를 목적으로 생활하는 것이 아니기 때문이다.

질의 4	임대차계약서상에 임차인을 법인의 명의로 체결한 경우에도 적용되는가?
	원칙적으로 적용되지 않는다. 「주택임대차보호법」은 국민의 주거안정을 보호하려는 취지로 제정된 것이므로, 법인은 그 보호대상에서 제외된다. 만일 법인명으로 주택을 임대차계약을 하고 그 소속직원이 점유와 전입신고를 하여 대항요건을 갖추고 또한 확정일자를 받았다 하여도 「주택임대차보호법」의 적용을 받을 수 없다. 이 경우 법인은 등기부상에 전세권설정을 하여 권리를 확보하여야 한다. 그러나 법인명이 아닌 소속직원의 이름으로 임대차계약을 체결하고 그 소속직원이 대항요건을 갖춘 경우에는 본법의 적용을 받을 수 있다. ▶ 법률 개정 예외적으로 법인도 일정한 경우 본법의 보호를 받을 수 있게 법률 개정이 되었다. 즉 국민주택기금을 재원으로 하여 저소득층의 무주택자에게 주거생활 안정을 목적으로 전세임대주택을 지원하는 법인이 주택을 임차한 후 지방자치단체의 장 또는 해당 법인이 선정한 입주자가 그 주택에 관하여 인도와 주민등록을 마친 때에는 법인도 보호를 받을 수 있다(신설 「주택임대차보호법 제3조 제2항」 2007.8.3). 여기에 해당되는 법인은「대한주택공사법」에 따른 대한주택공사 · 지방공기업법」제49조에 따라 주택사업을 목적으로 설립된 지방공사이다.

질의 5	임대차계약 체결 당시에는 주거용 건물이 아니었지만, 임차인이 임대인의 승낙을 받아 주거용으로 개조한 경우?
	「주택임대차보호법」의 적용을 받을 수 있다. 다만 실무에서는 임차인의 대항력, 확정일자 등의 효력이 발생하는 시점은 임차목적물을 주거용 건물로 개조한 때이다.

질의 6 **「주택임대차보호법」의 적용을 받을 수 있는 주거용 건물과 비주거용 건물의 구분은 공부상에 기재된 용도로 판단하는가?**

임차한 목적물이 주거용 건물인지의 판단 여부는 사실상 주거로 사용하는지의 여부를 기준으로 결정하여야 한다. 즉, 공부상(등기부, 건축물관리대장)에 건물용도가 주택이 아닌 공장 또는 창고 등 비주거용 건물로 기재되어 있어도 내부 구조를 주거용으로 변경하여 임대차계약을 하고 그 곳에서 일상생활을 하면서 사실상 주거로 사용하고 있는 경우이면 「주택임대차보호법」의 적용을 받을 수 있다.

질의 7 **주택임차인이 외국인인 경우 「주택임대차보호법」의 적용을 받을 수 있나?**

외국인은 「주민등록법」상의 전입신고는 할 수가 없으나, 90일을 초과하여 체류하는 외국인의 경우에는 체류지를 관할하는 출입국관리사무소장 또는 출장소장에게 외국인 등록을 하여야 한다. 이렇게 적법하게 임대차계약을 체결하고 거주하는 경우, 외국인등록증으로 주민등록증을 대신할 수 있으므로 「주택임대차보호법」의 적용을 받을 수 있다.

질의 8 **재외동포가 주택을 임차한 경우는 「주택임대차보호법」의 적용대상이 되는가?**

재외동포가 「임대차보호법」의 적용을 받기 위해서는 체류하고 있는 거소를 관할하는 출입국관리사무소장 또는 출장소장에게 국내거소신고를 하여야 한다. 「재외동포의 출입국과 법적지위에 관한 법률」에 의하여 국내거소신고를 전입신고에 갈음할 수 있기 때문에 국내거소신고를 하고 임차주택에 거주하고 있으면 본법의 적용을 받을 수 있다.

임차인의 유형별 대항력과 우선변제권의 사례와 질의 답변

1. 임차인의 유형

번호	임차인의 유형
1	대항력과 확정일자 모두 말소기준권리보다 선순위임차인
2	대항력은 있으나 확정일자가 말소기준권리보다 후순위임차인
3	대항력은 있으나 확정일자가 없는 임차인
4	대항요건과 확정일자가 말소기준권리보다 후순위임차인
5	대항요건이 말소기준권보다 늦고 확정일자 없는 임차인
6	확정일자만 있는 임차인
7	대항요건과 확정일자 모두 없는 임차인

※ 임차인의 대항력과 확정일자 문제는 통상적인 일반매매와 다르게 경매 시 권리분석은 물론 배당관계까지 연결되는 중요한 부분이므로 판례내용까지 질의답변을 참조하여 완벽하게 정리해두어야 한다.

사례 – 1

• 대항력과 확정일자 모두 말소기준권리보다 선순위임차인인 경우 •

사건 2008타경 ○○○○ 물건내역	감정평가액 최저매각액	임대차내역 전입 · 확정 · 보증금	등기부상의 권리관계
서울 송파구 거여동 000 면적 대지권 21.09㎡ (6.6평) 건물–전용 59.74㎡ (18.1평) 아파트	420,000,000원 336,000,000원 1유찰	갑 2005년 12월 10일 2005년 12월 10일 (확정) 24,000만원 배당요구	① 가압류 2006년 3월 5일 12,000만원 정기표 ② 근저당 2006년 8월 10일 6,000만원 우리은행 ③ 가압류 2007년 5월 15일 7,500만원 국민카드 ④ 압류 2008년 1월 16일 송파구청 ⑤ 임의 우리은행

사례설명

사례와 같이 대항력과 확정일자가 말소기준권리보다 선순위인 임차인이 배당요구를 한 경우와 배당요구를 하지 않은 경우로 나뉘어 권리분석이 이루어져야 한다. 배당요구를 한 경우에도 만일 배당에서 임차보증금 전액을 반환받지 못한 경우라면 나머지 금액은 매수인에게 주장할 수 있는지도 아울러 검토되어야 한다.

등기부관계

말소기준권리는 '① 가압류'이다. 말소기준권리보다 선순위 권리가 없으므로 매수인의 소유권이전등기촉탁 시 말소기준권리를 포함한 다른 권리들은 모두 말소된다.

임차인관계

임차인 갑은 대항요건(전입 및 점유)이 말소기준권리보다 먼저이므로 매수인에게 대항력을 주장할 수 있다. 또한 확정일자를 갖추었으므로 배당요구를 하여 임차보증금을 배당절차에서 후순위 담보권자, 기타일반채권자보다 먼저 반환받을 수 있다. 즉 겸유권을 행사할 수 있다.

배당요구를 한 경우

대항력과 우선변제권의 2가지 권리를 겸유하고 있는 선순위임차인이 먼저 우선변제권을 선택하여 배당요구를 한 경우 저당권과 마찬가지로 후순위담보권자, 기타일반채권자보다 우선하여 변제권이 주어진다. 만약 배당에서 변제받지 못한 임차보증금이 있는 경우 그 금액은 매수인에게 대항력으로 주장할 수 있다. 이 경우 배당요구에 의하여 임대차는 해지되어 종료되고 나머지 금액을 매수인에게 반환받을 때까지 임대차관계가 존속하는 것으로 의제될 뿐이다. 따라서 배당받지 못한 나머지 금액을 매수인이 임차인에게 지급함과 동시에 임차인은 임차주택을 인도하여야 한다.

배당요구를 하지 않은 경우

배당요구를 하지 않은 경우 임차인은 대항력을 주장하여 임대차기간 종료까지 목적부동산을 사용할 수 있는 권리가 있고, 기간 만료 시 매수인에게 임대보증금 전액을 청구할 수 있다. 이런 경우 입찰에 참가하는 자는 입찰가액을 결정할 때 인수되는 임차보증금까지 고려하여 입찰에 참가하여야 한다. 따라서 임차인의 배당 여부를 반드시 살펴보아야 한다.

사례 – 2

● 대항력은 있으나 확정일자가 말소기준권리보다 후순위임차인인 경우 ●

사건 2008타경 ○○○○ 물건내역	감정평가액 최저매각액	임대차내역 전입 · 확정 · 보증금	등기부상의 권리관계
서울 성북구 정릉동 0000 면적 대지권 48.89㎡ (14.8평) 건물–전용 114.06㎡ (34.7평) 아파트	400,000,000원 320,000,000원 1유찰	갑 2006년 1월 12일 2006년 8월 10일 (확정) 21,000만원 배당요구	① 근저당 2006년 4월 5일 17,000만원 외환은행 ② 가압류 2007년 5월 15일 3,500만원 신용보증기금 ③ 근저당 2007년 8월 10일 5,000만원 국민은행 ④ 가압류 2008년 2월 4일 6,000만원 박형선 ⑤ 임의 국민은행

사례설명

임차인은 대항력과 확정일자를 모두 갖추었으나 확정일자가 말소기준권리보다 후순위인 임차인이다. 따라서 배당요구를 한 경우 대항력이 있는 임차인이므로 배당절차에서 임차보증금 전액을 회수할 수 있는가에 따라 매수인에게 인수되는 금액여부가 결정된다. 사례와 같은 경우 특히 배당관계에 신경을 써야 한다. 대항력이 있으므로 임차보증금 전액을 반환받지 못한 경우, 매수인이 인수하여야 하기 때문이다.

등기부관계

말소기준권리는 '① 근저당' 이 된다. 말소기준권리보다 인수되는 선순위 권리가 존재하지 않으므로 말소기준권리를 포함한 권리들은 매수인의 소유권이전등기촉탁시 모두 말소된다.

임차인관계

임차인 갑은 말소기준권리보다 대항요건이 먼저이므로 매수인에게 대항력이 있다. 또한 확정일자도 갖추어서 배당요구를 한 경우이다. 따라서 후순위담보권자, 기타일반채권자보다 우선변제권이 있다. 확정일자 보다 먼저 설정된 근저당권자가 존재하므로, 임차보증금 전액을 반환받지 못할 경우 나머지 금액은 매수인에게 대항력으로 주장할 수 있다. 배당관계를 검토한 후 인수되는 금액 여부를 확인하고 입찰가액을 정하여야 한다.

사례 - 3

• 대항력은 있으나 확정일자가 없는 경우 •

사건 2008타경 ○○○○ 물건내역	감정평가액 최저매각액	임대차내역 전입 · 확정 · 보증금	등기부상의 권리관계
서울 송파구 가락동 ○○○ 면적 대지권 4.17㎡ (1.3평) 건물–전용 25.28㎡ (7.6평) 오피스텔	100,000,000원 51,200,000원 1유찰 1유찰 1유찰	갑 2005년 12월 10일 6,500만원 배당요구	① 근저당 2006년 3월 5일 5,000만원 농협 ② 가압류 2006년 5월 15일 2,000만원 신한카드 ③ 압류 2007년 2월 3일 용산세무서 ④ 임의 농협

사례설명

임차인 갑은 대항요건(점유 및 전입)이 말소기준권리보다 먼저이고 확정일자는 없는 임차인이다. 대항력은 있으나 확정일자가 없는 임차인이 배당요구를 한 경우 배당에서 임차보증금을 변제 받을 수 있는지 살펴본다.

등기부관계

말소기준권리는 '① 근저당' 이다. 말소기준권리보다 선순위로 매수인에게 인수되는 권리가 없으므로 매수인의 소유권이전등기촉탁 시 말소기준권리를 포함한 모든 권리는 말소된다.

임차인관계

선순위임차인이라고 하여도 확정일자 없는 임차인은 배당에 참가할 자격이 없다. 따라서 임차인 갑은 확정일자가 없으므로 배당요구를 하였어도 배당에 참가할 자격은 없고 매수인과의 관계에서는 대항력 문제만 생기게 된다. 임차인 갑은 대항요건이 말소기준권리보다 먼저 갖추어져 있으므로 매수인에게 대항력을 주장할 수 있다. 이러한 물건은 임차보증금액을 매수인이 인수하여야 하므로 유찰횟수가 많은 경우가 대부분이다.

사례 - 4

대항요건과 확정일자가 말소기준권리보다 후순위인 임차인

사건 2008타경 OOOO 물건내역	감정평가액 최저매각액	임대차내역 전입 · 확정 · 보증금	등기부상의 권리관계
서울 종로구 숭인동 000 면적 대지권 4.28㎡ (1.3평) 건물-전용 27.09㎡ (8.2평) 오피스텔	110,000,000원 88,000,000원 1유찰	갑 2006년 3월 10일 2006년 3월 10일 (확정) 4,500만원 배당요구	① 근저당 2005년 7월 3일 5,000만원 정진일 ② 가압류 2006년 5월 15일 7,500만원 신용보증기금 ③ 근저당 2006년 8월 10일 하나은행 ④ 압류 2008년 1월 11일 국민연금공단 ⑤ 임의 정진일

사례설명

대항력 없는 임차인이 확정일자를 갖추고 배당요구를 하였으나 임차보증금 전액을 회수하지 못한 경우 반환받지 못한 나머지 금액을 매수인에게 주장할 수 있는가를 검토해본다.

등기부관계

'① 근저당' 이 말소기준권리이다. 말소기준권리보다 선순위 권리가 존재하지 않으므로 매수인의 소유권이전등기촉탁 시 모두 말소된다.

임차인관계

임차인 갑은 대항요건이 말소기준권리보다 늦어 매수인에게 대항력을 주장할 수 없다. 그러나 확정일자를 갖춘 경우이므로 배당에 참가하여 저당권과 마찬가지로 후순위담보권자, 기타일반채권자보다 우선변제권이 주어진다. 임차인이 배당에서 임차보증금 전액을 회수하지 못한 경우에도 대항력이 없으므로 나머지 금액은 매수인에게 청구할 수 없다. 이 경우 임차인 갑은 반드시 배당요구를 하여 순위에 따른 자기의 권리를 행사하여야 한다. 만일 배당요구종기까지 배당요구를 하지 않는다면, 우선변제권은 주어지지 않는다.

사례 - 5

● 대항요건이 말소기준권보다 늦고 확정일자 없는 임차인인 경우 ●

사건 2008타경 OOOO 물건내역	감정평가액 최저매각액	임대차내역 전입 · 확정 · 보증금	등기부상의 권리관계
서울 동작구 상도동 000 면적 대지권　30.04㎡ (9.2평) 건물-전용　42.33㎡ (12.8평) 다세대	85,000,000원 85,000,000원	갑 2006년 11월 10일 4,000만원　배당요구	① 근저당　2003년 7월 5일 5,000만원　외환은행 ② 가압류 2006년 5월 15일 7,500만원　최정섭 ③ 가압류　2007년 8월 10일 4,500만원　김형일 ④ 압류　동작세무서 ⑤ 임의　외환은행

사례설명

임차인의 대항요건이 말소기준권리보다 늦고 확정일자를 받지 않은 경우이다. 대항요건이 말소기준권리보다 늦으므로 임차인은 매수인에게 대항력을 주장할 수 없다. 이런 경우 확정일자가 없어도 소액임차인에 해당되면 최우선변제권은 주어지는지를 검토해봐야 한다.

등기부관계

말소기준권리는 '① 근저당' 이다. 말소기준권리보다 선순위 권리로 매수인에게 대항할 수 있는 권리가 없으므로 매수인의 소유권이전등기촉탁 시 모두 말소된다.

임차인관계

확정일자가 없는 임차인은 배당에 참가할 자격이 없다. 따라서 임차인 갑은 확정일자가 없으므로 배당요구를 해도 배당에서 임차보증금을 주장할 수 없다. 또한 대항요건이 말소기준권리보다 늦으므로 매수인에게 대항력도 주장할 수 없게 되어 무조건 매수인에게 목적물을 인도해주어야 한다. 그러나 확정일자가 없는 경우라도 소액임차인의 요건을 갖추었으면, 매각대금에서 일정한 금액의 최우선변제권이 주어진다. 임차인 갑은 소액임차인에 해당되고 배당요구를 한 경우이므로 배당에서 1,600만원을 최우선적으로 변제 받을 수 있다.

사례 - 6

• 확정일자만 있는 임차인인 경우 •

사건 2008타경 OOOO 물건내역	감정평가액 최저매각액	임대차내역 전입 · 확정 · 보증금	등기부상의 권리관계
서울 관악구 신림동 000 면적 대지권 27.46㎡ (8.3평) 건물-전용 47.51㎡ (14.4평) 다세대	150,000,000원 120,000,000원 1유찰	갑 전입 없음 2006년 1월 10일 (확정) 7,500만원 배당요구	① 가압류 2006년 3월 5일 7,000만원 상호저축 ② 근저당 2006년 5월 25일 8,000만원 신한은행 ③ 가압류 2007년 5월 10일 8,700만원 최길영 ④ 압류 관악구청 ⑤ 임의 신한은행

사례설명

임차인들 중 전입신고는 하지 않고 임대차계약서에 확정일자만 받아둔 경우가 종종 있다. 대항요건 없는 임차인이 임대차계약서상에 확정일자만 받아두고 거주한 경우 배당요구를 하면 매각절차에서 배당을 받을 수 있는지를 살펴본다.

등기부관계

말소기준권리는 '① 가압류' 이다. 말소기준권리보다 먼저 설정되어 매수인에게 인수되는 권리는 없다. 따라서 매수인의 소유권이전등기촉탁 시 모두 말소된다.

임차인관계

임차인이 배당에 참가하려면 임대차계약서상에 확정일자를 받아두어야 한다. 확정일자 없이는 애당초 배당에 참가할 자격이 주어지지 않는다. 확정일자의 효력은 대항요건(점유 및 전입)이 전제가 되어야 하므로 전입신고 없는 임대차계약서의 확정일자는 아무런 효력이 없다. 따라서 임차인 갑은 전입신고 없이 확정일자만을 가지고 있어 배당요구를 한 경우라도 배당에 참가할 수가 없다. 이런 점이 물권인 전세권과 다른 점이다. 전세권자는 대항요건 없이도 등기부상 전세권설정등기 그 자체만 가지고 배당에 참가할 수 있다.

사례 - 7

● 대항요건과 확정일자 모두 없는 임차인인 경우 ●

사건 2008타경 OOOO 물건내역	감정평가액 최저매각액	임대차내역 전입 · 확정 · 보증금	등기부상의 권리관계
서울 서대문구 연희동 000 면적 대지권 40.03㎡ (13.6평) 건물-전용 105.44㎡ (31.9평) 아파트	280,000,000원 224,000,000원 1유찰	갑 (점유)	① 근저당 2005년 2월 5일 14,000만원 국민은행 ② 근저당 2006년 5월 15일 5,500만원 박정호 ③ 가압류 2007년 11월 17일 18,000만원 현대캐피탈 ④ 임의 국민은행

사례설명

임차인의 권리가 매수인에게 인수되는 여부가 검토대상이 아니라 오히려 명도 시에 임차인의 인적사항을 알 수 없어 명도과정에서 힘이 들 수 있다. 이런 경우 매수인의 입장에서 어떠한 조치를 취할 것인가를 살펴볼 필요가 있다.

등기부관계

'① 근저당'이 말소기준권리가 된다. 매수인에게 인수되는 권리가 없으므로 소유권이전등기촉탁 시 매수인에게 대항할 수 없는 권리는 모두 말소된다.

임대차관계

소유자는 거주하지 않고 소유자와 알고 있는 자가 임대차계약도 없이 무상으로 단순 점유만 하고 있는 경우가 있다. 전입신고도 없이 단순히 점유만 하고 있는 임차인의 권리는 매수인에게 인수되지 않는다. 다만 매수인의 입장에서는 상대방의 인적사항을 알 수 없어 인도명령 신청부터 어려움이 뒤따를 뿐이다. 이때 점유자가 명도에 불응할 경우에 대비하여 점유이전금지가처분을 하여두면 명도집행 시 도움이 된다.

하나 더!

점유이전금지가처분

점유이전금지가처분은 어떤 권리에 대한 가처분이 아니라 단순히 현재 목적물을 점유하고 있는 자는 다른 자에게 그 목적물의 점유를 이전하지 말라는 가처분을 말한다.

점유이전금지가처분이 필요한 이유는 확정일자가 없어 배당에 참가할 수 없고 대항력도 없는 임차인은 매각목적물을 매수인에게 인도해줘야 함에도 턱없이 많은 이사비용을 요구하면서 매수인의 명도를 무조건 불응하는 경우를 볼 수 있다. 이런 경우 임차인에게 인도명령 결정문이 송달되어 강제집행을 준비하여도 강제집행 전에 이미 임차인이 또 다른 사람에게 목적물의 점유를 이전시키면 강제집행 시 인도명령 당사자와 현재의 점유자가 다르므로 강제집행 자체가 불능이 되어 버린다. 따라서 임차인을 상대로 미리 점유이전금지가처분을 해 두면 이런 경우가 발생하더라도 현재의 점유자는 임차인의 점유를 승계한 사람에 불과하므로 승계집행문을 받아서 그대로 강제집행이 가능하다.

Memo

서식

부동산점유이전금지가처분신청

채권자
주　소
채무자(점유자)
주　소
부동산의 표시 : 별지목록부동산

신청취지

1. 채무자는 별지목록 기재 부동산 중 1층(00평방미터) 전부에 대한 점유를 풀고 채권자가 위임하는 집행관에게 인도하여야 한다.
2. 집행관은 현상을 변경하지 아니하는 것을 조건으로 하여 채무자에게 이를 사용하게 하여야 한다.
3. 채무자는 그 점유를 타인에게 이전하거나 또는 점유명의를 변경하여서는 아니 된다.
4. 집행관은 위 명령의 취지를 적당한 방법으로 공시하여야 한다.

라는 재판을 구함

신청이유

1. 채권자는 별지목록 기재 부동산을 00지방법원　　타경　　호 강제(임의)경매의 매각절차에서 매수인으로 되어 대금납부를　　년　월　일에 완납하고 소유권자가 되었습니다.
2. 채무자는 별지목록 기재 부동산의 임차인으로 채권자에게 대항력이 없을 뿐만 아니라 대항요건도 갖추지 못하고 단지 점유만 하고 있는 자입니다.
3. 따라서 채권자는 채무자를 상대로 귀원에 건물명도 등 청구의 소를 제기하려고 준비중에 있으나 위 판결 이전에 채무자가 점유명의를 변경하게 되면 채권자가 위 본안소송에서 승소판결을 받더라도 강제집행이 불능될 수 있으므로 이의 집행보전을 위하여 이 사건 신청에 이른 것입니다.
4. 손해담보에 대한 담보제공은 보증보험회사와 지급보증위탁계약을 맺은 문서를 제출하는 방법으로 담보제공을 할 수 있도록 허가하여 주시기를 바랍니다.

입증방법

1. 매각대금납부증명원
1. 세대열람확인서

첨부서류

1. 부동산등기부등본
1. 건축물관리대장등본
1. 토지대장등본
1. 별지목록

년 월 일
위 채권자 000

○ ○지방법원　　귀중

질의 및 답변(대항력)

질의 1 **임차인이 점유보조자를 통하여 점유하는 경우에도 대항력은 인정되는가?**

대항력이 인정된다. 부모가 미성년자를 위하여 임대차계약서를 작성한 경우를 실무상 종종 볼 수 있다. 예컨대, 미성년자인 대학생을 위해 부모가 임대차계약을 체결하고 점유보조자인 미성년자가 전입신고를 하고 거주하고 있다면 임차인인 부모는 대항력을 취득한다.

질의 2 **임차인이 전 소유자였던 경우의 대항력 발생시기는 언제인가?**

목적부동산의 기존 소유자가 부동산을 매도하면서, 그 부동산에 임차인으로 임대차계약을 체결하고 계속 거주하는 경우가 있다. 이런 경우 기존 소유자가 제3자에게 임차인으로서의 대항력을 주장할 수 있는 시점은 소유권이전등기 익일부터가 된다.

질의 3 **매각부동산의 채무자도 임차인으로서의 권리를 주장할 수 있는가?**

소유자는 물상보증인이 되고 임차인은 채무자가 되어 은행 등에서 대출을 받는 경우가 있다. 물상보증인인 소유자로서는 임차인이 대출금을 갚지 못할 경우 보관하고 있는 임차보증금이 있으므로 손해 볼 것도 없어 임차주택을 담보로 임차인에게 편리를 보아 주는 경우가 실무상 종종 있다. 채무자가 적법한 임차인이라면 대항력, 우선변제권 등 임차인으로서의 권리가 인정된다.

질의 4 **임차인의 착오나 실수로 전입신고를 잘못한 경우 대항력이 인정되는가?**

임차인의 착오나 실수로 임차주택 소재지의 지번을 잘못 기재하여 전입신고한 경우라면, 주민등록이 실제 임차주택의 지번과 일치하지 않아 본법의 보호받을 수 없다. 따라서 임차인은 가능한 한 빨리 정확한 지번으로 다시 정정해야만 그때부터 보호를 받을 수 있다.

질의 5 **공무원의 실수로 전입신고가 잘못되어 특수주소로 변경 시 대항력의 기준일은?**

임차인은 임차건물 소재지의 지번으로 정확하게 전입신고를 하였으나 담당공무원의 착오로 임차부동산의 지번과 다르게 기재되어 정정한 경우에는 지번을 정정한 날이 아니라 임차인이 전입신고한 날짜를 기준으로 보호받을 수 있다. 만약 이해관계인이 이의를 제기하여 구체적으로 소송에 들어가면 임차인은 전입신고 시에 작성한 전입신고서를 동사무소에서 발급받아 법원에 증거자료로 제출하면 된다.

질의 6 **경매로 취득한 부동산에 기존의 대항력 없는 임차인이 새로이 임대차계약을 체결한 경우 기존 임차인의 대항력이 발생하는 시점은 언제인가?**

매수인이 명도과정에서 기존의 대항력 없는 임차인과 임대차계약을 체결하는 경우가 간혹 있다. 대항력 없는 임차인이 새로운 매수인과 다시 임대차계약을 체결하고 임차인으로서 거주하는 경우 그 임차인의 대항력은 매수인이 소유권을 취득하는 시점인 매각대금을 완납하는 즉시 발생한다(대법원 2002다38361).

질의 7 **임차인의 동거가족만 전입신고한 경우에도 「주택임대차보호법」의 적용을 받을 수 있는가?**

임대차계약서상의 임차인은 전입신고가 되어 있지 않고 공동생활을 하는 처와 자녀 등 가족만 전입신고를 마치고 거주하고 있는 경우라도 임차인은 대항요건을 갖추었다고 볼 수 있으므로 임차인의 권리행사를 할 수 있다.

질의 8 **전대차한 경우 임차인으로서의 권리를 주장할 수 있는 요건은 무엇인가?**

임차인이 임대인의 승낙을 얻어 임차주택을 전대하고 전차인이 대항요건을 갖춘 경우 간접점유자인 임차인(전대인)은 비록 임차주택에 전입 및 점유를 하지 않는 경우라도 대항요건을 구비한 것으로 본다(대법원 94다3155). 따라서 이 경우 직접점유자인 전차인은 임차인(전대인)의 권리를 원용하여 권리를 주장할 수 있다. 이때 전대차의 요건은 전대차에 대한 임대인의 승낙이 있어야 하고, 임차인(전대인)의 퇴거일로부터 주민등록법상(14일 이내) 전차인은 목적부동산에 대하여 점유와 전입신고가 되어 있어야 한다.

질의 9 **건물의 실제 동 표시가 공부와 다른 경우 유효한 전입신고가 되는가?**

실제 건물 외벽에는 '가동'이라고 표시가 되어 있어 전입신고를 '가동'으로 하였으나 준공검사 후 건축물관리대장이 작성되면서 '라동'으로 등재되었다. 이것을 기초로 등기부에도 '라동'이라고 보존등기가 된 경우 주민등록이 실제 공부상의 동 표시와 일치하지 않으므로 보호를 받을 수 없다. 따라서 전입신고를 실제 공부상의 동 표시로 정정하여야 그때부터 「주택임대차보호법」의 적용을 받을 수 있다.

질의 10 **다세대주택 등 공동주택을 임대차하면서 전입신고 시 동·호수 표시가 기재되지 않은 경우 대항력을 주장할 수 있는가?**

공동주택은 단독주택과는 달리 동·호수 표시 없이 지번만 전입 신고한 경우는 보호를 받을 수 없다. 반드시 OO빌라 OO동 OO호로 정확하게 주민등록이 되어 있어야 한다. 실무에서 보면 전입신고 시 동·호수를 빠뜨리고 지번만 기재하여 불이익을 받는 임차인을 종종 볼 수 있다. 특히 다세대주택 등 공동주택인 경우 전입신고 시 각별한 주의를 요한다. 착오 발견 시 정확하게 전입신고를 정정해야 그때부터 보호를 받을 수 있다.

질의 11 **주민등록사항이 정정된 경우 대항력의 취득 시기는 언제인가?**

임차인의 주민등록은 거래의 안정을 위하여 임차권의 존재를 제3자가 명백히 인식할 수 있는 공시방법 중의 하나이다. 사회통념상 그 주민등록으로 임차인이 그 주소에 등록되어 있다고 인식할 수 있어야 한다. 따라서 신축 중인 연립주택 중 임차인이 현관문의 표시대로 '1층 201호'라고 전입신고를 마쳤으나 준공 후 그 주택이 공부상 '1층 101호'로 기재된 경우 임대차의 존재로서 유효한 공시방법이 아니므로 대항력을 취득할 수 없다(대법원 95다177). 이 경우 임차인으로서는 공부상 표시대로 주민등록을 정정한 때부터 대항력을 취득하게 된다. 특히 신축건물에 임차할 경우 전입신고 시 공부상과 일치하는지를 잘 살펴보아야 한다.

질의 12 같은 담장 안에 있는 임차주택부지가 아닌 인접한 다른 토지의 지번으로 전입신고 시 대항력이 인정되는가?

토지가 여러 필지가 있는 경우 임차주택이 그 중 한 필지상에만 건축되어 있는 경우 전입신고 시 주의를 요한다. 같은 담장 내에 3필지의 토지가 있고 임차주택은 그 중 1필지상에만 건축되어 있는 경우 임차주택이 아닌 인접한 다른 토지의 지번으로 주민등록을 마친 임차인의 전입신고는 유효한 공시 방법으로 볼 수 없어 보호를 받을 수 없다(대법원 2000다44799).

질의 13 임차인이 우선변제권을 행사하기 위한 대항요건의 존속기간은 언제까지인가?

확정일자부임차인이 우선변제를 받기 위해서는 대항요건(주택의 인도와 주민등록)을 배당요구종기까지 유지하여야 한다. 공시방법이 없는 주택임대차에 있어서 주택의 인도와 주민등록이라는 우선변제의 요건은 그 우선변제권 취득 시에만 구비하면 족한 것이 아니고, 민사집행법상 배당요구의 종기까지 계속 존속하고 있어야 한다(대법원 2007다17475). 부득이 배당요구종기 전에 퇴거 등 이사를 하여야 할 경우에는 임차권등기명령을 신청하여 등기부에 기입된 후 이사를 하여야 불측의 손해를 입지 않는다.

질의 14	특수이해관계인 간의 적법한 임대차계약의 성립 판단기준은 무엇인가?
	친 · 인척 간의 임대차관계로 경매 실무상 많이 발생하고 있다. 원칙적으로 부부 사이, 부모와 미성년자인 자녀 간에는 임대차관계를 인정하지 않는다. 그러나 형제 간, 부모와 성년인 자녀, 기타 친 · 인척인 경우에는 진실 여부를 따져 적법한 임차인 여부를 판단하고 있다. 즉 진정하게 임대차계약을 체결한 경우에는 임차인으로서의 권리를 주장할 수 있다.

질의 15	임차인을 비롯한 가족 전원이 일시적으로 주민등록을 이전하였다가 다시 전입한 경우 대항력이 상실되는가?
	임차인을 비롯한 가족 전원의 주민등록을 다른 곳으로 일시적으로 이전한 후 다시 전입한 경우 다시 전입한 시점부터 대항력을 인정받을 수 있다. 다만 가족의 주민등록은 그대로 둔 채 임차인만 일시적으로 전입한 경우에는 기존의 가족 전입시가 대항력 시점이 된다.

질의 16	임차주택을 말소기준권리보다 먼저 점유하고 전입신고는 이보다 늦은 경우 대항력이 인정되는가?
	임차주택에 입주(점유)할 때에는 저당권 등 말소기준권리가 되는 권리가 등기부에 설정되지 않았으나 사정상 전입신고는 말소기준권리가 되는 등기보다 늦게 신고한 경우 매수인에게 대항력을 주장할 수 없다. 임차인의 대항요건은 점유와 전입신고(주민등록)가 함께 존재하는 시점에 인정되기 때문이다. 따라서 말소기준권리보다 점유를 먼저 하였더라도 전입신고가 늦은 경우 임차인은 대항력을 주장할 수 없다.

질의 17 **임차인의 대항요건이 말소기준권리와 같은 날인 경우 대항력이 인정되는가?**

임차인의 주택 점유 및 전입신고(대항요건)일과 근저당권설정등기일이 같은 날이면 저당권이 우선한다. 즉 저당권은 등기설정일, 대항력은 전입신고일 익일(다음날 00:00시)부터 각각 효력이 발생한다. 따라서 임차인은 매수인에게 대항력을 주장할 수 없다.

질의 18 **공부상의 표시가 "산00번지"인데 "산"자를 누락하고 전입 신고한 경우 대항력이 인정되는가?**

보호받을 수 없다. 실제 지번은 "산53의6"이고 등기부상 지번 표시는 "산53"으로 각각 다른 경우 실제 지번이나 등기부상의 지번과 일치하지 아니한 "53의6"으로 "산"자를 누락하고 전입신고를 한 경우 주택임대차보호법의 대항요건으로 유효하지 않다(대법원 2000다8069).

질의 19 **임차인도 모르게 제3자에 의하여 임차인의 주민등록이 이전된 경우 대항력은 상실되는가?**

대항력이 상실되지 않는다. 소유자가 주택담보로 은행에 대출받을 때 목적물에 임차인이 거주하고 있으면 많은 대출금을 받기가 어렵다. 이에 소유자가 대출금을 많이 받기 위하여 임차인도 모르게 임차인의 주소지를 다른 곳으로 전출시키고 대출을 받은 후 다시 전입시키는 경우가 있다. 이와 같이 임차인의 책임 없이 주민등록이 전출되었다가 다시 재전입된 경우 소유자와 은행 간의 법률분제는 별론으로 하더라도 임차인은 기존의 대항력을 그대로 주장할 수 있다(대법원 2000다37012).

질의 및 답변(대항력)

질의 20 **이혼한 부부의 대항력의 발생 시점은 언제부터인가?**

법적인 부부가 목적물 부동산에 소유자로 함께 거주하다가 이혼을 하고 어느 일방이 그 목적부동산에 대하여 임차인으로서 대항력을 주장하는 경우가 실무상 가끔 있다. 부부가 이혼한 경우, 그 이혼이 위장이혼이 아니고 임대차관계도 적법하다면 임차인으로서의 보호를 받을 수 있다. 이 경우 임차인의 대항력 발생 시점은 기존의 전입신고시가 아니라 이혼한 날이 된다.

질의 21 **두 필지 위에 축조된 다가구용 단독주택의 경우 1필지 번지에만 전입신고시 대항력이 인정될 수 있는가?**

토지 지번이 100, 100-1의 2필지 위에 지어진 주택인 경우 그 중 어느 한 곳에 전입신고가 되어 있어도 「주택임대차보호법」의 보호를 받을 수 있다. 「건축법」에서도 한 채의 건물이 2필지 이상에 걸쳐 건축된 경우, 이를 하나의 대지로 보고 있다. 또한 실무상 동사무소에서도 전입신고 시 한 필지의 지번만을 기재하고 있다.

질의 및 답변(확정일자)

질의 1 **확정일자부임차인이 우선변제권을 행사하기 위한 요건은 무엇인가?**

▶ 배당요구종기까지 배당요구를 하여야 한다.

▶ 배당요구종기까지 임차주택에 대항요건(점유와 전입신고)이 존속하고 있어야 한다.

※ 임대차기간이 만료되지 않은 경우에도 우선변제권을 행사할 수 있다.

질의 2 확정일자를 부여받는 유형에는 어떤 것들이 있는가?

확정일자를 부여받는 방법에는 임대차계약서상에 공증기관에서 확정일자를 받는 방법, 법원이나 등기소에서 확인받는 방법, 읍·면·동사무소에서 확인받는 방법이 있다. 확정일자는 시간에 구애 없이 언제든지 임대인의 동의없이 임차인 혼자 임대차계약서 원본을 제시하고 소액의 수수료를 지불하면 확인을 받을 수 있다. 읍·면·동사무소에서의 확정일자인 확인은 전입신고와 동시에만 가능하고 그 절차가 간단하고 비용도 거의 들지가 않으므로 전입신고 시 함께 받아 두면 편리하다.

질의 3 임차인은 확정일자 없이도 배당에 참가할 수 있는가?

통상적인 일반매매와 달리 경매에 있어서 임대차계약서상에 확정일자가 없는 임차인은 배당에 참가할 수 없다. 단 소액임차인의 요건을 갖추었으면 확정일자가 없더라도 배당종기까지 배당요구를 하여 최우선변제권을 인정받을 수 있다.

질의 4 경매개시결정 후에도 확정일자를 부여받을 수 있나?

경매개시결정등기 후에도 확정일자는 받을 수 있다. 따라서 확정일자를 부여받아 배당요구종기까지 배당요구한 경우, 후순위담보권자, 기타일반채권자보다 우선하여 배당을 받을 수 있다. 다만 배당에 참가하여도 이미 앞선 선순위담보채권자들이 많으면 배당순위에 뒤져 배당받을 금액이 없는 경우가 많을 것이다.

질의 5 **확정일자부임차인도 배당요구를 하여야 배당에 참가할 수 있는가?**

확정일자부임차인도 배당요구종기까지 배당요구를 해야 우선변제권이 인정된다. 권리신고 겸 배당요구신청서를 작성하여 제출하면 된다. 임차인의 배당요구는 임대차계약의 해지의사표시이므로 배당요구종기 이후에는 철회(철회함으로 권리순위가 바뀌어 질 경우)할 수 없음이 원칙이다.

질의 6 **확정일자부 임대차계약서의 분실 시 구제방법은 있는가?**

임차인이 임대차계약서에 확정일자를 받아 보관하던 중 분실한 경우 임대인의 동의하에 임대차계약서를 다시 작성하더라도 소급하여 최초 계약서에 받은 확정일자인과 같은 날짜의 확정일자를 받을 수 없다. 동사무소나 등기소에서는 임대차계약서에 확정일자를 찍어 줄 뿐 확정일자대장에 보증금액수 등 그 내용은 남겨두지 않기 때문에 분실한 경우 기존의 확정일자가 찍힌 임대차계약서와 동일한 내용의 임대차계약서를 재발급받기는 어렵다. 이런 경우 임대차계약서를 다시 작성하여 확정일자를 다시 받아두는 것이 현재로서는 그나마 최선의 방법이다. 그러나 확정일자를 공증사무소에서 작성한 경우라면 공증사무실에서 보관하고 있는 공정증서대장 등으로 입증할 수 있을 것이다.

질의 7 **임대차계약서상의 확정일자도 말소기준권리가 될 수 있는가?**

확정일자는 담보권은 아니지만 저당권과 유사한 권리가 주어진다. 즉, 후순위권리자, 기타일반채권자 보다 우선하여 보증금을 변제받을 권리가 있다. 그러나 말소기준권리는 될 수 없다.

질의 8 **대항력 있는 확정일자부임차인이 배당요구종기 이후에 배당요구를 한 경우 배당절차에 참가할 수 있는가?**

확정일자부임차인은 반드시 배당요구종기까지 배당요구를 하여야 우선변제권이 인정된다. 배당요구종기 이후에는 배당요구를 하여도 배당에 참가할 수 없다. 다만 말소기준권리보다 먼저 대항요건을 갖춘 경우 매수인에게 대항력은 주장할 수 있으므로, 임차인의 배당요구가 배당요구종기 이후에 신청되었는지를 살펴보아야 한다.

질의 9 **집합건물의 계약서상에는 지번만 기재하고 확정일자를 부여받았으나 전입신고는 동·호수를 정확하게 신고한 경우 우선변제권의 효력이 있는가?**

확정일자란 임대인과 임차인 사이의 담합으로 임차보증금의 금액을 사후에 변경하는 것을 방지하고자 하는 취지일 뿐 주민등록과 같이 임대차의 존재 사실을 제3자에게 공시하는 기능은 아니다. 따라서 전입신고는 임차주택의 지번과 아파트 명칭, 동·호수까지 정확하게 되어 있으나 임대차계약서상에는 동·호수 등이 누락된 채 지번만 기재되어 확정일자를 받은 경우에도 그 임대차계약서가 진정하게 작성된 이상 임차인은 우선변제권을 주장할 수 있다(대법원 99다7992).

질의 10 **인상된 임차보증금 영수증에 확정일자를 받은 경우 우선변제권이 인정되는가?**

계약 갱신과 더불어 재계약서상에 확정일자를 받지 않고 인상된 보증금을 지급한 후 그 영수증에 확정일자를 받은 경우 그 인상된 영수증금액은 우선변제권이 인정되지 않는다. 임차인의 우선변제권이 인정되기 위해서는 임대차계약서상에 확정일자를 갖출 것이 요구되기 때문이다.

질의 11 **확정일자부임차인이 일시적으로 주민등록을 이전하였다가 다시 전입신고한 경우 확정일자를 다시 받아야 하나?**

기존의 임대차계약서상에 확정일자는 다시 받을 필요는 없다. 그러나 주민등록을 다른 곳으로 이전하였다가 다시 재전입한 경우 다른 곳으로 이전한 시점에 대항력은 이미 상실하고 다시 전입한 시점부터 대항력과 우선변제권의 효력이 새로이 발생한다. 물론 임차인의 가족 전체가 아닌 임차인만 일시적으로 다른 곳으로 전출하였다가 다시 전입한 경우에는 기존의 대항력과 우선변제권은 상실하지 않는다.

질의 12 **대항력 없는 확정일자부임차인이 배당종기까지 배당요구를 하지 않은 경우?**

말소기준권리보다 후순위인 대항력 없는 임차인은 확정일자를 갖춘 경우라도 무조건 매수인에게 부동산을 인도해주어야 한다. 이 경우 확정일자부임차인은 배당요구종기까지 배당요구를 하여 후순위담보권자, 기타일반채권자보다 먼저 임차보증금을 반환받을 수 있다. 그러나 배당요구를 하지 않아 배당절차에 참가하지 못한 경우라도 매수인에게 임차보증금을 주장할 수도 없다. 물론 말소기준권리보다 먼저 전입신고가 되어 대항력을 갖춘 확정일자부임차인이 배당요구를 하지 않은 경우라면 매수인에게 대항력으로 주장할 수 있다.

질의 13 **배당요구를 한 경우 배당종기 이후 철회는 가능한가?**

배당요구에 따라 매수인이 인수해야 할 부담이 바뀌는 경우 배당요구의 종기 이후에는 원칙적으로 배당요구를 철회할 수 없다. 예컨대 매수인에게 대항력이 있는 확정일자부임차인이 배당요구종기까지 배당요구를 하였다가 종기 이후 그 배당요구의 철회는 허용되지 않는다.

임차권등기명령

1. 임차권등기명령의 제도

임대차기간이 만료되고 보증금을 반환받지 못한 임차인은 다른 곳으로 이주할 경우 점유를 상실하게 되어 기존의 임차인으로서의 권리행사를 할 수 없게 된다. 임차권등기명령 제도는 이러한 것을 방지하고 임차인이 자유롭게 이주할 수 있도록 기존의 임차인 권리를 확보해주고자 「주택임대차보호법」에서 마련한 것이다. 우리나라의 등기신청은 공동신청이 원칙이나, 임차권등기명령은 임차인이 단독으로 등기를 신청할 수 있도록 특례를 인정하고 있다.

2. 임차권등기명령 신청과 관할법원

임대차기간이 만료된 임차인은 임차주택의 소재지를 관할하는 지방법원 또는 시 · 군 법원에 신청할 수 있다. 임대차기간이 만료되지 않은 임차인은 임차권등기명령을 신청할 수 없다.

[주택임차권등기부(을 구)]

순위번호	등기목적	접수	등기원인	권리자 및 기타사항
근저당권	1	2006년 4월 12일 제3656호	2006년 4월 11일 설정계약	채권최고액 5,000만원 근저당권자 국민은행
근저당권	2	2007년 5월 15일 제67545호	2007년 5월 12일 설정계약	채권최고액 5,000만원 근저당권자 김태일
주택임차권	3	2007년 12월 3일 제122065호	2007년 11월 29일 ○○지방법원 임차권등기명령	임차보증금 8,000만원 범위 1층 전부 임대차계약일자 2005년 11월 10일 주민등록일자 2005년 11월 17일 점유개시일자 2005년 11월 17일 확정일자 2005년 11월 17일 임차권자 김수환

사례

• 주택임차권자의 대항력과 우선변제권의 효력 발생일 •

사건 2008타경 OOOO 물건내역	감정평가액 최저매각액	임대차내역 전입 · 확정 · 보증금	등기부상의 권리관계
서울 도봉구 창동 OOO 면적 토지 102.8.㎡ (31.1평) 건물 173.33㎡ (52.4평) 39.09㎡ (11.8평) 주택 2층	291,000,000원 291,000,000원	갑 김수환 (1층) 2005년 11월 17일 2005년 11월 25일 (확정) 7,000만원 배당요구 을 2007년 12월 23일 (1층) 2,500만원 배당요구 병 2007년 6월 18일 (2층) 2007년 6월 18일 (확정) 5,000만원 배당요구	① 근저당 2006년 4월 12일 5,000만원 국민은행 ② 근저당 2007년 5월 15일 7,500만원 신용보증기금 ③ 주택임차권 2007년 12월 3일 김수환 ④ 가압류 2008년 1월 18일 5,000만원 상호저축은행 ⑤ 임의 국민은행

사례설명

- 임차인 갑은 1층에 거주하다가 임차권등기명령을 하고 난 후 퇴거하였고, 임차인 을은 임차인 갑이 임차했던 주택에 임대인과 임대차계약을 하고 전입신고를 마친 새로운 임차인이다.
- 임차인은 임대인에게 임차보증금을 반환받지 못한 상태에서 다른 곳으로 전출이나 이주를 하게 되면 대항요건이 상실되어 기존의 임차인으로서 보호를 받을 수 없다. 이러한 경우 임차인을 보호하기 위하여 기존의 대항력과 우선변제권이 상실되지 않게 「주택임대차보호법」상 임차권등기명령제도가 도입되어 임차인을 보호하고 있다.
- 타 권리들과 우선순위에서 주택임차권자의 대항력과 우선변제권의 기준시점은 언제이며, 주택임차권의 등기를 마친 목적부동산에 다른 소액임차인이 거주하는 경우 그 임차인은 소액임차인으로서 보호를 받을 수 있는지 검토해봐야 한다. 또한 주택임차권자도 배당요구를 하여야 하는지도 함께 살펴본다.

등기부관계

- 말소기준권리는 '① 근저당' 이다. 말소기준권리보다 후순위로 매수인에게 대항할 수 없는 권리들은 매수인에게 인수되는 권리가 아니므로 소유권이전등기촉탁 시 모두 말소된다. 원칙적으로 등기부상 각 권리들의 우선순위는 순위번호(같은 구)나 접수번호(다른 구)에 의하여 정해진다. 그러나 주택임차권은 이미 존재하는 기존의 대항력과 우선변제권을 상실하지 않기 위하여 등기부에 기입이된 경우 다른 권리들과의 우선순위는 순위번호나 접수번호에 의하는 것이 아니라, 기존의 대항력과 우선변제권을 기준으로 정해진다.
- 임차인 갑은 임차권명령신청 이전에 이미 대항력과 우선변제권을 취득한 경우이므로 그 취득시점을 기준으로 하여 우선순위가 결정된다. 따라서 대항력이 있는 주택임차권자 갑이 배당에서 임차보증금 전액을 배당받지 못한 경우 주택임차권등기는 말소되지 않는다.

임대차관계

- 주택임차권자 갑의 타 권리와의 우선순위는 임차권등기명령신청 당시 이미 취득한 대항력과 우선변제권의 시점을 기준으로 결정한다. 임차권등기명령으로 주택임차권이 경료된 임차인은 주택의 점유와 주민등록의 요건을 상실하더라도 이미 취득한 대항력과 우선변제권은 그대로 유지되기 때문이다. 따라서 갑의 주택임차권등기는 순위번호에서는 근저당보다 후순위이지만 기존의 대항력과 확정일자가 앞서므로, 근저당권자 보다 먼저 배당에서 임차보증금을 반환받을 수 있다. 갑은 경매개시결정기입등기 전에 이미 주택임차권이 설정되어 있으므로 별도로 배당요구는 할 필요가 없다.
- 임차인 을은 소액임차인에 해당된다. 그러나 주택임차권 갑이 임차권등기를 마치고 퇴거한 후 그 임차권등기가 경료된 주택을 다시 임차한 경우이다. 이 경우 임차인 을은 소액임차인의 요건을 갖추고 있더라도, 소액임차인으로서의 보호를 받을 수 없으므로 최우선변제를 받을 수 없다.
- 임차인 병은 말소기준권리보다 대항요건이 늦으므로 매수인에게 대항력을 주장할 수는 없다. 그러나 확정일자부임차인으로 배당요구도 하였으므로 저당권과 마찬가지로 후순위담보권자, 기타일반채권자보다 우선하여 임차보증금을 배당에서 받을 수 있다. 보증금이 5,000만원이므로 소액임차인에는 해당되지 않는다.

질의 및 답변(임차권등기명령)

질의 1 **주택임차권등기권자도 이해관계인에 해당되는가?**

경매개시결정기입등기 전에 주택임차권이 설정된 경우, 그 임차인은 등기부상 알 수 있는 부동산 위의 권리자이므로 이해관계인에 해당된다. 그러나 경매개시 후 주택임차권자는 집행법원에 그 권리를 신고하여야 비로소 이해관계인에 포함된다.

질의 2 **등기된 임차권등기명령권자는 권리신고 및 배당요구를 하여야 하는가?**

경매개시결정기입등기 전에 주택임차권자는 별도의 배당요구가 필요하지 않다. 이 경우 등기된 임차권자는 법률상 당연히 배당요구를 한 것으로 보아야 한다. 다만 그 이후의 임차권등기명령권자는 배당요구를 하여야 한다.

질의 3 **임차권등기명령의 효과와 발생시점은 언제부터인가?**

임차인이 임차권등기명령신청 당시에 이미 대항요건과 확정일자를 취득한 경우, 임차권등기가 마쳐진 이후에는 다른 곳으로 전출하여 대항요건을 상실하더라도 이미 취득한 대항력과 우선변제권은 상실되지 않는다. 임차권등기명령의 효력은 임차권등기가 마쳐진 시점부터 발생하므로 임차인은 임차권등기명령을 신청한 후 바로 전출할 것이 아니라 등기부에 임차권등기가 기입되어 있는지를 확인하고 전출하여야 한다. 실무에서는 임차권등기명령신청을 법원에 제출하고 등기부에 기입되는 시간이 대략 15일 정도 소요된다.

질의 4 임차인이 전입신고도 하지 않고, 확정일자도 받지 않은 상태에서 임차권등기명령신청을 할 수 있는가?

임차인이 임대차계약서만 작성하고 전입신고나 확정일자 없이 임차주택을 점유만 하고 거주하고 있는 경우에도 임대차기간이 만료되면 임차권등기명령신청을 할 수 있다. 다만 기존의 대항요건이나 우선변제권이 없는 경우에는 주택임차권 등기시점을 기준으로 하여 우선순위가 정해진다. 따라서 다른 권리들과의 우선순위는 임차권등기일과 담보물권설정등기일 또는 가압류등기일 등의 선후에 의하여 정해진다.

질의 5 주택임차권등기에 기하여 경매신청을 할 수가 있는가?

임차권등기명령은 임차인이 주민등록을 이전하게 되면 기존의 대항력과 우선변제권이 상실되는 것을 방지하고자 도입한 제도이므로, 그 자체로만 경매신청을 할 수가 없다. 따라서 주택임차권자는 법원에 임차보증금반환청구소송을 제기하여 승소한 후 그 판결문으로 강제경매를 신청하여야 한다.

질의 6 임차인이 경매신청을 하고 이사한 경우 기존의 대항력과 우선변제권은 인정되는가?

기존의 대항력과 우선변제권이 있는 임차인이 경매신청을 한 후 임차권등기명령을 설정하지 않은 상황에서 퇴거한 경우 기존의 대항력과 우선변제권은 인정되지 않는다. 이 경우 임차인은 우선변제권은 주장할 수 없고 일반채권자로 배당에 참가해야 한다. 따라서 주택임차권을 등기부에 설정하고 퇴거해야 기존의 대항력과 우선변제권이 인정되므로 주의를 하여야 한다.

질의 7 **주택임차권등기도 매수인의 소유권이전 시 말소대상인가?**

원칙적으로 주택임차권등기도 말소대상이다. 그러나 대항력이 있는 임차인의 주택임차권은 임차보증금 전액을 매수인이 변제하지 않을 경우 그 임차권등기는 소멸되지 않는다. 만일 대항력 있는 확정일자부임차인이 배당에 참가하여 임차보증금을 변제받을 경우 배당받지 못한 나머지 금액은 매수인이 지급하고 주택임차권등기를 말소하여야 한다.

질의 8 **주택임차권자가 소액임차인인 경우 최우선변제를 받을 수 있나?**

소액임차인이 배당에서 최우선변제를 주장하기 위해서는 경매개시결정기입등기 전에 대항요건을 갖추고 배당요구종기까지 반드시 배당요구를 해야 한다. 소액임차인이 임차권등기명령에 의하여 주택임차권등기가 설정되고 난 후 퇴거하여 대항요건(전입 및 점유)이 상실된 경우에도 소액임차인으로서의 보호를 받을 수 있다.

소액임차인

「주택임대차보호법」의 소액임차인 범위와 최우선변제금의 액수가 개정되었으므로 권리분석 시 잘 살펴보아야 한다. 소액임차인은 일정한 요건 하에 임차보증금 중 일정액을 매각대금의 1/2 범위 (대지가액 포함) 내에서 최우선변제권이 주어진다.

[소액임차인에 관한 부칙 규정 개정의 경과일자]

개정일자(시행일)	지역	보증금한도액(만원)	최우선변제금액(만원)
1990년 2월 19일	서울 및 직할시	2,000	700
	기타 지역	1,500	500
1995년 10월 19일	서울 및 광역시	3,000	1,200
	기타 지역	2,000	800
2001년 9월 15일	수도권 중 과밀억제권역	4,000	1,600
	광역시(일부제외)	3,500	1.400
	기타 지역	3,000	1,200
2008년 8월 21일	수도권 중 과밀억제권역	6,000	2,000
	광역시(군지역과 인천광역시지역은 제외)	5,000	1,700
	기타 지역	4,000	1,400

※ 수도권 중 과밀 억제권역

서울시, 인천광역시(강화군, 옹진군 등 제외), 의정부시, 구리시, 남양주시(호평동, 평내동, 금곡동 등에 한한다), 하남시, 고양시, 성남시, 안양시, 부천시, 광명시, 과천시, 의왕시, 군포시, 시흥시(반월 특수지역은 제외).

1. 소액임차인의 요건

(1) 대항요건을 구비하여야 한다

소액임차인이 최우선변제권을 주장하기 위해서는 경매개시결정기입등기 전에 임차주택을 점유하고 전입신고가 되어야 한다. 따라서 경매개시결정기입등기 후에 대항요건을 갖춘 임차인은 소액임차인으로서 보호를 받지 못한다.

(2) 임차보증금액이 일정한 한도 이내이여야 한다

화폐 가치, 부동산 가격의 변동 등에 따라 소액임차인에 해당되는 임차보증금의 한도와 최우선변제를 받을 금액도 여러 차례 개정되었다. 주의할 점은 소액임차인에 해당되는 임차보증금은 각 담보설정기일을 기준으로 판단하여야 한다.

(3) 배당요구종기까지 반드시 배당요구를 하여야 한다

소액임차인이 최우선변제를 받기 위해서는 배당요구종기까지 배당요구를 하여야 한다. 배당요구를 하지 않거나 배당요구종기 이후 배당신청을 한 경우 배당에서 제외됨을 주의하여야 한다.

2. 소액임차인의 범위와 최우선변제금의 개정

7년 만에 소액임차인에 해당되는 임차인의 임차보증금과 배당절차에서 우선적으로 주어지는 최우선변제금액이 2008년 8월 21일자로 개정되었다.

사례

• 소액임차인은 확정일자 없이도 배당요구를 할 수 있는가? •

사건 2008타경 OOOO 물건내역	감정평가액 최저매각액	임대차내역 전입 · 확정 · 보증금	등기부상의 권리관계
서울 강남구 청담동 000 면적 대지권 4㎡ (1.2평) 건물-전용 22.77㎡ (6.9평) 오피스텔	50,000,000원 50,000,000원	갑 2006년 2월 10일 3,500만원 배당요구 (월 15만)	① 근저당 2004년 3월 5일 3,500만원 새마을금고 ② 가압류 2006년 5월 15일 2,000만원 정범일 ③ 임의 새마을금고

사례설명

원칙적으로 임차인은 매각절차에서 임차보증금을 변제받기 위해서는 확정일자를 갖추고 배당요구를 하여야만 배당에 참가할 자격이 주어진다. 소액임차인은 매각대금 중 일정한 금액을 배당순위에서 최우선적으로 변제받을 수 있는 최우선변제권이 주어진다. 이 경우 소액임차인도 확정일자를 갖춘 경우에 한하여 배당요구를 할 수 있는지 살펴본다.

등기부관계

'① 근저당' 이 말소기준권리가 된다. 기준권리보다 선순위로 매수인에게 인수되는 권리가 없으므로 매수인의 소유권이전등기촉탁 시 모두 말소된다.

임대차관계

임차인 갑은 대항요건이 말소기준권리 보다 늦으므로 매수인에게 대항력을 주장할 수 없다. 또한 확정일자가 없으므로 배당요구를 한 경우라도 매각절차에서 배당에 참가할 수 없다. 그러나 소액임차인은 확정일자 여부와 관계없이 배당요구를 하여 소액임차인으로서의 권리를 주장할 수 있다. 따라서 임차인 갑은 대항요건(점유 및 전입신고)이 경매개시결정전에 갖추어져 있고 배당요구도 하였으며 임차보증금도 3,500만원으로 소액임차인에 해당되어 최우선변제로 1,600만원을 배당받는다. 임차보증금 이외에 월 15만원의 월세를 따로 지급하고 있으나 주택임차인은 상가임차인과는 달리 월세를 임차보증금액에 환산하지 않고 임차보증금액만으로 소액임차인에 해당되는 지의 여부를 판단한다.

부당이득반환청구관계

소액임차인에 해당된다고 하여도 반드시 배당요구종기까지 배당요구를 하여야 한다. 배당요구종기까지 배당요구를 하지 않거나, 그 이후 배당요구를 한 경우 배당에서 제외되므로 주의를 요한다. 종래에는 배당요구종기까지 소액임차인이 배당요구를 하지 않은 경우 나중이라도 소액임차인에게 배당될 금액을 배당받은 자를 상대로 부당이득반환청구가 가능하였으나 지금은 불가능하다.

사례

● 소액임차인에 해당되는 임차보증금액 한도의 기준 ●

사건 2008타경 OOOO 물건내역	감정평가액 최저매각액	임대차내역 전입 · 확정 · 보증금	등기부상의 권리관계
서울 중랑구 망우동 000 면적 토지 161.00㎡ (48.7평) 건물 193.00㎡ (58.4평) 주택 2층	448,700,000원 358,960,000원 1유찰	갑 2005년 11월 10일 2005년 11월 10일 (확정) 4,000만원 배당요구 을 2006년 8월 14일 3,000만원 배당요구 병 2006년 12월 3일 2006년 12월 3일 (확정) 12,000만원 배당요구	① 근저당 2001년 3월 5일 5,000만원 홍진희 ② 근저당 2004년 8월 23일 12,000만원 우리은행 ③ 근저당 2004년 7월 8일 14,000만원 상호저축 ④ 가압류 2006년 5월 15일 7,500만원 서울보증보험 ⑤ 압류 2008년 1월 10일 중랑세무서 ⑥ 임의 우리은행

사례설명

임차인의 임차보증금이 소액임차인에 해당되는지의 판단은 현행법에 의하여만 판단할 것이 아니라, 매각부동산에 설정된 각 담보권을 기준으로 상대적으로 판단하여야 한다.

등기부관계

말소기준권리는 '① 근저당'이다. 매수인이 인수하여야 할 등기부상의 권리는 없으므로, 매수인의 소유권이전등기촉탁 시 모든 권리는 말소된다.

소액임차인에 해당되는 임차보증금액 한도의 판단기준

임차보증금액이 현행법에 의하면 소액임차인에 해당하더라도 목적부동산에 설정된 담보권이 구법 하에 이미 설정되어 있는 경우에는 구법 기준으로 소액임차인의 여부를 판단해야 한다. 즉 「주택임대차보호법」시행령 전에 임차주택에 대하여 '담보물권을 취득한 자'에 대하여는 종전의 규정에 의한다(주택임대차보호법시행령 부칙 제3조)라는 규정에 따라 소액임차인에 해당되는지의 여부는 상대적으로 판단해야 한다. 여기서 '담보물권을 취득한 자'의 범위에는 저당권, 담보가등기, 확정일자부임차인, 전세권 등이 있으며 가압류, 압류는 이에 해당되지 않는다.

예컨대 서울에 거주하는 임차인은 담보물권이 2001년 9월 15일 이후 설정된 경우 임차보증금이 4,000만원이면 소액임차인에 해당되지만, 그 이전에 담보물권이 설정된 경우에는 임차보증금액이 3,000만원 이하이여야 한다. 소액임차인의 판단은 「주택임대차보호법」의 각 시행일(소액임차인의 부칙경과규정 도표 참조) 전의 담보물권자에 대하여는 종전의 규정에 따라야 한다. 즉 현행법에 의하면 소액임차인에 해당하더라도 담보물권이 구법 하에서 설정된 경우에는 구법 기준으로 소액임차인 여부를 판단하여야 하는 것이다.

마찬가지로 2008년 8월 21일 개정된 소액임차인의 범위는 서울인 경우 임차보증금이 6,000만원 이하 임차인은 2,000만원을 최우선적으로 배당받지만 그 목적부동산에 설정된 담보물권이 2008년 8월 21일 이후 설정된 경우이거나 담보권이 존재하지 않은 경우에 적용된다. 소액임차인을 판단함에 있어 임차인의 대항요건은 경매개시결정기입 전에 갖추고 있으면 된다.

임차인관계

- 임차인 갑

  임차인 갑은 대항요건이 말소기준권리보다 후순위여서 매수인에게 대항력은 없다. 그러나 확정일자부임차인으로 후순위담보권자, 기타일반채권자보다 우선변제권이 주어진다. 한편 현행법에 의하면 임차보증금이 4,000만원으로 소액임차인에 해당되지만 소액임차인의 경과 규정에 따라 '① 근저당' 과의 관계에서는 소액임차인을 주장하여 최우선변제권을 주장할 수 없다. 소액임차인의 판단기준은 목적부동산에 설정된 각각의 담보물권자와 비교하여 상대적으로 판단해야 하기 때문이다. 즉 '① 근저당(2001년 3월 5일)' 과의 관계에서는 소액임차인에 해당되는 금액이 서울인 경우 3,000만원 이하가 된다. 그러나 '① 근저당권자' 가 채권 전액을 배당받은 후 잔액이 있는 경우 소액임차인의 기준점은 다음 담보물권자인 '② 근저당(2004년 8월 23일)' 과의 관계에서 소액임차인에 해당되는지의 여부를 판단하게 된다. 이 경우 소액임차인에 해당되는 임차보증금의 한도는 4,000만원이다.

- 임자인 을

  임차인 을은 임차보증금이 3,000만원이므로 담보물권자인 '① 근저당' 과 비교할 때, 소액임차인에 해당된다. 따라서 배당에서 최우선변제로 1,200만원을 먼저 배당받고 다음으로 '① 근저당권자'가 채권 전액을 변제받고 남은 금액이 있으면 다시 '② 근저당'을 기준으로 할 때 소액임차인의 최우선변제금은 1,600만원이므로 추가로 400만원을 다시 배당을 받게 된다.

- 임차인 병

임차인 병은 매수인에게 대항력을 주장할 수 없다. 그러나 확정일자부임차인이고 배당요구를 한 경우이므로 저당권과 마찬가지로 후순위담보권자, 기타일반채권자보다 임차보증금을 우선변제로 배당받을 수 있다. 임차보증금액이 12,000만원으로 소액임차인에는 해당되지 않는다.

Memo

질의 1 **임차보증금을 소액임차보증금으로 감액한 경우 최우선변제로 배당이 가능한가?**

기존의 임대차계약서에는 임차보증금액이 소액임차인에 해당되지 않으나 소액임차보증금으로 감액하여 배당요구를 한 경우, 임차인은 소액임차인으로서 최우선변제를 받을 수 있는지가 문제이다. 경매개시결정전에 임대인과 합의하여 소액임차보증금액으로 감액한 경우 최우선변제를 받기 위하여 계약서를 허위로 작성하지 않은 이상 소액임차인으로서 최우선변제를 받을 수 있다.

질의 2 **소액임차인이 배당금 수령 시 지참하여야 할 준비물은 어떻게 되나?**

매수인의 명도확인서, 매수인의 인감증명서, 임대차계약서(원본), 주민등록등본, 도장, 신분증을 지참해야 한다. 임차인이 배당요구신청시 제출하는 임대차계약서는 사본으로 제출하고, 원본은 배당금 수령시에 지참하면 된다.

질의 3 **처와 남편 명의로 소액보증금의 임대차계약서가 별도 작성된 경우 소액임차인에 해당되는가?**

부부관계인 임차인이 주택에 함께 거주하면서 각각 별도의 소액보증금의 임대차계약서를 작성하고 임차보증금 합산액이 소액임차보증금보다 많으면 소액임차인으로 보호를 받을 수 없다. 부부를 1인의 임차인으로 보아 각 보증금을 합산한 금액을 기준으로 소액임차인에 해당하는지 여부를 판단하기 때문이다.

질의 4 **임차인이 소액이 아닌 경우 전차인은 소액임차인으로 보호를 받을 수 있는가?**

소액임차인이 아닌 임차인으로부터 적법하게 전차한 전차인의 보증금이 소액임차보증금에 해당하는 경우라도 소액임차인으로의 보호를 받을 수 없다. 그러나 소액보증금에 관한 최우선변제의 권리는 물권적 성질을 가지는 권리로 전대인(임차인)이 소액임차인인 경우에 한하여 전차인이 소액임차인의 요건을 갖추고 있으면 최우선변제권을 인정한다.

질의 5 **확정일자부임차인이 소액임차인인 경우 배당방법은 어떻게 이루어지나?**

확정일자부임차인이 소액임차인의 지위를 겸할 때는 임차인에게 유리한 쪽으로 배당한다. 즉 확정일자부임차인으로 배당하는 것과 소액임차인으로 배당하는 경우를 비교하여 유리한 쪽으로 배당하게 된다.

질의 6 **소액임차인도 명도확인서가 필요한가?**

대항력이 없는 확정일자부임차인은 임차주택을 매수인에게 인도하지 아니하면 배당된 보증금을 수령할 수 없다. 소액임차인의 경우에도 마찬가지이다. 매수인의 인감이 날인된 명도확인서를 제출해야 배당금을 수령할 수 있다. 집행법원은 배당금을 수령할 시기가 훨씬 지났음에도 배당금 수령을 하지 않을 때에는 임차물의 인도를 조건으로 배당액을 공탁하고 임차인이 목적물의 인도를 증명(명도확인서 첨부)한 때에 이를 지급한다.

질의 1 **임대차기간을 1년으로 정한 경우 2년의 임대차기간이 보장되는가?**

「주택임대차보호법」은 서민들의 주거안정을 위하여 제정된 법으로 임대차 기간을 최소한 2년 이상 보장해주고 있다. 이 법은 강행규정으로서 임차인에게 불리한 것은 효력이 없다. 따라서 임대차기간을 1년으로 정하여 임대차계약을 체결한 경우 임대인은 2년을 주장할 수가 없지만 임차인은 1년을 주장할 수도 있고 2년을 주장할 수도 있다. 임대차가 종료한 경우 임차인이 보증금을 반환받을 때까지는 임대차관계는 존속하는 것으로 본다.

질의 2 **임대차보증금, 차임의 증감청구의 제한율은 얼마인가?**

「주택임대차보호법(제7조)」에서는 임차한 주택에 관한 조세 · 공과금 등의 부담이나 경제사정의 변동으로 인하여 임차보증금액이 상당하지 않은 경우, 당사자는 장래에 대하여 그 증감을 청구할 수 있다고 하나 실무상 한번 정하여진 임차보증금액을 임대차기간 내에 증감하거나 감액하는 경우는 거의 드물다. 지난 외환위기 때에는 보증금을 감액하여 달라는 소송이 제기되어 법원에서 감액한 경우는 있었으나, 그것은 특별한 경제사정에 의하여 인정된 것이고 통상적으로는 인정하여 주는 것은 어렵다. 만약 증감하더라도 기존의 임차보증금이나 차임에 대하여 20분의1 범위 내에서 주장할 수 있다. 이 경우 증액청구도 임대차계약 또는 약정한 차임 등의 증액이 있은 후 1년 이내에는 이를 하지 못한다.

질의 3 **임차보증금을 월차임으로 전환 시 산정률의 제한은 얼마인가?**

임차보증금의 전부 또는 일부를 월 단위의 차임으로 전환하는 경우에는 그 전환되는 금액에 「은행법」에 의한 금융기관에서 적용하는 대출금리 및 당해 지역의 경제 여건 등을 감안하여 대통령령이 정하는 비율을 곱한 월차임의 범위를 초과할 수 없다. 여기서 "대통령령이 정하는 비율"이라 함은 연 1할4푼을 말한다.

질의 4 **일시 사용을 위한 임대차도 주택임대차보호법이 적용되는가?**

학원수강 등 단기적인 주거를 목적으로 일시사용을 위한 임대차임이 명백한 경우 「주택임대차보호법」은 적용되지 않는다. 예컨대 콘도, 여관, 민박 등에 거주하는 임차인은 본법의 적용을 받지 못한다.

질의 5 **임차보증금과 관련한 소송은 소액사건심판법이 준용되는가?**

통상적으로 민사소송은 장기간 시간이 소요되는 경우가 많다. 그래서 법원에서는 소송금액이 2천만원 미만인 것은 소액사건으로 취급하여 다른 사건보다 빠르게 진행하고 있다. 민사소송은 원칙적으로 소송금액이 2천만원 이상 1억원 미만은 단독판사가 진행하며 1억원 이상은 합의부 사건으로 취급하여 진행한다. 그러나 임대차보증금이 1억원이 넘는다고 하여도 임차보증금반환청구 사건은 소액사건에 준하여 빠르게 진행한다.

질의 6 미등기건물을 전세계약한 임차인에게도 주택임대차보호법이 적용되는가?

「주택임대차보호법」은 등기가 되어 있지 아니한 주택을 전세계약한 경우에도 이를 준용한다. 이때 전세금은 임대차의 보증금으로 본다. 그러므로 미등기되어 있는 건물에 전세계약을 체결하고 전세권등기를 하지 않았더라도 대항요건(점유와 전입신고)을 갖추고 있으면 「주택임대차보호법」에 의하여 보호를 받을 수 있다.

질의 7 임대차계약 내용이 사용대차인 경우 「주택임대차보호법」이 적용되는가?

사용대차 즉, 임차인이 임차주택을 무상으로 사용하는 경우 「주택임대차보호법」이 적용되지 않는다. 이러한 경우는 주로 소유자의 친·인척이나 가까운 사람들인 경우가 많다.

질의 8 「주택임대차보호법」의 적용을 받기 위한 임차보증금액의 상한선은 있는가?

「상가건물임대차보호법」에서는 상가임차인의 임차보증금이 서울 2억6천만원(2008년 8월 21일 개정) 미만 등 지역에 따라 보호를 받을 수 있는 임차보증금의 상한선이 있으나 주택임대차인 경우에는 그러한 임차보증금의 상한선이 없다.

질의 9	채권을 담보할 목적으로 성립된 임대차계약도 「주택임대차보호법」이 적용되는가?
	소유자에 대하여 채권이 있는 자가 주택의 사용 목적으로 임대차계약을 체결한 것이 아니라, 단지 채권담보를 목적으로 외관상 임대차계약의 형식만 갖춘 형식적인 임대차는 설상 임차인(채권자)이 대항요건을 가지고 있다고 하여도 본 법이 적용되지 않는다. 등기부에 설정된 전세권과 다른점이다.

02
SECTION

상가건물임대차보호법의 사례와 질의 및 답변

2008년 8월 21일자로 상가건물임대차보호법의 적용을 받을 수 있는 임차보증금액 상한선이 인상되었고 차임증감청구권이 연 12%에서 연 9%로 낮아졌다. 주택임대차법과는 달리 상가소액임차인에 대한 보호가 강화되지 않아 현실성에 비추어 미흡한 점이 많다.

상가건물임대차보호법의 일반적인 사항

1. 상가건물임대차보호법은 민법에 대한 특별법이다

「상가건물임대차보호법」은 국민경제 생활의 안정을 보장함을 목적으로 상가건물임대차에 관하여 민법에 대한 특례를 규정하고 있다. 사회적 · 경제적 약자인 영세 상인들을 보호하고 임대인의 일방적인 과도한 임대료 인상을 억제하여 임차인들의 경제생활의 안정을 목적으로 제정되었다.

2. 상가임차인도 주택임차인과 유사한 권리가 인정된다

주택임차인과 같이 상가임차인도 대항력, 우선변제권(확정일자), 최우선변제권(소액임차인)과 같은 권리가 「상가건물임대차보호법」에 의하여 인정된다. 즉, 이법 시행 전에는 상가임차인은 주택임차인들과는 달리 등기부에 전세권을 설정해두지 않을 경우 상가경매 시 아무런 임차인의 권리를 주장할 수 없었다. 따라서 상가건물의 경매 시에는 임차인에 대한 권리분석은 중요한 것이 아니었다. 그러나 이제는 상가임차인도 「상가건물임대차보호법」에 의하여 대항력 등 권리행사를 할 수 있으므로 상가 입찰 시 임차인의 권리분석도 함께 이루어져야 한다.

3. 미리 주택임대차보호법을 공부하도록 한다

「상가건물임대차보호법」은 임차보증의 환산제도와 같은 「주택임대차보호법」에서는 적용되지 않는 것들도 있으나 대체적으로 주택임차인에게 주어지는 권리와 거의 유사한 지위를 상가임차인에게도 인정하고 있다. 따라서 앞서 설명한 「주택임대차보호법」을 먼저 습득한 후 「상가건물임대차보호법」을 공부하면 좀 더 수월하게 이해가 될 것이다.

[상가임차인에게 주어지는 중요한 권리 유형]

법조문	내용
제3조	대항력
제5조	우선변제권(확정일자)
제6조	임차권등기명령
제10조	계약갱신요구권
제14조	최우선변제권(소액보증금)

[상가건물임대차보호법의 적용범위(임차보증금의 상한선)]

지역	금액(이하)
서울특별시	26,000만원
수도권 중 과밀억제권역	21,000만원
광역직할시(인천시 · 군 지역 제외)	16,000만원
기타지역	15,000만원

※ 2008년 8월 21일부터 시행되고 있으며 월차임이 있는 경우 환산된 보증금액을 기준으로 한다.

※ 수도권 중 과밀 억제권역은 인천광역시(강화군, 옹진군 등 제외), 의정부시, 구리시, 남양주시(호평동,평내동, 금곡동 등에 한한다), 하남시, 고양시, 성남시, 안양시, 부천시, 광명시, 과천시, 의왕시, 군포시, 시흥시(반월 특수지역은 제외)가 있다.

소액임차인의 임차보증금과 최우선변제금액

지역	임차보증금(이하)	최우선변제금액
서울특별시	4,500만원	1,350만원
수도권 중 과밀억제권역	3,900만원	1,170만원
광역직할시(인천시 · 군 지역 제외)	3,000만원	900만원
기타지역	2,500만원	750만원

사례

• 상가건물임대차보호법 제정 이전에 물권을 취득한 자에 대한 상가임차인의 대항력 •

사건 2008타경 OOOO 물건내역	감정평가액 최저매각액	임대차내역 전입 · 확정 · 보증금	등기부상의 권리관계
서울 서초구 양재동 OOO 면적 대지 12㎡ 건물 24㎡ 상가	190,000,000원 152,000,000원 1유찰	갑 2003년 2월 10일 (사업자등록) 2003년 7월 11일 (확정) 5,000만원 배당요구	① 근저당권 2002년 8월 11일 5,000만원 국민은행 ② 근저당 2005년 12월 11일 7,000만원 박진태 ③ 근저당 2005년 12월 11일 5,000만원 하나은행 ④ 임의 국민은행

사례설명

「상가건물임대차보호법」은 2002년 11월 1일부터 시행되고 있다. 이법이 시행되기 전에 목적부동산등기부에 물권(저당권 등)을 설정한 권리자에게도 상가임차인은 임차인의 권리를 주장할 수 있는지를 검토해본다. 「상가건물임대차보호법」에서 적용되는 상가건물이란 사업장등록의 대상이 되는 건물을 말한다.

등기부관계

말소기준권리는 '① 근저당'이다. 말소기준권리보다 선순위 권리로 매수인에게 인수되는 권리가 없으므로 매수인의 소유권이전등기촉탁 시 모든 권리는 말소된다.

임차인관계

임차인에 대한 권리분석은 앞서 설명한 주택임차인의 분석방법과 거의 같다. 다만 주택임차인의 대항요건은 주택의 인도 및 전입(주민등록)이지만, 상가임차인의 대항요건은 상가의 인도 및 사업장등록인 점이 다르다. 주의할 점은 이법 시행 전의 물권자에게는 상가임차인으로서 대항력이나 우선변제권을 주장할 수 없다.

• 임차인 갑

임차인 갑은 대항요건(사업자등록일 및 점유)이 말소기준권리보다 늦으므로 매수인에게 대항력을 주장할 수 없다. 다만 확정일자부임차인으로 배당요구를 한 경우여서 후순위담보권자, 기타일반채권자보다. 우선변제권이 있다. 임차보증금액이 5,000만원으로 소액임차인에는 해당되지 않는다.

배당관계

임차인에 대한 권리분석은 앞서 설명한 주택임차인의 분석방법과 같다. 다만, 주택소액임차인의 최우선변제금액은 매각대금 중 2분의1 범위 내에서 배당을 하게 되지만 상가소액임차인은 3분의1 범위 내에서 배당을 하는 점이 다르다.

Memo

질의 및 답변(상가건물임대차보호법)

질의 1 「상가건물임대차보호법」상 임차인의 대항요건은 무엇인가?

상가건물임차인이 임대차보증금 반환채권에 대하여 「상가건물임대차보호법」 제3조 제1항 소정의 대항력을 주장하기 위해서는 임대차의 목적인 상가건물의 인도 및 부가가치세법 등에 의한 사업자등록을 구비하고 있어야 한다. 대항요건은 취득요건일 뿐만 아니라 존속요건이므로, 배당요구의 종기까지 존속하고 있어야 한다.

질의 2 상가임차인은 확정일자를 어디에서 부여받아야 하는가?

주택임차인과 달리 상가건물의 임차인은 임대차보증금 반환채권에 대하여 「상가건물임대차보호법」 제5조 제2항 소정의 우선변제권을 주장하려면, 관할세무서장으로부터 확정일자를 받아야 한다.

질의 3 임차보증금 중 일부를 월세로 지급하는 경우 임차보증금의 환산방식은?

상가임차인이 임차보증금 이외 월세를 지급하고 있는 경우, 월세를 임차보증금액으로 환산하여 계산하는 방법은 "임차보증금+월세×100"이다. 예를 들어 임차보증금이 1억원이고 월세가 50만원이면 "1억원+50만원×100"이 환산한 임차보증금액이 된다. 즉 환산보증금은 1억 5천만원이 된다.

질의 4	임차보증금을 월차임으로 전환 시 산정률의 제한은 얼마인가?
	임차보증금의 전부 또는 일부를 월 단위의 차임으로 전환하는 경우에는 그 전환되는 금액에 「은행법」에 의한 금융기관에서 적용하는 대출금리 및 당해 지역의 경제여건 등을 감안하여 대통령령이 정하는 비율을 곱한 월차임의 범위를 초과할 수 없다. "대통령령이 정하는 비율"이라 함은 연 1할5푼을 말한다.

질의 5	개정된 차임 등 증액청구의 기준범위가 어떻게 달라졌는가?
	차임 또는 보증금의 100분의 12 범위를 초과하지 못하도록 한 기존의 차임 등 증액청구의 범위는 2008년 8월 21일자로 100분의 9 범위를 초과하지 못하도록 개정되었다.

PART 8

중요 권리별 사례와 질의 및 답변

각종 권리들은 모두 권리분석에 필요한 것들이지만 특히 실무에서는 저당권, 가압류권, 임차권 간의 상호 우선순위 및 권리관계가 거의 80% 이상을 차지한다. 이 PART에서는 실무에서 빈번히 발생하는 권리를 중심으로 '사례'와 '질의 및 답변' 코너를 통해 보다 깊이 있게 검토해 보기로 한다.

01 SECTION 저당권과 관련된 사례와 질의 및 답변

권리분석의 핵심은 저당권과 임대차보호법이라고 해도 과언이 아니다. 그만큼 저당권은 중요한 권리 중의 하나이다. 실무상 저당권이 말소기준권리가 되는 경우가 거의 대부분이지만, 타 권리들과의 배당순위 등 저당권의 전반에 걸쳐 검토 해본다.

사례 - 1

• 등기부상 저당권 등 채권금액이 많은 경우 •

사건 2008타경 ○○○○ 물건내역	감정평가액 최저매각액	임대차내역 전입 · 확정 · 보증금	등기부상의 권리관계
서울 구로구 개봉동 ○○○ 면적 토지 291㎡ (88평) 건물 369.25㎡ (111.7평) 주택 2층	531,000,000원 424,800,000원 1유찰	갑 2005년 11월 7일 2005년 11월 7일 (확정) 15,000만원 배당요구 을 2006년 10월 17일 2006년 10월 17일 (확정) 7,000만원 배당요구 병 2007년 1월 18일 4,000만원 배당요구	건물등기부 ① 근저당 2004년 5월 3일 38,000만원 제일은행 공담동소 ② 근저당 2006년 3월 11일 48,000만원 하나은행 공담동소 ③ 가압류 2006년 1월 22일 38,000만원 최현경 ④ 근저당 2007년 2월 17일 5,000만원 박성호 ⑤ 가압류 2007년 12월 3일 4,000만원 엘지카드 ⑥ 임의 제일은행

※ 등기부상 근저당권자의 '공담동소'는 '근저당권자가 건물과 함께 같은 소재지의 토지에 공동담보로 근저당권을 설정하여 두었다'는 의미이다.

사례설명

- 매각부동산의 감정가격보다 훨씬 많은 채권이 등기부에 설정되어 있고, 근저당권자는 건물과 토지를 함께 공동담보로 설정하여 둔 경우이다.
- 매수인은 근저당권자들이 배당에서 채권액을 모두 변제받지 못한 경우에도 나머지 금액을 인수하는 것이 아니므로 걱정할 필요가 없다. 또한 채권금액이 많으면 많을수록 채무자가 변제를 하고 매각을 취소할 수 있는 경우는 거의 없으므로 오히려 매각절차가 취소될 염려가 거의 없다.

등기부관계

말소기준권리는 '① 근저당' 이다. 근저당은 순위와 관계없이 원칙적으로 모두 말소된다. 말소기준권리인 근저당보다 선순위로 인수되는 등기부상의 권리가 없으므로, 매수인의 소유권이전등기촉탁 시 모든 권리들은 말소된다.

임대차관계

- 임차인 갑

  대항요건이 말소기준권리보다 늦으므로 매수인에게 대항력을 주장할 수 없다. 그러나 확정일자부임차인으로 후순위담보권자, 기타 일반채권자보다 우선변제권이 주어진다.
- 임차인 을

  매수인에게 대항력이 없다. 임차인 갑과 마찬가지로 확정일자부임차인으로 배당에서 후순위담보권자, 기타 일반채권자보다 우선변제권이 주어진다. 배당에서 임차보증금을 배당받지 못한 경우라도 대항력이 없으므로 매수인에게 그 보증금을 청구할 수 없다.
- 임차인 병

  배당요구를 하였지만 확정일자가 없는 임차인으로 우선변제권이 없다. 다만 소액임차인에 해당되므로 최우선적으로 1,600만원을 배당받게 된다.

사례 - 2

• 확정일자부임차인과 같은 날 여러 개의 근저당권이 설정된 경우 •

사건 2008타경 OOOO 물건내역	감정평가액 최저매각액	임대차내역 전입 · 확정 · 보증금	등기부상의 권리관계
서울 구로구 오류동 000 면적 대지권 24.43㎡ (7.4평) 건물-전용 36.44.㎡ (11평) 다세대	120,000,000원 96,000,000원 1유찰	갑 2005년 12월 10일 2005년 12월 11일 5,000만원 배당요구	① 근저당 2005년 12월 11일 5,000만원 국민은행 ② 근저당 2005년 12월 11일 5,000만원 박진태 ③ 근저당 2005년 12월 11일 5,000만원 하나은행 ④ 임의 국민은행

사례설명

- 임차인의 확정일자와 같은 날 3개의 근저당이 설정되어 있다. 그러나 임차인의 전입일자는 근저당보다 선순위이다.
- 확정일자의 효력일은 언제 발생되며 같은 날 설정된 근저당 간의 우선순위와 배당관계를 검토해봐야 한다. 아울러 임차인의 전입일이 근저당보다 하루 먼저이므로 대항력으로 매수인에게 주장할 수 있는지도 함께 살펴본다.

등기부관계

근저당은 모두 같은 날에 설정되어 있지만 이들 간의 우선순위는 등기부상의 순위번호에 의하여 정해진다. 따라서 같은 날에 설정된 근저당이라도 순위가 가장 빠른 '① 근저당'이 말소기준권리가 된다. 확정일자는 말소기준권리가 될 수 없는 권리이다. 말소기준권리보다 선순위로 인수되는 권리가 없으므로 매수인의 소유권이전등기촉탁 시 모두 말소된다.

임대차관계

임차인의 대항력은 전입일자의 익일(다음날 00:00시)부터 발생하지만 확정일자의 효력은 확정일자를 부여받은 날부터 발생하게 된다. 다른 권리들과의 우선순위를 결정하는 확정일자의 효력일은 대항요건(점유 및 전입)과 확정일자를 부여받은 날 중 늦은 날을 기준으로 결정하게 된다. 즉 임차인의 전입일자와 확정일자가 다른 경우, 그 중 늦은 날이 배당 순위를 결정하는 기준일이 된다.

• 임차인 갑

① 우선변제권

임차인의 전입일은 2005년 12월 10일이고, 확정일자는 근저당과 같은 날인 12월 11일이다. 근저당과의 배당 순위에 있어서의 확정일자의 효력은 12월 11일에 발생한다. 따라서 근저당과 확정일자의 임차인은 배당에서는 동순위가 된다.

② 대항력

임차인의 전입일이 근저당 설정인보다 하루 먼저이다. 임차인의 대항력은 전입일의 익일인 2005년 12월 11일(00:00시)부터 발생하고 근저당의 효력은 근저당권 설정 당일인 2006년 12월 11일로 임차인 갑의 대항력 발생시점과 같은 날이 된다. 하지만, 근저당은 등기공무원이 출근한 시간 이후에 설정된 것으로 보아 11일 익일 00:00시부터 발생한 임차인의 전입일이 우선하게 된다. 따라서 임차인이 배당에서 배당받지 못한 임차보증금은 대항력이 인정되어 매수인이 인수하여야 한다.

배당관계

편의상 사례에서 실제 배당할 금액은 1억원 으로 산정해보기로 한다.

임차인 갑과 각 근저당들의 우선순위는 동 순위이므로, 먼저 각 채권액에 따라 안분배당을 한다. 다음으로 근저당 상호 간에는 순위번호에 의하여 우선순위가 정해지므로 선순위저당권자는 자기 채권금액을 모두 변제받을 때까지 후순위저당권자에게 안분배당된 금액을 흡수하게 된다. 소위 안분배당 후 흡수 배당방식이다.

안분배당(1차)			안분배당 후 흡수배당2(차)		
1순위	확정일자임차인 갑	25,000,000원	1순위	임차인 갑	25.000,000원
1순위	근저당권자 국민은행	25,000,000원	2순위	근저당권자 국민은행	50,000,000원
1순위	근저당권자 박진태	25,000,000원	3순위	근저당권자 박진태	25,000,000원
1순위	근저당권자 하나은행	25,000,000원	4순위	근저당권자 하나은행	배당금 없습

예상배당표

실 배당금액	100,000,000원	
순위	권리자	배당액
1	확정일자부임차인(갑)	25,000,000원
2	국민은행(근저당권자)	50,000,000원
3	박진태	25,000,000원

※ 임차인 갑은 임차보증금 5,000만원 중 배당받지 못한 2,500만원을 배수인에게 대항력으로 주장할 수 있다.

Memo

사례 - 3

• 체납된 조세채권과 근저당권의 우선순위 •

사건 2008타경 ○○○○ 물건내역	감정평가액 최저매각액	임대차내역 전입 · 확정 · 보증금	등기부상의 권리관계
서울 성북구 장위동 ○○○ 면적 대지권 24.31㎡ (7.4평) 건물-전용 51.09㎡ (15.7평) 다세대	180,000,000원 180,000,000원	갑 2005년 12월 10일 2005년 12월 10일 (확정) 9,000만원 배당요구	① 근저당 2005년 3월 5일 12,000만원 국민은행 ② 압류 2006년 8월 7일 양천구청 ③ 근저당 2006년 9월 12일 4,000만원 하나은행 ④ 임의 국민은행

사례설명

조세채권과 저당권 등 담보권이 경합되었을 때, 배당의 우선순위는 어떻게 결정되는지를 검토하고 국세와 지방세의 종류와 법정기일의 기준은 무엇인지 알아두어야 한다. 사례에서 '② 압류'는 법정기일이 2006년 1월 14일이다.

등기부관계

말소기준권리는 '① 근저당'이다. 등기부상 매수인에게 인수되는 권리는 없으므로 매수인의 소유권이전등기촉탁 시 인수되지 않는 모든 권리는 말소된다. 조세채권의 압류가 근저당권보다 후순위이어도 법정기일이 근저당권보다 먼저이면 배당에서 우선순위가 된다.

임차인관계

임차인 갑은 대항력은 없으나 확정일자부임차인으로 배당요구를 한 경우이므로 후순위담보권, 기타 일반채권자보다 우선적으로 임차보증금을 배당받을 수 있다. 배당 순위는 조세채권의 법정기일보다 선순위가 된다. 따라서 '① 근저당' 다음으로 배당이 된다.

배당관계

원칙적으로 조세채권인 '② 압류'의 등기가 '① 근저당'보다 등기부상 후순위라도 법정기일이 앞서면 ① 근저당보다 우선배당이 될 수 있으나 법정기일이 '① 근저당'보다 늦으므로 우선하여 배당을 받을 수 없다. 또한 배당에서 확정일자는 저당권과 마찬가지로 취급하므로 법정기일보다 확정일자가 빠른 임차인 갑에게도 우선할 수 없다. 물론 조세가 당해세로 인정되면 배당 순위에 있어서 담보물권보다 먼저 배당되게 된다.

하나 더! 조세

조세의 종류

- 국세 : 양도소득세, 소득세, 법인세, 부가가치세, 인지세, 상속세, 증여세, 재평가세, 전화세, 부당이득세 등
- 지방세 : 등록세, 취득세, 재산세, 주민세, 농지세, 면허세, 자동차세, 종합토지세, 도시계획세 등

조세채권의 법정기일

과세표준과 세액을 신고에 의하여 납부의무가 확정되는 국세는 그 신고일이 법정기일이 되고 과세표준과 세액을 정부가 결정 · 경정 또는 수시부과 결정하는 경우에는 그 납세고지서의 발송일이 법정기일이 된다.

▶ 국세의 법정기일

- 신고일 : 법인세, 부가가치세(예정신고를 하는 부가가치세도 포함), 양도소득세, 소득세, 특별소비세, 증권거래세, 교육세
- 발송일 : 상속세, 증여세, 부당이득세, 재평가세

▶ 지방세의 법정기일

국세의 법정기일과 거의 동일한 기준에 따라 법정기일을 규정하고 있다. 즉, 지방세의 경우에도 부과방식의 차이에 따라 납세신고일 또는 납세고지서발송일이 법정기일이 된다.

- 신고일 : 취득세, 등록세
- 발송일 : 주민세, 재산세, 종합토지세, 농지세, 도시계획세

당해세

- 당해세는 목적부동산 자체에 부과된 조세와 가산금이다. 당해세에는 국세인 상속세, 증여세와 종합부동산세가 이에 해당된다.
- 상속세와 증여세는 담보권설정 당시 설정자(소유자)에게 납세의무가 있는 것을 말한다. 즉, 담보권 설정 후 상속, 증여 등으로 소유권이 이전되고 그 양수인에게 부과된 상속세, 증여세는 당해세가 아니다. 따라서 실무에서는 상속, 증여세가 당해세로 인정되는 경우는 드물다.

사례 - 4

• 포괄근저당권인 경우 그 저당권으로 담보되는 채권의 범위 •

사건 2008타경 ○○○○ 물건내역	감정평가액 최저매각액	임대차내역 전입 · 확정 · 보증금	등기부상의 권리관계
서울 금천구 시흥동 000 면적 대지권 40.08㎡ (12.3평) 건물-전용 48.07㎡ (14.7평) 다세대	150,000,000원 120,000,000원 1유찰	갑 2006년 12월 10일 2006년 12월 10일 (확정) 4,500만원 배당요구	① 근저당 2005년 3월 5일 8,000만원 국민은행 ② 근저당 2006년 4월 10일 5,000만원 국민은행 ③ 임의 국민은행

사례설명

- 근지당에는 한정근저당과 포괄근저당이 있다. 한정근저당권은 채무가 목적부동산에 관한 것이지만, 포괄근저당권의 채무는 종류를 불문한다. 따라서 한정근저당권과는 달리 목적부동산에 대한 채무가 아닌 그 은행의 신용카드 등을 사용하고 변제하지 않은 경우에도 그 채무는 포괄근저당권의 채권최고액 범위 내에서 담보되게 된다. 일반적으로 근저당은 등기된 채권최고금액의 범위 내에서 채무를 담보한다. 채권최고액의 범위를 넘은 채권이 있는 경우 그 금액은 담보권으로 우선변제권을 주장할 수 없고 일반채권으로 주장하여야 한다. '① 포괄근저당권자' 가 추가 채무로 인하여 다시 설정한 '② 한정근저당' 의 채무액이 채권최고액을 초과한 경우 그 초과된 금액은 일반채권이 아닌 '① 포괄근저당' 의 채권최고액 범위 내에서 담보될 수 있는지가 문제이다. 이런 경우 임차인의 임차보증금의 배당금액은 어떻게 달라지는지도 살펴볼 필요가 있다.
- '①과 ② 근저당권자' 는 국민은행으로 채권자가 동일하다. 채권자가 집행법원에 제출한 채권계산서에 의하면 '① 근저당권' 은 포괄근저당으로 채권최고액은 8,000만원이고 실 채권액은 5,000만원이나. '② 근저당권' 은 한정근저당권으로 최고채권액은 5,000만원이나 실 채권액은 이자를 포함하여 7,000만원으로 등기된 채권최고액을 초과한 상태로 채권신고를 하였다.

등기부관계

- 말소기준권리는 '① 근저당'이 된다. 말소기준권리보다 선순위로 매수인에게 인수되는 권리가 존재하지 않으므로 매수인의 소유권이전등기촉탁 시 모두 말소된다.
- 포괄근저당도 등기부에는 '근저당권'이라 기재된다. 따라서 채권계산서 등에 나타난 근저당설정계약서의 내용을 살펴보아야 그 여부를 알 수 있다. 즉, 근저당설정계약서에 "주채무자가 은행에 대하여 기왕, 현재 또는 장래에 부담하는 모든 채무를 담보하기 위하여 부동산에 근저당권을 설정한다"라는 기재가 있는 경우 그 저당권은 포괄근저당권에 해당된다. 주 채무의 종류나 성립시기에 관계없이 채무자의 모든 채무를 등기된 근저당의 채권최고액의 범위 내에서 담보하기로 하는 담보권이다.

임차인관계

임차인 갑은 매수인에게 대항력은 없지만 확정일자를 갖추고 있고 배당요구도 하였으므로 배당절차에 참가하여 후순위담보권자, 기타 일반채권자보다 먼저 우선변제권이 있다. 배당 순위는 '① 근저당, ② 근저당' 다음으로 배당이 된다. 그러나 '① 근저당'이 포괄근저당권인지의 여부에 따라 배당받을 금액이 달라진다.

배당관계

사례에서 실질 배당할 금액은 14,500만원으로 산정하기로 한다.

- '① 근저당'이 일반적인 (한정)근저당인 경우

  '① 근저당'의 채권최고액은 8,000만원이지만 실 채권액은 5,000만원이다. 근저당권은 등기된 채권최고의 범위 내에서 실 채권액이 담보되므로 5,000만원이 배당된다. '② 근저당권'은 채권최고액이 5,000만원이고 실 채권액은 8,000만원이다. 따라서 채권최고액의 범위 내에서 실 채권액이 담보되므로 5,000만원이 배당된다.

1순위	① 저당권자(국민은행)	5,000만원
2순위	② 저당권자(국민은행)	5,000만원
3순위	확정일자부임차인(갑)	4,500만원

- '① 근저당'이 포괄근저당권인 경우

  국민은행의 '① 포괄근저당'의 채권최고액은 8,000만원이지만 실 채권액은 5,000만원이다. 따라서 먼저 5,000만원이 배당된다. 같은 은행 '② 근저당' 은 채권최고액은 5,000만원이나 실 채권액은 8,000만원이다. 근저당은 등기된 채권최고액의 범위 내에서 실 채권액이 담보되므로 5,000만원이 배당된다. 문제는 '② 근저당권' 에서 채권최고액의 범위를 초과한 3,000만원이 '① 포괄근저당' 의 채권최고액 범위 내에서 담보될 수 있는지 이다. '② 근저당' 의 채권최고액 범위를 초과한 3,000만원은 '① 포괄근저당' 의 채권최고 범위 내에서 담보된다(대법원 94다20242). 따라서 다음과 같이 배당금액이 정해진다.

1순위	① 근저당권자(국민은행)	8,000만원
2순위	② 근저당권자(국민은행)	5,000만원
3순위	확정일자부임차인(갑)	1,500만원

※ '① 근저당' 이 포괄근저당이 아닌 한정근저당일 때와 비교하면 임차인에게 3,000만원이 적게 배당되게 된다.

Memo

질의 1 **근저당권자가 경매신청을 한 경우 그 근저당권자의 채권액은 언제 확정되는가?**

원칙적으로 경매신청 시 채권액은 확정된다. 근저당권이 확정되면 이후에 발생한 원금채권은 근저당권에 의하여 담보되지 않는다(대법원 92다48567). 예컨대 채권최고액이 14,000만원, 경매신청 시 원금채권이 11,000만원이면 원금채권은 그 금액으로 확정되는 것이다. 경매신청 후 추가로 대출한 경우 그 금액은 기존의 근저당의 채권최고액으로 담보되지 않는다. 추가대출금은 당해 사건에서 우선변제를 받을 수 없을 뿐만 아니라 이중경매를 신청하여 구제받을 수도 없다. 그러나 근저당채권의 확정 전에 발생한 원본 채권에 대한 이자 및 경매신청에 의하여 원본 채권이 확정된 후 발생하는 이자나 지연손해금 채권은 채권최고액 범위 내에서 담보된다.

질의 2 **등기부상 채권액이 외화채권(달러 등)으로 기재되어 있는 경우 환산의 시기는 언제인가?**

외화채권(다른 나라의 통화로 지급할 것을 목적으로 하는 채권)도 배당금액은 대한민국 통화로 환산한 금액으로 지급한다. 이때 환산되는 시기(외화채권의 환산 시기)가 문제이다. 환산 시기에 관하여 경매신청일, 매각결정기일, 배당기일, 채권계산서제출일 등 여러 가지 의견이 있으나, 실무에서는 경매신청일을 기준으로 적용하고 있다.

질의 3 후순위저당권자가 경매신청을 한 경우 선순위근저당권의 채권액은 언제 확정되는가?

매각대금을 완납한 때이다. 후순위저당권자가 경매신청권자인 경우에도 선순위근저당권은 매각으로 소멸하므로 선순위근저당권의 피담보채권도 어느 시점에서는 확정되어야 한다. 이에 관하여 우리나라의 「민법」에서는 아무런 규정을 두고 있지 않다. 반면 일본의 「민법」은 이 경우 선순위근저당권자가 매각절차 개시가 있음을 안 날로부터 2주일이 경과한 때 확정된다고 규정하고 있다. 그러나 명문 규정이 없는 우리나라에서는 매수인이 매각대금을 완납한 때에 확정된다고 한다(대법원 99다26085). 물론 배당표 작성 시까지 발생한 이자나 지연손해금 채권은 채권최고액의 범위 내에서 담보된다.

질의 4 저당권자가 경매신청서에 피담보채권 중 일부만을 청구금액으로 기재한 경우 청구금액의 확장은 가능한가?

다른 특별한 사정이 없는 한 임의경매신청채권자의 청구금액은 그 기재된 채권액을 한도로 확정된다. 이후 신청채권자가 채권계산서에 청구금액을 확장하여 제출하는 것은 허용되지 않는다. 그러나 이것은 배당에서만 그러하다는 것이지, 청구하지 않은 나머지 일부 피담보채권이 소멸된다는 것은 아니다. 따라서 경매신청 시 누락된 피담보채권액은 배당요구종기까지 이중경매를 신청하여 구제받을 수 있다. 실무상 경매신청채권자가 다시 이중경매를 신청하는 경우가 이에 해당한다고 볼 수 있다. 강제경매의 경우에도 임의경매와 마찬가지로 원칙적으로 청구금액의 확장은 허용되지 않는다. 그러나 임의경매와 달리 이중경매신청이 아닌 채권계산서에 청구금액을 확장하여 제출하고 배당요구종기까지 확장된 금액의 청구는 가능하다.

질의 5 **경매신청채권자에 우선하는 근저당권자도 채권계산서와 배당요구가 필요한가?**

경매신청채권자에 우선하는 근저당권자는 배당요구를 하지 아니하하여도 당연히 등기부상 기재된 채권최고액의 범위 내에서 그 순위에 따른 배당을 받을 수 있다. 따라서 근저당권자가 채권계산서를 제출하지 않았다고 하여 배당에서 제외할 수 없다. 또한 배당요구종기까지 근저당권자가 채권계산서를 제출하였다고 하더라도 배당표가 작성될 때까지 피담보채권을 보정한 채권계산서를 다시 제출할 수 있다. 이 경우 집행법원은 특단의 사정이 없는 한 배당표 작성 당시까지 제출한 채권계산서와 증빙 등에 의하여 등기부상 기재된 채권최고액의 범위 내에서 배당받을 채권액을 계산하여야 한다(대법원 98다21946).

질의 6 **저당권자의 일괄경매신청권이란 무엇인가?**

일괄경매신청권은 건축물이 없는 대지(나대지)에 저당권이 설정된 후 저당권설정자(소유자)가 그 대지 위에 건축물을 축조할 때 대지 저당권자는 건물에 대하여 저당권을 설정하지 않은 경우에도 토지와 함께 건물도 일괄로 경매신청할 수 있는 권리이다. 그러나 대지저당권자는 건물의 매각대금에서는 우선변제를 받을 수 없다. 토지와 건물을 함께 공동담보로 저당권을 설정한 후 건물이 철거되고 새로이 신축한 경우에도 토지와 건물을 일괄경매 신청할 수 있다.

질의 7 채권자는 채권계산서를 언제까지 제출하여야 하나?

신청채권자를 포함한 각 채권자는 배당요구종기까지 채권계산서를 제출하여야 한다. 이때까지 제출하지 아니하면, 집행법원은 집행기록에 있는 서류와 증빙(등기부등본 등)에 의하여 채권을 계산하여 배당하고, 거기서 인정되지 아니한 채권은 추가로 보충할 수 없다.

질의 8 일괄경매와 관련된 문제점은 어떠한 것들이 있는가?

▶ 농지

농지와 농지가 아닌 토지는 특별한 사정이 없는 한 그 상호 간의 이용관계에 있어서 연관성이 없다. 따라서 농지와 농지가 아닌 토지를 일괄하여 매각하게 되면 농지취득자격증명을 받을 수 없는 사람은 농지가 아닌 다른 토지에 대하여도 매수인이 될 수 없어 매각할 토지 중 일부가 농지인 경우에는 일괄매각을 할 수 없다(대법원 2004마796).

▶ 공장

공장저당의 목적이 된 토지 또는 건물과 거기에 설치된 기계, 기구 등은 이를 분할하여 경매할 수 없으므로 일괄경매해야 한다(대법원 2001마785).

▶ 일괄경매 추가신청

토지의 저당권자가 토지만 경매를 신청한 후 그 토지상의 건물에 대하여 매각기일 이전까지 담보권의 등기가 되어 있는 토지대장을 첨부하여 일괄경매의 추가신청을 할 수 있고 (누락 등 사유), 이 경우 집행법원은 두 개의 경매사건을 병합하여 일괄경매절차로 진행한다.

▶ 매각 불허가

여러 개의 부동산을 일괄하여 경매하는 경우 그 중 일부에 매각불허가 사유가 있으면 그 전부를 매각 불허가해야 한다(대법원 84마카31).

질의 9 **건물의 일부가 인접한 다른 대지에 걸쳐 있는 경우 일괄경매는 가능한가?**

나대지에 근저당이 설정된 후 건축된 건물의 일부가 인접한 다른 대지에 걸쳐 있는 경우 건물의 상당 부분이 저당권이 설정된 대지 위에 건축되어 있고 그 건물 전체가 불가분의 일체로서 소유권의 객체를 이루고 있다면 대지의 저당권자는 대지와 함께 건물 전부에 대하여 일괄경매청구권을 행사할 수 있다(대법원 85다카246).

질의 10 **근저당권자가 경매신청을 취하한 경우, 그 근저당권은 일반저당권으로 전환되는가?**

근저당권자의 경매신청 시 근저당의 채무액은 확정되고 이후부터 그 근저당권은 보통의 일반저당권과 같이 취급된다. 따라서 신청채권자가 경매를 취하한 경우에도 이미 일반저당권으로 전환된 근저당권은 원래의 근저당권으로 환원되지 않는다(대법원 2001다73022). 이러한 경우 나중이라도 다시 목적부동산이 경매신청된 경우 그 근저당권은 일반저당권으로 취급되므로 후순위채권자와의 배당금액을 결정할 때 영향을 미치게 되는 중요한 사항이다.

질의 11 경매신청서에 이자 등 부대채권의 표시가 있는 경우 청구금액 확장은 가능한가?

경매신청 시 다른 특별한 사정이 없는 한 경매신청채권자의 청구금액은 원칙적으로 그 기재된 채권액을 한도로 확정되고 원칙적으로 채권계산서에 청구금액을 확장하여 청구할 수 없다. 그러나 경매신청서에 이자 등 부대채권을 표시한 경우에는 배당요구종기까지 채권계산서에 의하여 부대채권을 증액하는 방법으로 청구금액을 확장하는 것은 허용된다(대법원 99다11526).

질의 12 저당권을 매수인이 인수해야 하는 경우는 어떠한 경우인가?

저당권은 순위에 관계없이 매수인에게 인수되는 권리가 아니므로 매수인의 소유권이전등기촉탁 시 원칙적으로 모두 말소된다. 그러나 예외적으로 다음과 같은 경우 매수인은 저당권을 인수하게 된다.

- **특별매각조건** : 토지별도등기에 있는 저당권을 인수해야 하는 특별매각조건인 경우 매수인이 인수해야 하므로 말소되지 않는다. 매각물건명세서에는 "토지저당권 인수"라고 기재되어 있다.
- **채무인수** : 매수인이 대금납부 시 배당받을 저당채권자의 채권을 인수하고 그 채권액만큼 공제하고 채무인수의 방식에 의한 대금특별지급방법인 경우 그 저당권은 말소되지 않는다. 예컨대 매수인의 대금납부금액은 1억 5천원이고 매각대금에서 5천만원을 배당받는 저당권자가 있다면, 그 저당권자의 채무인수 승낙을 받고 5천만원을 공제한 1억원만 대금납부를 하면 대금완납을 한 것이 된다. 따라서 그 저당권은 매수인이 채무인수를 한 것이 되므로 말소되지 않는다.

질의 13 경매신청채권자의 근저당권을 말소시키기 위하여 변제하여야 할 채권금액의 범위는?

근저당권자의 경매신청시 그 매각을 취소시키기 위하여 근저당권의 채권을 변제할 경우 이해관계인에 따라 변제할 금액이 서로 다르다.

- ▶ **채무자 겸 소유자인 경우 :** 채무액(채권과 지연이자 및 경매비용 등)이 근저당권의 채권최고액을 초과하는 경우 초과금액 전부를 변제해야 유효한 변제가 되어 경매개시결정에 대한 이의나 매각취소신청이 가능하다.
- ▶ **채무자가 아닌 근저당권설정자가 물상보증인인 경우 :** 채무액의 범위는 채권최고액의 한도 내에서 청산기에 확정되는 채권금액(이자 포함)이므로, 그 금액을 변제하고 근저당권을 말소할 수 있다. 따라서 채무액이 채권최고액을 초과하는 경우라도 채권최고액만 변제하면 된다.
- ▶ **제3취득자(근저당권이 설정된 것을 인수하고 매수한 자)인 경우 :** 부동산으로 담보하는 채권최고액과 경매비용을 합한 금액을 변제하면, 근저당권의 소멸을 청구할 수 있고 경매개시결정에 대한 이의를 신청할 수 있다.

질의 14 집합건물의 대지사용권에 대하여도 저당권의 효력이 있는가?

집합건물의 대지의 분·합필 및 환지절차의 지연, 각 세대당 지분비율의 결정 지연 등으로 인하여 구분건물의 전유부분에 대한 소유권이전등기만 경료되고 대지지분에 대한 대지권등기가 경료되지 않은 경우가 있다. 전유부분에만 설정된 저당권의 효력은 대지사용권의 분리처분이 가능하도록 규약으로 정하였다는 등의 특별한 사정이 없는 한 당연히 종물 내지 종된 권리인 그 대지사용권까지 효력이 있다. 이 경우 대지지분에 관한 감정평가액을 반영하지 않은 상태에서 매각절차를 진행하였다고 하더라도 매수인은 대지지분을 함께 취득하였다 할 수 있다(대법원 2001다22604).

질의 15 무효인 저당권에 기하여 진행되는 경매절차를 정지시키는 방법은 무엇인가?

담보권설정계약이 무효이거나 저당권설정등기가 위조서류에 의하여 이루어진 경우, 그것은 이미 담보권으로서의 효력이 없다. 그런데도 불구하고 그 담보권으로 경매신청을 하여 매각절차가 진행 중인 경우, 대부분 경매개시결정에 대한 이의신청을 하는 경우가 많다. 그러나 경매개시결정에 대한 이의신청은 변론 없이 제출된 서류만 가지고 심리하므로 통상적으로 입증 자료가 부족하다는 이유로, 실무상 매수인에게 매각허가결정과 동시에 경매개시결정에 대한 이의신청을 기각하는 경우가 많다. 따라서 이 경우에는 경매개시결정에 대한 이의신청보다는 저당권말소청구소송을 제기한 후 그 본안(말소청구소송을 담당하는)재판부로부터 매각절차의 집행정지결정을 받아 그 정본을 집행법원에 제출하여 매각절차를 정지시켜야 한다. 일단 경매절차를 정지시킨 후 저당권말소소송에서 승소한 후 말소된 등기부등본을 집행취소서류로 제출하면 종국적으로 매각절차를 취소시킬 수 있다.

질의 16 전세계약 기간이 만료된 경우 전세권에 설정된 저당권자의 채권 회수 방법은?

전세권자는 전세권을 담보로 저당권을 설정하고 금전을 차용할 수 있다. 이때 저당권의 등기는 전세권에 대하여 부기등기로 기재되게 된다. 저당권의 목적인 전세권이 기간 만료로 소멸하면 저당권도 당연히 소멸하는 것이므로 전세권을 목적으로 한 저당권자는 소유자에게 더 이상 전세권에 관한 저당권을 주장할 수 없게 된다. 이 경우 저당권자는 전세권자가 반환받을 전세금반환채권에 대하여 압류 및 추심명령 또는 압류 및 전부명령을 받아 청구(등기부등본을 집행법원에 제출)하는 방법으로 채권을 변제받아야 한다.

질의 17 위법하게 말소된 저당권자의 말소회복과 구제방법은 있는가?

위법하게 말소된 저당권이 말소회복등기가 되지 않아 배당에서 제외되었을 때 저당권자는 배당기일에 출석하여 이의를 하고 배당이의의 소를 제기하여 구제를 받을 수 있다. 만일 배당기일에 출석하여 배당이의를 하지 않은 경우라도 저당권자가 배당받아야 할 금액을 배당받은 후순위권리자에 대하여 배당받은 금액의 한도 내에서 부당이득반환청구도 가능하다(대법원 2000다59678).

질의 18 저당권을 여러 명이 대위변제한 경우, 배당금액은 어떻게 결정되는가?

수인이 시기를 달리하여 채권의 일부분씩 대위변제하고 저당권 일부이전의 부기등기를 각 경료한 경우 그들은 각 일부대위자로서 변제한 가액에 비례하여 저당권을 준공유하고 있다고 보아야 한다. 따라서 다른 특별한 사정이 없는 한 각 변제자는 변제채권액에 비례하여 안분배당받게 된다(대법원 2000다37319).

질의 19 근저당권자가 경매신청 시 예납한 집행비용은 채권최고액에 포함되는가?

집행법원은 경매신청 시 채권자에게 미리 그 집행비용을 예납하게 하고 목적부동산이 매각이 되면 매각대금에서 우선적으로 집행비용을 신청채권자에게 지급하고 남은 금액으로 각 채권자들에게 배당하게 된다. 경매신청채권자가 근저당권자인 경우 집행비용으로 예납한 금액은 근저당권의 채권최고액에 포함되는지 문제가 될 수 있으나 판례는 포함되지 않는다는 입장이다(대법원 2001다47986).

질의 20 근저당권의 채권최고액 범위를 초과하는 채권은 일반채권으로 배당을 요구할 수 있는가?

근저당권의 채권최고액을 초과하는 금액은 더 이상 그 근저당권으로 담보되지 않고 일반채권이 된다. 채권최고액을 초과하는 채권을 다른 일반 채권자(집행력 있는 정본을 가진 자)와 안분비례하여 배당받기 위해서는 초과하는 금액에 대하여 별도로 채무명의(판결 등)를 얻어야 일반채권으로 배당요구를 할 수 있다.

질의 21 저당권양수인의 경매신청방법은 어떻게 이루어지나?

▶ 경매절차 개시 이전의 승계

저당권은 원칙적으로 승계를 할 수 있고 제3자에게 이전할 수도 있다. 저당권의 이전이 경매절차 개시 전에 승계가 이루어진 경우 승계인만이 경매신청할 수 있다. 담보권에 관하여 승계가 있는 경우에는 승계를 증명하는 서류를 첨부해야 한다. 다만 특정승계(저당권 매수 등)는 저당권 이전의 부기등기를 하지 않고 경매신청을 할 수 없으므로 저당권 이전의 등기가 된 등기부등본을 첨부하면 된다.

▶ 경매절차 개시 이후의 승계

경매개시절차가 개시된 후 경매신청인의 저당권이 양도된 경우 매각절차는 중단되지 않고 그대로 진행된다. 법원이 승계사실을 인정한 때에는 이후 승계인을 경매신청인으로 취급하게 된다.

질의 22 근저당권의 피담보채권을 일부 대위변제한 근저당권자는 경매신청을 할 수 있는가?

근저당권의 피담보채권을 일부 대위변제한 경우 변제자(근저당권 일부이전)는 경매신청을 할 수 없다. 그것은 담보물권의 불가분성에도 반하므로 원채권자(근저당권자)가 담보권을 행사하는 경우에만 함께 그 권리를 행사할 수 있다.

질의 23 저당권이 장기간 방치되고 있는 경우 저당권말소방법은 있는가?

우리나라의 등기제도는 공동신청주의를 원칙으로 하고 있다. 따라서 저당권을 말소할 경우 저당권자의 협력이 필요하다. 그러나 저당권자가 외국 이민을 하였거나 저당권자의 상속인들이 저당권말소에 협력하지 않은 경우 등으로 등기부상에 저당권이 장기간 방치되고 있는 것을 종종 볼 수 있다.

저당권은 채무를 변제해야 말소할 수 있는 것이 원칙이다. 그러나 채권자의 협력 부족으로 장기간 방치되어 있는 경우, 피담보채권의 소멸시효(10년)가 성립되는 경우 저당권말소소송등기 절차 이행청구소송을 제기하여 승소한 후 판결문을 첨부하여 단독으로 저당권을 말소할 수도 있다.

02
SECTION

가등기와 관련된 사례와 질의 및 답변

가등기는 부동산 물권 또는 부동산 임차권의 변동을 목적으로 청구권을 보전하고자 장래에 행해질 본등기의 순위를 확보하기 위한 예비등기이다. 따라서 본등기 시 순위는 가등기 시 순위로 소급하게 된다.

사례

• 가등기가 최선순위인 경우 •

사건 2008타경 ○○○○ 물건내역	감정평가액 최저매각액	임대차내역 전입 · 확정 · 보증금	등기부상의 권리관계
서울 양천구 신월동○○ 면적 대지권 21.38㎡ (6.5평) 건물-전용 39.78㎡ (12평) 다세대	95,000,000원 95,000,000원	갑 2006년 11월 1일 6,000만원	① 가등기 2006년 3월 5일 김정태 ② 가압류 2006년 5월 15일 7,500만원 박홍기 ③ 근저당 2006년 8월 10일 3,500만원 하나은행 ④ 강제경매 박홍기

사례설명

등기부상의 '② 가압류권자'가 본안소송에서 승소한 후 강제경매신청을 하였다. 집행법원의 매각물건명세서에는 "매수인에게 인수되는 가등기 있음"이라고 기록되어 있어서 '① 가등기'는 보전(소유권이전청구권)가등기라고 생각하면 되고, 이는 담보가등기와 달리 배당에 참가할 수 없으므로 매수인에게 인수되는 권리인지를 살펴본다.

말소기준권리

담보가등기와는 달리 소유권이전청구권가등기는 말소기준권리가 되지 않는다. 따라서 사례에서의 말소기준권리는 '② 가압류' 이다.

등기부관계

원칙적으로 등기부상의 가등기(보전가등기)는 말소기준권보다 선순위이면 매수인이 인수하게 되고 후순위이면 부담할 권리가 아니다. 사례에서의 말소기준권리인 '② 가압류' 보다 보전가등기가 선순위로 매수인에게 인수되는 권리가 된다. 여기서 '인수된다' 는 것은 매수인이 대금완납을 하고, 소유권을 취득한 후라도 가등기권자가 본등기(소유권이전등기)를 마치면 매수인은 소유권을 상실한다는 의미이다. 물론 보전가등기가 말소기준권리보다 후순위인 경우 매수인이 인수할 권리가 아니므로 말소된다.

임차인관계

임차인 갑의 대항요건은 말소기준권리보다 후순위여서 매수인에게 대항력을 주장할 수 없다. 또한 확정일자가 없으므로 배당에 참가할 자격도 없다. 임차보증금이 6,000만원으로 소액임차인에도 해당되지 않는다.

등기부상 가등기가 최선순위인 경우의 실무상 처리방법

- 매각부동산에 관하여 최선순위가등기가 설정되어 있는 경우, 집행법원으로서는 가등기가 보전가등기인지 담보가등기인지의 여부를 등기부상으로는 알 수가 없다. 등기부에는 모두 '가등기' 라고 기재되기 때문이다. 이 경우 실무상 집행법원은 가등기권자에게 그 가등기가 어떠한 가등기인지 신고하도록 최고서를 통지한다.
- 최고를 받은 가등기권자의 신고는 의무사항이 아니다. 따라서 실무에서는 가등기권자가 최고를 받고도 신고가 없는 경우 일단 이를 소유권이전청구권을 위한 가등기로 보아 매수인에게 인수될 수 있다는 취지를 매각물건명세서에 기재한 후 매각절차를 중지하고 최고에 대한 답변이 오기를 기다린다. 하지만 반드시 매각절차를 중지하여야 하는 것은 아니기 때문에 그대로 매각절차가 진행되는 경우도 있다. 입찰 시 주의를 하여야 한다.
- 집행법원은 경매개시결정을 한 후 가등기권자에게 다음과 같이 최고를 하게 된다.

서식

○○지방법원
최 고 서

귀하

사 건 타경 호 부동산강제(임의)경매

채권자
채무자
소유자

별지 기재 부동산에 대하여 . . . 경매개시결정을 하였으므로, 귀하 명의의 가등기에 관하여 다음의 사항을 배당요구종기인 . . 까지 이 법원에 신고하시기 바랍니다.

1. 담보가등기 여부
2. 담보가등기인 경우에는 그 내용 및 채권(이자 그 밖의 부대채권 포함)의 존부, 원인 및 액수

년 월 일

법원사무관 (인)

질의 1 담보가등기권자의 경매신청방법은?

담보가등기권자는 담보목적물을 경매신청하여 저당권과 마찬가지로 매각대금에서 후순위담보권자, 기타일반채권자보다 우선변제권을 행사할 수 있다. 또한 담보가등기만으로도 임의경매신청이 가능하다. 즉, 가등기가 되어 있는 등기부를 첨부하고 채권 등을 증빙하는 서류(가등기설정계약서 등)와 함께 집행법원에 임의경매신청을 하면 된다. 이 경우 담보가등기는 저당권과 같이 취급된다.

질의 2 선순위가등기가 인수될 경우 매수인의 대처방안은 무엇인가?

▶ 매각허가결정 후 대금납부 전에 가등기 기한 본등기가 이루어진 경우

매수인은 매각허가결정의 취소신청을 할 수 있다. 매각허가취소가 결정이 되면 매각기일에 제공한 매수신청보증금을 반환받을 수 있다.

▶ 대금납부 후 배당기일 이전 가등기에 기한 본등기가 이루어진 경우

매수인은 대금납부를 완납한 때 소유권을 취득하였지만 가등기에 기한 본등기가 경료됨으로써 매수인은 일단 취득한 소유권을 상실하게 된다. 따라서 매수인은 집행법원에 대하여 경매에 의한 매매계약을 해제하고, 아직 배당을 하기 전이므로 납부한 매각대금의 반환을 청구하는 방법으로 담보책임을 추급할 수 있다.

▶ 배당기일 이후 가등기에 기한 본등기가 이루어진 경우

매수인은 먼저 채무자, 소유자를 상대로 매각대금의 반환을 청구하고 이들이 변제할 자력이 없는 경우 그 매각대금을 배당받아간 채권자에게 반환을 청구해야 한다. 그러나 매도인의 담보책임을 행사할 수 있는 경우라도 가등기에 의한 본등기가 경료되지 않으면 매수인은 미리 담보책임을 물을 수 없다. 가등기로 인한 본등기가 되어야 비로소 매수인은 소유권을 상실하기 때문이다.

질의 3 담보가등기권자는 채권계산서를 신고해야 배당이 가능한가?

집행법원은 목적부동산의 등기부에 설정된 가등기가 담보가등기일 경우 채권액 등 채권계산서를 '상당한 기간' 내에 제출하도록 가등기권자에게 최고를 한다. 등기부상 가등기의 채권액은 기재가 되지 않으므로 집행법원으로서 등기부상으로만 가등기의 내역을 알 수 없다. 집행법원으로부터 최고를 받은 담보가등기권자가 채권계산서를 신고하지 않은 경우 배당에서 제외된다. 또한 담보가등기권자가 채권신고를 하지 않아 우선변제를 받지 못한 때에도 담보가등기는 소멸되고 매수인이 인수할 권리가 아니다.

▶ 부당이득반환청구권 문제

담보가등기권자가 배당요구를 하지 않아 배당에서 제외된 경우 담보가등기권자가 받을 금액을 후순위채권자가 배당받은 경우라도 나중에 부당이득반환청구를 할 수 없다. 그러나 자신의 책임 없는 사유(예컨대 집행법원으로부터 최고를 받지 못해 매각 사실을 모른 경우 등)로 인하여 배당에 참가하지 못한 경우에는 부당이득반환청구가 가능하다.

질의 4 최선순위인 가등기가 존재하는 경우 매각물건명세상의 기재방법은 어떻게 되나?

목적부동산의 등기부에 최선순위가등기가 존재하는 경우 집행법원은 일단은 가등기가 소유권이전청구권 보전가등기로 취급하고 '2007.5.5자 갑의 가등기' 로 기재한 후 그 가등기가 담보가등기로 신고가 되면 이를 삭제한다. 최선순위가등기가 존재하는 경우 보전가등기인지, 아니면 담보가등기인지의 여부(매각물건명세서 참고)를 주의 깊게 살펴보고 입찰에 참가해야 한다.

질의 5 **담보가등기권자가 채권을 회수할 수 있는 방법은 무엇인가?**

▶ **경매신청**

가등기가 담보가등기인 경우 경매신청권이 있다.

▶ **청산절차에 의한 소유권이전**

청산절차를 거쳐서 권리취득에 의한 방법으로 소유권을 취득할 수도 있다.

① 담보권 실행과 청산금 통지

채무자에게 먼저 가등기담보의 실행('소유권을 이전하겠다'는 의미)과 청산금(목적부동산의 가격과 채무액과 차액)을 통지한다.

② 청산기간 경과와 청산금 지급

통지한 날로부터 청산기간(2개월)이 지난 후 청산금을 채무자에게 지급하고 가등기에 기한 본등기를 함으로써 소유권을 취득한다.

질의 6 **담보가등기권자가 배당에서 채권을 전액 변제받지 못한 경우 나머지 금액은 매수인에게 인수되는가?**

담보가등기는 매각절차에서 저당권과 같이 취급되므로 아무리 최선순위담보가등기라도 배당절차에서 채권 전액을 변제받지 못한 경우라도 변제받지 못한 금액은 매수인에게 인수되지 않는다.

질의 7 **현재의 소유자가 가등기에 기하여 본등기를 하면서 그 가등기를 말소하지 않은 경우 가등기로서의 효력을 주장할 수 있는가?**

현재 소유자가 가등기에 기한 본등기(소유권이전등기)를 마치고도 절차상 그 가등기를 말소하지 않은 것에 불과한 것은 선순위가등기라도 매수인에게 인수되는 권리가 아니다.

03 SECTION 가압류와 관련된 사례와 질의 및 답변

가압류는 처분금지의 효력이 있어서 채권이면서도 후순위담보권자와 안분배당을 받게 된다. 실무상 저당권, 임차권과 함께 가장 많이 문제가 얽혀 있는 권리 중 하나이다. 가압류는 아직 확정된 채권이 아니므로 그 자체로는 경매신청권이 없다.

사례 – 1

• 선순위가압류채권과 후순위담보권자의 배당관계 •

사건 2008타경 OOOO 물건내역	감정평가액 최저매각액	임대차내역 전입 · 확정 · 보증금	등기부상의 권리관계
서울 강동구 암사동000 면적 대지권 16.47㎡ (5평) 건물–전용 35.41㎡ (10.7평) 다세대	110,000,000원 88,000,000원 1유찰	갑 2006년 4월 10일 6,000만원 배당요구	① 가압류 2004년 1월 20일 2,000만원 박진석 ② 근저당 2004년 2월 11일 7,000만원 하나은행 ③ 근저당 2006년 8월 11일 7,000만원 새마을금고 ④ 임의 2007년 6월 3일 하나은행

사례설명

원칙적으로 물권과 채권 간의 배당에서의 우선순위는 물권이 우선한다. 그러나 채권인 가압류가 물권보다 등기부에 먼저 설정된 경우 배당문제는 어떻게 이루어지는지를 살펴본다. 즉, 선순위가압류와 후순위담보물권과의 배당문제이다. 근저당간의 배당문제도 아울러 검토하여 본다.

등기부관계

말소기준권리는 '① 가압류 2004년 1월 20일' 이다. 말소기준권리보다 선순위로 매수인에게 인수되는 등기부상의 권리는 없다. 따라서 매수인의 소유권이전등기촉탁 시 모든권리는 말소된다.

임차인관계

임차인 갑은 대항요건이 말소기준권리보다 후순위여서 매수인에게 대항력을 주장할 수 없다. 배당요구는 하였으나 확정일자가 없으므로 배당에 참가할 자격이 없다. 또한 소액임차인에도 해당되지 않는다.

배당관계

실질 배당할 금액은 편의상 1억원으로 한다.

- 가압류와 근저당은 안분배당(1차)

  물권인 담보권은 채권인 가압류보다 원칙적으로 배당순위에 있어 우선적으로 배당을 받게 된다. 그러나 가압류가 근저당보다 먼저 설정된 경우 근저당은 가압류의 처분금지 효력 때문에 우선변제를 받을 수 없다. 따라서 가압류와 근저당은 각각 채권액에 따라 안분배당을 하게 된다.

1차 (안분배당)

1가압류권자	박진석	12,500,000원
1근저당권자	하나은행	43,750,000원
1근저당권자	새마을금고	43,750,000원

※ 안분배당방식

배당할 금액(1억원)×채권 전체의 금액(1억 6천만원)분에 각 채권자의 채권액

- 근저당 상호 간의 흡수배당(2차)

  안분배당 후 근저당 상호 간에는 우선순위(등기부상 순위번호에 의해 결정됨)가 정해져 있으므로 선순위근저당권자는 채권최고금액의 범위 내에서 후순위근저당권자에게 안분배당된 금액을 흡수하게 된다. 소위, 안분배당 후 흡수배당방식이다. 따라서 '② 근저당권자 하나은행' 은 채권 전액을 모두 회수할 수 있지만 '③ 근저당권자 새마을금고' 은 채권액

전부를 회수할 수 없다. 이 경우 '③ 근저당권자 새마을금고'는 변제받지 못한 금액을 목적부동산의 소유자가 동시에 채무자인 경우 나중에라도 일반채권으로 다시 변제를 청구할 수 있으나, 소유자가 물상보증인인 경우 변제받지 못한 나머지 금액은 청구할 수 없다. 물상보증인은 목적부동산에 대하여만 책임을 지기 때문이다.

2차 (안분배당 후 흡수배당)

1가압류권자	박진석	12,500,000원
1근저당권자	하나은행	70,000,000원
1근저당권자	새마을금고	17,500,000원

배당표

실질 배당금액 100,000,000원		
순위	권리자	배당액
1	박신석(가입류권자)	12,500,000원
2	하나은행(근저당권자)	70,000,000원
3	새마을금고(근저당권자)	17,500,000원

Memo

사례 – 2

● 전 소유자에 대한 가압류의 배당순위와 배당받을 금액 ●

사건 2008타경 ○○○○ 물건내역	감정평가액 최저매각액	임대차내역 전입 · 확정 · 보증금	등기부상의 권리관계
서울 서대문구 합정동 000 면적 대지권 6.72㎡ (2평) 건물–전용 41.57㎡ (12.6평) 오피스텔	170,000,000원 136,000,000원 1유찰	갑 2006년 3월 4일 2006년 3월 4일 (확정) 7,000만원 배당요구	① 소유권 최홍인 ② 가압류 2004년 12월 11일 5,000만원 홍성진 ③ 소유권이전 김진경 ④ 근저당 2005년 10월 11일 16,000만원 신한은행 ⑤ 가압류 2006년 11월 7일 12,000만원 기술신용금고 ⑥ 강제 홍성진

사례설명

현 소유권자에게 소유권이 이전되기 전, 이미 전 소유자에 대하여 가압류(선행가압류, 조부가압류)가 설정되어 있다. 사례에서의 선행가압류는 매수인이 인수하여야 하는지 아니면 그 가압류는 배당절차에 참가하게 되고 매수인에게는 인수되지 않는 권리가 되는지를 살펴봐야 한다.

등기부관계

말소기준권리는 '② 가압류' 가 된다.

① 소유권보전

② 가압류

③ 소유권이전(현 소유자)

④ 근저당

⑤ 가압류

⑥ 강제경매

종래에는 전 소유자의 가압류채권(② 가압류)자가 경매신청을 한 경우 그 가압류는 매수인이 인수하지 않고 배당절차에 참가시켜왔고 현 소유자의 채권자가 경매신청한 경우에는 매수인은 그 가압류를 인수했었다. 그러나 지금 실무상에서는 누가 경매신청을 하였는지를 불문하고, 그 가압류권도 배당에 참가시키므로 매수인이 인수하는 권리가 아니다. 따라서 등기부상 매수인에게 인수되는 권리가 없으므로 매수인의 소유권이전등기촉탁 시 그 가압류를 포함하여 모두 말소된다. 단, 매각물건 명세서상 "선행가압류(② 가압류) 매수인이 인수함"이라고 기재되어 있는지 살펴보아야한다. 위와 같은 경우에는 ② 가압류는 말소되지 않는다.

임대차관계

임차인은 말소기준권리보다 전입일이 늦어 매수인에게 대항력이 없다. 그러나 확정일자를 구비하고 배당요구를 한 경우이므로 근저당권과 마찬가지로 후순위담보권자, 기타 일반채권자보다 먼저 임차보증금을 우선변제로 받을 수 있다. 배당에서 임차보증금을 수령하지 못한 경우에도 대항력이 없으므로 변제받지 못한 임차보증금을 매수인에게 주장할 수 없다.

배당관계

실질 배당할 금액은 편의상 15,000만원으로 한다.

- 먼저 선행가압류(② 가압류) 채권액을 배당한 후 남은 금액으로 현 소유자의 채권자들 사이에서 배당순위에 따른 배당절차가 이루어진다. 이 부분이 선행가압류가 없는 경우 선순위가압류와 담보물권 간의 안분배당이 이루어지는 것과 다르다. 따라서 '② 가압류권자' 에게 5,000만원이 먼저 배당된다.
- 선행가압류권(② 가압류)자에게 배당할 채권액은 등기된 채권액의 범위 내에서 실질 채권액이다. 이후 발생하는 이자와 소송비용 등 부대채권은 가압류의 처분금지적 효력이 미치는 것이 아니므로, 등기된 가압류금액의 범위를 넘는 이자 등 채권이 있어도 그 금액은 가압류의 순위에 따른 배당을 받을 수 없다.

배당표

실질배당금액 150,000,000원		
순위	권리자	배당액
1	홍성진(가압류권자)	50,000,000원
2	신한은행(근저당권자)	100,000,000원

사례 - 3

• 임금채권자가 가압류한 경우 배당순위 •

사건 2008타경 ○○○○ 물건내역	감정평가액 최저매각액	임대차내역 전입 · 확정 · 보증금	등기부상의 권리관계
서울 양천구 신정동 000 면적 대지권 63.01㎡ (19.1평) 건물-전용 66.78㎡ (20.2평) 아파트	530,000,000원 424,000,000원 1유찰	소유자 점유	① 근저당 2005년 3월 5일 12,000만원 국민은행 ② 근저당 2006년 8월 10일 22,000만원 하나은행 ③ 가압류 2006년 5월 15일 5,500만원 김상연 ④ 압류 2007년 3월 11일 서초구청 ⑤ 가압류 2007년 10월 5일 2,700만원 현대캐피탈 ⑥ 임의 국민은행

사례설명

가압류는 채권이므로 배당순위에 있어서 원칙적으로 물권보다 후순위가 된다. 그러나 민법, 상법 등 법률에 의하여 우선변제권이 주어진 채권을 목적으로 가압류가 설정되어 있는 경우 배당순위는 어떻게 되는지 살펴본다. 즉 근로기준법상 우선변제청구권이 있는 임금채권자가 매각부동산을 가압류한 경우, 배당순위는 가압류의 배당순위를 기준으로 할 것인지 아니면 우선변제권이 있는 임금채권의 배당순위로 결정되는지가 검토대상이다.
사례의 경우 '③ 가압류' 는 임금채권이다.

등기부관계

'① 근저당' 이 말소기준권리가 된다. 말소기준권리보다 선순위로 인수되는 권리가 없으므로 매수인의 소유권이전등기촉탁 시 등기부상 모든 권리는 말소된다.

배당관계

- 근로기준법상 우선변제권이 있는 임금채권자가 경매신청개시결정 전에 목적부동산을 가압류한 경우 배당요구의 종기까지 우선권 있는 임금채권임을 소명하지 않았다고 하더라도 배당표가 확정되기 전까지 그 가압류의 청구채권이 우선변제권 있는 임금채권임을 소

명하면 우선배당을 받을 수 있다.

- 가압류가 되어 있는 임금채권은 일반채권으로 배당순위가 정해지는 것이 아니라 최종 3개월분의 임금과 재해보상금은 소액임차인과 같은 순위로, 나머지 채권은 담보권보다는 후순위가 되고 조세 · 공과금 및 다른 일반채권에는 우선한다. 다만 담보권에 우선하는 조세 · 공과금에 대하여는 그러하지 아니하다. 원칙적으로 일반채권자 간에는 평등주의가 적용되지만 사례에서 '③ 가압류'는 임금채권이다. 따라서 '③ 가압류채권은 먼저 최우선적으로 3개월분 임금을 배당받고, 나머지 금액은 다른 권리들과의 우선순위에 따라 배당된다.

Memo

질의 1 **가압류권자도 별도로 배당요구를 하여야 하는가?**

첫 경매개시결정등기 전에 설정된 가압류권자는 배당요구 없이도 당연히 배당에 참가할 수 있으나, 첫 경매개시결정등기 후에 설정된 가압류권자는 배당요구종기까지 배당요구를 해야 한다.

질의 2 **가압류채권자가 배당받을 금액의 범위는 어디까지인가?**

원칙적으로 가압류채권자가 배당에서 주장할 수 있는 채권금액은 등기부에 기입된 채권의 금액 내에서 원금, 이자 및 비용이다. 등기부에 채권금액이 기재되어 있지 아니하면, 가압류결정사본 등 증빙서류를 제출하여 채권금액을 주장하여야 한다. 만약 가압류권자가 증빙서류를 제출하지 않은 경우, 집행법원은 가압류 결정을 내린 법원에 가압류의 청구금액을 조회하거나 가압류 결정 기록을 참고하여 배당표를 작성한다.

질의 3 **집행법원은 가압류채권자의 배당금을 어떻게 처리하고 있나?**

가압류권자는 배당표가 작성되어 배당기일에 배당이 실시되어도 가압류에 의한 본안소송이 확정되지 않은 경우 가압류권자는 배당된 금액을 수령할 수 없다. 이 경우 집행법원은 가압류권자에게 배당된 금액은 공탁을 하게 되고 본안소송의 결과 가압류채권자가 승소하면 이에 따라 공탁된 대금을 수령할 수 있다. 가압류권자가 본안소송에서 패소한 경우 공탁된 배당금은 임의경매인 경우 다른 채권자들에게 순위에 따른 추가배당을 하게 되고 강제경매로 진행되는 경우에는 채무자(소유자)에게 지급하게 된다.

질의 4 **배당절차에서 가압류채권의 배당순위는 어떻게 정해지나?**

가압류는 저당권과는 달리 물권이 아닌 채권이다. 물권은 배당순위에 있어서 원칙적으로 채권에 우선한다. 그러나 가압류채권이 등기부상 가장 선순위인 경우에는 후순위담보권자와 채권액에 안분비례하여 평등배당의 관계에 있다. 만약 매각부동산에 담보권이 존재하지 않고 채권만 여러 개가 존재하는 경우 각 채권들은 순위와 관계없이 각 채권액에 따라 평등배당을 하게 된다(채권자 평등주의).

질의 5 **가압류채권자도 매각절차에서 이해관계인에 포함되는가?**

가압류채권자는 본안소송에서 승소한 후 강제경매신청채권자가 아닌 이상 가압류 자체만으로는 이해관계인에 해당되지 않는다. 따라서 가압류채권자에게는 경매개시결정의 통지나 매각기일의 통지 등은 하지 않는다. 그러나 실무상에서는 가압류권자에게 채권신고의 최고서 등은 통지하고 있다.

질의 6 **등기부상 이해관계인이 가압류를 취소 신청할 수 있는 경우가 있는가?**

집행법원의 가압류결정으로 등기부상 가압류가 설정되어 있어도 가압류권자가 3년간 본안소송을 제기하지 않은 경우 채무자 또는 이해관계인은 그 가압류를 취소 신청할 수 있다(민사집행법 제288조 제1항 의3). 이 경우 가압류가 등기부에서 말소된다고 하여 채무자에 대하여 존재하는 가압류채권자의 채권이 소멸된다는 의미는 아니다.

질의 7 **가압류채권자도 경매신청을 할 수 있는가?**

가압류는 장차 채권을 보전하기 위하여 등기부상에 설정해 두는 보전처분이다. 따라서 가압류는 아직 확정된 채권이 아니므로, 가압류 권리 자체로는 경매신청을 할 수 없다. 이 경우 가압류권자는 법원에 소송을 제기하여 승소판결문을 첨부하여 강제경매를 신청해야 한다.

질의 8 **선순위가압류와 확정일자부임차인간의 배당순위는 어떻게 되나?**

확정일자를 갖춘 임차인은 저당권과 마찬가지로 후순위담보권자, 기타일반채권자보다 우선변제권이 있다. 따라서 선순위의 가압류채권자와의 배당은 저당권과 마찬가지로 각 채권액에 안분비례하여 평등배당의 관계에 있다.

질의 9 **경매개시결정 후 가압류를 신청할 수 있는가?**

목적부동산이 경매개시결정이 되었다고 하여도 아직 소유자가 변경된 것은 아니므로 가압류는 경매개시결정 후에도 신청할 수 있지만, 가압류등기를 마친 후 배당요구종기까지 배당요구를 해야 한다. 실무상 이러한 경우 이미 매각부동산에 많은 권리들이 설정되어 있어 배당 시 배당금을 기대하기란 어려울 것이다. 따라서 경매개시결정 후 가압류를 신청할 경우 배당금을 받을 수 있을 것인지를 검토하고 신청하는 것이 바람직하다. 가압류의 신청비용도 감안해야 하기 때문이다. 가압류신청 시 신청비용은 청구채권금액에 따라 소요되는 비용도 달라진다.

질의 10 **압류와 가압류의 차이점은 무엇인가?**

압류는 소유자가 체납된 조세 등을 납부하지 않을 경우 관할공무소에서 조세를 확보하기 위하여 목적부동산에 채권을 확보하는 권리이다. 체납된 조세를 납부하지 않을 경우 한국자산관리공사에 매각을 위임하여 매각대금에서 채권을 확보하기도 한다. 반면 가압류는 금전채권을 확보하기 위하여 채권자가 미리 채무자의 재산에 보전처분을 해두는 것이다. 후일 가압류권자가 본안소송에서 승소한 후 경매신청을 하여 등기부에 경매개시결정이 기입되면 그것 또한 압류로서의 효력이 발생한다.

04
SECTION

전세권과 관련된 사례와 질의 및 답변

전세권은 용익물권이지만 담보물권적 성질도 함께 가지고 있다. 따라서 저당권과 마찬가지로 후순위담보권자, 기타일반채권자보다 배당에서 우선변제권이 있다. 전세권과 임차권의 차이는 무엇인지 살펴본다.

사례

● 선순위전세권자가 경매신청을 한 경우 ●

사건 2008타경 ○○○○ 물건내역	감정평가액 최저매각액	임대차내역 전입·확정·보증금	등기부상의 권리관계
서울 양천구 신정동 000 면적 대지권 29.86㎡ (9평) 건물-전용 221.44㎡ (67평) 아파트	1,900,000,000원 1,216,000,000원 1유찰 1유찰	갑 전입신고 없이 점유 60,000만원 (전세권자)	① 전세권 2006년 6월 28일 존속기간 2008년 6월 28일까지 60,000만원 전세권자 박충일 ② 근저당권 2006년 11월 17일 118,000만원 기업은행 공동담보 동소 ③ 가압류 2007년 9월 10일 32,000만원 기술신용보증기금 ③ 압류 2008년 2월 11일 양천구청 ④ 임의 박충일

사례설명

등기부상 최선순위전세권자가 임의경매신청을 한 경우이다. 말소기준권리보다 선순위인 전세권은 원칙적으로 매수인이 인수해야 하는 권리이다. 그러나 사례와 같이 선순위전세권자가 경매신청을 한 경우 그 전세권은 매수인이 인수하여야 하는지 또한 전세권자가 배당에서 전세보증금 전액을 배당받지 못한 경우 나머지 금액은 매수인이 인수하여야 하는지를 검토해본다.

등기부관계

등기부상 말소기준권리보다 선순위전세권이 존재한다. 원칙적으로 그 전세권은 소멸하지 않고 매수인에게 인수되는 권리이다. 예외적으로 말소기준권리보다 선순위전세권이라도 전세권자가 경매신청을 한 경우 전세권은 배당에 참가하게 되고 전세권은 매수인에게 인수되는 권리가 아니다. 따라서 매수인에게 인수되는 권리가 없으므로 매수인의 소유권이전등기촉탁 시 모두 말소된다.

임차인관계

전세권자 갑은 임차인의 대항요건(전입 및 점유)도 함께 갖추고 있으면 임차인으로서의 권리도 주장할 수 있으나 사례의 경우 그러한 요건을 갖추지 못하였으므로 임차인의 권리는 주장할 수 없다.

배당관계

임차인의 대항요건과는 달리 전세권자는 전입, 점유와 상관없이 등기부에 전세권이 설정되면 물권으로서의 권리가 인정된다. 전세권은 용익물권이지만 담보물권의 성질도 가지고 있다. 즉 근저당권과 같이 후순위담보권자, 기타 일반채권자보다 먼저 배당에서 우선변제를 받을 수 있다. 전세권자가 매각대금에서 전세보증금 전액을 배당받지 못한 경우라도 매수인에게 나머지 금액을 주장할 수 없다. 그러나 전세권자가 임차인의 대항력을 겸유하고 있는 경우 배당받지 못한 나머지 금액은 대항력으로 매수인에게 주장할 수 있으므로, 입찰 전 세대열람을 통하여 전세권자가 전입신고를 하고 거주하는지를 확인할 필요가 있다.

질의 1 확정일자와 전세권의 차이점은 어떤 것들이 있나?

비교 사항	전 세 권	확 정 일 자
공 시 효 력	등기부에 전세권 설정	임대차 계약서상에 확정일자인 부여 보증금반환청구소송으로 강제경매신청
보증금회수방법	임의경매신청	원칙적으로 배당요구종기까지 반드
배 당 요 구	원칙적으로 필요하지 않음	시 필요함 대지가격 포함
배 당 금 액	건물분만 인정(단, 집합건물인 경 우에는 대지가격 포함)	대항요건이 없으면 우선변제권을 주
대 항 요 건 (점유및전입)	필요 없음	장할 수 없음

※ 양자 모두 후순위담보권자, 기타 일반채권자보다 우선변제권이 인정된다.

질의 2 전세권자의 경매신청방법은 어떻게 하면되나?

전세권자는 전세권기간이 만료되면 전세목적물을 인도하고, 전세금을 반환받는다. 그러나 집주인이 전세금을 반환하여 주지 않는 경우 부득이 경매신청으로 전세금을 회수할 수밖에 없다. 전세권자의 전세목적물 인도와 집주인의 전세금 반환은 서로 동시에 이루어져야 하는 동시이행관계에 있다. 따라서 전세권자가 경매신청하기 위해서는 먼저 전세목적물을 집주인에게 인도하고 전세권말소등기에 필요한 서류(전세권등기권리증, 전세권자의 인감증명서)를 교부하겠다는 내용증명을 발송하여 그것을 증빙서류로 첨부하여 경매신청을 할 수 있다.

질의 3 **전세권자도 배당금을 수령할 때 명도확인서가 필요한가?**

전세권자는 대항력 있는 임차인의 지위를 함께 가지고 있는 등 특별한 사정이 없는 한 배당금 수령시 매수인의 인감이 날인된 명도확인서 및 인감증명서를 첨부해야 한다. 전세권자가 배당에서 전세금 전액을 회수하지 못한 경우라도 명도확인서를 첨부하여야 한다. 그러나 전세권과 더불어 주택임차인으로서의 대항력도 갖춘 경우 전세권자는 주택임차인으로서의 권리를 동시에 주장할 수 있다. 따라서 전세권으로 배당받지 못한 금액이 있는 경우 전세권자는 나머지 금액에 대하여 임차인으로 대항력을 주장할 수 있으므로 전세금배당수령 시 명도확인서는 필요하지 않다.

질의 4 **전세권 자체가 경매목적물로 되는 경우 집행방법은 어떻게 이루어지나?**

소유권이 아닌 전세권 자체를 집행하는 방법이다. 이 경우 전세권의 환가방법은 전세권자에 대하여 집행력 있는 채무명의를 가진 자의 강제집행방법과 전세권의 저당권자가 임의경매로 전세권을 매각하는 방법이 있다.

▶ 채무명의에 의한 강제집행방법

(1) 존속기간이 만료되지 않은 전세권

전세권자에 대하여 채권을 가지고 있는 자는 전세권을 가압류한 후 승소판결을 받아서 기타의 재산권에 대한 강제집행절차의 방법으로 실행해야 한다. 즉, 존속기간이 만료되지 않은 전세권에 대하여 집행을 하고자 하는 채권자는 전세권의 환가를 위하여 양도명령, 매각명령 등의 특별환가방법을 신청할 수 있다.

(2) 존속기간이 만료된 전세권

존속기간의 만료로 전세권이 소멸한 경우 이젠 전세권 자체를 환가할 수 없다. 그러나 전세권에 대하여 가압류한 경우 전세권자의 전세금반환채권에 대하여 가압류의 효력이 미치므로 가압류를 본 압류로 전이하는 '채권압류 및 추심명령 또는 채권압류 및 전부명령'을 받아 집행해야 한다.

▶ 저당권자의 임의경매에 의한 매각방법

(1) 존속기간이 만료되지 않은 전세권

부동산의 경매절차에 의한다(대법원 95마684). 따라서 담보권 실행 등을 위한 경매(민사집행법 제264조) 절차로 진행한다. 즉 소유권의 매각이 아니라 전세권을 매각한다. 통상적으로는 전세권이 만료된 후 집행하는 경우가 대부분이고, 실무상에서는 극히 드문 경우이다.

(2) 존속기간이 만료된 전세권

전세권의 존속기간이 만료되면 목적부동산을 사용할 수 있는 권리가 없어지므로 더 이상 전세권 자체에 대하여 저당권을 실행할 수 없다. 따라서 전세금반환채권에 대하여 저당권의 존재를 증명하는 등기부등본을 집행법원에 제출하여 '추심명령 또는 전부명령'을 받아 집행하게 된다. 전부명령을 받은 때에는 전세권이 채권자(전세권의 저당권자)에게 이전되므로, 채권자는 전세권자의 지위에서 그 전세권을 실행할 수 있다. 이러한 전세권 취득은 법률 규정에 의하여 인정되는 것이므로 전세권 이전의 부기등기를 필요로 하지 않는다. 그러나 전세권의 채권자가 전세권에 의한 경매신청을 할 경우 실무상에서는 부기등기로 전세권이전등기를 필요로 한다.

질의 5 **강제집행에 의한 전세권양도명령이란 무엇인가?**

집행법원은 집행채권의 지급에 갈음하여 압류채권자에게 적당한 평가액으로 피압류채권의 양도를 명할 수 있는데, 이를 '양도명령' 이라고 한다. 즉 전세권 자체를 채권자에게 양도하는 방법이다. 제3채무자(소유자)에게 양도명령 결정이 송달되어 확정되면, 제3채무자에게 송달된 때에 소급하여 평가액(양도가액)의 한도 내에서 집행비용청구권 및 집행채권은 소멸하게 되고 채무자는 채무를 변제한 것으로 된다.
주문은 다음과 같다.

※ 전세권의 환가종료 시 권리이전등기와 압류기입등기의 말소촉탁을 하게 된다. 즉, 양도명령이 확정된 때 집행법원은 등기공무원에게 채권을 취득한 자에 대한 전세권이전등기와 전세권에 압류된 기입등기의 말소를 동시에 촉탁해야 한다.

질의 6 **전세권의 목적 부분을 다시 임차한 소액임차인은 보호되는가?**

전세권자 달리 소유자의 동의 없이도 전세권을 임차할 수 있다. 이 경우 전세권의 목적 부분을 다시 임차한 소액임차인은 배당에서 최우선변제로 일정한 보증금을 변제받을 수 있는지에 대하여 관련된 판례는 아직 보이지 않는다. 그러나 임차권등기가 경료된 주택을 다시 임차한 소액임차인은 최우선변제를 받을 수 없는 것처럼, 전세권자도 임차권등기권자와 비슷한 지위에 있다고 보여 지므로, 이 경우 소액임차인으로서 보호를 받을 수 없다는 것이 소장 판사들의 견해이다.

질의 7 **강제집행에 의한 전세권의 매각명령이란 무엇인가?**

▶ 존속기간이 만료되지 않은 전세권인 경우

매각명령은 추심에 갈음하여 법원이 정하는 방법으로 그 채권 매각을 집행관에게 명하는 결정이다. 매각명령에 특별한 지시가 없으면, 집행관은 유체동산 집행에 준하여 전세권을 매각하게 되고, 집행법원은 그 대금으로 변제에 충당한다.

주문은 다음과 같다.

채권자의 신청이 있으면 집행관은 유체동산 경매에 관한 절차에 따라 그 전세권을 매각해야 한다. 이 경우도 양도명령과 같이 전세권에 대한 매각이 종료된 때 전세권이전등기와 압류기입등기의 말소를 동시에 촉탁히어야 한다.

▶ 존속기간이 만료되거나 합의 해지된 전세권인 경우

전세권에 대한 가압류, 압류의 효력은 전세권반환채권에 미치므로 집행력 있는 채무명의를 얻은 채권자는 전세금반환채권에 대하여 '가압류를 본 압류로 전이하는 채권압류 및 추심명령 또는 채권압류 및 전부명령' 을 받아 집행한다.

05

SECTION

법정지상권과 관련된 사례와 질의 및 답변

법정지상권의 문제는 일반인들이 많이 꺼리는 물건으로 통상적으로 쳐다보지도 않고 포기하는 경우가 많다. 그러나 남들이 어렵게 생각되는 물건을 분석할 줄 아는 지식을 가진다면 경매의 틈새시장으로 수익을 창출할 수 있을 것이다.

사례

● 매각물건이 법정지상권이 성립되는 건물인 경우 ●

사건 2008타경 OOOO 물건내역	감정평가액 최저매각액	임대차내역 전입 · 확정 · 보증금	등기부상의 권리관계
서울 도봉구 창동 000 면적 대지권 75㎡ (23평) 건물–전용 26.22 ㎡ (7.9평) 상가 건물만 매각	168,000,000원 107,520,000원 1유찰 1유찰	갑 2007년 1월 10일 사업장등록 2007년 12월 10일 (확정) 4,000만원 배당요구 월 80만원	건물등기부 ① 가압류 2006년 6월 5일 19,000만원 정진선 ② 가압류 2007년 11월 13일 8,000만원 대우캐피탈 ③ 압류 2008년 1월 10일 도봉세무서 ④ 강제 정진선

사례설명

토지와 건물이 일괄로 매각이 되지 않고 토지, 혹은 건물만 매각될 경우 법정지상권 문제가 발생한다. 토지소유자와 건물소유자가 다른 경우 토지소유자는 건물소유자에게 지상권을 설정한 것으로 보기 때문이다. 법정지상권이 성립하는 건물만 매각으로 나온 경우, 상권도 좋고 투자가치 있는 물건이라면 입찰을 고려할 필요가 있다.

등기부관계

말소기준권리는 건물만을 기준으로 판단한다. 사례의 경우 말소기준권리는 '① 가압류' 가 된다. 말소기준권리보다 선순위로 매수인에게 인수되는 권리는 없다. 따라서 매수인의 소유권이전등기촉탁 시 인수되지 않는 모든 권리는 말소된다.

임대차관계

상가임차인 갑은 사업자등록일이 말소기준권리보다 늦어 매수인에게 대항력을 주장할 수 없다. 그러나 확정일자부임차인이고 배당요구도 하였으므로 후순위담보권자, 기타일반채권자보다 먼저 임차보증금을 배당받을 수 있다. 보증금과 월세를 합한 환산보증금이 12,000만원이므로 소액임차인에는 해당되지 않는다.

건물만 매각이 되는 이유

대지와 건물에 대하여 공동으로 권리(저당권 등)를 설정해두었으나, 그 중 건물만 경매신청한 경우, 토지에는 권리설정이 없고 건물에만 권리가 설정된 경우이다. 이때 건물에만 채권이 있는 자는 대지에 대하여는 경매신청권이 없다. 따라서 대지를 제외한 건물만 경매신청을 할 수밖에 없다. 은행권에서는 통상적으로 대지와 건물을 공동담보로 하여 근저당권을 설정하지만, 일반인들은 건물에 대하여만 가압류 등 권리를 설정해두는 경향이 있다.

갱신청구권과 지상물매수청구권

지상권자는 존속기간이 만료된 후 다시 지상권을 갱신하여 줄 것을 토지소유자에게 요구할 수 있는 갱신청구권이 있으며, 대지소유자가 갱신을 거절한 경우 토지소유자에게 그 지상건물을 적당한 가격으로 매수할 것을 청구할 수 있는 지상물매수청구권이 있다. 따라서 매각건물이 향후 가치도 있고 상권도 좋은 곳으로 투자수익이 좋은 물건이라면, 매각물건명세서에 "법정지상권 성립여지 있음"이라고 기재가 되어 있다고 해서 무조건 입찰을 포기할 것이 아니다. 토지에 대한 지료의 금액과 건물에 대한 수익성 등을 종합적으로 검토하여 입찰을 고려할 필요도 있다.

질의 1 법정지상권이 성립하는 유형으로 어떤 것들이 있나?

▶ 민법 제366조(경매로 인한 법정지상권)

▶ 관습법상 법상지상권

동일한 소유자의 대지와 그 지상건물이 매매에 의하여 대지와 건물의 소유자가 각각 달리 되는 경우이다. 이 경우 건물을 철거한다는 조건이 없는 한 건물소유자는 대지 위에 있는 건물을 위한 관습상의 법정지상권을 취득한다.

▶ 전세권의 법정지상권

토지와 건물이 동일한 소유자일 때 그 건물에 대하여 전세권을 설정한 후 토지소유자가 변경된 경우, 건물소유자를 위하여 법정지상권이 성립한다. 관습법상 법정지상권과는 달리 토지의 양도인과 양수인 간에 건물을 철거한다는 특약이 있어도 전세권자의 보호 차원에서 법정지상권이 성립한다.

▶ 입목(수목의 집단을 입목등기부에 보존등기한 수목)에 관한 법정지상권

토지와 입목의 소유자가 동일인이고 토지 또는 입목에 저당권이 설정된 경우, 경매 기타 사유로 토지와 입목의 소유자가 각각 달라지면 입목소유자는 그 토지상에 법정지상권을 주장할 수 있다.

▶ 가등기담보 등에 관한 법률

토지와 건물이 동일한 소유자일때 토지 또는 건물에 가등기담보 등이 설정된 경우 담보권의 실행에 의하여 토지와 건물의 소유자가 달라진 경우 건물소유자에 대하여 법정지상권이 인정된다.

질의 2 미등기건물에도 법정지상권이 성립할 수 있는가?

법정지상권의 성립요건 중 하나인 '저당권 설정 시 건물이 존재한다' 함은 그 건물이 실제 존재하면 되고, 건물등기부가 없는 미등기 건물이라도 상관없다. 저당권 설정시 법정지상권이 성립하고 있던 건물이 멸실되어 다시 신축한 경우 그 법정지상권도 소멸한다.

질의 3 경매로 인한 법정지상권이 성립될 경우 지료와 지상권의 소멸청구는?

▶ 민법 제366조(경매로 인한 법정지상권)의 경우 그 지료는 당사자의 협의나 법원에 의하여 결정하도록 하고 있다. 따라서 지료 문제는 원칙적으로 당사자 간의 합의로 정하고, 합의가 되지 않을 경우 토지소유자는 법원에 토지지료청구소송을 제기하면 된다. 통상적으로 법원에서 인정하는 지료는 건물의 소유자가 사용하고 있는 범위에서 토지의 감정평가금액에 연 5~7%선에서 결정이 된다.

▶ 지료는 보통 1년에 한 번씩 지불하는데 건물소유자가 지료를 2기 연체하였을 경우, 토지소유자는 건물소유자에게 지상권소멸을 청구할 수 있다. 지상권이 소멸하며 지상건물의 철거 및 토지반환소송으로 토지를 반환받을 수 있고, 연체한 지료채권을 청구권으로 그 건물에 대하여 강제경매를 신청하여 지료채권을 확보할 수도 있다.

※ 주의할 점은 법정지상권이 성립되더라도 지료가 당연히 정해지는 것이 아니므로 매수인은 건물소유자(법정지상권자)와 지료에 관하여 합의에 의하던지 아니면 법원의 결정으로 지료를 정해야 한다. 만일 지료가 정해지지 않은 상태에서 법정지상권자가 지료를 2기 이상 연체하였더라도 지료 연체를 이유로 지상권 소멸을 청구하는 것은 허용되지 않는다는 것이 대법원 판례의 입장이다.

질의 4 법정지상권이 성립하고 있는 건물을 매수한 경우 법정지상권도 함께 취득하는가?

법정지상권을 취득한 자로부터 경매에 의하여 소유권을 이전받은 매수인은 건물을 철거한다는 등의 매각조건이 있는 등 특별한 사정이 없는 한 건물의 취득과 함께 지상권도 당연히 취득한다(대법원 84다카1578).

질의 5 **법정지상권이 성립하고 있는 건물을 경매로 매수한 경우 이전의 지상권자가 체납한 지료 문제는 어떻게 처리되는가?**

입찰물건명세상 매각조건으로 건물을 철거한다는 등의 특별한 사정이 없는 한 건물매수인은 당연히 그 건물에 성립되고 있는 법정지상권을 취득한다. 토지소유자는 지료를 제3자에게 주장하기 위해서는 원칙적으로 지료에 관하여 등기부에 등기를 해야 한다. 따라서 지료에 관하여 등기가 되어 있지 않는 지료채권을 이전의 법정지상권자가 연체하였다고 하더라도 토지소유자는 그 연체사실을 들어 새로 건물을 매수한 매수인에게 연체된 지료청구를 할 수 없다. 따라서 토지소유자는 새로이 매수한 법정지상권자와 지료에 대한 협의를 하고, 협의가 성립이 되지 않을 경우 법원에 소송을 제기하여 권리를 주장해야 한다.

질의 6 **소유권이전등기를 경료하지 않은 "사실상 처분권자"의 법정지상권은 성립하는가?**

토지를 매수한 후 아직 소유권이전등기를 경료하지 않았으나 사실상 처분권을 취득한 자(토지매수인)가 지상에 건물을 신축하여 소유권을 취득한 경우 건물만이 강제경매가 되어 토지와 건물 소유자가 각각 다르게 되어도 법정지상권은 성립하지 않는다. 이 경우 토지매수인은 토지에 대하여 사실상의 처분권은 있으나 소유권이전등기가 되어 있지 않아 법적 소유권자가 아니므로 법정지상권의 성립요건인 토지소유자와 건물소유자가 동일인이어야 한다는 조건을 충족시키지 못하기 때문이다.

질의 7 토지에 저당권을 설정할 때 건물이 건축 중인 경우 법정지상권이 성립될 수 있는가?

법정지상권이 성립되는 조건 중 하나가 저당권 설정 당시 건물이 존재해야 하는데 그 건물이 완공된 것이 아니고 건축 중일 경우에도 건물로 볼 것인지가 문제가 된다. 대법원 판례에서는 건물이 사회 관념상 독립된 건물까지 이르지 않았다 하더라도 건물의 규모나 종류로 볼 때 외형상 예상할 수 있는 정도까지 건축물이 진전되어 있는 경우에는 건물이 존재하는 것으로 인정할 수 있다고 한다. 예컨대 토지에 관한 저당권 설정 당시 그 지상에 토지소유자에 의해 5층짜리 건물을 짓는다고 가정할 때, 지하 터와 1층까지 이미 철골물 구조가 진행되어 있다면 건물로 인정할 수 있다. 따라서 법정지상권의 다른 요건을 모두 갖춘 경우라면 건축 중인 그 건물은 사회 관념상 이미 건물로 존재하고 있다고 보여 지므로 법정지상권을 주장할 수 있다.

질의 8 법정지상권의 요건을 갖춘 경우 효력은 언제부터 발생되나?

법정지상권의 성립 시기는 토지와 건물의 소유자가 각각 달라지는 때이므로, 매수인이 소유권을 취득하는 시점인 매각대금을 완납한 때부터 법정지상권은 당연히 성립하게 된다.

질의 9 나대지상의 가등기권자에 대한 법정지상권은 성립하는가?

채권을 담보하기 위해 나대지상에 소유권이전가등기가 설정된 후 대지소유자가 그 지상에 건물을 신축하였고 이후 가등기에 기한 본등기가 경료되어 토지소유자(가등기권자)와 건물소유자가 다르게 된 때 건물소유자는 관습법상 법정지상권을 주장할 수 없다(대법원 94다5458).

질의 10 **가등기담보에 의한 소유권이전 시 법정지상권이 인정될 수 있는가?**

대지와 건물을 함께 소유하고 있던 자로부터 건물의 일부에 관하여 공사대금채권의 담보가등기를 설정한 후 대물변제로 그 건물 부분의 소유권을 양도받은 자는 건물 부분의 사용에 필요한 범위 내에서 대지에 관하여 관습상의 법정지상권을 취득한다.

질의 11 **나대지에 저당권이 설정된 후 대지상에 건물이 신축된 경우 법정지상권을 주장할 수 있나?**

건물이 없는 토지(나대지)에 저당권이 설정된 후 토지소유자가 건물을 축조한 경우 법정지상권은 인정되지 않고 철거대상이 된다. 따라서 이러한 경제적 손실을 막기 위하여 「민법」에서는 토지저당권자가 경매신청 시 건물도 함께 신청할 수 있도록 일괄경매신청권을 부여하고 있다(제365조). 물론 토지저당권자는 토지매각대금에서만 우선변제권이 있다.

질의 12 **관습상 법정지상권이 있는 건물의 양수인이 건물의 소유권이전등기만 하는 경우 법정지상권이 인정되는가?**

관습상 법정지상권이 있는 건물의 소유자가 건물을 제3자에게 양도하고 양수인이 법정지상권에 관한 등기를 경료하지 아니한 경우 양수인은 양도인을 대위하여 지상권이전청구권을 주장할 수 있음은 별론으로 하고 건물의 소유권을 취득한 사실만 가지고는 법정지상권을 취득하였다고 할 수 없다. 따라서 대지소유자에게 지상권을 주장할 수 없고 그 법정지상권은 당초의 법정지상권자(양도인)에게 유보되어 있다고 보아야 한다(대법원 94다39925).

질의 13 관습상 법정지상권이 성립하는 건물을 양수한 자가 건물의 전 소유자를 대위하여 지상권갱신청구권을 행사할 수 있는가?

법정지상권자가 건물을 제3자에게 양도하는 경우 특별한 사정이 없는 한 건물과 함께 법정지상권도 양도하기로 한 채권적 계약이 있었다고 할 것이다. 따라서 양수인은 양도인을 순차대위하여 토지소유자 및 건물의 전 소유자에 대하여 법정지상권의 설정등기 및 이전등기절차이행을 구할 수 있다. 법정지상권이 성립되는 건물의 양수인은 법정지상권에 대한 등기를 하지 않았다 하더라도 토지소유자에 대한 관계에서 적법하게 토지를 점유 사용하고 있는 자라 할 것이고, 따라서 건물을 양도한 자라고 하더라도 지상권갱신청구권이 있고 건물의 양수인은 법정 지상권자인 양도인의 갱신청구권을 대위행사할 수 있다(대법원94다39925).

질의 14 담보지상권이란 무엇인가?

실무상 금융기관에서 토지(나대지)에 저당권을 설정할 경우 동시에 담보가치를 높이기 위하여 형식적으로 지상권을 설정하여 두는 것을 소위 '담보지상권'이라 부른다. 이 경우 토지상에 건축물을 신축할 경우, 건축허가서에 그 지상권자의 동의서를 첨부해야 한다. 실무상에서는 토지소유자가 건축허가를 받기 위하여 지상권자에게 동의서를 요청할 때 건물을 신축한 후 토지 저당과 동일한 채권의 담보목적으로 건물등기부에 저당권의 공동담보를 설정하는 것으로 약정하고 동의서를 발급해준다. 이러한 부수적인 담보지상권은 말소기준권리보다 선순위라도 저당권이 소멸하면 함께 소멸되게 된다.

질의 15 구분지상권이란 무엇인가?

지상권의 효력은 원래 토지의 상하에 미치는 것이나 지하철, 지하주차장, 지하상가 등 지하공작물이나 고가도로 등 공중공작물을 소유하기 위하여 "지하 또는 공간의 상하 범위를 정하여 그 부분을 목적으로 지상권을 설정할 수 있는데, 이를 '구분지상권' 이라 부른다.

등기부(을 구)

순위번호	등기목적	접 수	등 기 원 인	권리자 및 기타사항
1	지상권설정	1993년 2월 8일 제5800호	1993년 1월 30일 설정계약	목적 지하철도 소유 범위 편입면적 114㎡는 남쪽 끝지점 포함. 지하 평균 해수면 위 29m로부터 지하 평균 해수면 위 8m 사이 존속기간 지하철도 존속까지 지료 1,300,000원 일시불 선급 지상권자 서울도시철도공사

질의 16 임야경매시 입목의 법정지상권도 성립될 수 있는가?

토지에 대하여 일정한 조건 하에 건물소유자의 법정지상권이 성립하는 경우와 마찬가지로 임야에 입목이 소재하고 법정조건을 갖추면 입목소유자는 토지소유자에 대하여 법정지상권을 주장할 수 있다. 즉, 토지(임야)에 저당권설정 당시 입목이 존재하고 토지와 입목의 소유자가 동일할 때 매각으로 토지와 입목의 소유권자가 각각 달라지면 토지소유자는 입목소유자에게 지상권을 설정한 것으로 본다.

질의 17 지상권설정자의 지상권소멸 청구와 지상권자의 권리는 어떠한 것들이 있는가?

지상권자는 지상권이 존속하는 동안 지상권으로 설정된 목적 범위 내에서 토지를 사용할 권리를 갖는다. 지료(토지사용료)에 관하여는 계약으로 무상으로 이용할 수도 있고 유상으로 약정할 수도 있다. 지료를 약정한 경우 지상권자가 2기(2년) 이상 지료를 지급하지 않을 경우 토지소유자는 지상권계약을 해지하고 지상권소멸을 청구할 수 있다. 지상권자는 지상권설정자(토지소유자)에게 다음과 같은 권리를 주장할 수 있다.

▶ 갱신청구권

지상권 존속기간이 만료된 후 지상권을 갱신하여 줄 것을 토지소유자에게 요구할 수 있다.

▶ 지상물매수청구권

① 토지소유자는 지상권이 존속기간 만료로 인하여 지상권자가 지상권을 다시 갱신해줄 것을 요구하면 응할 수도 있지만 갱신청구를 거절할 수도 있다. 토지소유자가 갱신을 거절한 경우 지상권자는 토지소유자에게 그 지상건물을 적당한 가격으로 매수할 것을 청구할 수 있다. 여기서 '적당한 가격'은 지상물 매수청구 당시의 건물 가액을 말한다.

② 지상권자가 갱신청구권이나 지상물매수청구권을 요구한 경우 토지소유자는 이들 두 권리 중 어느 하나는 선택해야 한다. 단, 지상권자가 지료를 지불하지 않거나, 불법행위 등 지상권자의 잘못으로 인하여 지상권이 소멸되는 경우 갱신청구권이나 지상물매수청구권은 인정되지 않는다.

06

SECTION

유치권과 관련된 사례와 질의 및 답변

매각절차에서 유치권 신고가 있는 경우라도 실무상에서 보면 허위의 유치권자가 많이 있다. 적법한 유치권자인지 허위의 유치권자인지를 가려낼 수 있는 지식만 쌓는다면, 나름대로의 수익성을 올릴 수 있는 틈새시장이라 볼 수 있다.

사례

● 공사대금을 유치권으로 주장하는 경우 ●

사건 2008타경 OOOO 물건내역	감정평가액 최저매각액	임대차내역 전입 · 확정 · 보증금	등기부상의 권리관계
서울 성동구 구의동 000 면적 대지권 51.25㎡ (15.5평) 건물-전용 64.89㎡ (19.6평) 다세대	230,000,000원 184,000,000원 1유찰	갑 2007년 3월 10일 2007년 3월 10일 (확정) 8,500만원 배당요구	① 근저당 2006년 12월 5일 15,000만원 국민은행 ② 가압류 2007년 5월 17일 3,000만원 하나은행 ③ 압류 2007년 8월 10일 광진구청 ④ 임의 국민은행

사례설명

8가구가 1동으로 신축된 다세대주택이다. 공사업자가 공사대금을 받지 못하여 1동 전체에 대하여 유치권을 행사하고 있는 경우, 유치권 금액의 전부를 8가구 중 어느 한 가구에게만 청구할 수 있는지를 살펴본다. 또한 어느 한 가구가 유치권에 의해 담보되는 총 채권을 변제한 경우 변제한 금액에 대하여 다른 가구에게 구상권을 주장할 수 있는지도 검토해본다.

등기부관계

말소기준권리는 '① 근저당'이다. 매수인에게 인수되는 말소기준권리보다 선순위 권리가 없으므로 매수인의 소유권이전등기촉탁 시 모두 말소된다.

임대차관계

임차인 갑은 대항요건이 말소기준권리보다 후순위여서 매수인에게 대항력을 주장할 수 없다. 그러나 확정일자부임차인이므로 배당에서 후순위담보권자, 기타일반채권자보다 먼저 임차보증금을 반환받을 수 있다. 소액임차인에는 해당되지 않아 최우선변제권은 주어지지 않는다.

구상권문제

사례에서 유치권자가 공사대금채권을 총 8가구에 대해 가지고 있는 불가분채무라면 유치권자는 어느 한 가구에게 유치권에 의해 담보되는 채권총액에 대하여 권리를 주장할 수 있다. 이 경우 유치권에 대한 채권을 전액 변제한 자는 자기가 부담하여야 할 유치권에 대한 채권을 제외한 금액을 다른 7가구를 상대로 각각 부담하여야 할 유치권에 대한 채권금액만큼 구상권을 행사할 수 있다.

질의 1 **유치권자도 매각절차에서 이해관계인에 해당되는가?**

유치권은 담보물권이지만 저당권과 같이 등기할 수 있는 권리가 아니므로 원칙적으로 매각절차에서 이해관계인에 해당되지 않는다. 그러나 유치권자가 집행법원에 유치권신고를 하면 그때부터 이해관계인에 해당된다.

질의 2 **매각부동산에 관하여 유치권의 존부를 알 수 있는 방법은 있나?**

유치권은 일정한 법정요건을 갖추면 법률상 당연히 성립하는 법정담보물권이다. 그러나 등기부에 기입할 수 없는 권리이므로, 매각부동산에 대한 유치권의 존부를 알아내기는 쉽지 않다. 따라서 집행법원에서 작성한 매각물건명세서상의 점유관계와 유치권신고 등을 참조하고, 특히 신축된 건물에 관한 유치권 문제는 임장활동(목적물의 현장방문)을 통하여 공사대금채권을 알아보아야 한다. 오래된 건물에 유치권이 성립하는 경우에는 임차인의 유익비 또는 필요비 지출로 인한 경우가 대부분이다.

질의 3 **채권이 발생함과 동시에 유치물을 점유해야 유치권이 성립되는가?**

유치권에 의해 담보하려는 채권은 물건 그 자체에 대하여 발생한 채권이여야 한다. 즉 물건과 채권은 견련성이 있어야 유치권이 성립한다. 그러나 물건의 점유와 채권 간에는 견련성이 요구되지 않는다. 예컨대 유치권이 성립하는 채권이 유치권자가 목적물건의 점유 중에 발생한 것은 물론이고 목적물건을 점유하기 이전에 채권이 발생하고 어떠한 사정으로 인하여 점유는 그 이후에 한 경우에도 유치권은 성립한다.

질의 4 유치권자가 목적물을 타인에게 임대한 경우에도 유치권이 인정되는가?

유치권의 성립요건인 점유는 직접점유이든 간접점유이든 상관없지만, 유치권자는 채무자의 승낙이 없는 이상 유치물을 타인에 임대할 수 있는 처분권한이 없다. 유치권자의 그러한 임대행위는 소유자의 처분권한을 침해하는 것으로서 소유자에게 임대의 효력을 주장할 수 없다. 따라서 소유자의 동의 없이 유치권자로부터 유치권의 목적물을 임차한 자의 점유는 '매수인에게 대항할 수 있는 권원'에 기한 것이라고 볼 수 없다. 즉 이와 같은 경우에는 유치권이 성립되지 않는다.

질의 5 유치권의 성립요건 중 '물건에 대한 점유'의 의미와 판단기준은 무엇인가?

점유란 물건이 사회통념상 점유자의 사실적 지배에 속한다고 보여지는 객관적 관계에 있는 것을 말한다. 사실상의 지배가 된다고 하기 위해서는 반드시 물건을 물리적 · 현실적으로 지배하는 것만을 의미하는 것이 아니고, 물건과 사람과의 시간적 · 공간적 관계와 본권과의 관계, 타인 지배의 배제 가능성 등을 고려하여 사회 관념에 따라 합목적으로 판단해야 한다(대법원 95다8713).

질의 6 임대인에 대한 손해배상청구권으로 유치권을 주장할 수 있는가?

임대인에 대한 임차보증금반환청구권이나 임차인이 건물을 임차목적대로 사용하지 못해 발생한 임대인에 대한 손해배상청구권으로 유치권을 주장할 수 없다. 유치권으로 주장할 수 있는 채권은 물건 등의 가치를 보존 또는 증진시키기 위하여 그 물건 자체에 지출된 필요비 또는 유익비의 상환청구권이어야 한다. 임차보증금이나 손해배상청구권은 건물 자체에 관하여 생긴 채권이라 할 수 없다.

질의 7 **경매개시결정의 기입등기가 이루어지고 난 후 점유한 경우에도 유치권은 성립하는가?**

경매개시결정의 기입등기가 경료되어 압류 효력이 발생한 후 그 부동산에 대한 점유가 유치권자인 공사대금채권자에게 이전된 경우 유치권의 성립을 주장할 수 없다. 이와 같은 점유이전은 목적물의 교환가치를 감소시킬 우려가 있는 처분행위에 해당하여 「민사집행법 제92조 제1항, 제83조 제4항」에 따른 압류 처분금지의 효력에 저촉되어 매수인에게 유치권을 주장할 수 없다(대법원 2005다22688).

질의 8 **임대차계약서상 유치권의 발생을 배제하는 특약은 효력이 있는가?**

임차인은 임차한 건물에 대하여 유익비 또는 필요비를 지출한 경우 그 비용을 임대인에게 청구할 수 있으며 비용을 반환받을 때까지 건물에 대하여 유치권을 행사할 수 있다. 그러나 통상적으로 임대차계약서를 작성할 때 임대차관계 종료 시 건물을 '원상으로 복귀'하여 임대인에게 명도하기로 하는 약정을 임대차계약서상에 기재하는 경우가 많다. 이러한 문구가 기재된 임대차계약서를 작성한 경우 임차인은 건물에 지출한 유익비 또는 필요비의 상환청구권을 포기한 취지의 특약으로 볼 수 있어 유치권은 성립하지 않는다(대법원 98다31462). 즉 당사자 간에 유치권을 배제한다는 특약을 할 수 있다.

질의 9 **건물에 경비초소를 만들어 점유한 경우 점유로 인정될 수 있는가?**

건물의 공사대금채권을 변제받기 위하여 유치권을 주장하는 경우 유치권자가 그 건물에 경비초소를 만들어 유치권을 행사한다는 게시판을 부착하고 공사장의 출입을 통제하고 있는 경우라면, 유치권의 성립요건 중의 하나인 점유를 하고 있다고 보아야 한다.

질의 10 매수인은 유치권자를 상대로 인도명령을 신청할 수 있는가?

매수인은 대금을 완납한 후 6개월 내에 채무자, 소유자 또는 매수인에게 대항할 수 없는 점유자를 상대로 인도명령을 신청할 수 있다(민사집행법 제136조 제1항). 그러나 매수인에게 대항할 수 있는 권원에 의하여 점유하고 있는 자에 대하여는 그러하지 아니하다. 따라서 목적물건에 대하여 적법하게 점유하고 있는 유치권자는 목적물의 인도를 거절할 수 있다. 다만 경매개시결정의 등기기입 후에 점유한 유치권자는 인도명령의 대상이 된다. 이 경우 유치권은 압류의 처분금지효에 저촉되기 때문이다(대법원 2005다22688).

질의 11 유치권자가 점유를 상실하면 유치권은 상실하는가?

목적물의 점유는가 유치권의 성립요건일 뿐만 아니라 존속요건이기도 하므로 유치권자 점유를 잃으면 유치권은 소멸한다(민법 제328조). 그러나 유치권자가 불법으로 점유를 침탈당한 경우 1년 내에 점유회수의 소를 제기하여 점유를 다시 회복할 수 있다.

질의 12 상가임차인이 임대인에게 권리금을 반환받지 못한 경우 유치권을 주장할 수 있는가?

상가임대차계약에서 건물명도 시 권리금을 반환하기로 임대인과 임차인 사이에 약징이 있있다 하더라도 권리금은 긴물 자체로부디 발생한 채권이 아니므로, 그것으로 유치권을 주장할 수 없다(대법원 93다62119).

질의 13

건축물의 도급인(건축주)과 수급인(시공자)의 소유권 귀속관계는 어떻게 되는가?

일반적으로 본인의 노력과 재료를 들여 건물을 건축한 사람은 건물의 소유권을 원시적으로 취득한다. 따라서 도급인(건축주)이 재료의 전부 또는 주요 부분을 공급하는 경우에는 도급인에게 소유권이 귀속되고, 수급인(시공자)이 재료의 전부 또는 주요 부분을 공급하는 경우에는 수급인에게 소유권이 귀속되는 것이 원칙이다. 다만 수급인이 본인의 노력과 재료를 들여 건물을 완성하더라도 완성된 건물의 소유권을 도급인에게 귀속시키기로 하는 계약이 있는 경우, 그 건물의 소유권은 원시적으로 도급인에게 귀속된다. 도급인 명의로 건축허가를 받고 공사 기성고의 비율에 따라 수급인에게 공사대금이 지급되고, 또 도급인 명의로 소유권보존등기를 한 경우 완성된 건축물의 소유권은 원시적으로 도급인에게 귀속된다. 여기서 '기성고'는 완성된 건물에 대한 지어진 건물의 비율이다. 예컨대 10층 건물을 신축하는 경우 2층까지 지어진 경우 기성고는 20%가 된다.
유치권은 타물권이다. 즉 자기의 물건이 아닌 타인의 물건에 대한 권리이다. 따라서 건물 완성물이 수급인의 소유인 경우 공사대금에 대한 유치권은 성립하지 않는다(대법원 2000다43819).

질의 14

유치권이 인정될 경우 소송과정에서 법원의 판결내용은?

매수인이 목적부동산을 점유하고 있는 유치권자를 상대로 목적물인도청구의 소를 제기한 경우, 이에 따른 소송결과 피고(유치권자)에게 유치권이 인정될 경우 원칙적으로 매수인(원고)에게 패소판결이 선고되어야 하나 소송경제상 상환이행 판결을 한다. 즉 피고(유치권자)는 원고에게 목적물을 인도하고, 원고는 피고의 유치권으로 담보되는 채권을 지급하라는 원고일부승소판결을 한다.

질의 15 유치권자는 경매신청이 가능한가?

유치권자도 경매신청권(민법 제322조)이 있다. 다만 경매신청의 목적은 저당권처럼 채권을 변제받기 위한 실질적 경매라기보다 채무 변제 시까지 유치권자가 유치목적물을 무작정 보관하고 있어야 하는 부담에서 탈피하기 위한 가격 보존을 위한 형식적 경매라 할 수 있다.
저당권은 당사자 사이에 저당권설정 약정을 하고 등기부에 기입되는 약정담보권이지만, 유치권은 일정한 법정조건을 갖추면 성립하는 법정담보권이다. 유치권은 등기부에는 설정할 수 없지만 채권이 아닌 물권이다. 따라서 강제경매가 아닌 저당권과 마찬가지로 담보권실행을 위한 경매의 예에 따라 매각을 실시한다. 즉 강제경매가 아닌 임의경매이다.
유치권자는 통상 담보권(저당권 등)의 경매신청과 마찬가지로 서면신청서에 따른다. 담보권의 존재를 증명(유치권자가 해당 물건을 점유하고 있는 것 이외에 공사계약서, 내용증명, 소유자의 부동산인도청구소송에서 유치권 항변이 인용된 판결문 등) 하는 서류를 첨부하여 경매신청하면 된다.

질의 16 토지에 저당권 설정 후 도급계약에 의하여 건물을 신축한 경우 수급인은 유치권을 주장할 수 있는가?

나대지에 저당권이 설정 등기된 후 그 지상에 건물이 축조된 경우 건물의 소유권이 수급인에게 있으면, 토지의 저당권자는 토지와 함께 건물을 일괄경매신청을 할 수 없다. 그러나 신축건물 소유권이 도급인(건축주)에게 있다면 토지저당권자는 일괄경매를 신청할 수 있으며, 수급인은 유치권 배제특약 등 특별한 사유가 없는 한 공사대금을 받을 때까지 신축건물에 대하여 유치권을 취득한다. 또한 수급인은 공사대금채권을 담보하기 위하여 도급인에게 신축건물에 대하여 저당권의 설정을 청구할 수 있으며, 도급인이 이에 응하지 않으면 저당권 설정등기이행의 소를 법원에 제기하여 그 판결문으로 저당권을 단독 신청할 수도 있다.

질의 17 유치권은 배당에서 우선변제권을 행사할 수 있는가?

배당절차에서 유치권자는 유치물에 대하여 우선변제권이 없다. 그러나 유치권자는 경매신청권이 있으므로 목적물의 환가를 위하여 경매를 신청한 후 그에 따른 매득금은 유치권자에게 교부될 것이고 유치권자는 그 금전을 소유자에게 반환할 채무와 유치권에 대한 피담보채권과 상계를 함으로써 결과적으로는 우선변제의 효과를 얻을 수 있다.

질의 18 유치권자는 매수인에게 유치권으로 담보되는 채권을 청구할 수 있는가?

「민사집행법 제91조 제5항」에서 경락인은 유치권자에게 유치권으로 담보하는 채권을 변제할 책임이 있다고 규정하고 있다. 그러나 여기에서의 '변제할 책임'이란 부동산상의 부담을 승계한다는 취지이지, 인적 채무까지 인수한다는 뜻은 아니므로 유치권자는 피담보채권의 변제가 있을 때까지 유치물의 인도를 거절할 수 있을 뿐이고 매수인에 대하여 그 피담보채권의 변제를 청구할 수 없다(대법원 95다8713). 그러나 매수인이 궁극적으로 목적물의 인도를 받으려면 유치권으로 담보되는 채권을 변제할 수밖에 없을 것이다.

질의 19 유치권자의 과실수취권, 유치물사용권, 비용상환청구권은 무엇인가?

- 과실수취권은 유치물의 과실을 수취하여 유치권자가 다른 채권보다 먼저 채권변제에 충당할 수 있는 권리이다.
- 유치물사용권은 유치물의 보존에 필요한 범위 안에서 유치물을 사용할 수 있는 권리이다. 비용상환청구권은 유치물에 관하여 필요비·유익비를 지출한 때 채무자에게 그 비용의 상환을 청구할 수 있는 권리이다.

질의 20 유치권자의 간이변제충당권이란 무엇인가?

유치권자의 목적물에 대한 경매청구가 적당하지 않은 경우(유치물이 변질되기 쉬운 경우, 유치물의 가치가 적은 경우, 유치물의 보관에 많은 비용이 들거나 장기간 보관이 어려운 경우 등)에는 유치권자는 감정인의 평가에 의해 유치물로 직접 변제에 충당할 것을 법원에 청구할 수 있다. 법원의 허가결정이 나면 유치권자는 유치물의 소유권을 취득하게 되고, 이 경우 유치물의 감정평가액이 채권액을 초과하는 경우 그 초과액은 채무자에게 상환하여야 한다(대법원 2000마4002).

질의 21 유치권의 소멸원인에는 어떤 것들이 있는가?

▶ 물건의 멸실

일반적인 담보물권의 소멸사유와 같이 유치권으로 점유하고 있는 물건이 멸실한 경우 유치권도 소멸한다.

▶ 기타소멸사유

① 유치권으로 담보하고 있는 채권을 변제하면 유치권은 소멸한다.
② 유치권자가 의무를 위반한 경우 채무자는 유치권의 소멸을 청구할 수 있다.
③ 채무자는 상당한 담보를 제공하고 유치권의 소멸을 청구할 수 있다. '담보가 상당한가'의 여부는 채권의 담보로서 상당한가를 기준으로 판단한다. 즉 유치물의 가격이 채권액에 비하여 과다한 경우에는 채권액 상당의 가치가 있는 담보를 제공하면 족하다할 것이다. 담보 제공 후 유치권소멸의 청구권자는 채무자나 소유자이다.
④ 점유의 상실로 유치권은 소멸한다. 유치권의 성립요건인 점유는 직접점유이든 간접점유든 관계가 없다.

질의 22 매각절차에서 유치권 성립이 확인된 경우 매수인의 권리구제절차는?

▶ 집행법원이 최저매각가격을 정할 때 고려하지 아니한 유치권이 확인된 경우

매각허가에 대한 이의 및 매각허가결정에 대하여 즉시항고할 수 있다(민사집행법 제106조 5호, 제121조 5호, 제121조 7호, 제130조 1항).

▶ 매수신청 후 매각결정기일 전에 유치권이 확인된 경우

최고가매수인은 매각불허가신청을 할 수 있다.

▶ 매각허가결정 확정 후 매각대금납부 전에 유치권이 확인된 경우

매수인은 매각허가결정의 취소신청을 할 수 있다(민사집행법 제127조, 대법원 2001마2652).

질의 23 유치권의 신고가 있는 경우 매각물건명세서상의 표시방법은 어떻게 되나?

"OOO로부터 유치권신고가 있으나 그 성립여부가 불분명함"으로 기재한다.

집행법원에 유치권의 신고가 있다 하여 채권액이 모두 존재한다고 단정할 수는 없고 소송으로 진행될 경우, 유치권에 의하여 담보되는 채권금액과 그 근거를 유치권자가 입증해야 한다. 따라서 소송결과에 따라 유치권이 존재할 수도 있고 성립되지 않을 수도 있기 때문에 집행법원은 유치권자의 유치권신고가 있을 경우 매각물건명세서상에 위와 같이 기재하고 매각절차를 진행한다.

질의 24 건물에 대한 유치권자는 대지에 대하여 유치권을 행사할 수 있는가?

토지에 대하여 불법이 아닌 건물에 대한 유치권자는 그 건물의 유치사용에 필요한 범위 내에서 대지 부분에 대하여도 유치권을 행사할 수 있다. 이와 같은 경우 건물 유치권자는 토지만의 경매에서도 대지 매수인에 대하여 유치권을 행사할 수 있다(대법원 79다1170).

질의 25 저당권자는 유치권의 부존재확인의 소를 제기할 수 있는가?

유치권자는 매수인에 대하여 피담보채권의 변제를 청구할 수는 없어도 채권이 변제될 때까지 목적부동산의 인도를 거절할 수 있으므로, 유치권신고가 있는 매각부동산은 통상적으로 그만큼 낮은 가격에 매각될 염려가 있다. 이 경우 매각절차에서 저당권자는 유치권의 성립이 되지 않음에도 불구하고 유치권 신고를 한 자를 상대로 유치권 부존재확인의 소를 제기할 법률상의 이익이 있다(대법원 2003다322848).

질의 26 소유자 동의 없이 유치권자로부터 목적물을 임차한 자의 점유는 적법한 점유인가?

유치권자가 임차인에게 소유자의 동의 없이 유치물을 임차한 경우 임차인의 점유는 매수인에게 대항할 수 없다. 유치권의 성립요건인 유치권자의 점유는 직접점유이든 간접점유이든 관계없지만 유치권자는 채무자의 승낙 없이 그 목적물을 타인에 임대할 수 있는 처분권한이 없다. 따라서 이 경우 유치권의 목적물을 임차한 자의 점유는 매수인에게 대항할 수 있는 권원에 기한 것이라 볼 수 없다(대법원 2002마3516).

질의 27 임차인의 보증금반환청구권을 유치권으로 주장할 수 있는가?

유치권의 피담보채권은 목적물과의 견련성(牽聯性, 서로 얽힌 관계 정도)이 인정되어야 한다. 따라서 공사대금이나 그 물건에 대한 필요비와 유익비 등은 견련성이 인정되나 보증금반환청구권, 권리금반환청구권, 토지임차인의 부속물매수청구권 등은 견련성이 인정되지 않으므로 유치권이 성립되지 않는다.

질의 28 공사업자가 부도난 공장을 점유한 경우에도 유치권이 성립하는가?

유치권자의 채권은 목적물의 점유 중 또는 점유와 동시에 생긴 것이어야 하는 것은 아니다. 그 목적물에 관하여 이미 채권이 발생하고 난 후 목적물을 점유한 경우에도 유치권은 성립한다. 따라서 공장을 신축한 공사업자가 공사대금채권을 변제받지 못한 경우 회사부도 후 그 공장을 점유하였더라도 유치권은 인정된다.

질의 29 유치권자는 배당요구의 종기까지 배당요구를 한 경우 배당에 참가할 수 있는가?

유치권자는 매각절차에서 원칙적으로 이해관계인에 해당되지 않는다. 그러나 부동산 위의 권리자로서 권리를 증명하여 유치권권리신고를 하면 매각절차에서 비로소 이해관계인에 해당된다. 그러나 별도로 유치권에 의하여 승소한 판결 등 집행력 있는 정본을 가지고 있거나 등기부에 가압류 등을 설정하지 않은 이상 배당요구를 하여도 매각절차에서 배당에 참가할 수 없다.

질의 30 유치권자가 주장할 수 있는 권리는 어떠한 것들이 있는가?

- 유치물을 경매신청할 수 있다.
- 보존에 필요한 범위 내에서 유치물을 사용할 수 있다.
- 과실(이자 등)을 수취하여 그 채권에 먼저 충당할 수 있다.
- 채무의 변제를 받을 때까지 목적물의 점유를 계속하면서 인도를 거절할 수가 있다.
- 우선변제권은 없다. 다만 변제받기 전에는 목적물의 인도를 거절할 수 있으므로 사실상 우선변제의 효력이 있다.

질의 31 유치권자로부터 임차하여 점유하는 자는 인도명령의 상대방이 되는가?

유치권자가 소유자의 승낙 없이 목적물을 임대 또는 담보로 제공한 경우 유치권자의 간접점유는 계속되고 있으므로 그런 사실만으로 유치권은 소멸되지 않고 채무자가 유치권소멸청구를 해야 유치권은 소멸한다(민법 제324조의 2항, 3항). 그러나 유치권자는 채무자의 승낙 없이 목적물을 타인에 임대할 수 있는 처분권한이 없으므로 유치권자의 그러한 행위는 소유자에게 그 임대의 효력을 주장할 수 없다. 따라서 소유자의 승낙 없이 유치권자로부터 유치권의 목적물을 임차한 자의 점유는 매수인에게 대항할 수 있는 권원에 기한 것이 아니므로 인도명령의 대상이 된다.

질의 32 조건없이 복적부동산을 명도하여 주기로한 경우 유치권 성립 여부는?

법규에는 강행규정과 임의규정이 있다. 강행규정은 당사자 간에 합의로 그 법규의 규정을 배제할 수 없으나 임의규정은 당사자 간에 합의로 그 법규의 규정을 배제하고 당사자 간에 합의대로 약정할 수가 있다. 예컨대 '임대차보호법에 임대차기간을 2년 미만으로 약정하였다고 하여도 그 기간은 2년으로 한다' 라는 규정은 강행규정이므로, 당사자 간에 1년으로 정하여도 임차인은 2년을 주장할 수가 있다.

「민법 제320조」의 유치권에 관한 규정은 임의규정이므로 당사자 간에 유치권을 배제하는 약정을 할 수가 있다. 따라서 유치권자가 채무자에게 아무런 조건 없이 목적부동산을 명도해주기로 약정하였다면, 이는 유치권자가 유치권을 포기한 것이라고 할 것이므로 그 약정된 명도기일 후의 점유는 적법한 권원 없는 점유라 할 것이고 더 이상 유치권을 주장할 수 없다.

질의 33 전세권자가 공사비를 지급한 경우 유치권을 주장할 수 있는가?

기초공사, 벽면, 옥상 슬래브 공사만 완공된 건물에 전세금을 지급하고 공장으로 사용하는 중 소유자와 장차 이 건물을 매수하기로 하고 전세권자의 비용으로 내부구조 및 미완성 건물을 완공시킨 경우, 공사대금채권은 그 건물에 관하여 생긴 채권이므로 전세권자는 유치권을 주장할 수 있다.

질의 34 유치권을 주장하는 자의 점유가 불법점유인 경우 유치권은 성립되지 않는가?

유치권 성립요건 중의 하나인 점유는 불법행위로 인하여 취득한 것이 아니어야 한다. 따라서 권원 없이 타인의 물건을 사용하는 자가 그 물건에 관하여 유익비 또는 필요비를 지출한 경우 그 비용상환청구권에 대하여 유치권을 주장할 수 없다. 유치권자가 약속어음과 공정증서를 받고 아무 조건 없이 명도하겠다는 내용의 서면을 주었다면, 이후의 점유는 불법점유로 유치권의 효력이 없어 명도의 의무가 있다. 건물 임차인이 임대차계약의 해제 · 해지 후에도 계속 건물을 불법점유하고 그 기간 동안에 필요비나 유익비를 지출하더라도 그 상환청구권에 관하여는 유치권이 성립되지 않는다. 점유가 불법행위에 의해서 시작되었다는 것은 소송과정에서 목적물의 반환을 청구하는 원고(채무자)가 입증하여야 한다.

질의 35 체납된 관리비로 인한 채권을 목적으로 유치권 행사를 할 수 있는가?

아파트 등 체납된 관리비는 목적부동산 자체에 대한 채권이 아니므로 채권과 목적물과의 견련성이 요구되는 유치권의 성립요건이 될 수 없다. 따라서 체납된 관리비는 유치권으로 담보되는 피담보채권이 될 수 없으므로 그 채권으로 유치권 행사를 할 수 없다.

질의 36 유치권을 주장하고 있는 공사업자로부터 채권양도양수계약을 받은 경우에도 유치권을 주장할 수 있는가?

유치권을 행사하고 있는 업체로부터 채권양도양수계약에 의하여 유치물을 양수받아 점유하고 있는 자는 유치권을 주장할 수 있는지, 즉 유치권도 양도가 가능한지의 문제이다.
지명채권(예컨대 공사대금채권)의 양도는 다음 2가지 중 하나가 충족되면 지명채권의 양도로서 그 효력이 인정된다.

① 채권자(유치권자)가 채무자에게 양도 사실을 통지하여야 한다.
② 채무자가 양도를 승낙하는 방식으로도 가능하다.

두 가지 모두 확정일자 있는 증서로 하여야 한다. 양도일자를 소급하지 못하게 하여 이해관계인 간의 분쟁 소지를 없애기 위해서다. 통상적으로 채권자가 채무자에게 채권양도통지를 내용증명 및 배달증명으로 보내는 방법을 많이 사용하고 있다.
유치권은 부종성과 수반성이 있는 담보물권이다. 따라서 유치권은 피담보채권(공사대금채권)과 점유도 함께 이전되어야 한다. 그러지 않으면 유치권은 소멸되며 일반채권으로서 공사대금채권만 이전의 효력이 생기게 된다. 적법한 절차를 걸쳐 정당하게 유치권을 인수한 자는 목적부동산에 대하여 유치권을 행사할 수 있다.

질의 37 유치물을 명도하여 주기로 약정한 경우 유치권을 포기한 것으로 볼 수 있는가?

유치권이 성립되는 유치물을 점유하고 있다가 아무 조건 없이 유치물을 명도해주기로 약정하였다면, 이는 유치권을 포기한 것으로 볼 수 있다. 따라서 약정된 명도기일 후의 점유는 적법한 권원 없는 점유가 되어 유치권이 성립되지 않는다.

질의 38 **상가임차인이 영업에 필요한 비용을 유익비로 주장할 수 있는가?**

상가임차인이 목적부동산의 보전이나 개량을 위하여 지출한 비용 즉, 필요비 또는 유익비는 유치권으로 주장할 수 있다. 이 경우라도 그 비용이 목적물의 가치를 객관적으로 증가시킨 경우에 한한다. 그러나 간판, 인테리어 등 상가임차인이 자신의 영업을 위하여 지출한 비용은 유익비에 해당되지 않아 유치권을 주장할 수 없다.

질의 39 **법정지상권이 성립되지 않아 철거를 당하게 될 건물에 관하여도 유치권을 주장할 수 있는가?**

건물점유자가 건물에 관해 유치권을 갖더라도 그 건물의 존재와 점유가 토지소유자에게 불법행위(지상권이 성립되지 않아 철거대상 등)가 되는 경우에는 유치권으로 토지소유자에게 대항할 수 없다(대법원 87다카3073). 즉, 건물소유자에게는 유치권을 행사할 수 있겠지만 대지소유자에게는 불법점유가 되므로 유치권이 성립되지 않는다.

질의 40 **최고매수신고인이 정해진 후 매각결정기일 전 유치권신고가 있는 경우 집행법원의 조치는?**

매수신고인이 당해 부동산에 관하여 유치권이 존재하지 않는 것으로 알고 매수신청을 하여 이미 최고가매수신고인으로 정하여졌음에도 그 이후 매각결정기일까지 사이에 유치권의 신고가 있고 그 유치권이 성립될 여지가 없음이 명백하지 아니한 경우, 이는 「민사집행법 제121조 6호」의 사유가 발생된 것으로 보아 이해관계인의 이의 또는 직권으로 매각불허가 사유가 될 수 있다(대법원 2005마643, 2008마459).

PART 9

실전 종합 사례 모음

이 PART에서는 지금까지 설명한 내용을 기본으로 하여 본인이 직접 입찰에 참가한다는 자세로 사례별로 종합적으로 분석해보길 바란다. 실무상에서 많이 발생하는 문제 중심으로 기초과정(20사례)과 고급과정(30사례)으로 수록하였다.

경매 함정에 관한 체크사항

구 분	예시	설명
권리분석사항	선순위가등기, 가처분 존재	말소기준권리보다 선순위인 경우 매수인에게 인수되는 권리이다.
	선순위임차인의 겸유권 행사	임차인이 대항력과 우선변제권을 함께 가지고 있는 경우, 배당에서 변제받지 못한 임차보증금은 매수인이 지급하여야 한다.
	예고등기 존재	예고등기의 소송결과에 따라 매수인에게 영향을 미칠 수 있다.
	피담보채권 소멸	말소기준권리가 (근)저당권인 경우 (근)저당권의 피담보채권이 존재하지 않으면 말소기준권리의 기준이 변경될 수 있다.
	특수관계 임차인의 분석	친 · 인척 등이 임차인인 경우 적법한 임차인의 여부를 정확히 분석하여야 한다.
	법정지상권의 성립	일괄경매가 아닌 토지나 건물만이 매각대상인 경우 건물에 관하여 법정지상권이 성립하는지 분석되어야 한다.
	대위변제	대위변제로 인하여 매수인에게 인수되는 권리가 새로이 발생하는지 살펴보아야 한다.
	유치권의 존재	유치권이 성립되면 매수인은 매각대금 외에 추가로 유치권으로 담보되는 채권을 부담하여야 한다.
물건분석사항	상가의 공실	상가의 수익성 분석 시 참고하여야 한다.
	분묘기지권	임야에 분묘가 존재하는 경우 주의를 하여야 한다.
	임장활동의 소홀	입찰에 참가하기 전 목적부동산의 소재지에 직접 가서 물건의 상태를 확인하고 시세파악도 소홀히 하여서는 안 된다.
기타사항	입찰표 작성오류(대리입찰 등)	특히 금액란은 수정하면 안 되므로 주의해야 하고 매각부동산이 물건별로 진행되는 경우 사건번호 외에 물건번호도 반드시 기재하여야 한다.
	특별매각조건	농지를 매수하려고 하는 경우 농지취득자격증명서의 발급여부를 확인하고 재매각 시에는 매수신청보증금도 확인하여야 한다.
	무잉여의 판단	매각대금에서 경매신청채권자에게 배당될 금액이 없을 경우 경매 자체가 취소될 수 있다.
	명도의 난이도 분석	목적부동산의 점유자를 유형별로 구분하여 명도의 용이성을 미리 살펴볼 필요가 있다.
	공부상의 미 열람	토지대장, 토지이용계획확인원, 건축물대장 등을 통하여 건축이 제한되는 것이 있는지 등을 사전에 확인하여야 한다.

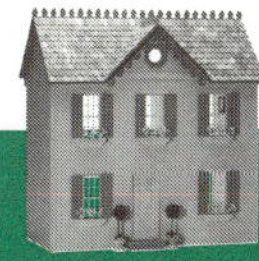

01
SECTION

기초과정

권리와 물건에 대한 정확한 분석 없이 어설픈 경매지식을 가지고 입찰에 참가하게 되면 낭패를 볼 확률이 많다. 따라서 물건 하나라도 정확하게 제대로 분석할 수 있다면, 그 물건만은 자신 있게 입찰에 참가할 수 있을 것이다.

사례 – 1

● 확정일자 없이 대항력만 있는 임차인이 보증금을 증액한 경우 ●

사건 2008타경 OOOO 물건내역	감정평가액 최저매각액	임대차내역 전입 · 확정 · 보증금	등기부상의 권리관계
서울 강서구 염창동 000 면적 대지권 22.81㎡ (6.9평) 건물–전용 59.38㎡ (18평) 아파트	290,000,000원 232,000,000원 1유찰	갑 2005년 1월 10일 15,000만원 배당요구 1,500만원 보증금 증액 2007년 1월 10일	① 근저당 2006년 9월 5일 12,000만원 하나은행 ② 가압류 2007년 3월 15일 5,000만원 최성희 ③ 근저당 2007년 4월 11일 8,000만원 박성호 ④ 가압류 2007년 11월 15일 3,500만원 김지운 ⑤ 임의 하나은행

사례설명

대항력 있는 임차인이 근저당권설정등기 이후 임차보증금을 증액한 경우, 증액한 보증금액을 매수인에게 주장할 수 있는지를 살펴본다.

등기부관계

말소기준권리는 '① 근저당'이다. 매수인에게 인수되는 권리가 없으므로 매수인의 소유권 이전등기촉탁 시 모두 말소된다.

임대차관계

임차인 갑은 말소기준권리보다 먼저 대항요건을 갖추어서 매수인에게 대항력을 주장할 수 있다. 그러나 확정일자가 없으므로 배당에는 참가할 수 없다. 따라서 매수인은 대항력 있는 임차인 갑에게 임차보증금 15,000만원을 지급해야 한다. 그러나 증액된 임차보증금 1,500만원은 말소기준권리인 '① 근저당설정등기' 이후에 임대인과 체결한 경우이므로 대항력으로 매수인에게 주장할 수 없다.

사례 - 2

● 불법건축물인 옥탑을 임차한 경우 임차인권리의 주장 여부 ●

사건 2008타경 OOOO 물건내역	감정평가액 최저매각액	임대차내역 전입 · 확정 · 보증금	등기부상의 권리관계
서울 도봉구 방학동 000 면적 토지 214㎡ (64.7평) 건물 515.27㎡ (155.9평) 다가구 4층	496,200,000원 496,200,000원	갑 (2층) 2005년 11월 18일 2005년 11월 10일 (확정) 5,000만원 배당요구 을 (3층) 2006년 11월 10일 2006년 11월 10일 (확정) 4,000만원 배당요구 병 (4층) 2007년 3월 18일 2007년 3월 18일 (확정) 4,000만원 배당요구 정 (옥탑) 2006년 11월 23일 3,000만원 배당요구	① 근저당 2006년 3월 5일 22,000만원 국민은행 ② 가압류 2007년 3월 15일 5,000만원 신용보증기금 ③ 근저당 2007년 4월 11일 2,000만원 상호저축은행 ④ 가압류 2007년 11월 15일 8,000만원 최운연 ⑤ 임의 국민은행

사례설명

소유자가 다가구주택의 옥상에 불법으로 주거용으로 방을 만들고 임차인에게 임대한 경우, 그 임차인은 「주택임대차보호법」의 적용을 받아 적법한 임차인으로서의 권리를 행사할 수 있는지를 살펴본다.

등기부관계

말소기준권리는 '① 근저당' 이다. 말소기준권리보다 선순위로 매수인에게 인수되는 권리가 존재하지 않는다. 따라서 매수인의 소유권이전등기촉탁 시 모두 말소된다.

임대차관계

- 임차인 갑

  임차인 갑은 대항력과 우선변제권이 있는 확정일자부임차인이다. 우선변제권을 먼저 주장하여 배당요구를 하였으므로 후순위담보권자, 기타일반채권자보다 먼저 임차보증금을 배당받을 수 있다. 물론 배당에서 보증금 전액을 변제받지 못한 경우 나머지 금액은 대항력으로 매수인에게 주장할 수 있다.

- 임차인 을

  임차인 갑은 대항요건이 말소기준권리보다 늦으므로 매수인에게 대항력을 주장할 수 없다. 그러나 확정일자부임차인으로 후순위담보권자, 기타일반채권자보다 우선변제권이 있다. 또한 소액임차인에도 해당되므로 최우선적으로 1,600만원을 먼저 배당받고 나머지 금액은 확정일자의 배당순위에 따라 배당을 받게 된다.

- 임차인 병

  임차인 을과 같다.

- 임차인 정

  임차인 정은 목적부동산에 불법으로 지어진 옥탑이 행정기관에 의하여 원상복귀 명령이나 철거될 수도 있는 것은 별론으로 하고, 옥탑은 목적부동산의 종물이다. 따라서 목적부동산과 함께 매각이 이루어지는 경우 옥탑에 거주하는 임차인도 「주택임대차보호법」의 적용을 받을 수 있다. 임차인 정은 확정일자가 없어 우선변제권은 없으나 소액임차인에 해당되어 1,600만원을 최우선적으로 변제받을 수 있다.

사례 - 3

● 보증금을 소액으로 감액한 임차인의 최우선 배당 여부 ●

사건 2008타경 OOOO 물건내역	감정평가액 최저매각액	임대차내역 전입 · 확정 · 보증금	등기부상의 권리관계
서울 은평구 응암동 000 면적 대지권 5.9㎡ (1.8평) 건물-전용 17.5㎡ (5.2평) 오피스텔	52,000,000원 52,000,000원	갑 2007년 1월 23일 4,000만원 배당요구 (보증금 감액)	① 근저당 2006년 11월 5일 3,000만원 농협 ② 가압류 2007년 8월 11일 3,000만원 김홍식 ③ 가압류 2007년 11월 15일 5,000만원 엘지카드 ④ 압류 2008년 1월 12일 은평구청 ⑤ 임의 농협

사례설명

현황조사서에는 임차인 갑이 임대인과 임차보증금 5,000만원으로 임대차계약을 체결하고 거주하고 있었다. 그러나 임차인은 배당요구를 하면서 기존의 임차보증금을 4,000만원으로 감액하였다고 주장하면서 4,000만원으로 기재된 임대차계약서를 집행법원에 제출하였다. 이 경우 임차인은 소액임차인으로서 최우선변제를 받을 수 있는지 살펴본다.

등기부관계

'① 근저당'이 말소기준권리이다. 매수인에게 인수되는 권리가 없으므로 매수인의 소유권 이전등기촉탁 시 모두 말소된다.

임대차관계

• 경매개시결정 기입등기 이전에 감액한 경우

원칙적으로 임차인은 임대인과 합의하여 기존의 임차보증금액을 소액으로 감액할 수 있다. 따라서 진정한 합의에 의하여 임차보증금을 감액한 경우, 소액임차인으로 보호를 받을 수 있다.

• 경매개시결정 기입등기 이후에 감액한 경우

임차보증금을 소액으로 감액한 시기가 경매개시결정 기입등기 이후인 경우 일반적으로 소액임차인으로 보호받기 위하여 허위로 감액한 확률이 높다. 또한 소액임차인에 해당되기 위한 조건으로 대항요건(점유 및 전입)을 경매개시결정 전에 갖출 것을 「주택임대차보호법(제8조 제1항)」에서 요구하고 있으므로 임차보증금을 감액한 시기가 경매개시결정 기입등기 이후인 경우 소액임차인으로 보호를 받을 수 없을 것이다.

- 임차인 갑

  임차인 갑은 임차보증금을 소액으로 감액한 시기가 경매개시결정 기입등기 이전 또는 이후에 따라 소액임차인으로서의 해당 여부가 결정된다.

  ※ 사례와 같은 경우 현실적으로 임차보증금의 감액 시기를 사실상 구별하기가 어려워 이해관계인이 임차인에 대하여 배당배제의견서를 제출하는 경우가 있다.

사례 - 4

● 매각부동산에 특별매각조건이 있는 경우 ●

사건 2008타경 ○○○○ 물건내역	감정평가액 최저매각액	임대차내역 전입 · 확정 · 보증금	등기부상의 권리관계
경기도 시흥시 군자동 000 면적 1,832㎡ (554.18평) 전	625,220,000원 400,140,800원 1유찰 1유찰		① 가압류 2006년 10월 10일 28,000만원 박진성 ② 근저당 2006년 11월 19일 12,000만원 농협 ③ 가압류 2007년 3월 1일 4,300만원 홍일선 ④ 가압류 2008년 1월 23일 12,000만원 최홍일 ⑤ 강제 박진성

사례설명

매수인이 농지취득자격증명원을 제출할 것을 특별매각조건으로 하여 매각절차가 진행되는 경우이다.

등기부관계

말소기준권리는 '① 가압류'이다. 말소기준권리보다 선순위로 매수인에게 인수되는 권리가 없으므로 매수인의 소유권이전등기촉탁 시 모두 말소된다.

농지취득자격증명원의 제출시한

매각기일의 최고가매수인은 매각허가결정기일까지 매각부동산소재지 관할청에서 농지취득자격증명원을 발급받아 제출해야 한다. 만일 증명원을 제출하지 않은 경우 매각불허가 사유가 되며 매수신청보증금은 몰수당할 수도 있다. 따라서 입찰 전 미리 농지취득자격증명원을 발급받을 수 있는지를 관할청에 확인한 후 입찰에 참가해야 한다.

특별매각조건

이해관계인의 합의 또는 법원의 직권으로 정하는 '특별매각조건' 의 종류는 다음과 같다.

① 이해관계인의 합의에 의한 특별매각조건

최저매각가격 이외의 법정매각조건은 이해관계인의 전원 합의에 의하여 변경할 수 있다. 여기서 '이해관계인' 은 매각조건 변경으로 자기의 권리에 영향을 받을 이해관계인에 한한다. 합의 변경한 것은 다시 합의하여 변경하는 것은 가능하나, 법원이 직권으로 변경한 것을 다시 합의 변경하지는 못한다.

② 직권에 의한 특별매각조건

법원은 필요하다고 인정할 때에는 직권으로 매각조건의 변경결정을 하고 법정매각조건을 변경할 수 있다. 이해관계인의 합의로써 변경할 수 없는 최저매각가격이라도 직권으로 변경할 수 있다. 다만, 최저매각가격의 변경에 대하여 이해관계인들은 즉시 항고할 수 있다.

③ 실무상 특별매각조건을 붙이는 경우

- 재매각

  특별매각조건으로 최저매각가격의 20~30%에 해당하는 입찰보증금을 매각기일에 제공해야 한다.

- 대금지급을 지연하는 경우 지연이자율

  매수인이 매각대금 납부기한까지 대금을 납부하지 않은 경우 대금완납시까지의 지연이자율 연 20%를 포함하여 납부하여야 한다.

- 토지저당권 인수

  집합건물에 관하여 경매신청이 있는 경우 토지별도등기에 존재하는 저당권을 매수자가 인수해야 할 조건이라면, 매각물건명세서상에 "토지저당권 인수"라고 표기된다.

• 농지가 매각 대상인 경우

농지취득자격증명원이 필요한 경우 최고가매수인은 증명원을 매각허가결정기일까지 제출해야 한다. 제출하지 않은 경우 매각불허가 사유가 되고 매수보증금은 몰수할 수 있다는 조건이다.

• 사찰, 학교부지 등이 매각대상인 경우

매각허가결정기일까지 관할관청의 허가서를 집행법원에 제출해야 한다.

하나 더!

매각조건

매각조건이란 부동산을 매각하여 소유권을 매수인에게 이전시키는데 있어서 지켜야 할 조건을 말한다. 통상적인 일반매매는 그 조건을 당사자가 자유롭게 정할 수 있다.

법원에서 진행되는 경매도 매매의 일종이다. 그러나 일반매매와는 달리 소유자의 의사에 반하여 매각이 행하여지고 이해관계인도 많으므로 민사집행법은 매각조건을 법정매각조건과 특별매각조건으로 정하여 매수인에게 그 조건을 지킬 것을 요구하고 있다.

▶ 특별매각조건

특별매각조건은 최고가매수인이 그 조건을 충족하지 못한 경우 매각불허가 사유 등의 문제가 발생할 수 있으므로 입찰을 하기 전에 그러한 조건이 무엇인지 살펴보아야 한다.

▶ 법정매각조건

법원에서 진행하는 경매는 민사집행법에 매각조건을 획일적으로 정해 두었다. 모든 매각절차에서 공통적으로 적용되는 매각조건을 '법정매각조건' 이라 부르고 내용은 다음과 같다.

• 최저매각가격 미만의 입찰은 매각을 허가하지 않는다.

입찰 시 집행법원에서 미리 결정 공고한 최저매각가격 미만의 가격으로 매각을 허가할 수 없다는 조건이다.

• 무잉여

무잉여(목적부동산에 존재하는 우선채권을 변제하고 경매신청채권자에게 돌아올 배당금이 없는 경우)인 경우는 매각하지 못한다.

• 공유지분경매의 경우 최저매각가격결정

공유지분경매의 경우 부동산의 평가방법은 공유물 전부를 평가한 후 매각지분의 비율로 평가한 금액을 최저매각가격으로 정한다.

• 공유자의 우선매수권

• 매수인의 자격에 제한이 있는 경우

• 매수신고인의 의무(매수신청의 보증금)

매수신고인은 매수신고를 할 때 매수보증으로 최저매각가격의 10분의1에 해당하는 현금 또는 유가증권을 집행관에게 보관하여야 한다.

- 매수인의 대금지급의무와 그 지급시기
- 인수주의와 잉여주의의 선택
- 매수인의 소유권 취득 시기

  매수인은 대금을 완납한 때에 목적부동산을 취득한다.
- 매수인이 목적부동산을 인도청구를 할 수 있는 시기

  매수인은 대금을 완납한 후 6개월 내에 인도명령을 신청할 수 있다.
- 소유권취득등기의 시기방법 및 등기비용 부담

  매수인 명의로의 소유권이전등기 및 매수인이 인수하지 아니한 부동산 위의 부담의 말소등기는 법원의 촉탁에 의하여 이루어지고 그 비용은 매수인이 부담한다.
- 매수인의 추탈담보 (매매목적물에 대하여 제3자가 권리주장을 할 경우 매도자의 담보 책임)에 기한 청구권

  ※매각허가결정의 확정 전에 목적물이 멸실된 경우에는 「민법」상 담보책임이론(제578조)이 적용되고 확정 후의 경우에는 위험부담이론(제537조)이 적용된다.

사례 - 5

● 전입신고 이후 지번이 변경된 경우 임차인의 대항력 발생시점 ●

사건 2008타경 ○○○○ 물건내역	감정평가액 최저매각액	임대차내역 전입 · 확정 · 보증금	등기부상의 권리관계
서울 성동구 마장동 000 면적 토지 144.28㎡ (43.6평) 건물 150.3㎡ (45.5평) 다가구	376,500,000원 376,500,000원	갑 2005년 1월 12일 2005년 1월 12일 (확정) 13,000만원 배당요구 을 2007년 3월 18일 4,000만원 배당요구	① 근저당 2005년 2월 5일 12,000만원 우리은행 ② 가압류 2007년 3월 15일 3,000만원 삼성생명 ③ 근저당 2006년 3월 10일 14,000만원 최정훈 ④ 압류 2007년 8월 25일 성동구청 ⑤임의 최정훈

사례설명

임차인이 목적부동산에 임대차계약을 체결하고 대항요건을 마친 후 임차목적물의 지번이

변경된 경우 임차인의 대항요건은 기존의 전입신고일을 기준으로 할 것인가 아니면 지번이 변경된 후부터 대항요건을 인정할 것인지 살펴본다. 사례는 2005년 11월 7일 행정구역의 변경으로 기존의 지번이 변경된 경우이다.

등기부관계

'① 근저당' 이 말소기준권리가 된다. 말소기준권리보다 선순위로 매수인에게 인수되는 권리가 존재하지 않으므로 매수인의 소유권이전등기촉탁 시 모두 말소된다.

임대차관계

- 임차인 갑

  행정구역 변경으로 인하여 기존의 지번이 변경된 경우 임차인의 대항력 판단시점은 기존의 대항요건을 기준으로 판단한다. 따라서 임차인 갑은 기존의 대항요건이 말소기준권리보다 선순위이므로 매수인에게 대항력을 주장할 수 있다. 또한 확정일자부임차인으로 후순위담보권자, 기타일반채권자보다 우선적으로 임차보증금을 배당에서 변제받을 수 있다.

- 임차인 을

  매수인에게 대항력이 없다. 확정일자부임차인도 아니어서 배당에 참가하여 우선변제권을 주장할 수도 없다. 그러나 소액임차인으로 1,600만원을 최우선변제로 배당받을 수 있다.

기존의 지번이 변경된 경우

임차인이 대항요건을 갖춘 이후 지번이 변경된 경우라도 다음과 같은 경우에는 기존의 대항요건을 기준으로 대항력의 여부를 판단한다.

- 행정구역이 변경된 경우
- 전입신고 당시 임차주택의 공부가 작성되지 않은 경우

  전입신고 당시 건축물관리대장 및 등기부가 작성되기 이전이지만, 전입신고 내용이 실제 건물의 소재지 지번과 정확히 일치해 당해 임대차건물에 임차인이 주소를 가지고 있다는 것을 충분히 인식할 수 있으며 기존의 전입신고는 대항요건을 갖추었다고 할 수 있다. 이후 토지분할 등의 사정으로 지번이 변경되었다 하여 이미 취득한 대항력을 상실하지 않는다.

- 등기부와 건축물대장 등이 일치하지 않는 경우

  주택의 인도와 주민등록(전입신고)은 부동산의 원칙적인 공시방법인 등기에 갈음하여 마

련된 것이다. 따라서 주민등록이 등기부상 주택의 현황과 일치하지 않는다면, 원칙적으로 유효한 공시방법이라고 할 수 없다. 다만 주택의 소유권보존등기가 이루어진 후 토지 분할 등으로 등기부에는 여전히 분할 전의 지번으로 남아 있고 토지대장, 건축물관리대장 등의 주택 지번 표시는 분할 후의 지번으로 등재되어 있는 경우 임차인이 전입신고 시에 토지대장 및 건축물관리대장에 기재된 지번과 일치하게 표시했다면 그것이 등기부의 지번(분할 전의 지번)과 일치하지 않는다고 하여도 유효한 공시방법이라 인정할 수 있다(대법원 2001다63216).

사례 – 6

● 임차인이 외국인 경우에도 임대차보호를 받을 수 있다. ●

사건 2008타경 OOOO 물건내역	감정평가액 최저매각액	임대차내역 전입 · 확정 · 보증금	등기부상의 권리관계
서울 강서구 방화동 000 면적 대지권 7.27㎡ (2.2평) 건물–전용 20.79㎡ (6.3평) 오피스텔	70,000,000원 70,000,000원	갑 2007년 1월 13일 (외국인체류지등록일) 2,000만원 배당요구 (월 15만원)	① 근저당 2006년 1월 5일 5,000만원 새마을금고 ② 가압류 2007년 3월 15일 3,700만원 엘지카드 ③ 압류 2008년 2월 15일 강서세무서 ④ 임의 새마을금고

사례설명

- 임차인들 중 외국인이나 재외동포가 주택을 임차하여 거주하는 경우가 종종 있다. 외국인이나 재외동포도 원칙적으로 임차인과 마찬가지로 「주택임대차보호법」의 보호를 받을 수 있다. 이 경우 그들이 어떠한 조건을 갖추어야 하는지를 살펴본다.
- 사례에서는 중국 국적의 임차인 갑이 외국인등록을 하고 임대차계약을 체결한 경우이다.

등기부관계

'① 근저당'이 말소기준권리이다. 말소기준권리보다 선순위로 매수인에게 인수되는 권리가 없다. 따라서 매수인의 소유권이전등기촉탁 시 모두 말소된다.

임대차관계

- 임차인이 외국인 경우

  외국인은 「주민등록법상」의 전입신고는 할 수 없으나 우리나라에서 90일을 초과하여 체류할 경우 출입국관리사무소장 또는 출장소장에게 외국인 등록을 하여야 한다. 등록한 외국인이 체류지를 변경한 때에는 새로운 체류지에 변경 신고도 하여야 한다. 외국인등록을 마친 외국인이 적법하게 임대차계약을 체결하고 임차인으로 거주하는 경우 외국인등록증으로 주민등록증을 대신할 수 있어 「주택임대차보호법」의 적용을 받을 수 있다. 매각부동산이 서울의 이태원, 용산, 구로 등 외국인이 많이 거주하는 지역일 경우 임차인의 권리분석 시 주의를 요한다.

- 임차인 갑

  임차인 갑은 외국인등록신고서에 체류지가 임차한 주택의 주소지로 되어 있어 원칙적으로 「주택임대차보호법」의 보호를 받을 수 있다. 임차인 갑은 대항요건이 말소기준권리보다 늦어 매수인에게 대항력을 주장할 수 없다. 또한 확정일자도 갖추지 못하여 우선변제권을 주장할 수도 없다. 그러나 임차보증금이 2,000만원으로 소액임차인에 해당되므로 최우선변제로 1,600만원을 배당받을 수 있다.

하나 더!

재외동포 임차인의 임대차관계

재외동포란 재외국민과 외국국적동포를 말한다.

- 재외국민은 우리나라 국민으로서 외국 영주권을 취득한 자 또는 영주할 목적으로 외국에 거주하고 있는 자를 말한다.
- 외국국적동포는 우리나라 국적을 가지고 있었으나 외국국적을 취득한 자 중 대통령령이 정하는 자를 말한다.

이들 재외동포가 「주택임대차보호법」의 적용을 받기 위해서는 출입국관리사무소장 또는 출장소장에게 국내거소신고를 하여야 한다. 「재외동포의 출입국과 법적지위에 관한 법률」에 의하여 국내거소신고를 전입신고에 갈음할 수 있기 때문에 국내거소신고를 하고 임차주택에 거주하고 있으면 「주택임대차보호법」에 의하여 보호를 받을 수 있다.

사례 - 7

● 매각부동산이 구법사건인 경우 ●

사건 2008타경 ○○○○ 물건내역	감정평가액 최저매각액	임대차내역 전입 · 확정 · 보증금	등기부상의 권리관계
서울 관악구 신림동 000 면적 대지권 31.15㎡ (9.4평) 건물-전용 84.71㎡ (25.6평) 아파트	280,000,000원 224,000,000원 1유찰	소유자 1998년 2월 16일	① 가압류 1997년 7월 5일 13,000만원 건영종합건설 ② 가압류 1997년 8월 10일 84,000만원 정복심 ③ 압류 1997년 11월 15일 관악구청 ④ 가압류 2001년 1월 15일 14,000만원 김춘기 ⑤ 강제 건영종합건설

사례설명

이전 경매사건의 매각절차는 2002년 6월 30일까지 민사소송법의 강제집행절차에 따라 행하여 왔다(구법사건). 지금은 2002년 7월 1일부터 시행되고 있는 민사집행법에 따라 매각절차가 진행되고 있다(신법사건). 매각절차에서 구법사건과 신법사건의 차이점을 살펴본다.

등기부관계

구법사건도 등기부의 분석은 신법사건과 마찬가지로 분석하면 된다. 말소기준권리는 '① 가압류'가 된다. 말소기준권리보다 선순위로 매수인에게 인수되는 권리가 존재하지 않으므로 매수인의 소유권이전등기촉탁 시 모두 말소된다.

신법과의 차이점

• 매수신청보증금

신법은 입찰 시 최저매각가격의 10%를 매수신청보증금으로 제공하여야 하나, 구법은 입찰가액의 10%를 매수신청보증금으로 제공하여야 한다. 따라서 입찰표 작성 시 매수신청보증금란에는 입찰할 가액의 10%에 해당되는 금액을 적고 매수신청보증금도 입찰할 가액의 10%에 해당하는 금액을 제공하여야 한다.

• 채권자의 배당요구과정

신법에서는 첫 매각기일 전에 미리 배당요구종기일을 정하고 그 기일까지만 원칙적으로 배당요구를 할 수 있다. 그러나 구법은 매각허가결정기일 전까지 채권자는 자유로이 배당요구를 할 수 있고, 또한 철회도 가능하다.

• 대금납부방법

구법은 매수인의 대금납부일을 기일제로 진행하기 때문에 집행법원에서 정해준 날 대금을 납부하여야 한다. 따라서 기일 전에 대금납부를 하여도 대금납부의 효력이 없다. 그러나 신법에서는 대금납부일을 '기일'이 아니라 '기한'으로 정하여 기한 내에 언제든지 매수인이 납부할 수 있도록 하고 있다. 이는 대위변제 시점과 관련해서 본다면 매수인 입장을 고려했다. 즉 대위변제 시점은 매수인의 대금납부 전까지 가능하기 때문에, 구법 하에서 '기일제'는 매수인의 입장에서는 매우 불안정한 지위에 놓여 있었다. 그런 점에서 신법의 대금납부 '기한제' 도입은 중요한 의미를 갖는다고 볼 수 있다.

• 항고이유서와 항고보증금제도

구법에서는 매각의 허가결정 또는 불허가결정에 대하여 항고장을 제출하면서 항고이유서를 추후 제출하여도 항고에 대하여 심리를 하여 왔다. 그러나 신법에서는 항고장을 제출하면서 늦어도 10일 이내에 항고이유서를 반드시 제출하도록 하고 있다. 만약 그 기간 내에 항고이유서가 제출되지 않으면 항고를 각하하여 더 이상 그 항고에 대하여 심리를 하지 않는다. 신법에서는 누구든지 매각허가결정에 대하여 항고를 제기하는 경우 매각대금의 10%에 해당하는 금액을 항고보증금으로 제공하여야 한다. 그러나 구법인 경우 그러한 제도가 없다.

• 용어

구법에서 사용하던 '경매', '경락' 이란 용어가 일반적으로 '매각'으로 변경되었다. 예컨대 구법에서는 '경락기일'이라 하지만 신법에서는 '매각결정기일' 등으로 부른다.

사례 - 8

● 다가구주택을 다세대주택으로 변경등기한 경우 임차인의 대항력 ●

사건 2008타경 ○○○○ 물건내역	감정평가액 최저매각액	임대차내역 전입 · 확정 · 보증금	등기부상의 권리관계
서울 종로구 누상동 000 면적 대지권 12.04㎡ (3.6평) 건물 24.38.㎡ (7.4평) 다세대 3층 301호	80,000,000원 64,000,000원 1유찰	갑 2006년 7월 14일 5,500만원 배당요구	① 근저당 2006년 10월 5일 4,500만원 이은일 ② 가압류 2007년 3월 15일 1,000만원 엘지카드 ③ 가압류 2007년 8월 21일 4,200만원 최지범 ④ 임의 이은일

사례설명

기존의 다가구주택을 다세대주택으로 분할하여 구분등기된 경우이다. 이런 경우 분할하기 전 다가구주택일 때 기존 임차인이 지번만 전입신고한 주민등록은 대항요건으로 유효한가의 문제이다. 예컨대 임차인이 분할된 다세대주택 301호로 주소를 변경하지 않은 경우에도 기존의 대항요건은 유효한지를 살펴봐야 한다.

등기부관계

말소권리기준은 '① 근저당'이다. 말소기준권리보다 선순위로 매수인에게 인수되는 권리가 존재하지 않으므로 매수인의 소유권이전등기촉탁 시 모두 말소된다.

임대차관계

다가구주택(단독주택)의 경우 임차인이 전입신고를 하면서 지번만 기재하고 정확한 호수를 기재하지 않아도 「주택임대차보호법상」의 보호를 받을 수 있다. 그러나 공동주택인 아파트나 다세대주택의 경우에는 정확한 호수까지 기재하여야 보호받을 수 있으므로 임차인은 전입신고 시 주의해야 한다.

- 임차인 갑

  임차인 갑은 다세대주택으로 구분등기가 되기 전 이미 말소기준권리보다 먼저 대항요건을 갖추었으므로 매수인에게 대항력을 주장할 수 있다. 즉 구분등기된 다세대주택의 301호로 주소를 변경하지 않은 경우에도 기존의 대항력을 상실하게 되는 것은 아니다. 그러나 확정일자가 없으므로 배당요구를 한 경우라도 배당에 참가할 자격이 주어지지 않으며 임차보증금이 5,500만원으로 소액임차인에 해당되지 않는다.

사례 - 9

● 매각부동산에 존재하는 체납된 관리비의 부담 ●

사건 2008타경 OOOO 물건내역	감정평가액 최저매각액	임대차내역 전입 · 확정 · 보증금	등기부상의 권리관계
서울 중랑구 묵동 000 면적 대지권 36.15㎡ (10.9평) 건물-전용 84.98㎡ (25.7평) 아파트	370,000,000원 296,000,000원 1유찰	갑 2007년 3월 12일 12,000만원 배당요구	① 근저당 2006년 2월 5일 17,000만원 신한은행 ② 근저당 2006년 1월 15일 12,000만원 농협 ③ 가압류 2007년 5월 10일 84,000만원 정복심 ④ 압류 2007년 11월 15일 중랑세무서 ⑤ 임의 농협

사례설명

목적부동산에 대하여 체납된 관리비는 누가 부담하는지를 살펴본다.

등기부관계

말소기준권리는 '① 근저당'이 된다. 말소기준권리보다 선순위로 인수되는 권리가 없으므로 매수인의 소유권이전등기촉탁 시 모두 말소된다.

임대차관계

임차인 갑은 말소기준권리보다 대항요건이 늦으므로 매수인에게 대항력을 주장할 수 없다. 또한 확정일자도 없으므로 배당요구를 한 경우라도 배당에 참가할 자격이 없다. 소액임차인에도 해당되지 않아 최우선변제권으로 배당을 받을 수도 없다.

➡ 체납된 관리비 부담

종래 목적부동산의 체납된 관리비는 법원마다 의견을 달리하였기에 혼란스러웠다. 그러나 지금은 체납된 관리비 중 매수인의 부담부분이 대법원 판례로 인해 정리가 되었다. 즉 아파트의 체납된 관리비 중 공용부분의 관리비(승강기 유지비 등)는 매수인의 부담으로 하고 전유부분의 관리비(전기료 등)는 매수인이 부담하지 않는다(대법원 2001다8677).

사례 - 10

● 주민등록상 지번만 표시되고 동 · 호수는 기재되지 않은 경우 대항력의 효력 ●

사건 2008타경 ○○○○ 물건내역	감정평가액 최저매각액	임대차내역 전입 · 확정 · 보증금	등기부상의 권리관계
서울 강북구 번동 000 면적 대지권 36.14㎡ (10.9평) 건물-전용 50.49㎡ (15.3평) 다세대 203호	130,000,000원 130,000,000원	갑 2007년 4월 12일 2007년 4월 12일 8,000만원 배당요구 (동 · 호수 기재없이 전입신고함)	① 근저당 2006년 12월 5일 4,500만원 외환은행 ② 가압류 2007년 6월 15일 4,000만원 최홍성 ③ 압류 2008년 2월 15일 강북구청 ④ 임의 외환은행

➡ 사례설명

- 임차인이 동 · 호수의 기재 없이 지번만 기재하여 전입신고를 한 경우 「주택임대차보호법」상 적법한 대항요건이 갖추어져 있는지가 문제될 수 있다. 주택의 종류에 따라 대항요건의 유무가 다르므로 그에 따른 임차인의 대항력 문제를 검토하여 본다.
- 사례는 다세대(공동주택)주택에 임대차계약을 체결하고 전입신고 시 지번만 신고하고 동 · 호수를 기재하지 않은 경우이다.

➡ 등기부관계

'① 근저당' 이 말소기준권리가 된다. 말소기준권리보다 먼저 설정되어 매수인에게 인수되는 권리는 존재하지 않으므로 매수인의 소유권이전등기촉탁 시 모든 권리는 말소된다.

임대차관계

- 단독주택이 임차목적물인 경우 임차인의 주민등록신고는 편의상 층 · 호수가 있어도 지번만 정확히 기재되어 있고 점유하고 있으면 적법한 대항요건을 갖춘 것으로 인정된다. 그러나 단독주택과는 달리 공동주택(아파트, 다세대 등)인 경우에는 임차목적물의 지번은 물론 동 · 호수까지 정확하게 신고가 되어야 임차인으로서의 공시방법의 기능을 인정받을 수 있다. 공동주택인 경우 전입신고 시 각별한 주의를 요한다.
- 임차인 갑은 공동주택인 다세대주택에 전입신고를 하면서 임차목적물의 지번만 기재하고 동 · 호수를 기재하지 않아 임차인으로서의 보호를 받을 수 없다. 임대차계약서에는 지번 뿐만 아니라 동 · 호수까지 기재되어 있다고 하여도 마찬가지이다. 이러한 사실이 확인되면 즉시 정확한 동 · 호수로 주소 변경을 해야 그 때부터 임차인으로서의 보호를 받을 수 있다.

사례 - 11

● 확정일자부임차인이 계약을 갱신하면서 임대보증금을 증액한 경우 우선변제권의 순위 ●

사건 2008타경 OOOO 물건내역	감정평가액 최저매각액	임대차내역 전입 · 확정 · 보증금	등기부상의 권리관계
서울 마포구 공덕동 000 면적 대지권 54.79㎡ (16.6평) 건물-전용 114.87㎡ (34.7평) 아파트	750,000,000원 600,000,000원 1유찰	갑 2005년 4월 12일 2005년 4월 12일 (확정) 32,000만원 배당요구 2007년 4월 12일 (확정) 3,000만원 보증금 증액	① 근저당 2005년 2월 5일 22,000만원 제일은행 ② 가압류 2007년 3월 15일 5,000만원 박성열 ③ 근저당 2007년 5월 10일 24,000만원 상호저축은행 ④ 압류 2007년 11월 15일 마포구청 ⑤ 임의 제일은행

사례설명

확정일자부임차인이 임대인과 임대차계약을 갱신하면서 임차보증금을 인상하기로 합의한 경우, 증액된 임차보증금에 대하여 확정일자를 받은 경우와 그러하지 않은 경우로 나누어 타 권리들과의 배당순위에 있어서 우선순위의 여부를 살펴보아야 한다.

등기부관계

'① 근저당' 이 말소기준권리가 된다. 말소기준권리 이후의 권리들은 매수인에게 대항할 수 없으므로 매수인의 소유권이전등기촉탁 시 모두 말소된다.

임대차관계

- 임차인 갑은 대항요건이 말소기준권리보다 늦으므로 매수인에게 대항력을 주장할 수 없다. 그러나 확정일자부임차인으로 배당에서 후순위담보권자, 기타일반채권보다 우선변제권을 주장할 수 있다.
- 기존의 임차보증금에 대하여는 '① 근저당' 다음으로 배당을 받을 수 있다. 그 다음 증액된 임차보증금은 확정일자를 받은 경우이므로 배당순위는 '② 가압류' 와 안분배당을 받게 된다.

증액된 임차보증금의 배당관계

- 증액된 보증금에 확정일자를 받은 경우

  임대차계약을 갱신하면서 기존의 임차보증금을 인상한 경우 기존의 임차보증금과 증액한 임차보증금은 우선변제권의 순위가 다르다. 즉, 각각 확정일자의 순위에 따라 타 권리들과 우선변제의 순위가 결정된다. 증액된 보증금에 대하여도 후순위담보권자, 기타일반채권자보다 우선변제권을 주장할 수 있다.
- 증액된 보증금에 확정일자를 받지 않은 경우

  갱신된 임대차계약에서 증액된 임차보증금에 대하여 확정일자를 받지 않은 경우 그 금액은 배당에서 우선변제권이 인정되지 않는다. 물론 갱신 전 임대차계약서상의 확정일자는 그대로 유효하다.

사례 - 12

● '제시 외 건물'이 존재하는 경우 매각목적부동산의 포함 여부 ●

사건 2008타경 ○○○○ 물건내역	감정평가액 최저매각액	임대차내역 전입 · 확정 · 보증금	등기부상의 권리관계
서울 구로구 가리봉동 000 면적 토지 207.4㎡ (62.7평) 건물 189.37㎡ (57.3평) 제시 외 건물 단층 화장실 단층 보일러실 주택	673,500,000원 673,500,000원	갑 2006년 8월 27일 2006년 8월 27일(확정) 12,000만원 배당요구 을 2007년 3월 27일 4,000만원 배당요구 (월 20만원)	① 가압류 2006년 10월 10일 18,000만원 최봉집 ② 근저당 2006년 11월 19일 42,000만원 기업은행 ③ 압류 2007년 8월 1일 국민건강보험공단 ④ 가압류 2008년 1월 23일 12,000만원 대한생명(주) ⑤ 임의 국민은행

사례설명

- '제시 외 건물'은 매각절차의 실무상 쓰이는 용어로 '제시목록 이외의 건물'이라고도 한다. 즉 집행관이 매각부동산의 현황을 조사한 결과 등기부상 표시되어 있지 않은 물건(예컨대 창고, 보일러실 증 · 개축된 부분 등)이 존재하는 경우 표시하게 된다.
- '제시 외 건물'을 매각부동산과 함께 취득할 수 있는 경우와 그러하지 않는 경우로 나누어 검토해보아야 한다. 참고로 '제시 외 건물'은 처음부터 매각대상에 포함되지 않는 입찰 외 건물과는 다른 의미이다.

등기부관계

말소기준권리는 '① 가압류'이다. 매수인에게 인수되는 권리가 없으므로 매수인의 소유권 이전등기촉탁 시 모두 말소된다.

임차인관계

- 임차인 갑

임차인 갑은 대항요건이 말소기준권리보다 선순위이므로 매수인에게 대항력을 주장할 수 있다. 또한 확정일자부임차인으로서 배당요구를 하였으므로 임차보증금은 후순위담보권, 기타일반채권보다 먼저 배당에서 변제를 받는다. 만일 변제받지 못한 금액이 있는 경우 나머지 금액은 대항력으로 매수인에게 주장할 수 있다.

• 임차인 을

임차인 을은 매수인에게 대항력이 없다. 또한 확정일자부임차인도 아니어서 우선변제권은 주장할 수 없으나 소액임차인에 해당되어 최우선변제로 1,600만원을 배당받을 수 있다.

'제시 외 건물'의 매각대상 기준

• 토지

토지만 매각 시 토지 지상에 존재하는 '제시 외 건물'은 원칙적으로 매각대상에서 제외한다. 그러나 정원수, 정원석, 석등과 같은 토지의 부합물은 매각대상에 포함된다.

• 건물

① '제시 외 건물'이 부합물이거나 종물인 경우

원칙적으로 매각부동산과 함께 매각대상이 된다. 판례가 인정하고 있는 제시 외 건물의 부합물과 종물은 다음과 같다.

> ① 주택의 외벽에 지은 부엌
> ② 아파트 급수용 물탱크의 옥탑
> ③ 지하구조물이나 주유소 땅속에 설치된 유류저장탱크
> ④ 단층건물 위에 증축된 건물 옥탑이나 창고
> ⑤ 기존주택 및 부속건물과 연이어 있는 미등기 주택
> ⑥ 공장건물의 부속건물인 대피소를 증축하여 공장건물과 같이 사용하고 있는 경우

② '제시 외 건물'이 부합물이거나 종물이 아닌 경우

종물 또는 부합된 부속건물이라고 볼 수 없는 건물에 대하여 집행법원이 기존건물의 부합물이나 종물로 인정하여 매각허가를 하였다 하여도 그 건물에 대한 매각은 당연 무효이다. 따라서 매수인은 건물에 대한 소유권을 취득할 수 없다.

③ '제시 외 건물'이 타인의 소유인 경우

태양보일러 등 '제시 외 건물'이 건물주의 소유라면 당연히 주된 건물의 종물로서 매각대

상에 포함되겠지만, 타인(예컨대 임차인 등)의 소유물이라면 목적부동산의 종물이라고 할 수 없다. 따라서 '제시 외 건물' 이 타인의 소유로 쉽게 주된 건물과 분리할 수 있는 경우 매각대상에서 제외된다.

감정평가 문제

실무에서는 증 · 개축된 미등기건물은 제시 외 부합물이나 종물로 보아 대부분 매각대상에 포함시키고 있다. 따라서 감정평가서상에 '제시 외 건물' 도 감정평가되어 있는지 여부를 확인하고 입찰에 참가하는 것이 바람직하다. '제시 외 건물' 이 부합물 또는 종물에 해당됨에도 불구하고 감정평가에 포함되어 있지 아니하면 최저매각가격의 결정에 중대한 하자사유가 되어 매각불허가사유가 된다. 그러나 매각허가결정이 확정된 후에는 더 이상 이를 다툴 수 없고 감정평가에 포함되지 않은 '제시 외 건물' 도 매수인에게 소유권이 이전된다(대법원 판례 2000다63110).

하나 더!

부합물과 종물

- 부합물

부합물이란 토지 또는 주된 건물과는 소유자를 달리하는 별개의 건물이지만, 거래 관념상 토지 또는 주된 건물의 소유자에게 속하는 건물을 말한다. 부합물의 여부는 건물의 물리적 구조나 용도 및 거래의 관념에서 독립성이 없고 기존의 건물과 일체로서만 거래의 대상인지 판단하여야 하며, 증축된 부분이 부합물인 경우 소유하는 자의 의사 등도 종합하여 판단하여야 한다(대법원 85다카245).

- 종물

종물은 주된 건물의 경제적 효용을 보조하기 위하여 부속시킨 동일한 소유자의 독립된 건물을 말한다.

사례 – 13

● 소액임차인이 여러 명인 경우의 배당방법 ●

사건 2008타경 ○○○○ 물건내역	감정평가액 최저매각액	임대차내역 전입 · 확정 · 보증금	등기부상의 권리관계
서울 광진구 중곡동 000 면적 토지 112.4㎡ (34평) 건물 192.03㎡ (58.1평) 다가구 3층 (원룸형식)	343,100,000원 343,100,000원	갑 2006년 1월 27일 2006년 1월 27일 (확정) 3,500만원 배당요구 을 2006년 3월 27일 1,500만원 배당요구 (월 15만원) 병 2006년 11월 26일 4,000만원 배당요구 정 2007년 3월 2일 4,000만원 배당요구 무 2007년 5월 27일 1,000만원 배당요구 (월 18만원)	① 근저당 2004년 11월 10일 8,000만원 하나은행 ② 근저당 2006년 3월 15일 11,000만원 국민은행 ③ 가압류 2007년 3월 11일 12,300만원 정희옥 ④ 가압류 2008년 1월 23일 12,000만원 기술보증기금 ⑤ 임의 국민은행

사례설명

소액임차인은 보증금 중 일정액을 매각대금(대지가액 포함)의 2분의 1 범위 내에서 최우선적으로 변제받을 수 있다. 사례와 같이 소액임차인이 목적부동산에 여러 명이 존재하는 경우 이들 간의 최우선변제금액은 어떻게 조정되는지 검토해 본다.

등기부관계

말소기준권리는 '① 근저당'이다. 매수인에게 인수되는 권리가 존재하지 않으므로 매수인의 소유권이전등기촉탁 시 모두 말소된다.

임대차관계

임차인 모두 대항요건이 말소기준권리보다 후순위여서 매수인에게 대항력을 주장할 수 없다. 또한 임차인 갑을 제외하고는 모두 확정일자가 없으므로, 우선변제권을 주장하여 배당에 참가할 수도 없다. 그러나 모두 소액임차인의 조건에 해당되어 최우선적으로 일정 금액의 보증금을 배당받을 수 있다. 만약 매각대금 2분의 1에 해당하는 금액이 이들 소액임차인에게 배당될 수 있는 금액에 모자라는 경우 그 금액으로 평등하게 안분배당하게 된다.

소액임차인의 배당관계

- 임차인 갑

  임차인 갑은 먼저 최우선변제금으로 1,600만원을 배당받고 나머지 금액 1,900만원은 확정일자부임차인으로 후순위담보권자, 기타일반채권자보다 우선변제권이 있다.

- 임차인 을

  임차인 을은 원칙적으로 1,600만원을 최우선변제로 배당받을 수 있으나 임차보증금이 1,500만원이므로 그 한도 내에서 배당을 받게 된다. 즉 1,500만원이 배당이 된다.

- 임차인 병

  1,600만원을 최우선변제로 배당을 받게 된다.

- 임차인

  임차인 병과 같다.

- 임차인 무

  임차보증금이 1,000만원이므로 임차보증금의 한도 내에서 소액보증금이 배당된다. 따라서 1,000만원이 배당되게 된다.

사례 – 14

● 임차인이 전 소유자였던 경우 대항력의 발생시점 ●

사건 2008타경 ○○○○ 물건내역	감정평가액 최저매각액	임대차내역 전입 · 확정 · 보증금	등기부상의 권리관계
서울 도봉구 방학동 000 면적 대지권 46.47 ㎡ (14.1평) 건물–전용 134.29 ㎡ (40.6평) 아파트	490,000,000원 490,000,000원	갑 2004년 12월 10일 2006년 4 월 13일 (확정) 22,000만원 배당요구	소유권이전 2006년 4월 3일 ① 근저당 2006년 4월 3일 32,000만원 중소기업은행 ② 근저당 2006년 8월 27일 7,800만원 정만식 ③ 가압류 2007년 9월 15일 7500만원 신용보증기금 ④ 임의 중소기업은행

사례설명

소유자가 목적부동산에 전입신고를 하고 거주하고 있던 중 현 소유자에게 매도하는 동시에 임차인으로 임대차계약을 체결한 경우 전 소유자는 임차인으로 임대차를 공시하는 유효한 공시방법을 언제 갖춘 것으로 인정할 것인가, 즉 임차인으로서의 대항요건은 어느 시점을 기준으로 갖추어 졌는지 살펴보기로 한다.

등기부관계

말소기준권리는 '① 근저당' 이다. 매수인에게 인수되는 권리가 존재하지 않으므로 매각으로 인한 매수인의 소유권이전등기촉탁 시 모두 말소 대상이 된다.

임차인관계

- 대법원 판례는 전 소유자인 임차인 갑으로부터 현 소유자 앞으로 소유권이전등기가 되기 전에는 제3자의 입장에서 볼 때 전 소유자의 전입 및 점유(대항요건)는 임대차를 공시하는 유효한 공시방법이라고 볼 수 없으므로 소유권이전등기가 경료된 이후에야 전 소유자의 대항요건은 임대차를 공시하는 유효한 공시방법이 될 수 있다고 한다. 또한 전 소유자가 임차인으로서의 대항력을 주장할 수 있는 시점은 소유권이전등기 익일이라고 한다.
- 임차인 갑의 점유와 전입시기는 말소기준권리보다 선순위로 되어 있으나 그것은 당시 목적부동산의 소유자였던 관계로 임대차를 공시하는 유효한 기준일이 되지 못한다. 이 경우 임차인으로 대항력의 시점은 소유권이전등기(말소기준권리도 같은 날 설정되어 있음) 익일부터 발생한다. 따라서 임차인 갑은 대항요건이 말소기준권리보다 후순위여서 매수인에게 대항력을 주장할 수 없다. 다만 확정일자부임차인이므로 배당에 참가하여 후순위담보권자, 기타일반채권자보다 먼저 임차보증금을 우선변제 받을 수 있다.

사례 – 15

● 경매개시결정 후 전입신고된 확정일자부임차인 ●

사건 2008타경 OOOO 물건내역	감정평가액 최저매각액	임대차내역 전입 · 확정 · 보증금	등기부상의 권리관계
서울 노원구 상계동 000 면적 대지권 4.42㎡ (1.3평) 건물–전용 23.37㎡ (7.1평) 오피스텔	70,000,000원 70,000,000원	갑 2008년 2월 25일 2008년 2월 25일 (확정) 4,000만원 배당요구	① 가압류 2006년 2월 5일 3,000만원 김상기 ② 가압류 2006년 1월 15일 4,000만원 최진만 ③ 가압류 2007년 5월 10일 3,100만원 축협 ④ 압류 2007년 11월 15일 중랑세무서 ⑤ 강제 2008년 2월 18일 김상기

사례설명

임차인이 임차주택에 거주하면서 전입신고는 하지 않은 경우 대항요건을 갖춘 것으로 볼 수 없다. 그러나 사례와 같이 임차인이 목적부동산에 대하여 경매개시결정이 있은 후 전입신고 및 확정일자를 부여받아 배당요구종기까지 배당요구를 한 경우 우선변제를 받을 수 있는지 살펴보기로 한다.

등기부관계

말소기준권리는 '① 가압류' 이다. 매수인에게 선순위로 인수되는 권리가 없으므로 매수인의 소유권이전등기촉탁 시 모두 말소된다.

임대차관계

임차인 갑은 경매개시결정기입등기전 대항요건을 갖추지 못하였으므로 소액임차인으로 보호 받을 수 없다. 그러나 경매개시결정기입등기 후 전입 및 확정일자를 부여받아 배당요구종기까지 배당요구를 하였으므로 후순위담보권자, 기타일반채권자보다 먼저 우선변제권을 주장할 수 있다.

배당관계

확정일자를 받기 전 이미 등기부상 설정된 가압류권자와의 관계는 저당권과 마찬가지로 각각 채권액에 비례하여 안분배당을 하게 된다. 따라서 임차인 갑은 먼저 등기부상의 각 가압류권자들과 채권액에 비례하여 각각 안분배당을 받고 난 후 후순위가압류권자에게 배당된 금액에 대하여 흡수배당을 받게 된다. 그러나 사례의 경우 가압류권자 모두 선순위자이므로 흡수배당은 되지 않는다.

사례 - 16

● 임차인이 소유권을 취득한 경우 기존 대항력의 소멸 여부 ●

사건 2008타경 OOOO 물건내역	감정평가액 최저매각액	임대차내역 전입 · 확정 · 보증금	등기부상의 권리관계
서울 강북구 미아동 000 면적 대지권 15.26㎡ (4.6평) 건물-전용 38.48㎡ (11.6평) 다세대	85,000,000원 85,000,000원	갑 2004년 8월 28일 4,000만원 (현 소유자)	소유권 박일홍 ① 주택임차권 2006년 9월 4일 임차권자 임차인 갑 ② 근저당 2006년 10월 2일 4,200만원 정인학 소유권이전 2006년 11월 17일 임차인 갑 ③ 임의 정인학

사례설명

대항력 있는 임차인이 임차권등기를 설정한 후 소유자가 된 경우이다. 이 경우 현 소유자는 기존의 대항력이 상실되는지 즉, 소유권과 임차권이 동일인에게 귀속된 경우 임차권은 혼동에 의하여 소멸되는지 검토하여 본다.

등기부관계

'② 근저당' 이 말소기준권리가 된다. '① 주택임차권' 은 현 소유자가 임차인으로 있을 때 설정된 권리로 기존의 임차인으로서의 대항력을 매수인에게 주장할 수 있는지의 여부에 따라 말소여부가 결정된다.

소멸 여부

원칙적으로 부동산에 대하여 소유권과 임차권이 동일인에게 귀속하게 되는 경우 임차권은 혼동에 의해 소멸된다. 그러나 사례와 같이 임차권이 대항력을 갖춘 후 근저당권이 설정된 경우에는 예외적으로 임차권은 소멸하지 않는다.

사례 – 17

임차권등기가 경료된 주택을 다시 임대차한 경우 임차인의 지위

사건 2008타경 ○○○○ 물건내역	감정평가액 최저매각액	임대차내역 전입 · 확정 · 보증금	등기부상의 권리관계
서울 성동구 금호동 000 면적 대지권 13.83㎡ (4.2평) 건물–전용 19.13㎡ (5.8평) 다세대	100,000,000원 100,000,000원	갑 (주택임차권자) 2005년 1월 28일 2005년 1월 28일 (확정) 6,000만원 배당요구 을 2007년 3월 10일 3,000만원 배당요구	① 근저당 2005년 7월 5일 3,000만원 신한은행 ② 가압류 2007년 1월 15일 5,000만원 정경석 ③ 주택임차권 2007년 11월 15일 임차인 갑 ④ 가압류 2007년 12월 10일 상호저축은행 ⑤ 압류 2008년 1월 17일 국민건강보험공단 ⑥ 임의 신한은행

사례설명

임차인 갑이 임차권등기명령에 의하여 주택임차권등기를 마친 후 퇴거를 하고 그 주택을 다시 임차한 소액임차인 을은 배당에서 최우선변제권을 주장할 수 있는지 살펴보기로 한다.

등기부관계

'① 근저당' 이 말소기준권리가 된다. 말소기준권리 이후의 권리들은 매수인에게 주장할 수 있는 권리가 아니므로 소유권이전등기촉탁 시 모두 말소된다. 다만 '③ 주택임차권' 은 말소기준권리보다 등기부상 후순위로, 원칙적으로 말소되는 권리나 기존의 대항력으로 매수인에게 주장할 수 있으므로 배당에서 임차보증금 전액을 변제받지 못할 경우 임차권은 말소되지 않는다. 물론 변제받지 못한 나머지 임차보증금을 매수인이 지급한 경우에는 임차권등기를 말소할 수 있다.

임대차관계

- 임차인 갑

  임차권등기명령 당시 이미 대항력과 우선변제권을 취득하였으므로 주택의 점유와 주민등록을 퇴거하더라도 이미 취득한 대항력과 우선변제권은 여전히 유지된다. 따라서 배당에서 임차보증금 6,000만원 전액을 변제받지 못한 경우 나머지 금액은 매수인에게 대항력으로 주장할 수 있다.

- 임차인 을

  임차인 갑이 임대차했던 주택을 다시 임대인과 임대차한 을은 소액임차인의 요건에 해당된다고 하여도 최우선변제권을 주장 할 수 없다. 즉 소액임차인으로서 보호를 받을 수 없다.

사례 - 18

● 대항력과 확정일자 있는 임차인의 배당금 수령 시 명도확인서의 제출 여부 ●

사건 2008타경 ○○○○ 물건내역	감정평가액 최저매각액	임대차내역 전입 · 확정 · 보증금	등기부상의 권리관계
서울 은평구 응암동 000 면적 대지권 5.7㎡ (1.7평) 건물-전용 16.9㎡ (4.9평) 오피스텔	55,000,000원 44,000,000원 1유찰	갑 2006년 1월 13일 2006년 1월 13일 (확정) 5,000만원	① 가압류 2006년 6월 5일 5,000만원 박일순 ② 가압류 2007년 3월 15일 2,700만원 엘지카드 ③ 압류 2008년 1월 15일 은평세무서 ④ 강제 임차인 갑

사례설명

- 임차인은 원칙적으로 배당요구종기까지 배당요구를 한 경우 우선순위에 따른 임차보증금을 배당받게 된다. 원칙적으로 대항력 없는 임차인은 매수인이 매각대금을 완납한 이후부터 적법한 임차인이 아니므로 임차목적부동산을 매수인에게 인도해주어야 한다.
- 임차인은 배당금을 수령하기 위하여 임차주택을 매수인에게 인도해 주었다는 명도확인서를 집행법원에 제출하여야 한다. 대항력과 확정일자를 갖춘 임차인이 배당요구를 한 경우에도 명도확인서가 필요한 지를 살펴보기로 한다.
- 사례는 임차인 갑이 임대차계약기간이 만료 후 보증금을 반환받지 못하여 임차보증금반환청구소송을 제기한 후 판결문을 받아서 임차목적물을 강제경매 신청한 경우이다.

등기부관계

'① 가압류' 가 말소기준권리가 된다. 말소기준권리보다 선순위로 매수인에게 인수되는 권리가 없으므로 매수인의 소유권이전등기촉탁 시 모두 말소된다.

임대차관계

임차인 갑은 매수인에게 대항력도 있으면서 확정일자부임차인이다. 따라서 임차인 갑은 매수인에게 대항력을 주장할 수도 있고, 배당을 요구한 경우 배당절차에서 우선변제권을 주장할 수 있다. 즉 겸유권이 있다. 사례에서 임차인 갑은 배당요구는 하지 않았으나 경매신청채권자이므로 당연히 배당요구를 한 것으로 본다. 따라서 후순위담보권자, 기타일반채권자보다 먼저 배당을 받을 수 있다. 만약 배당에서 받지 못한 나머지 임차보증금이 있는 경우 그 금액은 매수인에게 대항력으로 주장할 수 있다.

명도확인서의 제출 여부

원칙적으로 임차인은 배당된 금액을 수령하기 위하여 매수인의 명도확인서와 인감증명서를 첨부하여야 한다. 그러나 사례처럼 임차인 갑이 대항력과 확정일자부임차인 경우에도 매수인의 명도확인서를 첨부하여야 하는지 문제가 된다.

- 임차보증금 전액을 배당에서 변제 받는 경우 : 매수인의 명도확인서를 첨부하여야 한다.
- 임차보증금 전액을 배당되지 않을 경우 : 나머지 보증금과 임차목적물의 인도 의무는 동시이행의 관계에 있으므로 매수인의 명도확인서는 필요하지 않다.

사례 - 19

● 대항력이 있는 임차인이 전세권설정등기도 함께 설정한 경우 ●

사건 2008타경 ○○○○ 물건내역	감정평가액 최저매각액	임대차내역 전입 · 확정 · 보증금	등기부상의 권리관계
서울 동대문구 장안동 000 면적 대지권 53.27㎡ (16.1평) 건물-전용 95.45㎡ (28.9평) 아파트	300,000,000원 300,000,000원	갑 (② 전세권자) 2006년 8월 20일 22,000만원 배당요구	① 근저당 2006년 9월 11일 18,000만원 하나은행 ② 전세권 2006년 10월 20일 2008년 10월 20일까지 15,000만원 ③ 가압류 2007년 6월 11일 8,700만원 대우캐피탈 ④ 압류 2008년 2월 17일 동대문세무서 ⑤ 임의 하나은행

사례설명

대항력이 있는 임차인이 임차보증금의 확보를 위하여 등기부에 전세권도 함께 설정한 경우 임차인은 임차권의 대항력과 전세권을 모두 주장할 수 있는지 검토해보아야 한다.

등기부관계

말소기준권리는 '① 근저당'이 된다. 말소기준권리보다 선순위로 매수인에게 인수되는 권리가 없으므로 매수인의 소유권이전등기촉탁 시 모두 말소된다. '② 전세권'의 기간이 아직 남아 있다고 하여도 말소기준권리보다 후순위 권리이므로 존속기간과 관계없이 말소된다.

임대차관계

- 주택임차인이면서 전세권자로서 우선변제를 받을 수 있는 권리는 별개의 것이다. 따라서 임차인인 동시에 전세권자인 경우 겸유권을 주장할 수 있다.
- 임차인 갑은 말소기준권리보다 대항요건이 선순위이므로 매수인에게 대항력은 있으나 확정일자가 없으므로 배당요구를 한 경우라도 배당에 참가할 자격이 주어지지 않는다. 그러나 전세권설정등기를 하였으므로 전세권 자체로 배당에 참가하게 된다. 배당에서 먼저 전세권의 권리로 보증금이 전액 변제가 되지 않은 경우 나머지 임차보증금은 매수인에게 대항력으로 주장할 수 있다.

사례 - 20

● 임차인의 주민등록이 직권말소된 후 재등록한 경우 대항력의 발생 시점 ●

사건 2008타경 OOOO 물건내역	감정평가액 최저매각액	임대차내역 전입 · 확정 · 보증금	등기부상의 권리관계
서울 강남구 청담동 000 면적 대지권 3.96㎡ (1.2평) 건물-전용 21.9㎡ (6.6평) 오피스텔	70,000,000원 70,000,000원	갑 2005년 7월 10일 4,000만원 (직권말소) 2006년 5월 12일 (재등록일) 배당요구	① 가압류 2005년 11월 15일 5,500만원 신용보증기금 ② 근저당 2006년 3월 5일 2,000만원 박성식 ③ 임의 박성식

사례설명

대항력 있었던 임차인의 주민등록이 직권말소로 인하여 일정한 기간 동안 말소되있다가 재등록신고로 다시 등록된 경우 직권말소되기 전 기존의 대항력이 그대로 유지되는지 아니면 재등록된 시점을 기준으로 다시 대항력 여부를 결정하여야 하는지를 살펴보아야 한다.

등기부관계

말소기준권리는 '① 가압류'이다. 말소기준권리보다 선순위 권리가 없으므로 매수인에게 인수되는 권리는 존재하지 않는다. 따라서 매수인의 소유권이전등기촉탁 시 모든 권리는 말소된다.

임차인관계

- 임차인의 주민등록이 직권말소된 경우 대항력 있는 임차인이라도 원래의 대항력은 상실되고 재등록 시점을 기준으로 대항력 여부를 판단하여야 한다.
- 임차인 갑은 직권말소 되기 전에는 대항력이 존재하였으나 직권말소로 인하여 기존의 대항력은 이미 상실되었다. 재등록한 시점이 말소기준권리보다 후순위가 되어 대항력이 없다. 또한 확정일자가 없어 배당요구를 하였어도 배당에 참가할 자격이 주어지지 않는다. 그러나 임차보증금이 4,000만원으로 소액임차인에 해당되어 1,600만원이 최우선적으로 배당이 된다.

02 SECTION 고급과정

경매의 대중화로 인하여 많은 사람들이 입찰법정을 찾고 있으나 기초적인 상식을 가지고는 예전과 같이 큰 수익을 남기기 어렵다 하여도 과언이 아니다. 고급과정을 총 30사례로 구성하여 좀 더 심도 있는 지식을 독자들에게 전달하고자 한다.

사례 – 1

● 현 소유자(상속인)에게 부과된 상속세는 전 소유자의 저당권자에게 우선할 수 없다. ●

사건 2008타경 OOOO 물건내역	감정평가액 최저매각액	임대차내역 전입 · 확정 · 보증금	등기부상의 권리관계
서울 마포구 공덕동 000 면적 대지권 54.79㎡ (16.6평) 건물–전용 114.87㎡ (34.7평) 아파트	750,000,000원 660,00,000원 1유찰	갑 2006년 4월 20일 2006년 4월 20일 (확정) 12,000만원 배당요구	소유권 ① 근저당 2006년 2월 11일 42,000만원 외환은행 소유권이전(상속) ② 근처당 2007년 11월 23일 28,000만원 홍지우 ③ 가압류 2007년 11월 17일 4,000만원 정인섭 ④ 압류(상속세) 2008년 1월 17일 마포세무서 ⑤ 임의 외환은행

사례설명

조세채권이 당해세(상속세 등)인 경우 원칙적으로 담보물권보다 우선순위로 배당된다. 그러나 상속세가 현 소유자에게 부과된 상속세인 경우 전 소유자의 담보물권자보다 우선순위로 배당될 수 있는지 검토하여 본다.

등기부관계

말소기준권리는 '① 근저당'이 된다. 말소기준권리보다 선순위로 매수인에게 인수되는 권리가 없으므로 매수인의 소유권이전등기촉탁 시 모두 말소된다.

임대차관계

임차인 갑은 매수인에게 대항력이 없다. 그러나 확정일자부임차인으로 배당에서 후순위담보권자, 기타일반채권자보다 먼저 우선변제권이 주어진다.

당해세의 인정 여부

원칙적으로 상속세 등 당해세는 담보물권보다 우선하여 배당된다. 그러나 사례와 같이 현 소유자에게 부과된 상속세는 전 소유자의 담보물권자에게 우선하여 배당을 받을 수 없다. 즉 사례와 같은 경우 현 소유자(상속인)에게 부과된 상속세는 전 소유자의 담보물권자의 관계에서는 당해세로 인정되지 않는다.

사례 – 2

● 건물의 일부를 목적으로 한 전세권자의 경매신청과 우선변제권의 범위 ●

사건 2008타경 ○○○○ 물건내역	감정평가액 최저매각액	임대차내역 전입 · 확정 · 보증금	등기부상의 권리관계
서울 영등포구 도림동 000 면적 토지 103㎡ (31.2평) 건물 140.06㎡ (42.4평) 주택 2층	283,000,000원 283,000,000원	갑 2006년 3월 17일 (1층) 12,000만원 배당요구 (전세권자) 을 2006년 4월 15일 (2층) 4,000만원 배당요구	건물등기부 ① 전세권 2005년 1월 15일 12,000만원 임차인 갑 ② 근저당 2006년 12월 11일 18,000만원 기업은행 공동담보 동소 ③ 가압류 2007년 8월 12일 22,400만원 기술보증기금 ④ 압류 2008년 1월 11일 강서구청 ④ 강제 임차인 갑

사례설명

2층 주택건물 중 1층은 전세권자, 2층은 임차인이 각각 거주하고 있고 1층의 전세권자는 건물등기부에만 전세권을 설정한 경우이다. 이 경우 1층의 전세권자는 건물 전체를 임의경매를 신청할 수 있는지, 아니면 강제경매를 신청하여야 하는지를 살펴본다. 또한 건물의 일부를 목적으로 한 전세권자의 우선변제권 범위는 토지와 건물의 전부에 미치는지, 건물의 전체에만 미치는지, 아니면 건물 중 전세권의 설정 부분에 한하여만 인정되는지 검토해보아야 한다.

등기부관계

말소기준권리는 '② 근저당'이다. 말소기준권리보다 선순위전세권이 있지만 그 전세권자가 경매신청한 경우이므로 매수인에게 인수되는 권리가 아니다. 따라서 매수인의 소유권이전등기촉탁 시 모든 권리들은 말소된다. 원칙적으로 말소기준권리보다 선순위인 전세권은 매수인이 인수하지만 그 전세권자가 경매신청한 경우이거나 배당요구를 한 경우 말소된다.

임대차관계

- 전세권자 갑

  임차인인 동시에 전세권자이므로 임차인으로서의 권리와 물권인 전세권자로서의 권리를 함께 주장할 수 있는 겸유권이 있다. 임차인 갑은 대항요건이 말소기준권리보다 선순위이므로 매수인에게 임차인으로서 대항력이 있다. 따라서 물권인 전세권으로 보증금에 대하여 배당을 먼저 받고 배당받지 못한 임차보증금이 있을 경우 그 금액은 매수인에게 대항력으로 주장할 수 있다.

- 임차인 을

  대항요건이 말소기준권리보다 선순위로 매수인에게 대항력을 주장할 수 있다. 확정일자부임차인은 아니어서 배당요구를 한 경우라도 우선변제권은 주어지지 않는다. 다만 소액임차인에 해당되어 최우선적으로 1,600만원을 배당받게 된다. 나머지 금액 2,400만원은 매수인에게 대항력으로 주장할 수 있다.

배당의 범위

건물의 일부에 대하여 전세권이 설정되어 있는 경우, 전세권자는 건물 전부의 매각대금에 대하여 후순위권리자, 기타일반채권자보다 전세금의 우선변제를 받을 수 있다. 전세권이 건물에만 설정되어 있는 경우 토지의 매각대금에 대하여는 그 효력이 미치지 않는다. 따라서 토지매각대금에서는 우선변제권이 주어지지 않는다. 그러나 집합건물(아파트 등)에 대한 전세권설정등기는 대지권에 대하여도 그 효력이 미치므로 우선변제권은 그 대지권의 환가대금에서도 주장할 수 있다.

건물의 일부에 대한 전세권자의 경매신청방법

대법원 판례는 사례와 같이 건물의 일부를 목적으로 한 전세권의 경우 전세권의 목적물이 아닌 나머지 건물 부분에 대하여는 우선변제권은 별론으로 하고, 임의경매신청을 할 수 없다고 한다. 이와 같은 대법원의 견해에 대하여 배당은 그 건물 전체의 매각대금에서 우선변제권을 인정하면서 임의경매를 신청할 수 없는 것은 전세권의 법리를 오해한 것이라는 주장이 많이 제기되고 있다. 그러나 판례가 바뀌어지지 아니하는 한 전세권자는 소유자를 상대로 전세금반환청구소송을 제기하여 판결문을 첨부하여 강제경매신청을 할 수밖에 없다.

사례 – 3

● 순환배당에 있어서 후순위분을 흡수할 경우 기준액과 배당방법 ●

사건 2008타경 OOOO 물건내역	감정평가액 최저매각액	임대차내역 전입 · 확정 · 보증금	등기부상의 권리관계
서울 동대문구 이문동 000 면적 대지권 59.29㎡ (17.9평) 건물–전용 50.78㎡ (15.4평) 다세대	190,000,000원 190,000,000원	갑 2007년 5월 27일 4,000만원 배당요구 (월 30만원)	① 가압류 2006년 2월 10일 15,000만원 김성진 ② 근저당 2006년 10월 15일 15,000만원 진흥저축은행 ③ 압류 2007년 11월 15일 동대문세무서 ④ 임의 진흥저축은행

사례설명

배당절차에서 각 채권 간의 배당 우선순위가 순환배당관계에 있을 때 배당방법을 검토해본다. 순환배당이란, 예컨대 배당순위가 갑이 을보다 우선하고, 을이 병보다 우선하며, 병은 갑보다 우선하는 관계로 각 당사자 간에 순환관계가 성립하는 배당관계를 말한다.

등기부관계

'① 가압류'가 말소기준권리이다. '③ 압류'는 당해세 아닌 조세채권(법정기일 2007년 4월 12일)이다. 말소기준권리보다 선순위로 매수인에게 인수되는 권리가 없으므로 매수인의 소유권이전등기촉탁 시 모두 말소된다.

임대차관계

임차인 갑은 매수인에게 대항력이 없다. 또한 확정일자 없는 임차인이므로 배당에 참가하여 우선변제권을 주장할 수도 없다. 그러나 소액임차인에 해당되어 최우선적으로 1,600만 원을 배당받을 수 있다. 상가임차인과는 달리 주택임차인은 임차보증금 이외 월세로 지급하는 금액이 있다고 하여도 소액임차인에 해당되는 임차보증금을 결정할 때 월세 금액은 보증금에 환산하여 계산하지 않는다.

배당관계

배당순위는 '① 가압류권자'는 '② 근저당권자'와 각각 채권액에 비례하여 안분배당 받는 반면, 조세채권인 '③ 압류'보다는 후순위이다. '③ 압류 조세채권자'는 '② 근저당권자'에게는 후순위(법정기일이 늦음)이지만 '① 가압류권자'보다는 선순위이다. 즉 순환배당관계이다.

- 실무상 배당방법

  "안분 후 흡수설"에 따라 우선 1차적으로 평등하게 배당한 후 2차로 후순위분을 흡수하는 방식으로 배당한다.

제1배당(각 권리금액별로 안분배당)
먼저 ① 가압류권자 ② 근저당권자 ③ 압류채권자가 각 채권액에 따라 안분배당을 한다.

제2배당
'③ 압류채권자'가 1차배당에서 배당받지 못한 나머지 금액을 한도로 '① 가압류권자'가 배당받은 금액에서 흡수한다. 다음으로 '③ 압류채권자'가 흡수한 금액한도 내에서 그 금액은 '② 근저당권자'가 받지 못한 채권금액에 다시 흡수된다.

사례 - 4

● 말소기준권리보다 우선하는 확정일자부임차인이 여러 명 있는 경우의 각 배당순위 ●

사건 2008타경 ○○○○ 물건내역	감정평가액 최저매각액	임대차내역 전입 · 확정 · 보증금	등기부상의 권리관계
서울 영등포구 신길동 000 면적 토지 136㎡ (41.1평) 건물 360㎡ (1089평) 다가구	578,990,000원 578,990,000원	갑 2006년 8월 10일 2006년 8월 10일 (확정) 12,000만원 배당요구 을 2006년 12월 14일 2007년 3월 12일 (확정) 21,000만원 배당요구 병 2007년 2월 16일 2007년 2월 16일 (확정) 8,000만원 배당요구 정 2007년 4월 11일 2007년 4월 11일 (확정) 7,500만원 배당요구	① 가압류 2007년 8월 5일 15,000만원 최복란 ② 가압류 2007년 9월 15일 22,000만원 신용보증기금 ③ 가압류 2006년 8월 10일 7,300만원 서울보증보험 ④ 압류 2007년 9월 12일 영등포구청 ⑤ 가압류 2007년 11월 11일 14,500만원 정일수 ⑥ 강제 임차인 병

사례설명

- 확정일자부임차인은 배당절차에서 저당권과 마찬가지로 후순위담보권, 기타일반채권자보다 우선순위로 임차보증금을 배당받는다. 그러나 확정일자에 의한 우선변제권은 저당권과 유사한 권리를 특별히 인정하지만 말소기준권리는 되지 않는다.
- 사례의 경우처럼 말소기준권리보다 선순위인 확정일자부임차인이 여러 명인 경우 그들간의 우선순위는 어떻게 결정되는지, 만약 확정일자부임차인이 배당받지 못한 보증금액이 있는 경우 그 금액은 매수인에게 대항력으로 주장할 수 있는지를 살펴본다. 확정일자부임차인은 저당권처럼 임의경매신청권은 없고 임차보증금반환청구소송을 제기하여 판결문을 첨부한 후 강제경매를 신청하여야 한다. 사례는 임차인 병이 강제경매를 신청한 사안이다.

등기부관계

확정일자는 선순위라도 말소기준권리가 될 수 없으므로 '① 가압류'가 말소기준권리가 된다. 말소기준권리보다 선순위로 설정된 매수인에게 인수되는 권리가 존재하지 않으므로 매수인의 소유권이전등기촉탁 시 모든 권리는 말소된다.

임대차관계

대항요건을 갖춘 확정일자부임차인은 말소기준권리보다 선순위인 경우 매수인에게 대항력을 주장할 수도 있고 매각절차에서 배당요구종기까지 배당요구를 한 경우 후순위담보권자, 기타일반채권자보다 매각대금에서 임차보증금을 우선변제를 받을 수 있다. 확정일자부임차인들 간의 우선순위는 각 임차인들 간의 대항요건 및 확정일자를 모두 갖춘 최종 시점 순으로 우선순위가 정해진다.

- 임차인 갑

  임차인 갑은 말소기준권리보다 먼저 대항요건과 확정일자도 갖추고 있는 임차인이므로 매수인에게 대항력을 주장할 수도 있고 배당에서 우선변제권을 주장할 수 있다. 다른 권리들과의 배당에서의 우선순위를 정하는 기준일은 2006년 8월 11일이다. 즉 같은 날 전입과 확정일자를 받은 경우 우선변제권의 기준일은 다음 날이 된다. 배당에서 보증금을 전액 회수하지 못한 경우 나머지 금액은 매수인에게 대항력으로 주장할 수 있다.

- 임차인 을

  임차인 을은 임차인 갑과 마찬가지로 대항력과 우선변제권이 주어진다. 그러나 전입일은 2006년 12월 14일이나 확정일자를 2007년 3월 12일에 부여받았다. 따라서 다른 권리들과의 배당에서 우선순위를 정하는 기준일은 2007년 3월 12일이 된다. 즉 확정일자부임차인의 우선변제권 기준일은 대항요건 및 확정일자를 모두 갖춘 최종 시점 순으로 우선순위가 정해진다.

- 임차인 병

  임차인 병은 대항력과 우선변제권이 있다. 임차보증금을 배당에서 전액 변제받지 못한 경우 나머지 금액은 매수인에게 대항력으로 주장할 수 있다. 다른 권리들과 배당에서 우선순위를 정하는 기준일은 2006년 2월 17일이다.

- 임차인 정

  위 임차인들과 마찬가지로 대항력과 우선변제권을 주장할 수 있다. 먼저 배당요구를 하여 우선변제권을 주장하였으므로 배당에서 임차보증금을 우선적으로 변제를 받고 배당에서 보증금 전액을 회수하지 못한 경우 나머지 금액은 매수인에게 대항력으로 주장할 수 있다. 다른 권리들과 배당에서 우선순위의 기준일은 2007년 4월 12일이 된다.

배당관계

확정일자부임차인들 간의 우선순위는 다음과 같다.

1순위 : 임차인 갑
2순위 : 임차인 병
3순위 : 임차인 을
4순위 : 임차인 정

사례 - 5

● 저당권자의 저당권부채권이 가압류된 경우 실무상 배당방법 ●

사건 2008타경 OOOO 물건내역	감정평가액 최저매각액	임대차내역 전입 · 확정 · 보증금	등기부상의 권리관계
서울 중랑구 상봉동 000 면적 대지권 41. 7㎡ (12.6평) 건물-전용 84.67㎡ (25.6평) 아파트	380,000,000원 304,000,000원 1유찰	갑 2005년 12월 10일 2005년 12월 10일 (확정) 14,000만원 배당요구	① 근저당 2006년 3월 5일 12,000만원 김기식 ①-① ①번 근저당가압류 2006년 4월 18일 홍진표 ② 가압류 2006년 9월 15일 25,000만원 신용보증기금 ③ 가압류 2007년 11월 15일 8,000만원 정태연 ④ 강제 신용보증기금

사례설명

저당권부채권은 저당권으로 담보된 금액을 말한다. 예컨대 '① 근저당권부채권'은 12,000

만원이다. 근저당권자의 채권자가 근저당권부채권을 가압류한 경우 등기부상에는 부기등기로 근저당권가압류가 기입되게 된다. 이 경우 근저당권자가 배당받을 금액에 가압류의 효력이 미치는지 여부가 검토대상이다. 또한 근저당권자가 받을 배당금(배당금교부 청구권)에 대하여 압류가 경합된 경우 실무상 어떻게 처리하고 있는지를 살펴본다.

등기부관계

[을 구]

순위번호	등기목적	접수	등기원인	권리자 및 기타사항
①	근저당권설정	2006년 3월 5일 제4344호	2006년 3월 3일 설정계약	채권채고액 12,000만원 근저당권자 김기식
①-①	① 근저당권가압류	2006년 4월 18일 제1325호	2006년 4월 16일 OO지방법원 가압류결정	채권자 홍진표

'① 근저당권자' 에게 채권이 있는 '①-① 가압류권자' 가 근저당권의 피담보채권을 가압류(부기등기)한 경우이다. 말소기준권리는 '① 근저당' 이 된다. 말소기준권리보다 선순위로 매수인에게 인수되는 권리가 없으므로, 매수인의 소유권이전등기촉탁 시 모든 권리는 말소된다. 물론 근저당권부채권을 가압류한 '①-①의 부기등기' 도 함께 말소된다.

임차인관계

임차인 갑은 대항력과 우선변제권을 함께 가지고 있는 확정일자부임차인이다. 먼저 우선변제권을 주장하여 배당요구를 하였으므로 배당에서 후순위담보권자, 기타일반채권자보다 우선변제를 받을 수 있다. 물론 배당에서 임차보증금 전액을 지급받지 못한 경우 나머지 금액은 대항력으로 매수인에게 주장할 수 있다.

배당관계

- 근저당권의 피담보채권이 가압류되면 종된 권리인 근저당권에도 그 가압류의 효력이 미친다. 따라서 가압류의 효력은 종된 권리인 근저당권에도 미친다.
- 배당표에 배당받을 채권자는 근저당권자로 작성되고 근저당권에 가압류가 존속하는 한 당해 배당금은 지급하지 않고 공탁을 한다. 그 가압류의 효력은 근저당권자가 수령할 배당금 교부 청구권에 미치기 때문이다.

• 근저당권부채권의 가압류권자는 본안소송에서 승소한 후 공탁된 배당금을 추심명령이나 전부명령을 받아 집행법원에 신청하여 이를 수령할 수 있다. 근저당권부채권에 대하여 압류의 경합(압류가 여러 개)이 있으면 집행법원은 근저당권자에게 배당된 금액을 공탁한다.

사례 - 6

● 배당배제의견서가 제출된 경우 집행법원의 실무상 처리방법 ●

사건 2008타경 OOOO 물건내역	감정평가액 최저매각액	임대차내역 전입 · 확정 · 보증금	등기부상의 권리관계
서울 도봉구 방학동 000 면적 대지권 51.14㎡ (17.3평) 건물-전용 55.41㎡ (16.8평) 다세대	190,000,000원 190,000,000원	갑 2005년 3월 10일 2005년 3월 10일 (확정) 5,500만원 배당요구 을 2006년 3월 14일 2006년 3월 14일 (확정) 3,000만원 배당요구 병 2007년 7월 18일 2,500만원 배당요구	① 근저당 2006년 1월 5일 18,000만원 국민은행 ② 가압류 2007년 5월 15일 4,300만원 박일용 ③ 압류 2008년 1월 10일 도봉세무서 ④ 임의 국민은행

사례설명

• 배당배제의견서는 배당절차에서 정당한 배당을 받을 권리가 없는 자가 배당요구를 한 경우, 그로 인해 손해를 볼 수 있는 이해관계인이 그 자를 배당에서 제외시켜 달라는 의견서이다. 물론 이해관계인이 배당배제의견서를 제출하였다 하여 집행법원에 대하여 법적 구속력이 있는 것은 아니고 집행법원으로서는 그 주장이 정당한지 검토하여 배당에서 제외할 것인지의 여부를 판단하게 된다. 예컨대 어떤 임차인이 집행법원에 배당요구를 한 경우 그 임차인이 허위의 임차인이므로 배당에서 배제해 줄 것을 요구하는 것 등이다.

• 사례에서 매각목적물의 크기에 비하여 임차인이 3명이나 존재한다. '① 근저당권자' 가 임차인 병을 상대로 소액임차인으로 최우선변제권을 행사하기 위하여 허위 임차인으로

배당요구를 한 것이므로, 배당에서 제외해 줄 것을 요구하는 배당배제의견서를 제출한 경우이다.

등기부관계

'① 근저당' 이 말소기준권리가 된다. 말소기준권리보다 선순위로 매수인에게 인수되는 권리가 존재하지 않으므로 매수인의 소유권이전등기촉탁 시 모든 권리는 말소된다.

임차인관계

- 임차인 갑

  임차인 갑은 대항력과 우선변제권을 함께 가지고 있으나 먼저 우선변제권을 주장하여 배당요구를 하였다. 물론 배당에서 임차보증금 전액을 배당받지 못할 경우 나머지 금액은 매수인에게 대항력으로 주장할 수 있다.

- 임차인 을

  임차인 을은 매수인에게 대항력이 없다. 그러나 소액임차인에 해당되므로 배당순위에서 먼저 1,600만원을 최우선변제로 배당받는다. 다음으로 확정일자부임차인으로 우선변제권이 주어진다. 따라서 나머지 임차보증금은 후순위담보권자, 기타일반채권자보다 우선적으로 변제받는다.

- 임차인 병

  임차인 병은 소액임차인에 해당되어 1,600만원을 임차인 을과 함께 최우선변제로 배당을 받는다. 그러나 '① 근저당권자' 가 임차인 병을 상대로 허위의 임차인이 배당요구를 한 것이므로 배당배제의견서를 제출하였다. 따라서 임차인 병은 집행법원의 판단에 따라 배당표 작성 시 소액임차인으로서 배당받을 수 있을 것인지 결정될 것이다.

허위 임차인의 판단기준

집행법원은 임차인이 허위이므로 배당에서 제외해달라는 배당배제의견서가 제출된 경우 허위 임차인의 판단에 있어서 다음과 같은 점을 확인하여 참조한다.

- 임차인이 임차한 주택에 거주하고 있는지 여부
- 매각목적물이 작은 평수인데도 불구하고 임차인이 각 방마다 여러 명이 존재하는 경우
- 경매개시결정 직전 전입신고로 거주하고 있는 임차인인지 여부
- 집행법원에서 매각절차상 임차인에게 발송한 우편물(매각기일, 배당기일통지서 등)을 수령하였는지 여부

배당에서 배제된 경우

임차인이 허위 임차인이라고 판단되어 집행법원이 배당에서 배제한 경우 배제된 임차인은 배당기일에 배당이의 소를 제기할 수 있다. 배당이의 소로 소송이 진행되는 경우 배당이의된 금액은 공탁을 하게 되고 배당이의소송 결과에 따라 공탁된 금액을 배당하게 된다. 통상적인 소송과정에서는 임차인이 허위라는 것을 주장하는 자가 원칙적으로 허위의 임차인이라는 것을 입증하여야 하지만, 임차인이 배당에서 제외되어 배당이의 소로 소송이 진행되는 경우 진정한 임차인이라고 주장하기 위한 입증 책임은 배당 배제된 임차인에게 있다.

배당에서 배제되지 않은 경우

집행법원은 제출된 배당배제의견서가 이유 없다고 인정되면 배당기일에 임차인 병에게 소액임차인으로 최우선변제금 1,600만원을 배당한다. 물론 배당배제의견서를 제출한 자도 그 배당에 대하여 이의를 할 수 있다. 배당이의가 제기된 경우 임차인에게 배당된 1,600만원은 공탁을 하게 되고 소송 결과에 따라 공탁된 금액을 지급한다. 배당이의 소송에서 허위의 임차인이라는 입증책임은 배당배제의견서를 제출한 자에게 있다.

사례 - 7

● 건물의 분양등기 이전에 임대차계약을 체결한 경우 임차인의 대항력과 우선변제권 ●

사건 2008타경 OOOO 물건내역	감정평가액 최저매각액	임대차내역 전입 · 확정 · 보증금	등기부상의 권리관계
서울 강북구 우이동 000 면적 대지권 36.48㎡ (11평) 건물-전용 84.98㎡ (25.7평) 아파트	270,000,000원 216,000,000원 1유찰	갑 2005년 8월 20일 2005년 8월 20일 (확정) 14,000만원 배당요구	소유권 2005년 9월 5일 ① 근저당 2005년 9월 5일 14,500만원 국민은행 ② 가등기 2006년 3월 15일 정춘한 ③ 가압류 2007년 8월 10일 1,700만원 외환카드 ④ 임의 국민은행

사례설명

- 잔금 납입 시 주로 은행으로부터 융자를 받기로 하고 융자금을 제외한 나머지 분양대금을 납입하고 주택을 분양받는 경우를 주위에서 흔히 볼 수 있다. 사례는 분양회사(건설회사)로부터 아파트를 분양받아 융자금을 제외한 분양대금을 모두 납입한 상태에서 등기부가 정리되기 전 그 아파트를 임대한 경우이다.
- 실무상 이러한 경우 소유권이전등기가 경료되는 동시에 융자를 해준 은행명의의 근저당권등기까지 경료된다. 분양받은 자(임대인)에게 소유권이전등기가 경료되기 전 임차인이 임대차계약을 체결하고 점유와 전입을 마친 경우 대항력의 발생시점은 언제인지 살펴보아야 한다.

등기부관계

'① 근저당'이 말소기준권리가 된다. 말소기준권리보다 선순위 권리가 존재하지 않으므로 매수인의 소유권이전등기촉탁 시 모두 말소된다.

임차인관계

사례와 같은 경우 분양받은 아파트에 대하여 등기부가 정리되기 전이지만 주민등록상 소유자가 아닌 임차인 갑이 거주하는 것으로 나타나 있어 제3자들이 보기에 임차인 갑의 주민등록이 소유권이 아닌 임차권을 매개로 하는 점유라는 것을 인식할 수 있다고 보아야 한다. 이 경우 주민등록은 임대차를 공시하는 유효한 공시 기능이 있다.

- 임차인 갑

  임차인 갑은 분양 아파트에 관하여 임대인 명의로 소유권이전등기가 경료되는 즉시 대항력을 취득한다. 즉 임차인 갑의 대항력은 소유권이전등기가 경료된 날과 국민은행의 근저당권설정등기 사이에 발생하게 되는 것이다. 따라서 임차인 갑은 대항력과 확정일자도 함께 구비하고 있으므로 우선변제권을 주장하여 후순위담보권자, 기타일반채권자보다 임차보증금을 우선적으로 배당받을 수 있고 배당받지 못한 보증금이 있는 경우 그 금액은 매수인에게 대항력으로 주장할 수 있다.

사례 - 8

● 대위변제로 인한 임차인의 순위승격 시 대항력 발생 여부 ●

사건 2008타경 OOOO 물건내역	감정평가액 최저매각액	임대차내역 전입 · 확정 · 보증금	등기부상의 권리관계
서울 송파구 오금동 000 면적 대지권 24.6㎡ (7.4평) 건물-전용 39.27㎡ (11.9평) 다세대	135,000,000원 135,000,000원	갑 2005년 12월 10일 11,000만원 배당요구	① 근저당 2004년 3월 5일 6,000만원 김정석 ② 근저당 2006년 7월 12일 8,000만원 박충식 ③ 가압류 2006년 5월 15일 11,500만원 모아상호저축 ④ 압류 2006년 8월 10일 노원구청 ⑤ 임의 박충식

사례설명

임차인의 대항요건이 말소기준권리 바로 다음 순위인 경우 임차인이 말소기준권리가 되는 권리의 채무금액을 소유자를 대신하여 변제하면 임차인의 권리는 승격되는지, 언제까지 그 채권금액을 변제하여야 하는지, 즉 대위변제의 시점이 검토할 사항이다. 또한 대위변제로 인하여 매수인에게 임차인이 대항력을 주장할 경우 매수인의 보호대책은 무엇인지도 아울러 검토해본다.

하나 더!

대위변제란?

대위변제란 소유자가 아닌 자가 소유자의 채무를 대신하여 변제하는 것을 말한다.

등기부관계

말소기준권리는 '① 근저당'이다. 말소기준권리보다 선순위로 매수인에게 인수되는 권리가 존재하지 않음으로 매수인의 소유권이전등기촉탁 시 모든 권리는 말소된다.

임차인관계

임차인 갑은 대항요건이 말소기준권리보다 후순위여서 매수인에게 대항력을 주장할 수 없다. 또한 확정일자가 없어 배당요구를 한 경우라도 배당에 참가할 자격이 없다. 소액임차인에도 해당되지 않아 최우선변제권도 주어지지 않는다.

대위변제 경우

- 임차인 갑이 자기보다 선순위인 '① 근저당권'의 채권액 6,000만원을 대위변제하면 근저당권은 소멸되며 말소기준권리는 '② 근저당권'으로 바뀌게 된다. 이 경우 임차인은 말소기준권리보다 대항요건이 선순위이므로 매수인에게 대항력을 주장할 수 있게 된다.
- 임차인 갑은 대항력과 우선변제권이 없으며 임차보증금도 다액인 경우이다. 그러나 상대적으로 선순위인 말소기준권리의 채권액은 소액에 해당한다. 이 경우 임차인 갑이 그 채권을 변제하고 나면 대항력을 주장할 수 있어 임차인으로서는 이득이 될 수 있다. 변제자에게 이득이 있는 경우에 대위변제를 생각해 보아야 한다.

대위변제의 시점

어느 시점까지 대위변제를 할 수 있는지에 대하여 '매각허가결정기일까지'라는 견해와 '매수인의 매각대금납부기한까지'라는 견해가 있으나 대법원은 후자의 입장이다.

매수인의 보호대책

임차인이 대위변제를 함으로 대항력이 발생한 경우 그 변제시점이 매각허가결정 이전이면 매각불허가 신청을, 매각허가결정 이후 대금납부 전이면 매각허가결정의 취소신청을 하여 매수신청보증금을 반환받을 수 있다.

사례 - 9

● 저당권자에게 배당된 금원에 대한 질 권의 효력 ●

사건 2008타경 OOOO 물건내역	감정평가액 최저매각액	임대차내역 전입 · 확정 · 보증금	등기부상의 권리관계
서울 강남구 청담동 000 면적 대지권 30.09㎡ (9.1평) 건물-전용 87.04㎡ (26.4평) 오피스텔	330,000,000원 264,000,000원 1유찰	갑 2006년 9월 27일 2006년 9월 27일 (확정) 8,000만원 배당요구 (월 50만원)	① 근저당 2006년 5월 10일 12,000만원 김성진 ①-① 질권 질권자 최형석 ② 근저당 2006년 10월 15일 15,000만원 축협 ③ 압류 2007년 11월 15일 강남세무서 ④ 임의 축협

사례설명

질권에는 전당포 등에서 동산(노트북, 금반지 등)을 담보로 금전을 차용하는 '동산질권' 과 권리(저당권)를 담보로 하는 '권리질권' 이 있다. 부동산 자체를 담보로 하는 '부동산질권' 이라는 것은 존재하지 않으므로 원칙적으로 질권은 부동산등기부에는 설정될 수 없다. 그러나 저당권의 피담보채권을 담보하기 위하여 저당권자의 채권자인 질권자는 저당권에 대하여 부기등기로 권리질권을 설정할 수 있다.

사례와 같이 권리(① 근저당권)에 설정된 권리 질권자는 배당절차에서 어떠한 권리를 행사할 수 있는지 검토하여 본다.

등기부관계

말소기준권리는 '① 근저당권' 이 된다. 선순위로 매수인에게 인수되는 권리가 없으므로 매수인의 소유권이전등기촉탁 시 모두 말소된다. 물론 '① 근저당' 의 부기등기로 설정된 권리질권도 더불어 말소된다. 근저당권자가 배당에서 채권을 전액 배당받지 못한 경우에도 권리질권은 말소된다.

등기부(을 구)

순위번호	등기목적	접수	등기원인	권리자 및 기타사항
①	근저당권설정	2006년 5월 10일 제11243호	2006년 5월 9일 설정계약	채권최고액 12,000만원 근저당권자 김성진
①-①	① 근저당권부질권	2006년 11월 2일 제76774호	2006년 11월 11일 설정계약	채권액 8,000만원 채무자 김성진 채권자 최형석

※ 근저당권에 권리질권으로 부기등기를 설정하게 되면, 근저당권부채권(12,000만원)에 대하여 권리질권의 효력이 있다.

임대차관계

임차인 갑은 대항요건이 말소기준권리보다 후순위여서 매수인에게 대항력을 주장할 수 없다. 그러나 확정일자부임차인으로 후순위담보권자, 기타일반채권자보다 우선변제권이 주어진다.

배당관계

이 경우 배당표에는 '① 근저당권자'가 배당받을 사람으로 정해지므로 질권자는 '① 근저당권자'가 배당받을 금원에 대하여 '압류 및 추심명령' 또는 '압류 및 전부명령'을 받아서 우선변제권을 행사할 수 있다.

사례 - 10

● 대지(나대지)에 관한 저당권 설정 후 신축된 건물에 대한 소액임차인의 배당 ●

사건 2008타경 ○○○○ 물건내역	감정평가액 최저매각액	임대차내역 전입 · 확정 · 보증금	등기부상의 권리관계
서울 은평구 증산동 000 면적 토지 176.2㎡ (53.3평) 건물-전용 185.31㎡ (56.1평) 주택	641,900,000원 641,900,000원	갑 2005년 10월 10일 2005년 10월 10일 (확정) 9,500만원 배당요구 을 2006년 3월 14일 2,000만원 배당요구 소유자 2005년 1월 11일	토지등기부 ① 근저당 2003년 3월 5일 31,000만원 박성진 ② 근저당 2005년 1월 14일 13,000만원 하나은행 건물등기부 ① 근저당 2005년 1월 14일 13,000만원 하나은행 ② 가압류 2006년 5월 15일 37,500만원 신용보증기금 ③ 임의 박성진

사례설명

- 사례는 나대지에 관하여 '① 근저당'을 설정한 후 그 지상에 건물이 신축되었고 신축된 건물에는 공동담보로 근저당권은 설정하지 않았으나 토지와 건물을 일괄경매 신청한 경우이다.
- 소액임차인은 원칙적으로 대지의 가액을 포함한 주택가액의 2분의1 범위 내에서 최우선변제권이 있다. 그러나 사례와 같이 토지에 근저당권이 설정된 후 건물이 신축되어 토지 근저당권자의 일괄경매신청으로 매각이 진행된 경우에도 소액임차인은 대지의 환가대금

중에서 소액보증금을 최우선변제로 배당받을 수 있는지를 살펴본다. 또한 일괄경매신청한 토지 근저당권자의 우선변제권에 대한 배당범위도 함께 검토하여 본다.

등기부관계

토지등기부의 말소기준권리는 '① 근저당 2003년 3월 5일'이 되고 건물등기부의 말소기준권리는 '① 근저당(2005년 1월 14일)'이 된다. 그러나 임차인과의 관계에서 말소기준권리는 건물등기부를 기준으로 판단하여야 한다. 근저당권은 원칙적으로 매수인에게 인수되는 권리가 아니므로 순위와 관계없이 말소된다. 말소기준권리보다 선순위로 매수인에게 인수되는 권리가 존재하지 않으므로 소유권이전등기촉탁 시 토지 및 건물등기부상의 모든 권리는 말소된다.

임대차관계

- 임차인 갑

  임차인 갑은 말소기준권리보다 대항요건이 늦다. 따라서 매수인에게 대항력을 주장할 수 없다. 그러나 확정일자부임차인으로 배당요구를 하였으므로 근저당권과 마찬가지로 후순위담보권자, 기타일반채권자보다 우선변제권이 주어진다. 소액임차인에는 해당되지 않는다.

- 임차인 을

  임차인 을은 매수인에게 대항력이 없다. 또한 확정일자를 갖추지 못하여 배당에 참가할 수도 없다. 그러나 소액임차인에 해당되어 매각대금에서 최우선변제로 임차보증금 중 1,600만원을 배당받을 수 있다. 원칙적으로 소액임차인의 최우선변제권은 대지가격을 포함한 매각대금 중 2분의1 범위 내에서 배당받을 수 있다. 그러나 사례에서는 대지의 매각대금에 대하여는 소액임차인으로서 최우선변제권을 주장할 수 없다. 물론 건물매각대금에서는 최우선변제권을 주장할 수 있다.

소액임차인의 배당관계

소액임차인이 대지의 환가대금에서도 최우선변제를 받을 수 있는지는 다음과 같이 나누어 살펴보아야 한다.

- 토지 저당권설정 당시 지상건물이 존재하는 경우

  대지에 관한 저당권 설정 당시에 이미 그 지상에 건물이 존재한 경우 주택의 소액임차인은 대지의 환가대금 중에서도 소액보증금을 최우선변제 받을 수 있다.

- 토지 저당권설정 당시 지상건물이 없었던 경우

  저당권설정 후에 비로소 건물이 신축된 경우 공시방법이 불완전한 소액임차인에게 최우선변제권을 인정한다면 저당권자가 예측할 수 없는 손해를 입게 되는 범위가 지나치게 확대되어 부당하다. 따라서 소액임차인은 토지의 환가대금에 대하여는 최우선변제를 받을 수 없다.

토지 근저당권자의 배당범위

사례와 같은 경우 토지 근저당권자는 일괄경매를 신청할 수는 있으나 토지의 매각대금에서만 우선변제권을 주장할 수 있다. 매각절차에서 몇 번의 유찰을 거듭한 결과 최초의 감정가격보다 매각대금이 저감되어 낙찰된 경우 매각대금에서의 배당할 대지가격의 결정은 매각부동산의 각각 감정평가비율과 저감되어 매각된 매각금액에 대비하여 정해진다. 예컨대 매각부동산의 감정가격이 1억원(토지 6천만원, 건물 4천만원)이고 매각대금이 8천만원인 경우 배당 시 토지가격은 4,800만원(감정가 비율 60%), 건물가격은 3,200만원(감정가 비율 40%)으로 각각 정해지게 된다.

사례 - 11

● 공유지분이 매각대상인 경우 임차인의 배당문제와 구상권 ●

사건 2008타경 ○○○○ 물건내역	감정평가액 최저매각액	임대차내역 전입 · 확정 · 보증금	등기부상의 권리관계
서울 성동구 하왕십리동 000 면적 대지권 17.51㎡ (5.3평) 건물-전용 40.58 ㎡ (12.3평) 아파트 2분의1 지분매각	180,000,000원 144,000,000원 1유찰	갑 2005년 7월 20일 2005년 9월 10일 (확정) 12,000만원 배당요구 을 2007년 2월 5일 4,000만원 배당요구	각 A의 지분에 대한 ① 가압류 2006년 1월 5일 7,500만원 홍기철 ② 가압류 2006년 5월 15일 3,500만원 삼성생명보험 ③ 가압류 2007년 1월 15일 8,200만원 외환카드 ④ 압류 2006년 11월 4일 마포구청 ⑤ 강제 홍기철

사례설명

- A와 B의 공유(각 2분의1) 주택을 임차인 갑과 을은 A와 B로부터 임차하여 거주하고 있고 A의 채권자 C가 A의 공유지분에 관하여 경매신청을 하였다. 즉 목적물 전체가 매각물건이 아니라 그 중 1/2이 매각대상인 지분매각인 사례이다.
- 지분매각에 있어서 소액임차인에 해당되는 임차보증금액의 한도를 판단하는 기준은 무엇이며, 임차인이 확정일자를 갖추고 배당요구를 한 경우, 임차보증금의 배당은 지분비율에 따라 나누어서 배당할 것인지도 함께 살펴본다. 또한 매각 당사자인 지분권자는 다른 지분권자에게 임차인이 배당받은 금액에 대하여 구상권을 주장할 수 있는지도 검토할 사항이다.
- 지분이 매각대상인 경우 일반적으로 유찰 횟수가 많다. 그것은 입찰에 참가하여 최고가매수신고인이 된 경우에도 다른 지분권자의 우선매수신청이 있으면 최고가매수인의 자격을 넘겨주어야 하고 토지와는 달리 집합건물의 지분은 재산권을 행사하는 데도 불편이 많기 때문이다. 그러나 무조건 회피할 것이 아니라 매각목적물의 특성에 따라 틈새시장이 될 수 있는 경우도 있다.

등기부관계

말소기준권리는 '① 가압류'이다. 말소기준권리보다 선순위로 매수인에게 인수되는 권리가 존재하지 않으므로 소유권이전등기촉탁 시 모두 말소된다. 매수인의 소유권은 B와 함께 각 2분의1 공유지분으로 소유하게 된다. 즉 A의 지분이 매수인에게 이전되게 된다. 그러나 다른 지분권자가 우선매수신청을 하여 소유권자가 된 경우 소유권이전등기절차는 지분이전등기를 통하여 단독소유자가 되게 된다.

임차인관계

- 임차인 갑

  임차인 갑은 대항요건이 말소기준권리보다 선순위로 매수인에게 대항력을 주장할 수 있다. 또한 확정일자를 갖춘 임차인으로 배당요구를 하여 후순위담보권자, 기타일반채권자보다 먼저 우선변제권을 주장할 수 있다.
- 임차인 을

  임차인 을은 대항력이 없다. 확정일자를 갖추지 못하였으므로 배당에 참가할 수 없다. 그러나 소액임차인에 해당되어 최우선변제로 1,600만원을 배당받는다. 지분매각인 경우 소액임차인의 해당 여부를 판단함에 있어 임차보증금액의 한도는 매각 목적물의 지분비율로 나눈 금액으로 판단할 것이 아니라 보증금 전액을 기준으로 판단한다. 임대인이 몇 명인지는 고려 대상이 아니다.

배당관계와 구상권

원칙적으로 임차인에게 반환할 임차보증금에 대하여 공동임대인(A와 B)은 불가분 채무를 지게 된다. 불가분 채무에 대하여는 연대채무에 관한 규정이 준용되므로 임차인은 공동임대인 중 한 사람에 대하여 임차보증금을 청구할 수 있고, 또한 공동임대인 모두에게 동시나 순차로 보증금 전액을 청구할 수 있다. 따라서 경매 시 임차인이 배당에서 받은 금액 중 지분으로 나눈 금액을 A는 B에게 구상권으로 청구할 수 있다.

감정평가방법

공유지분이 매각대상인 경우 공유물 전체에 관하여 먼저 평가한 다음 매각부동산의 지분에 따른 가격을 산출한다.

하나 더!

공유자 우선매수신청권

공유자 우선매수신청권이란 매각대상 목적물이 지분인 경우 채무자가 아닌 다른 공유자는 매각기일에서 최고가매수신고가격과 동일한 가격으로 우선적으로 매수할 것을 신고할 수 있는 권리이다.

- 우선매수신고기간

공유자는 매각기일까지("매각기일까지"라 함은 집행관이 목적부동산에 대하여 매각기일을 종결한다는 말을 하기 전까지를 의미한다) 매수신청보증금을 제공하고 최고가매수신고금액과 같은 금액으로 우선 매수하겠다는 공유자 우선매수신청을 할 수 있다. 이 경우 매각기일에 최고가매수신고인이 있음에도 불구하고 우선매수신청한 공유자에게 최고가매수신고인으로 결정하여야 한다.

- 최고가매수신고인을 차순위로 인정

공유자 우선매수신고가 있으면 최고가매수신고인은 당연히 차순위매수신고인으로 간주되므로 매수신청보증금도 즉석에서 회수할 수 없다. 따라서 차순위매수신고인 자격을 포기하려면 집행관에게 포기 의사를 하여야 한다. 차순위신고를 포기하면 매수신청보증금은 바로 회수할 수 있다.

- 입찰기일에 응찰자가 없는 경우

매각기일에 최고가매수신고인이 없는 경우 그 기일은 유찰된 것으로 본다. 유찰된 경우 공유자의 매수신청은 별도의 철회의사 표시가 없는 한 다음 매각기일에도 유효하다.

사례 - 12

● 대항력 있는 임차인이 존재하는 경우라도 투자가치가 있는 경우 ●

사건 2008타경 ○○○○ 물건내역	감정평가액 최저매각액	임대차내역 전입 · 확정 · 보증금	등기부상의 권리관계
서울 영등포구 양평동 000 면적 대지권 10.49㎡ (3.2평) 건물-전용 37.66㎡ (11.4평) 오피스텔	160,000,000원 128,000,000원 1유찰	갑 2004년 12월 17일 27,000만원 배당요구	① 근저당 2005년 8월 5일 32,000만원 조흥은행 ② 가압류 2006년 5월 15일 8,500만원 신용보증기금 ③ 압류 2006년 8월 10일 국민건강보험 ④ 임의 국민은행

사례설명

대항요건이 말소기준권리보다 선순위인 임차인은 매수인에게 대항력을 주장할 수 있다. 따라서 사례와 같이 확정일자 없이 대항력만 있는 임차인이 존재하면 매각절차는 많은 유찰을 거듭하게 된다. 그러나 그 권리를 인수하여도 투자가치가 있는 매각물건이라면 무조건 입찰을 포기할 것이 아니라 적정한 가격으로 입찰에 참가할 수도 있을 것이다.

등기부관계

말소기준권리는 '① 근저당'이다. 말소기준권리보다 우선하여 매수인에게 인수되는 권리가 존재하지 않으므로 매수인의 소유권이전등기촉탁 시 모든 권리는 말소된다.

임차인관계

- 임차인 갑은 확정일자가 없으므로 배당요구를 한 경우라도 배당에 참가할 자격이 주어지지 않는다. 그러나 매수인에게 대항력을 주장할 수 있다. 따라서 매수인은 임차인 갑에게 임차보증금 전액을 임내사기간 만료 시 지급하여야 한다.
- 대항력 있는 임차인이 존재하는 경우라도 임차인에게 지급하여야 할 임차보증금은 임대차기간 만료 시 지급하는 것이므로, 초기 매수자금은 그만큼 적게 투자가 된다. 또한 소유권이전등기 시 등록세, 취득세 등 등기비용도 매수가격을 기준으로 납부하게 되므로 일

반적인 경우보다 적은 등기비용으로 소유권이전등기가 가능하다.

- 주의할 점은 임대차기간이 만료하여 임차보증금을 지급할 경우 임차보증금반환 영수증(임차인의 인감도장 날인)과 임차인의 인감증명서를 첨부하여 보관하여 두어야 한다. 나중에 목적부동산을 매각하여 양도세를 계산할 때 임차보증금을 합한 금액이 매수한 가격이 되므로 증빙자료로 보관하여 둘 필요가 있다. 대항력 있는 임차인이 존재하는 경우라도 무조건 포기할 것이 아니라 매각부동산의 가치를 정확히 파악하여 미래를 보고 투자가치가 인정된다면 적정한 매수가격을 정하여 입찰에 참가할 수도 있을 것이다.

사례 - 13

● 대지권이 미등기인 경우 매수인의 대지권 취득 여부 ●

사건 2008타경 ○○○○ 물건내역	감정평가액 최저매각액	임대차내역 전입 · 확정 · 보증금	등기부상의 권리관계
서울 강동구 성내동 000 면적 대지권 미등기 건물-전용 84.99㎡ (25.7평) 아파트	590,000,000원 377,600,000원 1유찰 1유찰	갑 2005년 3월 10일 2005년 3월 10일 (확정) 25,000만원 배당요구	① 근저당 2004년 3월 12일 23,500만원 하나은행 ② 가압류 2006년 5월 15일 17,500만원 신용보증기금 ③ 근저당 2006년 8월 10일 5,000만원 박정난 ④ 압류 2008년 1월 8일 강동구청 ⑤ 임의 하나은행

사례설명

대지권(31.53㎡)이 미등기이나 매각부동산의 감정평가에는 포함되어 있는 경우이다. 대지권 미등기 집합건물에 대하여 경매신청이 있는 경우 집행법원은 어떠한 조치를 취하는지 살펴보고 매수인이 전유부분과 함께 그 대지권을 취득하는 경우 대지권의 등기방법을 아울러 검토해본다.

등기부관계

'① 근저당' 이 말소기준권리가 된다. 말소기준권리보다 선순위로 매수인에게 인수되는 권리는 존재하지 않으므로 매수인의 소유권이전등기촉탁 시 모두 말소된다.

임차인관계

임차인 갑은 매수인에게 대항력이 없다. 그러나 확정일자부임차인으로서 배당에서 후순위 담보권자, 기타일반채권자보다 우선변제로 임차보증금을 회수할 수 있다. 배당에서 임차보증금 전액을 회수하지 못한 경우라도 대항력이 없으므로 나머지 금액은 매수인에게 주장할 수 없다.

집행법원의 조치

집행법원은 목적부동산에 대지권이 있음이 밝혀진 경우 공고 시 '부동산의 표시' 란에는 건물만을 기재하고, '비고' 란 등에는 "미등기대지권 있음"이라고 기재하여 대지권가격이 포함되어 있음을 나타낸다. 하지만 대지권 유무를 집행법원이 가려 판단하는 데는 한계가 있으므로 통상 실무에서는 물건명세서에 '대지권 미등기. 대지권 유무는 알 수 없음'이라고 기재하고 최저매각가격은 건물과 대지권을 포함한 가격으로 결정하여 매각절차를 진행한다. 따라서 입찰 시 대지권이 감정평가부분에 포함되어 있는지를 검토한 후 입찰에 참가하여야 한다.

매수인의 대지권 취득 여부

집합건물에 관하여 근저당권설정 당시 근저당권설정자가 대지사용권을 취득하고 있었으나 대지권등기가 되어 있지 않은 경우 근저당권의 효력은 대지사용권에도 미친다. 따라서 전유부분의 소유자가 대지사용권을 취득하고 있다면, 비록 그것이 집합건물에 등기되어 있지 아니해도 규약상 대지사용권의 분리 처분이 가능하도록 정해져 있는 경우가 아닌 한 매각목적물에 포함된다. 사례의 경우 대지권은 미등기이나 감정평가에 포함되어 있고 대지권이 등기부에 기재만 되어 있지 않을 뿐이어서 매수인은 대지권도 함께 취득하게 된다.

매수인의 미등기 대지권에 대한 등기절차의 방법

종래에는 매수인이 대지지분에 대하여 수분양자(집합건물을 분양 받은자) 또는 수분양자로부터 양수한 자를 대위하여 그들 앞으로 각 대지권등기가 마쳐진 후 매수인 앞으로 소유권변경등기절차를 통하여 대지권에 대한 등기를 하였었다. 그러나 수분양자가 분양대금을 모두 납입하여 대지권을 취득하였음에도 불구하고 지적 정리 등의 사정으로 인하여 등기가 늦어진 것에 불과한 경우 매수인은 수분양자를 대위하여 직접 최초 분양자(통상 건설회사)에게 대지권변경등기절차를 통하여 미등기 대지권에 대한 대지권등기절차를 마칠 수 있다.

하나 더!

• 대지사용권

대지사용권이란 구분소유자가 전유부분을 소유하기 위하여 건물의 대지에 대하여 가지는 권리로 건물이 대지소유자에 의하여 철거되지 아니할 권원을 말한다. 대지권과는 달리 분리처분가능규약이 존재하지 않아야 한다는 것은 그 요건이 아니다. 이에 해당되는 권리로 소유권, 지상권, 임차권, 전세권 등이 있다.

• 대지권

대지권이라 함은 「집합건물의 소유 및 관리에 관한 법률」에 따른 대지사용권으로서 건물과 분리하여 처분할 수 없는 것을 말한다. 대지사용권은 원칙적으로 전유부분 건물의 종된 권리이다. 따라서 구분소유자는 그가 가지는 전유부분과 분리하여 대지사용권을 처분할 수 없다. 다만, 규약으로 달리 정한 때에는 그러하지 아니하다. 전유부분의 소유자가 대지사용권을 취득하고 있다면 비록 그것이 등기되어 있지 아니하여도 규약 상 대지사용권의 분리처분이 가능하도록 정해져 있는 경우가 아닌 한 매각목적물에 포함된다고 할 것이고 매수인은 당연히 대지사용권을 취득한다.

사례 - 14

• 매각부동산이 재매각으로 진행되는 경우 •

사건 2008타경 OOOO 물건내역	감정평가액 최저매각액	임대차내역 전입 · 확정 · 보증금	등기부상의 권리관계
서울 구로구 구로동 000 면적 대지권 57.34㎡ (17.3평) 건물-전용 107.47㎡ (32.5평) 다세대 지층	170,000,000원 136,000,000원 1유찰 보증금 20%	갑 2006년 11월 19일 2006년 11월 19일 (확정) 9,000만원 배당요구	① 근저당 2006년 8월 5일 8,500만원 우리은행 ② 가압류 2007년 3월 16일 6,700만원 상호저축은행 ③ 가압류 2007년 5월 10일 4,000만원 현대캐피탈 ④ 압류 2007년 11월 15일 구로구청 ⑤ 임의 우리은행

사례설명
매각된 목적물을 다시 매각하는 것이 재매각이다. 매각절차가 재매각으로 진행되는 경우는 어떠한 경우인지 살펴보고, 매수인이 대금납부를 하지 않아 재매각으로 진행되는 경우 매수인은 재매각이 진행되는 과정에서도 대금납부를 할 수 있는지 아울러 검토해 본다.

등기부관계
'① 근저당' 이 말소기준권리가 된다. 말소기준권리보다 선순위로 매수인에게 인수되는 권리가 존재하지 않으므로 매수인의 소유권이전등기촉탁 시 모두 말소된다.

임대차관계
임차인 갑은 대항요건이 말소기준권리보다 후순위여서 매수인에게 대항력을 주장할 수 없다. 그러나 확정일자부임차인으로 배당에서 후순위담보권자, 기타일반채권자보다 우선적으로 임차보증금을 변제받을 수 있다. 대항력이 없으므로 배당에서 임차보증금 전액을 변제받지 못한 경우라도 나머지 금액을 매수인에게 주장할 수 없다.

재매각사유
목적부동산이 재매각되는 사유로는 매수인이 대출 문제 등의 사정으로 단순히 대금납부를 납부기한까지 못한 경우도 있지만 물건분석 권리분석을 잘못하여 목적부동산을 매수하는 것보다 매수신청보증금을 포기하는 것이 오히려 이익이 되어 대금을 납부하지 않은 경우도 많이 있다. 따라서 재매각이 되어 매각이 다시 진행되는 경우 재매각 사유가 무엇인지를 정확하게 분석하고 입찰에 참가하여야 한다.

매수인이 대금납부를 할 수 있는 기간
매수인은 재매각의 "매각기일 3일전"까지 매각대금과 대금납부기한일로부터의 이자를 포함하여 대금납부를 할 수 있다. 그러나 실무상 재매각기일 까지 대금납부를 하면 받아주고 있다. 매수인이 기간 안에 대금납부를 하면 재매각은 취소된다.

재매각 기일에 다시 유찰된 경우 대금납부의 허용 여부
매수인이 대금납부를 하지 않아 재매각으로 매각절차가 진행되는 도중 재매각기일이 변경되거나 재매각기일에 다시 유찰된 경우에도 매수인은 이사를 포함하여 매각대금납부를 다음매각기일까지 납부할 수 있다.

재매각기일의 매수인이 대금납부를 하지 않은 경우
재매각기일에 목적부동산을 매수한 자가 대금납부를 하지 않은 경우 전의 매수인도 대금납부를 할 수 있는지의 여부에 대하여 논란이 있으나 일선 판사들은 부정적으로 보는 것이 다수의 견해이다.

사례 - 15

● 무잉여 여부에 해당하는 판단기준과 집행법원의 매각절차 ●

사건 2008타경 ○○○○ 물건내역	감정평가액 최저매각액	임대차내역 전입 · 확정 · 보증금	등기부상의 권리관계
서울 도봉구 쌍문동 000 면적 대지권 13.2㎡ (3.9평) 건물-전용 31.33㎡ (9.5평) 다세대	80,000,000원 80,000,000원	갑 2006년 7월 10일 2006년 7월 10일 (확정) 4,500만원 배당요구	① 근저당 2006년 1월 5일 4,700만원 외환은행 ② 가압류 2007년 5월 15일 3,500만 김연경 ③ 압류 2007년 11월 4일 도봉구청 ④ 강제 김연경

사례설명

집행법원은 어떠한 조치를 하며 경매신청채권자는 매수청구를 할 수 있는지 또한 무잉여에 의한 매각불허가결정이 되면 최고가매수신고인의 매수신청보증금은 어떻게 처리되는지 검토할 사항이다.

등기부관계

말소기준권리는 '① 근저당'이다. 말소기준권리보다 선순위로 매수인에게 인수되는 권리가 존재하지 않으므로 매수인의 소유권이전등기촉탁 시 모두 말소된다.

임차인관계

임차인 갑은 대항력은 없지만 확정일자부임차인으로 후순위 담보권자, 기타일반채권자보다 먼저 우선변제권이 주어진다. 임차보증금이 4,500만원으로 소액임차인에는 해당되지 않아 최우선변제권은 주어지지 않는다.

무잉여 여부에 대한 판단기준

무잉여에 해당되는가의 여부는 최저매각가격이 경매신청채권자보다 우선하는 채권과 경매비용을 합한 금액보다 적을 때 인정된다.

우선채권의 범위는 다음과 같다.

- 매각절차비용(경매비용)
- 임금, 퇴직금, 「주택(상가)임대차보호법」의 소액임차인으로 배당요구를 한 경우 최우선변제권자의 금액
- 경매신청채권자보다 선순위저당권도 우선채권에 해당된다. 근저당권의 경우 채권계산서 등을 제출하지 않아 실제의 채권액이 밝혀지지 아니한 경우에는 등기된 채권최고액을 우선채권액으로 한다.
- 대항요건과 확정일자를 갖춘 임차인이 배당 요구한 경우 경매신청채권자보다 우선순위인 임차보증금
- 경매신청채권자보다 선순위인 전세권으로 매각으로 소멸하는 전세권
- 경매신정채권자보다 선순위인 담보가등기권(집행법원에 신고 된 경우)

무잉여인 경우 집행법원의 조치

집행법원은 최저매각가격으로 경매신청채권자의 채권에 우선하는 채권과 매각비용을 제외하고 경매신청채권자에게 배당할 금액이 없다고 인정할 때에는, 경매신청채권자에게 무잉여 통지를 하게 된다.

경매신청채권자의 매수신청

무잉여통지를 받은 경매신청채권자는 매각기일에 우선채권을 넘는 가격으로 매수하는 자가 없을 경우 보증금을 제공하고 자기 스스로 매각부동산을 매수할 것을 신청할 수 있다. 그러하지 않은 경우 집행법원은 매각절차를 취소하여야 한다.

하나 더!

무잉여

무잉여란 배당 시 경매신청채권자에게 돌아갈 배당금이 없을 경우를 말한다. 경매신청채권자는 목적부동산의 매각대금에서 자기 채권을 배당받을 목적으로 경매신청을 한다. 그러나 경매신청채권자보다 선순위채권자들이 존재하여 배당 시 경매신청채권자에게 돌아갈 배당금이 없을 경우 매각절차는 원칙적으로 취소되게 된다.

서식

○○지방법원
통 지 서

사건번호　　　타경　호

채 권 자　○○○

채 무 자　○○○

위 당사자 간의 강제경매사건에 관하여 이 법원이 채무자에 대한 부동산 강제경매개시결정을 하였던 바, 최저매각(임의)가격 금　　　　　　　　　원으로는 채권자에 우선하는 부동산의 부담금　　　　　　　　　원 및 경매절차비용을 변제하면 잔금이 없다고 인정되므로 민사집행법 제102조에 의하여 통지함.

따라서 채권자는 이 통지를 받은 날로부터 7일 이내에 우선변제채권자의 채권액 기타 모든 부담금을 변제하고 남는 것이 있을 가격을 정하여, 그 값에 응하는 매수신고인이 없을 때에는 그 가격으로 매수할 것을 신청하고 충분한 보증금을 제공하여야 하며 위 사항을 이행치 않을 때에는 경매절차를 취소함.

서식

부동산 잉여가액 매수신청서

채 권 자 ○○○

채 무 자 ○○○

위 당사자 간 귀원 타경 호 부동산강제(임의)경매 사건에 관하여 채권자는 채권자에 우선하는 채권과 절차비용을 변제하고도 남을 가격을 금 만원으로 정하여 매수 신고합니다. 만일 위 가격에 맞는 매수신고가 없을 때에는 채권자가 위 가격으로 이사건 부동산을 매수하겠습니다. 보증으로 금 만원을 공탁하였습니다.

년 월 일

채권자 (인)

○○지방법원 귀중

사례 - 16

● 제3취득자의 조세채권과 저당권 등 담보권이 경합되었을 때 배당의 우선순위 ●

사건 2008타경 OOOO 물건내역	감정평가액 최저매각액	임대차내역 전입 · 확정 · 보증금	등기부상의 권리관계
서울 서대문구 홍은동 000 면적 대지권 64.21㎡ (19.4평) 건물–전용 171.72㎡ (51.9평) 아파트	580,000,000원 371,200,000원 1유찰 1유찰	갑 2006년 11월 12일 2006년 11월 12일 (확정) 22,000만원 배당요구	소유권 김일석 ① 근저당 2006년 9월 10일 25,000만원 기업은행 소유권이전 박정숙 ② 압류 2007년 8월 25일 국민연금관리공단 ③ 가압류 2007년 11월 15일 14,000만원 석진영 ④ 가압류 2007년 12월 21일 7,400만원 삼성카드 ⑤ 임의 기업은행

사례설명

'① 근저당' 을 박정숙이 인수하고 김일석에게 매수한 경우이다. 이런 경우 현 소유자 박정숙을 '제3취득자' 라 부른다. 제3취득자에게 체납된 조세채권 (② 압류 법정기일 2006년 6월 18일)이 있는 경우 '① 근저당' 과의 우선순위는 어떻게 결정되는지를 검토해본다.

등기부관계

말소기준권리는 '① 근저당' 이 된다. 말소기준권리보다 선순위로 매수인에게 인수되는 권리가 없으므로 매수인의 소유권이전등기촉탁 시 모두 말소된다.

임대차관계

임차인 갑은 매수인에게 대항력은 없으나 확정일자부임차인이므로 배당에서 후순위담보권자, 기타일반채권자보다 우선변제권이 있다.

배당관계

원칙적으로 조세채권과 근저당권 등 담보물권 간의 우선순위는 조세채권의 법정기일과 담보물권의 설정기일과 비교하여 정해진다. 그러나 사례와 같이 제3취득자에 대한 조세채권의 법정기일이 '① 근저당' 설정기일보다 앞선 경우라도 '① 근저당' 에 우선하지 못한다.

사례 - 17

● 제1경매절차에서 임차인이 제2경매절차에서도 임차인인 경우 대항력의 문제 ●

사건 2008타경 ○○○○ 물건내역	감정평가액 최저매각액	임대차내역 전입 · 확정 · 보증금	등기부상의 권리관계
서울 동대문구 청량리동 000 면적 토지 90.5㎡ (27.4평) 건물 165.4㎡ (50평) 주택 2층	288,800,000원 288,800,000원	갑 2006년 11월 27일 (2층) 2007년 3월 20일 (확정) 6,000만원 배당요구 을 2007년 3월 27일 (1층) 4,000만원	소유권 박정일 소유권이전 2007년 1월 10일 (경락) 김태범 ① 근저당 2007년 1월 10일 18,000만원 축협 ② 근저당 2007년 7월 15일 16,000만원 정태민 ③ 가압류 2007년 11월 11일 3,300만원 서울보증보험 ④ 임의 정태민

사례설명

- 임차인 갑이 제1경매절차에서 대항력은 없었으나 현 소유자와 임대차계약을 체결하고 거주하고 있는 경우이다.
- 현 소유자가 경락으로 목적부동산을 매수(제1경매절차) 시 이미 임차인으로서 거주하고 있던 자는 현 소유자가 경매신청채무자(제2경매절차)가 된 경우 대항력의 발생시점이 언제인지 살펴본다.

등기부관계

말소기준권리는 '① 근저당' 이다. 말소기준권리보다 선순위로 매수인에게 인수되는 권리가 없으므로 매수인의 소유권이전등기촉탁 시 모두 말소된다.

임대차관계

제1경매절차에서 대항력 있는 임차인이 계속 거주하고 있는 동안 현 소유자의 채권자가 경매신청을 하여 제2경매절차가 진행되는 경우 기존의 임차인은 매수인에게 대항력을 주장할 수 있다. 그러나 제1경매절차에서 대항력이 없는 임차인이 현재 소유자와 임대차계약을 다시 체결한 경우 대항력의 발생시점은 기존의 대항요건(점유 및 전입)의 시점이 아니라 임대차계약체결일을 기준으로 판단하여야 한다.

- 임차인 갑

  임차인 갑은 제1경매절차 때부터 임차인이었던 자이다. 원칙적으로 제1경매절차에서 대항력이 있었던 임차인이면 제2경매절차에서도 대항력을 주장할 수 있다. 그러나 임차인 갑은 제1경매절차에서 대항력이 없던 임차인이여서 현 소유자와 임대차계약서 체결일이 대항력의 기준일이 된다. 즉 '① 근저당'과 비교하여 대항력의 여부가 결정된다.

- 임차인 을

  임차인 을은 대항요건이 말소기준권리보다 후순위여서 매수인에게 대항력을 주장할 수 없다. 또한 확정일자도 없으므로 배당에 참가하여 우선변제권을 주장할 수도 없다. 그러나 소액임차인에 해당되어 최우선변제권을 행사할 수 있으나 배당요구를 하지 않아 소액임차인으로서도 보호를 받지 못한다.

사례 - 18

● 당해세가 아닌 조세채권 간의 배당의 우선순위 ●

사건 2008타경 OOOO 물건내역	감정평가액 최저매각액	임대차내역 전입 · 확정 · 보증금	등기부상의 권리관계
서울 구로구 오류동 00 면적 대지권 23.78㎡ (7.2평) 건물-전용 48.48㎡ (14.7평) 다세대	90,000,000원 90,000,000원	갑 2007년 4월 12일 2007년 4월 12일 (확정) 4,500만원 배당요구	① 근저당 2006년 2월 10일 5,000만원 우리은행 ② 압류 2007년 10월 15일 구로구청 ③ 가압류 2007년 11월 15일 3,300만원 정상형 ④ 임의 우리은행

사례설명

당해세가 아닌 국세와 지방세 등 조세채권 간의 배당에서 우선순위는 어떻게 결정되는지를 살펴본다. 또한 체납된 조세가 등기부에 압류된 경우와 단순히 매각절차에서 교부 청구한 조세채권 간의 우선순위도 검토하여 본다. 사례에서는 구로구청에서 소유자가 체납된 조세를 납부하지 않아 '② 압류기입등기(법정기일 2007년 3월 9일)'를 하였고 구로세무서에서는 압류등기는 하지 않았으나 압류등기보다 법정기일(2006년 11월 14일)이 앞서는 체납된 조세를 교부 청구한 경우이다.

등기부관계

'① 근저당'이 말소기준권리이다. 매수인에게 인수되는 권리가 없으므로 매수인의 소유권 이전등기촉탁 시 다른 권리들은 모두 말소된다.

임대차관계

임차인 갑은 확정일자부임차인으로 근저당과 마찬가지로 후순위담보권자, 기타일반채권자보다 먼저 임차보증금에 대하여 우선변제권이 있다. 그러나 조세채권 간의 우선순위는 임차인의 확정일자일과 조세채권의 법정기일 전후로 결정된다. 따라서 확정일자일이 '② 압류'의 조세채권과 교부 청구한 구로세무서의 법정기일보다 후순위여서 그 다음 순위로 배당을 받게 된다.

조세채권 간의 배당관계

단순히 배당절차에서 교부 청구한 조세채권과 등기부에 압류의 기입등기가 된 조세채권 간의 배당에서 우선순위는 원칙적으로 압류에 의한 기입등기가 우선(압류선착주의)이다.

- 국세의 체납처분에 의하여 압류한 경우
  다른 국세 · 가산금 · 체납처분비 또는 지방세의 교부 청구가 있은 때에는 등기부에 압류된 조세채권(국세 · 가산금 또는 체납처분비)은 교부 청구한 다른 국세 · 가산금 · 체납처분비와 지방세에 우선하여 배당한다.
- 지방세 체납에 의하여 압류한 경우
  국세 · 가산금 또는 체납처분비의 교부 청구를 한 때에는 교부 청구한 국세 · 가산금과 체납처분비는 등기부에 압류된 지방세의 다음 순위로 배당한다.

※ 실무상 세금의 교부 청구금액이 소액인 경우가 대부분이고 담보권 전후 법정기일이 성립된 조세가 있을 때는 배당이 복잡해지는 것을 피하기 위하여 편의상 압류선착주의를 적용하지 않고 조세채권의 법정기일만을 가지고 배당을 한다. 다만 조세채권끼리만 문제되었을 때 또는 교부 청구금액이 고액인 경우에는 위 원칙에 따라 압류선착주의를 적용하여 배당한다.

하나 더! 기타 조세에 관련된 문제

- 지방자치단체의 징수금간의 우선순위

  지방자치단체의 징수금간 우선순위는 다음과 같이 정해진다.

  1순위 체납처분비

  2순위 가산금

  3순위 지방세

- 조세채권의 교부청구
  - 세무서장이 「국세징수법」에 따라 경매법원에 대하여 국세의 교부를 청구하는 것은 배당요구의 성질과 같은 것이므로, 국세의 교부 청구도 배당요구와 마찬가지로 배당요구종기까지만 할 수 있다(대법원 93다 19276).
  - 국세체납으로 압류등기가 되어 있는 경우에는 교부 청구를 한 효력이 있으나 배당요구종기 전까지 체납된 국세의 세액을 계산할 수 있는 증빙서류를 제출해야 한다. 제출하지 아니한 때에는 집행법원으로서는 당해 압류등기촉탁서에 의한 체납세액을 조사하여 배당을 하여야 하고 배당요구종기 이후 배당할 때까지의 사이에 교부 청구된 세액은 그 국세가 다른 채권에 우선하는 것인지의 여부와 관계없이 배당할 수 없다(대법원 93다19276).

- 담보권과 취득세에 대한 가산세와의 우선순위
  - 당해 부동산을 취득한 날로부터 자진신고기간인 30일이 도과된 이후 취득세에 대한 가산세 및 가산금의 법정기일이 근저당권 설정일보다 후인 경우 그 가산세 및 가산금은 저당권의 채권보다 우선할 수 없다.

- 참가압류
  - 참가압류는 국세, 지방세 등 조세채권에 관하여 징수권자가 집행법원 등 다른 기관에 의하여 이미 매각이 개시되어 있는 환가절차에 참가하여 압류하는 제도이다. 이는 이중경매에 준하는 것으로 법원은 참가압류에 대하여 배당해줘야 하며, 이중경매신청과 그 방법이나 효과도 비슷하다. 즉, 참가압류를 하는 징수권자는 참가압류통지서를 집행법원에 송달하고 등기관에게는 참가압류의 등기를 촉탁함으로써 등기부에 참가압류가 기입된다. 등기부상에 압류가 '참압' 이라고 표기되기도 한다. '참가압류' 의 약자이다.

사례 – 19

● 이중경매와 관련된 실무상 진행방법 ●

사건 2008타경 ○○○○ 물건내역	감정평가액 최저매각액	임대차내역 전입 · 확정 · 보증금	등기부상의 권리관계
서울 서대문구 홍제동 000 면적 토지 159㎡ (48.1평) 건물(총면적) 290㎡ (67.5평) 다가구 3층	384,149,000원 384,149,000원	갑 2006년 11월 27일 (2층) 2006년 11월 27일 (확정) 6,000만원 배당요구 을 2007년 3월 27일 (3층) 4,000만원 배당요구 소유자 점유(1층)	① 근저당 2005년 12월 10일 8,000만원 외환은행 ② 근저당 2006년 7월 15일 16,000만원 농협 ③ 가압류 2007년 3월 11일 13,300만원 대우캐피탈 ④ 압류 2008년 1월 23일 국민건강보험공단 ⑤ 강제 대우캐피탈 ⑥ 임의 농협

사례설명

경매개시결정과 관련하여 실무상 매우 중요한 부분이기도 한다. 이미 경매개시결정을 한 부동산에 대하여 또 다른 경매신청이 있는 때에도 집행법원은 경매개시개시결정(2중 개시결정)을 하고 먼저 경매개시결정한 집행절차에 따라 매각을 진행한다. 경매개시결정이 먼저인 것을 '선행사건', 후에 경매개시결정이 된 것을 '후행사건'이라 부른다. 매각부동산이 이중경매신청사건인 경우 실무상 진행절차를 살펴본다.

등기부관계

말소기준권리는 '① 근저당'이다. 매수인에게 인수되는 권리가 존재하지 않으므로 매수인의 소유권이전등기촉탁 시 모두 말소된다.

[갑 구]

순위번호	등기목적	접수	등기원인	권리자 및 기타사항
1	소유권이전			소유권
2	가압류	2007년 3월 11일 제4834호	2007년 3월 9일 00지방법원가압류결정 (2007카단 00)	청구금액 13,300만원 채권자 대우캐피탈
3	강제경매개시결정	2008년 1월 8일 제1322호	2008년 1월 6일 00지방법원 경매개시결정 (2008타경0000호)	채권자 대우캐피탈
4	임의경매개시결정	2008년 2월 16일 제3427호	2008년 2월 14일 00지방법원 경매개시결정 (2008타경0000호)	채권자 농업협동조합 (중앙회)

임대차관계

- 임차인 갑

  매수인에게 대항력은 없으나 확정일자부임차인으로 배당에 참가하여 저당권과 마찬가지로 후순위담보권자, 기타일반채권자보다 먼저 임차보증금을 배당받을 수 있다.

- 임차인 을

  임차인 갑과 마찬가지로 대항력이 없다. 확정일자가 없는 임차인이므로 배당에 참가하여 우선변제를 받을 수 없다. 그러나 소액임차인의 요건을 갖추었으므로 최우선변제금으로 1,600만원을 배당받는다.

이중경매신청권자의 배당관계

이중경매신청채권자도 압류(경매개시결정의 기입등기)의 효력이 생기면 당연히 배당에 참가할 수 있으나, 선행사건의 배당요구종기 전 경매신청한 경우에 한하여 인정된다. 이후 경매신청을 한 경우에는 선행사건으로 매각절차가 진행되는 한 배당에 참가할 수 없다. 경매신청을 한 경우라 하면 집행법원에 경매신청서의 접수 시가 아니고 압류의 효력 발생 시를 말한다. 즉, 경매개시결정문이 채무자에게 송달된 시점이거나 등기부에 경매개시결정이 기입된 시점을 말한다.

이중경매의 실무상 진행방법

1. 매각절차의 진행은 원칙적으로 선행사건의 사건번호로 진행한다.
2. 선행사건이 취하나 취소된 경우
• 선행사건이 취소된 때에는 우선채권을 해하지 않는 한도 안에서 후행사건에 의하여 매각절차를 속행한다. 그러나 선행사건의 취소로 매수인이 인수할 부담에 변경이 생기는 경우 선행사건절차에서 이미 최고가매수신고인이 정해진 경우라도 매각절차는 후행사건 기준으로 처음부터 다시 진행해야 한다.
• 선행경매절차가 취소, 취하된 경우 선행경매신청채권자의 압류는 효력이 상실되므로 배당요구로서의 효력을 인정하지 않는다. 선행사건의 배당요구종기 이후 이중경매가 신청된 경우 선행사건이 취하, 취소되면 이중경매를 기준으로 새로이 배당요구종기를 정해야 한다.
3. 선행사건의 매각절차가 정지된 경우
• 후행사건에 의하여 절차를 속행한다. 선행사건의 정지사유가 없어지지 않은 채 후행사건에 의하여 매각절차가 진행되어 배당을 할 경우 선행사건의 경매신청채권자에게 배당할 금액은 이를 공탁한다. 후행절차로 속행하고 있는 중 선행절차의 정지사유가 없어지면 다시 선행절차로 계속 진행한다.
• 선행사건이 강제집행일시정지, 채권자가 채무자에게 의무이행을 미루도록 승낙한 증서가 제출된 경우 매각절차를 정지하게 된다. 이 경우 후행 경매신청채권자의 매각속행신청이 있으면 집행법원의 결정으로 매각절차를 속행할 수 있다. 다만 후행 경매신청이 배당요구종기 이후에 신청되었거나, 선행경매절차가 취소되는 경우, 매수인에게 인수하는 부담에 변경이 생기는 경우에는 그러하지 아니하다.
4. 이중경매의 집행비용
• 매각에 필요한 집행비용은 채무자가 부담하는 것이 원칙이지만 실무상 채권자의 경매신청 시 예납을 하도록 하고 있다. 집행비용은 매각대금에서 우선적으로 경매신청채권자에게 지급을 하고 남은 금액으로 배당을 하게 된다.
• 경매신청채권자가 지출한 집행비용으로 인정되는 것은 매각절차를 실시하기 위하여 필요한 비용뿐만 아니라 경매신청의 준비를 위하여 필요한 비용도 포함한다(예컨대, 인지대, 법무사 비용 등). 그러나 이중경매신청채권자의 경우 경매신청의 준비를 위하여 소요된 비

용은 집행비용으로 인정되지 않는다.

- 선행사건이 취소, 취하된 경우 그때까지 지출한 비용은 채권자의 부담으로 하고, 이후 후행사건으로 매각절차가 진행되어 지출한 비용은 이중경매신청채권자의 집행비용이 된다.

하나 더!

이중경매신청

- 이중경매신청의 시기

이중경매신청은 선행사건의 배당요구종기까지 하여야 한다는 견해도 있으나 판례는 매수인의 매각대금완납 시까지 할 수 있다는 입장이다(대법원 78마285).

- 이중경매개시결정의 효력

이중경매개시결정도 채무자에게 그 결정이 송달되거나 또는 경매개시결정이 등기되면 압류의 효력이 생긴다. 그러나 매각절차는 먼저 개시결정한 선행사건의 집행절차에 따라 진행해야 한다. 따라서 이해관계인의 범위, 매각기일의 통지 등은 선행 매각사건을 기준으로 정하여야 한다.

- 이중경매개시결정의 통지를 받을 이해관계인

집행법원은 이중경매개시결정을 하면 이해관계인에게 통지해야 한다. 통지하여야 할 이해관계인은 채무자, 소유자, 선행 경매신청사건의 신청채권자, 집행력 있는 정본에 의한 배당요구채권자에 한한다. 그러나 실무상에서는 임차인에게도 통지를 하고 있다.

사례 - 20

● 세대합가된 임차인의 대항력 ●

사건 2008타경 OOOO 물건내역	감정평가액 최저매각액	임대차내역 전입 · 확정 · 보증금	등기부상의 권리관계
서울 영등포구 신길동 000 면적 대지권 41.31㎡ (12.5평) 건물–전용 84.83㎡ (25.7평) 아파트	420,000,000원 336,000,000원 1유찰	갑(남편) 2006년 10월 12일 22,000만원 배당요구 ※ 동거인(아내)의 최초 전입신고일 2005년 1월 8일	① 근저당 2005년 3월 5일 12,000만원 국민은행 ② 가압류 2006년 5월 15일 7,500만원 신용보증기금 ③ 근저당 2006년 8월 10일 12,000만원 박일경 ④ 임의 국민은행

사례설명

사례와 같이 세대합가의 경우 임차인의 대항력의 기준시점은 최초로 전입한 아내를 기준으로 할 것인가 아니면 실제 임차인인 남편의 전입신고일을 기준으로 할 것인가를 살펴본다. 즉 세대합가 시 임차인의 대항력의 시점 문제이다.

등기부관계

'① 근저당'이 말소기준권리이다. 말소기준권리보다 선순위로 매수인에게 인수되는 권리가 없으므로 매수인의 소유권이전등기촉탁 시 모두 말소된다.

임대차관계

- 세대합가인 경우 임차인의 문제는 임차인 조사 시 세대열람만 가능하고 주민등록초본의 발급이나 열람이 가능하지 않기 때문에 문제가 된다. 즉, 주민등록초본의 열람이 가능하면 세대주의 동거인들에 대하여 초본을 열람하여 전입신고일자의 내역을 알 수 있지만 세대주의 주민등록 열람만으로는 알 수 없으므로 주의를 해야 한다. 세대합가된 경우 대항력의 판단 시점은 세대원 중에서 가장 먼저 대항요건을 갖춘 때를 기준으로 판단한다. 임차인 갑의 전입신고는 말소기준권리보다 후순위이지만 그 이전에 이미 아내가 먼저 임차주택에 전입신고가 되어 대항요건을 갖추고 있으므로 임차인 갑은 매수인에게 대항력을 주장할 수 있다.

사례 - 21

● 매각대상 부동산에 토지별도등기가 있는 경우 ●

사건 2008타경 ○○○○ 물건내역	감정평가액 최저매각액	임대차내역 전입 · 확정 · 보증금	등기부상의 권리관계
서울 서초구 잠원동 000 면적 대지권 40.52㎡ (12.3평) 건물-전용 84.97㎡ (25.7평) 아파트 토지별도등기 있음	390,000,000원 390,000,000원	소유자 점유	토지등기부 ① 근저당 2004년 11월 10일 185,000만원 신한은행 건물등기부 ① 근저당 2006년 2월 11일 18,000만원 최정기 ② 가압류 2007년 11월 23일 3,500만원 엘지카드 ③ 가압류 2008년 1월 17일 12,000만원 홍우민 ④ 임의 최정기

사례설명

- 토지별도등기는 아파트, 다세대 등 집합건물에서 문제되는 일이다. 건설회사가 집합건물을 신축하면서 공사비용의 부족 등 사유로 인하여 토지를 담보하고 은행으로부터 대출금을 받고 토지등기부에 저당권을 설정하는 경우가 많다. 이 경우 건물이 완성되어 집합건물등기부가 만들어지면 표제부에 토지별도등기가 기재된다.
- 사례와 같이 토지별도등기가 존재하는 부동산이 매각대상인 경우, 토지등기부에 존재하는 근저당권은 매수인이 인수해야 하는 권리 인지여부와 집행법원의 실무상 처리방법을 살펴본다. 또한 토지근저당권자는 건물부분의 매각대금에서도 우선변제권이 있는지 살펴보고 토지등기부에 있는 근저당권의 말소방법도 아울러 검토해본다.

등기부관계

토지등기부에 어떤 권리가 설정되어 있는 경우(토지별도등기) 집합건물등기부 표제부에는 '토지에 관하여 별도등기 있음' 이라고 표시된다. '① 근저당' 이 말소기준권리가 된다. 말소기준권리보다 선순위로 매수인에게 인수되는 권리가 없으므로 매수인의 소유권이전등기촉탁 시 모두 말소된다.

집행법원의 실무상 처리방법

종래에는 토지등기부상 저당권이 존재하는 경우 토지에 대한 저당권을 인수할 것을 특별매각조건으로 하여 집행절차를 진행하였다. 그러나 현재 실무상에서의 처리방법은 인수조건을 붙이지 않을 경우 대지권을 매각부동산의 감정평가에 포함하여 최저매각가격을 결정하고 토지저당권자를 집행법원에 채권신고를 하게 하여 배당에 참가시킨다. 그러나 매각물건명세서상 "토지저당 매수인 인수해야 함"이라 기재되어 있는 경우 토지별도등기에 있는 저당권은 매수인에게 인수되는 권리가 되므로 주의해야 한다.

토지 근저당권자의 배당관계

토지 근저당권자는 매각대금 중 구분건물의 대지권 비율에 해당하는 금액을 배당에서 변제를 받게 된다. 건물부분의 매각대금에서는 우선변제를 받을 수 없다.

토지등기부상 근저당권의 말소방법

매각의 대상이 된 구분건물의 대지권 비율 만큼에 상응하는 토지 근저당권을 그 비율만큼만 일부 말소시킨다. 따라서 매각대금을 완납하고 토지등기부에 부기등기의 형식으로 근저당권변경등기를 하게 된다. 즉 "00아파트 0동 0호 대지권 지분" 말소방법으로 토지등기부의 근저당권을 일부 말소시킨다.

사례 - 22

● 최선순위로 가처분, 가압류가 순위번호와 접수번호가 동일한 경우 ●

사건 2008타경 ○○○○ 물건내역	감정평가액 최저매각액	임대차내역 전입 · 확정 · 보증금	등기부상의 권리관계
서울 금천구 독산동 000 면적 대지권 56.08㎡ (17평) 건물-전용 129.66㎡ (39.2평) 아파트	520,000,000원 416,000,000원 1유찰	소유자 점유	① 가압류 2006년 3월 7일 12,000만원 김현상 가처분 2006년 3월 7일 ② 근저당 2007년 7월 19일 8,000만원 박범진 ③ 가압류 2007년 8월 11일 5,500만원 삼성카드 ④ 강제 김현상

사례설명

- 법원은 가처분, 가압류결정을 한 후 등기부에 그 결정을 기입할 것을 등기공무원에게 촉탁하게 된다.
- 사례와 같이 가처분, 가압류결정이 동시에 등기소에 촉탁되어 접수된 경우 등기공무원은 어떤 순서로 등기부에 기입하게 되며 또한 그들 상호간의 우선순위는 어떻게 되는지 살펴보아야 한다. 또한 가처분은 매수인에게 인수되는 권리인지도 함께 검토하여 본다.

등기부관계

가처분은 말소기준권리가 될 수 없으므로 말소기준권리는 '① 가압류'가 된다. 등기부상 '① 가압류'와 '① 가처분'은 같은 순위로 접수번호도 같다. 따라서 가압류등기와 가처분등기는 순위가 동일한 등기라 할 것이므로 상호간에 우열을 정할 수 없어 각 처분금지적 효력을 서로 주장할 수 없다. 즉 매수인의 소유권이전등기촉탁 시 '① 가압류'는 말소되지만, '① 가처분'은 말소되지 않는다.

- 원칙적으로 등기신청의 접수순위는 등기신청서를 받았을 때(접수)를 기준으로 한다. 따라서 동일한 부동산에 관하여 동시에 수개의 등기신청이 있는 때에는 같은 순위로 등기부에 기재하고 접수번호도 또한 동일하게 기재한다.

• 등기공무원이 동일 부동산에 관해 법원으로부터 가압류등기촉탁서와 처분금지가처분등기 촉탁서를 동시에 받았다면, 양 등기에 대하여 동일한 접수번호와 순위번호를 기재하여 처리하여야 하고 그 등기의 순위는 동일하다.

가압류, 가처분의 상호간의 효력

동일 부동산에 관하여 동일 순위번호로 등기된 가압류와 처분금지가처분 상호 간의 효력은 그 당해 채권자 상호간에 한해서는 처분금지적 효력을 서로 주장할 수 없다.

배당관계와 인수여부

가처분은 가압류와는 달리 배당에 참가할 수 있는 권리가 아니다. '① 가압류'와 '①가처분' 상호 간에는 처분금지적 효력을 주장할 수 없으므로 매수인은 '① 가처분'을 인수하게 된다.

사례 - 23

● 상가임차인이 사업을 개시하지 않거나 사실상 폐업한 경우 대항력과 우선변제권 ●

사건 2008타경 OOOO 물건내역	감정평가액 최저매각액	임대차내역 전입 · 확정 · 보증금	등기부상의 권리관계
서울 양천구 신월동 000 면적 대지권 12.12㎡ (3.7평) 건물-전용 28.49㎡ (8.6평) 상가 7층 중 1층	100,00,000원 80,00,000원 1유찰	갑 2006년 1월 27일 (사업자등록일) 2006년 1월 27일 (확정) 2,000만원 배당요구 (월 60만원) 영업중단상태(사실상 폐업) 을(전차인)	① 가압류 2006년 2월 11일 3,200만원 대한생명(주) ② 근저당 2007년 11월 23일 7,000만원 홍지우 ③ 가압류 2008년 1월 17일 4,000만원 정인섭 ④ 압류 2008년 1월 28일 양천세무서 ⑤ 임의 홍지우

사례설명

상가임차인이 전대차 등으로 사업을 개시하지 않거나 폐업한 경우 상가임차인에게 주어지는 대항력과 우선변제권은 여전히 유효한지를 살펴본다.

등기부관계

말소기준권리는 '① 가압류' 이다. 말소기준권리 이후 권리는 매수인에게 대항할 수 없으므로 매수인의 소유권이전등기촉탁 시 모두 말소된다.

임대차관계

상가임차인도 주택임차인과 마찬가지로 대항요건이 말소기준권리보다 선순위인 경우 매수인에게 대항력을 주장할 수 있다. 또한 확정일자 있는 상가임차인은 후순위담보권자, 기타 일반채권자보다 먼저 임차보증금을 우선하여 변제를 받는다. 주택임차인의 대항요건은 전입신고(주민등록) 및 점유이지만 상가임차인의 대항요건은 사업자등록 및 점유이다.

- 임차인 갑

  임차인 갑은 대항력과 확정일자를 갖춘 임차인이므로 원칙적으로 후순위담보권자, 기타 일반채권자보다 먼저 임차보증금을 변제받을 수도 있고 매수인에게 대항력을 주장할 수도 있다. 그러나 영업을 중단하고 사실상 폐업한 상태인 경우 그 사업자등록은 상가임대차의 공시방법으로 적법한 사업자등록이라고 볼 수 없다. 따라서 임차인 갑은 상가임차인으로서의 보호를 받을 수 없다. 이 경우 임차인이 「상가건물임대차보호법」상의 대항력과 우선변제권을 유지하기 위해서는 목적부동산을 적법하게 전대차하여 전차인이 건물을 직접 점유하면서 사업을 운영하고 전차인 명의로 사업자등록이 되어 있어야 보호를 받을 수 있다. 물론 임차인이 임차권등기명령을 신청하여 등기부에 임차권을 설정한 경우 기존의 대항력과 우선변제권은 보호받을 수 있다.

상가건물

「상가건물임대차보호법」상의 적용 대상인 상가건물이란 「부가가치세법 제5조」, 「소득세법 제168조」 또는 「법인세법 제111조」 규정에 의한 사업장등록의 대상이 되는 건물을 말한다. 즉 신규로 사업을 개시하는 자 중에서 사업자 단위 과세사업자가 아닌 자는 사업장마다, 사업자 단위 과세사업자는 당해 사업자의 본점 또는 주사무소에 대하여 대통령령이 정하는 바에 따라 사업개시일부터 20일 이내에 사업장 관할세무서장에게 등록해야 하는 건물을 말한다. 「상가건물임대차보호법」은 상가건물의 임대차에 대하여 적용한다. 다만 대통령령이 정하는 임대차보증금액을 초과하는 임대차에 대하여는 적용하지 아니한다.

사례 - 24

● 목적부동산의 일괄경매신청 ●

사건 2008타경 OOOO 물건내역	감정평가액 최저매각액	임대차내역 전입·확정·보증금	등기부상의 권리관계
서울 중랑구 망우동 000 면적 토지 125㎡ (37.8평) 건물 134.97㎡ (40.8평) 다가구	288,150,000원 288,150,000원	갑 2005년 4월 12일 2005년 4월 12일 (확정) 8,000만원 배당요구 을 2006년 11월 12일 6,000만원 배당요구 병 2007년 1월 29일 4,000만원 배당요구	토지등기부 ① 근저당 2005년 1월 5일 8,000만원 정일호 건물등기부 ① 가압류 2006년 10월 27일 6,000만원 홍성식 ② 근저당 2007년 2월 10일 4000만원 새마을금고 ③ 가압류 2007년 6월 14일 6,500만원 최일호 ④ 압류 2008년 1월 15일 중랑구청 ⑤ 강제 홍성식

사례설명

- 수개의 부동산을 동시에 매각하는 경우 개별적으로 부동산 하나하나마다 최저매수가격을 정하여 매각하는 개별매각이 원칙이다. 그러나 수개의 부동산의 위치, 형태, 이용관계 등을 고려하여 같은 사람에게 일괄로 매각하는 것이 상당하다고 인정할 때는 일괄로 매각을 한다. 일괄매각한 부동산 중 일부에 대하여 매각불허가 사유가 있는 경우 집행법원은 어떠한 결정을 하는지 살펴보고 일괄매각할 수 있는 경우와 그러하지 않은 경우 등 일괄매각에 관한 제반 문제를 검토하여 본다.
- 사례는 건물이 없는 토지(나대지)에 근저당권을 설정한 후 소유자가 그 지상에 건물을 건축하였고 토지 근저당권자가 토지와 함께 그 지상건물을 일괄하여 경매신청한 경우이다.

등기부관계

말소기준권리는 원칙적으로 토지등기부와 건물등기부를 기준으로 각각 정해진다. 따라서 토지등기부의 '① 근저당'과 건물등기부의 '① 근저당'이 각각 말소기준권리가 된다. 그러나 임차인의 대항력 문제는 건물등기부의 말소기준권리를 기준으로 결정한다. 토지나 건물등기부의 각각 말소기준권리보다 선순위로 매수인에게 인수되는 권리가 없으므로 매수인의 소유권이전등기촉탁 시 모두 말소된다.

임차인관계

- 임차인 갑

  임차인 갑은 대항요건이 말소기준권리보다 선순위이므로 매수인에게 대항력을 주장할 수 있다. 또한 확정일자부임차인으로 배당에서 후순위담보권자, 기타일반채권자보다 우선변제를 받을 수 있다.

- 임차인 을

  임차인 을은 대항요건이 말소기준권리보다 후순위여서 매수인에게 대항력을 주장할 수 없다. 확정일자가 없어 배당에 참가할 수 없고 소액임차인에도 해당되지 않는다.

- 임차인 병

  임차인 병은 매수인에게 대항력이 없다. 확정일자가 없으므로 배당에서 우선변제를 받을 수 없으나 소액임차인에 해당되어 최우선적으로 1,600만원을 배당받게 된다.

토지 근저당권자의 배당관계

경매신청채권자인 토지 근저당권자는 건물에 공동담보로 근저당권이 설정되어 있지 않으므로 매각대금 중 토지 가격분에 대해서만 우선배당을 받을 수 있다.

일괄매각이 허용되는 경우

- 민법 제365조

  사례의 경우가 이에 해당된다.

- 공장저당목적물이 매각되는 경우

  「공장저당법」에 의한 저당권의 실행으로 매각이 이루어지는 경우 공장저당 물건인 토지와 건물, 그에 설치된 기계, 기구 기타 공장의 공용물들은 유기적인 일체성이 있으므로 반드시 일괄매각하여야 한다. 그러나 기계, 기구가 제3자의 소유인 경우에는 저당권의 효력이 미치지 않는다.

- 개별매각을 하는 것보다 일괄매각을 하는 것이 현저히 고가로 매각할 수 있는 경우

일괄매각이 허용되지 아니한 경우

매각목적물이 과잉매각이 되거나 일괄매각으로 하는 것보다 개별매각으로 하는 것이 고가

로 매각할 수 있으리라 예상되는 경우

일괄매각의 절차

- 최저매각가격의 결정방법

  각 부동산별로 매각대금과 집행비용을 확정할 필요가 있는 때(각 부동산별로 소유자나 배당받을 채권자가 다른 경우 등)에는 각 부동산별로 최저매각가격을 결정하고 일괄하여 최저매각가격을 결정한다.

- 일괄매각취지의 공고

  매각기일공고에 일괄매각한다는 취지를 기재하여야 한다.

- 일부에 대하여 불허가사유가 있는 경우

  일괄매각한 수개의 부동산 중 일부에 대하여 매각불허가 사유가 있으면 전체에 대하여 매각불허가결정을 한다.

하나 더!

일괄매각과 관련된 문제

1. 일괄매각의 요건(민법제365조)

- 토지에 대하여 저당권설정 당시 그 지상에 건물이 없을 것
- 저당권설정 후 토지 소유자가 그 지상에 건물을 축조하였을 것
- 토지와 건물의 소유자가 같을 것

2. 첨부서류

일반적으로 경매신청할 때 첨부서류 외에 일괄경매의 요건을 증명하는 서면을 첨부해야 한다(예컨대, 토지와 건물의 등기부등본).

3. 일괄경매의 추가신청여부

나대지상의 저당권자가 지상에 건물이 없는 줄 알고 토지만 경매신청한 후 매각절차가 진행되는 중 현황조사서 등에 의하여 저당권설정 후 건축된 건물이 존재하는 것으로 판명된 경우 경매신청채권자가 건물에 대하여 일괄경매의 추가신청을 하면, 집행법원은 두 사건을 병합하여 일괄경매를 진행할 수 있다.

사례 - 25

● 전대차인의 대항력 여부 ●

사건 2008타경 ○○○○ 물건내역	감정평가액 최저매각액	임대차내역 전입·확정·보증금	등기부상의 권리관계
서울 마포구 망원동 000 면적 대지권 46.94㎡ (14.2평) 건물-전용 103.9.㎡ (31.4평) 아파트	400,000,000원 320,000,000원 1유찰	갑 2006년 11월 10일 17,000만원 배당요구	① 근저당 2006년 10월 29일 25,000만원 국민은행 ② 가압류 2007년 5월 12일 7,500만원 서울보증보험 ③ 근저당 2007년 8월 10일 3,000만원 김국선 ④ 임의 국민은행

사례설명

- 2004년 11월 1일 대항요건을 마친 기존의 임차인이 현재 임차인 갑에게 임대인의 동의하에 전대차를 하고 2006년 11월 1일 퇴거를 한 후 전차인은 2006년 11월 10일에 대항요건을 마친 사례이다.
- 임차권은 전세권과 달리 임대인의 동의 없이 원칙적으로 임차권을 다시 임차하는 즉, 전대차를 할 수 없다. 그러나 임대인의 동의하에 전대차한 경우 그 전대차인은 보호를 받을 수 있는지를 살펴본다.

등기부관계

'① 근저당' 이 말소기준권리가 된다. 말소기준권리보다 선순위로 매수인에게 인수되는 권리가 존재하지 않으므로 매수인의 소유권이전등기촉탁 시 모두 말소된다.

임차인관계

- 임차인 갑은 배당요구는 하였으나 확정일자가 없으므로 배당에 참가할 수 없다. 또한 말소기준권리보다 대항요건이 후순위여서 매수인에게 대항력을 주장할 수 없다. 그러나 임차인 갑이 전차인으로서 권리를 주장할 수 있는 경우 즉, 임대인의 동의하에 전대차를 하였고 기존 임차인의 주민등록퇴거일로부터 주민등록법상 전입신고기간(14일) 내에 대항요건

(점유 및 전입신고)을 마친 경우 기존 임차인의 원래의 대항력은 동일하게 유지되므로 보호를 받을 수 있다. 물론 임대인의 동의 없이 전대차한 경우에는 보호를 받을 수 없다.

- 일반적으로 세대열람을 하여도 전대차 여부를 확인할 수 없다. 세대열람은 현재 존재하는 세대주만의 전입신고기일이 기재되어 있으므로 기존의 임차인이 이미 퇴거를 한 경우 세대열람 시 확인되지 않기 때문이다. 이러한 경우(전대차가 존재한다는 이유로) 매각불허가사유에도 해당되지 않으므로 권리분석 시 세심한 주의가 필요하다. 특히 매각목적물의 임차인의 전입신고가 말소기준권리보다 14일 이내로 되어 있는 경우 반드시 전대차 여부를 확인하고 입찰에 참가하여야 한다.

유효한 전대차의 요건

- 전대차에 대하여 임대인의 동의를 받았을 것
- 임차인(전대인)의 주민등록퇴거일로부터 전차인이 14일 이내에 목적부동산에 전입신고를 마치고 주택에 입주하였을 것

사례 - 26

● 감정평가와 관련된 문제 ●

사건 2006타경 OOOO 물건내역	감정평가액 최저매각액	임대차내역 전입 · 확정 · 보증금	등기부상의 권리관계
서울 종로구 낙원동 000 면적 토지 187.1㎡ (56.6평) 건물 152.4㎡ (46.1평) 주택	676,000,000원 540,800,000원 1유찰	갑 2005년 11월 10일 2005년 11월 10일 (확정) 12,000만원 배당요구 을 2006년 7월 14일 4000만원 배당요구 병 2006년 8월 25일 9,000만원 배당요구	① 근저당 2004년 2월 5일 38,000만원 우리은행 ② 가압류 2005년 5월 25일 17,500만원 이연식 ③ 근저당 2005년 8월 10일 22,000만원 이정선 ④ 압류 종로구청 ⑤ 임의 우리은행

사례설명

- 경매개시결정이 되면 집행법원은 매각목적물의 환가절차로 감정평가사에게 평가명령을 하게 된다. 매각부동산에 대한 감정평가는 통상적으로 경매개시결정일로부터 2~3개월 내 정해지게 된다. 그러나 매각절차에서 유찰이 많이 된 경우, 매각불허가사유 등으로 인하여 시간이 많이 지체된 사건은 그 당시 매각부동산에 대하여 평가한 감정가격과 현재의 그 부동산에 대한 가격이 현실적으로 차이가 많이 있을 수 있다. 따라서 입찰할 때 그러한 점을 감안하여 입찰금액을 정할 때 참조하여야 한다.
- 목적부동산에 대한 감정평가가 잘못된 경우 이해관계인의 신청에 의하여 실무에서는 매각불허가사유 등 문제점들이 발생한다. 감정평가와 관련하여 불허가사유가 될 수 있는지 살펴본다.

등기부관계

말소기준권리는 '① 근저당'이다. 말소기준권리보다 선순위로 매수인에게 인수되는 권리가 없으므로 매수인의 소유권이전등기촉탁 시 모두 말소된다.

임대차관계

- 임차인 갑

  임차인 갑은 매수인에게 대항력이 없다. 확정일자부임차인이므로 배당에서 후순위담보권, 기타일반채권보다 우선변제권이 주어진다.
- 임차인 을

  임차인 을은 대항력은 없고 확정일자도 없는 임차인이다. 그러나 소액임차인에 해당되어 최우선적으로 1,600만원을 배당받을 수 있다.
- 임차인 병

  임차인 병은 매수인에게 대항력이 없다. 또한 확정일자도 없으므로 배당요구를 한 경우라도 배당에 참가할 수 없다. 소액임차인에도 해당되지 않는다.

매각불허가사유

사례의 경우 감정평가가 2006년에 이루어져서 현재의 가격과 많이 차이가 있다. 그 당시와 지금의 목적부동산의 가격에 차이가 있을 수 있기 때문이다. 이 경우 소유자는 지금의 목적부동산의 가격과 2006년도의 감정평가금액과의 차이가 많은 경우 매각불허가 신청을 할 수 있다. 단순히 감정인의 평가액과 이에 근거하여 결정한 최저매각가격이 시가에 비하여 저렴하다는 사유만으로는 매각불허가사유에 해당되지 않지만 감정평가액이 일반적 기준에 현저하게 반한다거나 사회통념상 현저하게 부당하다고 인정되는 경우에는 최저매각가격의 결정에 중대한 하자가 있는 것으로 될 수 있어 매각불허가사유가 된다.

하나 더!

감정평가와 관련한 문제

• 부동산의 공유지분에 관한 평가

공유지분이 매각의 대상인 경우에는 공유물 전체에 관하여 먼저 평가한 다음 그 지분에 따른 가격을 산출한다.

• 폐수처리시설

폐수처리시설이 「공장저당법」에 의하여 저당권이 설정된 공장토지와 그에 인접한 공장토지가 아닌 타인의 소유토지에 걸쳐서 설치되어 있는 경우 저당권의 효력은 폐수처리시설에도 미친다(대법원 97다3750). 따라서 평가금액에 포함된다.

• 채무자 소유의 미등기 수목

경매 대상인 토지 지상에 채무자 소유의 미등기 수목도 토지의 구성부분으로 매각대상에 포함될 경우 평가가액에 포함해야 한다.

• 공법상 제한

공법상의 제한이 가해져 있는 경우(예컨대 목적토지의 일부가 도시계획선에 저촉되는 경우 등) 감정평가 시 고려하여야 한다.

• 부동산이 멸실, 훼손된 경우의 평가

감정인은 부동산이 전부 멸실된 경우 그 사실을 집행법원에 알리고 평가절차를 중단한다. 일부 멸실이나 일부 훼손된 경우에는 그 부분의 가액을 공제하는 등 사정을 고려하여 평가한다.

사례 - 27

● 임차인의 주민등록이 특수주소지로 변경된 경우 대항력 시점 ●

사건 2008타경 ○○○○ 물건내역	감정평가액 최저매각액	임대차내역 전입 · 확정 · 보증금	등기부상의 권리관계
서울 강동구 천호동 000 면적 대지권 25.98㎡ (7.9평) 건물-전용 47.79㎡ (14.5평) 다세대	265,000,000원 265,000,000원	갑 2006년 2월 10일 2006년 2월 10일 (확정) 11,000만원 배당요구 특수주소지 변경 2006년 4월 14일	① 근저당 2006년 3월 5일 11,000만원 하나은행 ② 가압류 2007년 9월 15일 13.000만원 최길영 ③ 압류 2008년 1월 10일 국민건강관리공단 ④ 임의 하나은행

사례설명

임차인이 처음 전입신고 시 현관문에 표시된 대로 201호로 하였으나 등기부상에는 301호로 되어 있어 등기부상의 주소로 다시 전입신고한 경우이다. 소위 특수주소지 변경이다. 이런 경우 임차인의 대항력을 주장할 수 있는 기준일은 특수주소지 변경의 원인에 따라 달라질 수도 있으므로 각 기준일이 어떻게 되는지 알아두어야 한다.

하나 더! 특수주소지 변경

특수주소지 변경은 임차인의 기존 주민등록주소가 어떠한 원인으로 임차목적물의 주소와 다른 경우에 정확한 주소로 다시 변경된 경우를 말한다. 예컨대 전입신고가 임차인의 과실이든 공무원의 과실이던 목적부동산과 일치하지 않은 경우이거나 임차목적물의 현관문에 표시된 호수와 공부상 호수가 다른 경우 주민등록신고를 다시 정확한 주소로 변경하는 것 등을 말한다.

등기부관계

말소기준권리는 '① 근저당' 이다. 말소기준권리보다 선순위로 매수인에게 등기부상 인수되는 권리가 없으므로 매수인의 소유권이전등기촉탁 시 모두 말소된다.

임차인관계

임차인 갑은 처음 전입신고 시를 기준으로 하면 말소기준권리보다 선순위이므로 대항력을 주장할 수 있으나 그것이 공부상과 같은 주소가 아니므로 임차인은 대항요건을 갖춘 것으로 인정되지 않는다. 이런 경우 공부상의 주소로 정확하게 주소 변경을 한 시점이 대항요건을 갖춘 때이므로 특수주소지로의 변경일이 대항력의 여부를 판단하는 기준일이 된다. 따라서 임차인 갑은 특수주소지 변경일이 말소기준권리보다 후순위여서 매수인에게 대항력을 주장할 수 없다. 임차목적물이 연립주택이나 빌라 등 공동주택인 경우 특히 전입신고 시 공부상과 일치하도록 정확하게 신고해야 한다.

특수주소지 변경과 관련된 문제

- 공무원의 과실로 전입신고가 잘못 기재된 경우

  임차인은 등기부상의 호수와 동일하게 전입신고를 하였으나 공무원의 착오로 잘못 기재되어 다시 정확하게 변경된 경우 대항요건의 기준일은 특수주소지 변경일이 아니라 기존 임차인의 전입신고일을 기준으로 판단하여야 한다. 물론 본인의 실수로 잘못 전입신고가 된 경우에는 정확한 주소지로 주소변경된 때 적법한 대항요건을 마친 것으로 본다.

- 건물의 실제 동 표시가 공부와 다른 경우

  (1) **공동주택(아파트 다세대 등)**

  단독주택과 달리 동 · 호수 표시 없이 지번만 전입신고된 경우 보호받을 수 없다. 또한 신축 건물의 실제 동 표시는 '가동 201호' 로 되어 있어 임대차계약을 하고 전입신고를 하였으나 준공검사 후 건축물관리대장이 작성되면서 '라동 201호' 로 등재되고 등기부도 그렇게 보전등기가 된 경우 「주택임대차보호법」상 유효한 공시방법을 갖춘 것으로 볼 수 없다. 따라서 정확한 주소지로 새로 주소변경된 때 적법한 대항요건을 마친 것으로 인정된다. 특히 임차주택이 신축건물인 경우 주의를 필요로 한다.

  (2) **단독주택(다가구)**

  공동주택이 아닌 단독주택(다가구 포함)인 경우 편의상 호수를 구분해 놓은 경우라도 지번만 정확하게 기재하고 호수를 기재하지 않고 점유하여도 공동주택인 경우와 달리 대항요건을 갖춘 것으로 인정된다. 또한 다가구주택의 한 부분에 임차하여 거주하다가 다른 부분으로 옮겨(예컨대 1층에서 2층으로) 거주하면서 전입신고를 다시 하지 않아도 적법한 대항요건은 갖춘 것으로 본다.

사례 - 28

● 저당권자가 동시에 선순위지상권을 함께 설정한 경우 지상권의 인수 여부 ●

사건 2008타경 ○○○○ 물건내역	감정평가액 최저매각액	임대차내역 전입 · 확정 · 보증금	등기부상의 권리관계
서울 용산구 한남동 000 면적 420㎡ (127.1평) 토지	2,738,400,000원 2,738,400,000원		① 지상권 2006년 5월 30일 지상권자 기술보증기금 ② 근저당 2006년 5월 30일 211,000만원 기술보증기금 ③ 가압류 2007년 7월12일 89,000만원 최홍진 ④ 압류 2008년1월10일 용산세무서 ⑤ 임의 기술보증기금

사례설명

- 원칙적으로 말소기준권리보다 선순위인 지상권은 매수인이 인수하여야 하는 권리이다. 금융기관은 나대지에 근저당권을 설정할 경우 담보가치를 높이기 위하여 관행적으로 근저당권과 함께 부수적으로 지상권도 함께 설정해두는 것을 실무에서 많이 볼 수 있다.
- 사례가 이에 해당된다. 이 경우 그 지상권은 매수인에게 인수되는 권리인지 살펴본다.

등기부관계

[을 구(토지등기부)]

순위번호	등기목적	접수	등기원인	권리자 및 기타사항
1	지상권	2006년 5월 30일 제18767호	2006년 5월 28일 설정계약	범위 토지 전부 지상권자 기술보증기금
2	근저당권	2006년 5월 30일 제18768호	2006년 5월 28일 설정계약	채권최고액 211,000만원 채무자 한수홍 근저당권자 기술보증기금

• 말소기준권리는 '② 근저당' 이다. 원칙적으로 말소기준권리보다 먼저 설정된 지상권은 매수인이 인수해야 하는 권리이다. 그러나 사례에서 등기부상 선순위지상권자와 근저당권자는 동일인이고 등기부에 설정된 날도 같다. 이러한 경우 통상적으로 그 지상권은 근저당권의 채권을 담보하면서 담보가치를 높이기 위하여 부수적으로 설정된 것이다.
• 근저당권의 담보가치를 높이기 위하여 설정된 형식적인 지상권은 근저당권과 일체성을 가진다고 보아야 하므로 원칙적으로 매수인에게 인수되지 않는다. 이러한 경우 통상적으로 등기부상 지상권에 대한 지료는 약정되어 있지 않다. 사례와 같은 경우 지상권은 말소기준권리보다 선순위 권리이지만 매수인이 인수하는 권리가 아니므로 소유권이전등기촉탁 시 그 지상권을 포함한 모든 권리는 말소된다. 입찰 시 선순위지상권이 부수적으로 설정한 지상권인지 금융기관에 문의한 후 입찰에 참가하는 습관이 필요하다.

사례 - 29

● 증평환지 처분된 토지가 매각대상인 경우 ●

사건 2008타경 OOOO 물건내역	감정평가액 최저매각액	임대차내역 전입 · 확정 · 보증금	등기부상의 권리관계
서울 서대문구 홍은동 000 면적 142㎡ (43평) 토지	230,040.000원 147.226.000원 1유찰 1유찰		① 근저당 2006년 8월 5일 18,000만원 외환은행 ② 압류 2007년 10월 15일 서대문세무서 ③ 가압류 2007년 12월 20일 정덕섭 ④ 임의 외환은행

사례설명

• 「토지구획정리사업법」에 따라 각 소유자의 토지를 일괄로 환지정리한 후 다시 기존의 소유권을 기준으로 환지된 토지를 부여하는 것을 주위에서 볼 수 있다. 이런 과정에서 각 소유자들은 기존의 토지면적보다 줄어들거나 늘어난 토지를 소유하게 된다.
• 사례와 같이 소유자가 증평된 환지에 대한 환지청산금을 납입하지 않은 경우 증평된 면

적은 등기부상 기재가 되지 않는 것이 통상적이다. 이 경우 등기부상 면적보다 많은 과도면적도 경매의 대상에 포함될 것인가의 여부를 살펴본다. 사례는 기존의 토지면적보다 24㎡가 과도면적으로 증평환지된 경우이다.

하나 더!

증평환자

증평환지란 권리면적보다 증평(늘어남)되어 환지된 경우를 말한다. 증평환지된 경우 기존의 권리면적과 증편환지된 면적과의 차이가 있게 된다. 이 경우 증평된 면적부분은 환지청산금으로 납입하여야 한다.

등기부

'① 근저당'이 말소기준권리이다. 등기부상 말소기준권리보다 선순위로 매수인에게 인수되는 권리가 존재하지 않으므로 매수인의 소유권이전등기촉탁 시 모든 권리는 말소된다.

매각대상 여부

「토지구획정리사업법」에 따라 행정청이 환지절차를 진행한 경우 환지계획에서 정해진 환지는 그 환지처분의 공고가 있는 날의 익일부터 종전의 토지로 본다. 따라서 사례의 경우 환지처분의 결과 과도면적 24㎡는 기존의 소유권자가 소유권을 취득하게 된다. 과도면적에 대한 청산금이 미납되어 환지등기가 되어 있지 아니한 경우라도 소유권은 이미 취득하였다 할 수 있다. 이때 환지처분으로 과도면적이 발생한 경우 원칙적으로 종전 토지 위에 설정되어 있는 저당권의 효력은 당연히 증평환지된 토지 전체에 효력이 미치므로 과도면적 부분도 매각대상에 포함된다.

미납된 환지청산금의 인수 여부

원칙적으로 청산금의 납부의무는 종전 토지의 소유자에게 있다. 환지절차의 시행자인 행정청(구청 등)은 청산금을 납부하지 않은 경우 국세 또는 지방세의 체납처분의 예에 따라 이를 징수할 수 있다. 즉 목적부동산을 압류 후 공매 등을 통하여 청산금을 징수할 수 있다. 주의할 점은 청산금은 조세와 같이 우선징수의 원칙은 적용되지 않고, 일반채권과 동일한 순위로 징수가 된다. 매수인은 청산금이 미납되어 있는 경우 그 금액을 인수해야 하므로 입찰 전 구청의 도시과에서 인수하여야 할 청산금을 확인한 후 입찰에 참가하여야 한다.

➡ 매수인의 환지등기절차 방법

환지처분 공고일로부터 14일 이내에 시행자가 환지등기를 관할등기소에 촉탁하게 되어 있지만, 행정청은 환지청산금이 미납된 경우 통상적으로 이러한 환지등기촉탁절차를 밟지 아니한다. 따라서 환지청산금의 완납 시까지 환지등기는 이루어지지 않은 상태로 남아있게 되어 결국 매수인은 청산금을 완납하고 행정청으로 하여금 환지등기를 촉탁하게 된다.

➡ 입찰 전 주의할 점

- 입찰명세서에는 환지예정지(또는 환지확정) 면적 · 지번 등을 기재함이 원칙이나 그것을 소홀히 하는 경우가 많으므로 매각부동산이 토지인 경우 구획정리로 인한 환지처분의 경우가 많으므로 공부 등의 열람을 통하여 확인해야 한다.
- 매수인이 되고 난 후에도 전 소유자가 납부하지 않은 과도면적(환지청산금)은 매수인이 인수해야 한다. 그러므로 환지예정증명이나 이미 환지절차가 마무리되어 확정되었다면 확정증명원을 열람하여 환지청산금이 납부되었는지 반드시 확인하고 입찰에 참가해야 한다. 이는 구청 도시과에서 확인 가능하다.

※ 통상적으로 사례와 같은 물건은 현재의 시세보다 과도면적(환지청산금) 금액이 아주 낮게(평균적으로 공시지가가격) 평가되어 있는 것이 보통이다. 소유자가 이미 청산금을 납부하였다면, 굉장히 수익을 얻을 수 있는 좋은 물건이라 생각된다. 설상 청산금을 납부하지 않았을 경우라도 현재의 토지가격과 인수되는 청산금액 간의 관계를 면밀히 검토하여 수익성이 있다고 판단되면 적정한 금액으로 입찰에 참가할 수 있을 것이다.

사례 – 30

● 저당권에 대한 처분금지가처분이 있는 경우 집행법원의 배당방법 ●

사건 2008타경 OOOO 물건내역	감정평가액 최저매각액	임대차내역 전입 · 확정 · 보증금	등기부상의 권리관계
서울 동작구 상도동 000 면적 대지권 67.55㎡ (20.4평) 건물–전용 80.42㎡ (24.3평) 다세대	220,000,000원 220,000,000원	소유자 점유	① 근저당 2006년 10월 8일 11,000만원 정화영 ①–① 2007년 2월 8일 ① 근저당권가처분 채권자신용보증기금 ② 가압류 2007년 5월 8일 15,000만원 신용보증기금 ③ 압류 2007년 4월 10일 동작구청 ④ 강제 신용보증기금

사례설명

가처분은 목적부동산에 대하여 다툼이 있는 경우 그 처분을 하지 못하도록 하는 보전절차이다. 사례와 같이 소유권 이외 근저당권과 같은 권리에 다툼이 있는 경우에도 처분을 금지하는 가처분을 설정할 수가 있다. 매수인이 대금을 납부하여 배당을 실시할 경우 배당표 작성과 가처분권자가 채권을 확보하기 위한 절차를 살펴본다.

등기부관계

[을 구]

순위	등기목적	접수	등기원인	권리자 및 기타사항
①	근저당권설정	2006년 10월 8일 제35645호	2006년 10월 8일 설정계약	채권최고액 11,000만원 채무자 근저당권자 정화영
①-①	① 근저당권 가처분	2007년 2월 8일 제5453호	2007년 2월 6일 OO지방법원의 가처분결정 (2007카단 0000호)	금지사항 양도, 저당권설정 기타 일체의 처분행위금지 피보전권리 사해행위취소로 인한 근저당권말소등기청구권 채권자 신용보증기금

말소기준권리는 '① 근저당'이 된다. 매수인에게 인수되는 권리가 존재하지 않으므로 다른 권리들은 매수인의 소유권이전등기촉탁 시 모두 말소된다. '① 근저당'의 부기등기인 '①-① 근저당권 가처분'의 권리도 주등기인 '① 근저당'이 말소되므로 당연히 함께 말소된다.

배당관계

배당표 작성 시 '① 근저당'에 대한 배당받을 채권자는 근저당권자가 된다. 가처분은 확정된 권리가 아니므로 가처분의 효력은 '① 근저당권자'의 배당금지급청구권에 미치지 않는다. 따라서 '① 근저당'의 가처분권자는 근저당권자가 배당금을 지급받기 이전에 배당금지급청구권에 대하여 다시 지급금지가처분을 해야만 근저당권자에 대한 배당금의 지급을 막을 수 있다. '① 근저당권자'에게 배당된 금액을 가처분권자가 지급금지가처분을 하게 되면 집행법원은 그 금액을 공탁하게 되고 근저당권자와 가처분권자는 본안소송 결과에 따라 공탁된 배당금액을 수령하게 된다.

PART 10

부동산에 부과되는 조세

부동산에 대한 조세는 크게 나누어 부동산을 취득할 때 부담하여야 할 '취득세'와 '등록세'가 있으며, 부동산의 보유단계에서는 '지방세'와 '종합부동산세'가 있다. 또한 보유하던 부동산을 매각할 때 부담하여야 할 '양도소득세'로 구분할 수 있다.

용어정리

가산금

가산금은 조세의 납부기한까지 납부하지 아니한 때에 「국세징수법」에 의하여 고지세액(告知稅額)에 가산하여 징수하는 금액과 납부기한 경과 후 일정 기한까지 납부하지 아니한 때에 미납세금에 다시 가산하여 징수하는 금액(중가산금)을 말한다. 이는 '과태료' 또는 '이자'로서의 성격을 가진다.

가산세

가산세는 세법에서 규정하고 있는 의무(신고와 납부의무)를 성실하게 이행할 것을 확보하고자 하는데 의미가 있다. 의무불이행에 대해 법에 의하여 산출한 세액에 가산하여 부과 징수하는 금액을 말한다. 다만 가산금은 이에 포함하지 않는다. 이는 행정벌적 성격이 강하다.

과세기간

조세의 과세표준을 계산하게 되는 시간적 단위가 과세기간이다. 따라서 과세기간은 소득세 · 법인세 · 부가가치세 등과 같이 일정한 기간 동안의 소득 또는 거래에 과세되는 세목에 대하여 정해져 있다.

과세기준일

재산세와 종합토지세 등에 적용되고 있는 용어이다. 과세기준일로부터 일정 기간이 경과한 후 납기개시일을 정함으로써 조세 부과의 시간적 여부와 정확을 기할 수 있도록 한 것이다. 과세기준일에 납세의무가 성립한다.

과세표준

과세 대상물건(토지, 건물, 자동차 등)의 가치를 구체적인 금액 등으로 계산하여 표현한 것을 말한다. 납세의무자의 납세의무를 결정하는 기초 자료로 사용되며, 과세표준에 세율을 곱하면 산출세액이 된다.

국세

국세는 국가가 경비에 충당하기 위하여 국민에게 부과 · 징수하는 조세를 말한다. 즉 과세권(課稅權)의 주체가 국가인 조세를 말한다. 과세권의 주체가 지방자치단체인 지방세에 대응하는 개념이다.

납세의무자

납세의무자는 조세채무를 부담하는 자를 말한다. 법률상 납세의무를 이행하여야 할 자로, 실지적인 담세자와는 구별하여야 한다.

보통징수

과세관청에서 지방세의 과세표준액과 세액 등을 기재한 납세고지서를 납세자에게 교부 또는 송달함으로써 징수하는 방식을 말한다.

본세

본세는 법률상의 용어라기보다는 세무 실무상에서 사용되는 용어이다. 각종 세금에 대한 가산세 · 가산금 등을 계산할 때 그 기초가 된다.

부과세

부가세는 다른 조세(본세)를 과세표준으로 하여 일정한 세율로서 그 본세의 납세의무자에게 부과 징수하는 조세를 말한다. 현행 세법상 부가세는 교육세 · 농어촌특별세 · 주민세 및 지방교육세가 있다.

세율

결정된 과세표준에 대하여 납세의무자가 부담하여야 할 세액을 산출하기 위한 비율 또는 금액을 말한다. 즉 '과세표준×세율' 이 세액이 된다.

수시분

일정한 납기가 정해있지 않은 것과 정기적으로 과세하여야 할 것을 과세하지 못한 사실이 사후에 발견되었을 때 또는 과세를 유보하였던 것을 과세권자가 부과징수방법에 의하여 과세하는 것을 말한다(취득세 등 신고납부세목을 신고납부하지 아니하는 경우 과세함).

시가표준액

시가표준액은 취득세 · 등록세 등 부동산의 가액을 과세표준으로 하여 과세되는 지방세의 과세표준이 되는 가액이다.

신고 · 납부 불성실가산세

신고 · 납부 불성실가산세는 납세의무자가 과세표준의 신고 및 그에 따른 세액의 납부를 하지 아니하거나, 미달하게 신고 · 납부한 경우에 부과되는 가산세이다. 행정벌적(行政罰的) 성격의 가산세이다.

신고납부

신고납부는 납세의무자가 세법에 의하여 과세표준과 세액을 기재한 신고서를 법정 신고기한 내에 제출함과 동시에 그 세액을 납부하는 일련의 행위를 말한다.

양도가액

양도가액은 당해 자산의 양도 당시의 양도자와 양수자 간에 실제로 거래한 가액을 말한다.

양도비용

양도비용은 실지거래가액에 의하여 양도차익을 계산함에 있어서 필요경비로 공제하는 비용으로, 양도하기 위하여 직접 지출한 비용이다. 예컨대 부동산 중개수수료, 공증비용, 인지세, 부동산등기 · 등록비용 등이 여기에 해당된다.

양도소득과세 표준예정신고

자산을 양도할 때마다 양도차익을 계산하여 양도일이 속하는 달의 말일부터 2월 이내에 양도자의 주소지 관할세무서에 신고하는 것을 말한다. 이는 소득세확정신고가 다음 연도 5월중에 이루어지는 점에 대한 예외 규정으로서 법률에 의하여 강제되는 것은 아니다. 따라서 예정신고와 함께 세액을 자진납부하면, 양도소득세 산출세액의 10%의 금액을 예정신고납부세액공제로서 공제해준다.

연대납세의무자

연대납세의무는 원칙적으로 하나의 납세의무가 여러 사람에게 동시에 발생하는 것을 의미한다. 또한 이를 변형시켜 납부의무를 확장시키는 방법으로도 사용하고 있다. 즉 공유물, 공동사업에 대한 연대납세의무와 법인이 분할 또는 분할 · 합병으로 인하여 해산하는 경우 연대납세의무를 규정하고 있다.

자금출처조사

부동산 및 동산 등의 재산을 취득한 경우 당해 재산을 취득하기 위하여 지불한 자금에 대하여 취득한 사람의 자력 여부를 조사하여 상속세 및 증여세법의 규정에 의한 증여세 과세대상 여부를 판단하기 위한 조사이다. 따라서 재산취득자의 자력으로 재산을 취득하였다고 인정하기 어려운 경우에는 다른 자로부터 취득자금을 증여받은 것으로 추정하게 된다.

정기분

정기분은 지방세법에 납기가 정해지고 매년 계속 반복적으로 과세되는 것을 말한다. 예컨대 재산세, 종합토지세, 자동차세, 면허세, 주민세가 여기에 해당된다.

제2차 납세의무

제2차 납세의무는 주된 납세자의 재산에 대해 체납처분을 집행해도 납부하여야 할 조세 등에 충당하기에 부족한 경우 주된 납세자와 일정한 관계에 있는 자가 그 부족액에 대해 보충적으로 부담하는 납부의무를 말한다. 이는 보충적 납세의무에 속하므로 주된 납세의무가 소멸하면 제2차 납세의무도 소멸하게 된다.

주민세
주민세는 시 · 군 내에 주소 또는 사업장을 가진 개인과 법인 및 시 · 군 내에서 소득을 얻은 개인 또는 법인을 납세의무자로 하여 과세되는 인세(人稅)이다.

주민세의 가산금
주민세의 신고의무를 다하지 않는 경우 신고불성실가산세(10% 또는 20%)를, 납부의무를 다하지 않는 경우 납부불성실가산세(납부불성실액×가산율×납부지연일자)를 가산하여 세액으로 추징한다.

중가산금
국세를 납부기한이 경과한 후 일정 기한까지 납부하지 아니한 때에는 납부기간이 경과한 날로부터 매 1월이 경과할 때마다 체납된 국세의 1.2%에 상당하는 금액을 가산금에 가산하여 징수한다. 이때 다시 가산하여 징수하는 금액을 '중가산금' 이라 한다. 중가산금을 가산하여 징수하는 기간은 60월을 초과하지 못한다. 체납된 국세가 100만원 미만인 때에는 이를 적용하지 아니한다.

지방세
국가로부터 부여받은 과세권에 기하여 지방재정수입에 충당하기 위하여 지방자치단체가 관할구역 내의 주민, 재산 또는 수익, 기타 특정 행위에 대하여 과징하는 조세이다. 특별시세, 광역시세, 도세 및 시 · 군 · 자치구세가 있다.

지방자치단체
지방자치단체는 특별시, 광역시, 도, 시, 군, 구(자치구)를 말한다.

체납처분
납세의무자가 납부기한까지 납부하여야 할 세금을 납부하지 아니하는 경우에는 독촉장이 발부되고, 독촉기한 내에 납부하지 아니하는 때에는 과세대상물건 등 기타 납세의무자의 재산에 대하여 압류를 집행하고 매각절차를 밟아 납세의무를 강제적으로 충족시키는 절차이다.

체납처분비
체납처분비는 국세징수법 중 체납처분에 관한 규정에 의한 재산의 압류와 압류한 재산의 보관과 운반 및 공매에 소요된 비용이다.

초과누진세율
초과누진세율은 과세표준의 금액을 여러 단계로 구분하고, 높은 단계로 올라감에 따라 점차적으로 각 초과 단계마다 보다 높은 세율을 적용하는 누진세율을 말한다. 개인적 사정을 고려하는 인세(人稅)에서 많이 채택하고 있다.

탄력세율

탄력세율은 정부가 법률로 정한 기본세율을 국민경제의 효율적 운용을 위한 조세의 경기 조절 기능을 수행하기 위한 목적에서 마련되었다. 예컨대 특별소비세법, 지방세법, 교통세법 등이 있다.

특별징수

지방세에 있는 독특한 제도이다. 국세에 있어서의 "원천징수제도"와 유사한 것으로 갑종근로소득에 대한 소득세할 주민세와 같이 특별징수의무자(급여를 지급하는 자)로 하여금 납세의무자가 내야 하는 세금을 과세관청을 대신하여 징수하고, 특별징수의무자가 대신 납부하도록 한 징수편의제도이다.

표준세율

표준세율은 지방자치단체가 지방세를 부과하는 경우에 통상 적용하여야 할 세율로서, 재정상 기타 특별한 사유가 있는 경우에는 이를 따르지 아니할 수 있는 세율을 말한다. 즉 지방자치단체는 지방세법상에서 규정하는 범위 내에서 표준세율을 조례가 정하는 바에 의하여 가감 조정할 수 있다.

부동산 정책과 세금 이렇게 달라진다

정부는 2008년 11월 3일 양도소득세의 세제 개편안과 더불어 재개발 · 재건축 등 일련의 부동산 정책을 수정하고 주택투기지역 · 투기과열지구 해제 등 각종 규제완화로 부동산 경기 활성화 대책의 일환으로 일련의 대책을 발표하였다. 또한 헌법재판소는 2008년 11월 13일 종합부동산세의 일부 조항을 위헌 결정과 함께 헌법불합치결정을 하였다.

달라지는 중요 개정안 내용

1. 부동산정책(2008.11.3 대책)

노무현 정부가 도입했던 재건축 관련 규제가 대부분 완화되거나 폐지됐다. 즉, 용적율이 늘어나고 재건축으로 늘어나는 용적율의 25%를 임대주택으로 짓도록 하는 임대주택의무제도를 폐지하기로 했다. 그 대신 내년 1월부터 기존의 계획 용적율을 초과하는 추가 용적율의 30~50%를 보금자리주택(서민주택, 임대주택)으로 짓도록 했다. 비슷한 임대주택이지만 지금보다 건축물량을 더 줄일 수 있어 재건축에는 호재이다. 다만, 용적율과 소형평형의무비율의 최종 결정권한은 지자체에 있는 만큼 지자체와 협의하는 과정에서 다소 바뀔 수 있다.

● 재건축 관련 규제 완화의 내용

규 제	변경 전	변경 후
용적율	1종 190%, 2종 210%, 3종 230% (서울의 정비계획 용적율 기준)	1종 200%, 2종 250%, 3종 300% (단, 늘어나는 용적률의 30~50%는 보금자리주택으로 공급)
소형평형 의무비율	전용면적 60㎡ 이하 20% 60~8.5㎡ 이하 40% 85㎡ 이상 40%	전용면적 85㎡ 이하 60% (60%의 배분은 지자체가 결정) 85㎡ 초과 40%

● 주택투기지역 · 투기과열지구의 규제 완화

서울의 소위 강남3(강남, 서초, 송파)을 제외하고 수도권을 포함하여 전국적으로 투기 및 투기과열지역을 해제하였다. 그 효과로는 주택담보대출 때 적용되는 담보인정비율(LTV)이 40%에서 60%로 상향 조정되고, 총부채상환비율(DTI)은 적용을 받지 않게 되어 대출 금액이 전반적으로 많이 늘어나게 된다. 또한 투기지역 내 주택담보대출 건수를 1건으로 제한했던 것도 제한이 없어진다. 투기지역 등 규제 완화는 2008년 11월 7일부터 적용된다.

2. 종합부동산세의 위헌결정과 헌법불합치결정

헌법재판소는 기존의 종부세를 세대별로 합산하여 부과한 것에 대해 2008년 11월 13일 위헌결정을 내렸다. 따라서 종합부동산의 세대별 합산은 이 날자로 효력이 정지되게 된다.

그러나 거주 목적 1주택 장기보유자에게 종부세를 부과한 것에 대하여는 종합부동산세의 자체는 인정을 하면서도 그 세금의 부과방식에 대하여는 불합리하고 과도하기 때문에 헌법과 배치한다는 결정을 하였다. 즉 헌법불합치결정을 내림에 따라(2009년 12월 31일까지 법규를 고치도록) 정부는 이 조항을 합리적으로 수정하여야 할 입장에 놓여 있다.

● 세대합산부과에 대한 위헌

현행 주택에 대한 종부세의 부과 기준은 "공시가격 6억원" 이다. 그러나 부부나 가족(세대원)이 6억원을 초과하는 주택을 공동으로 소유할 경우 각각의 소유분을 합산해 종부세 부과 대상으로 삼았다. 즉 세대별로 합산하여 6억원이 초과하면 종부세를 납부해왔다. 헌법재판소는 이 "세대별" 합산부과 방식에 대하여 위헌결정을 한 것이다. 즉 세대별로 합산하여 부과하지 말고 개인별로 종부세를 부과하라는 것이다. 따라서 앞으로는 개인별로 종부세가 부과되므로 부부공동명의로 12억의 주택을 보유하여도 종부세는 한 푼도 내지 않아도 된다(종부세 부과기준 6억원 기준). 또한 2006년부터 2007년까지 이미 납부한 종부세도 개인별로 다시 계산하여 더 낸 세금은 돌려받을 수 있다.

● **주거 목적 1주택 장기보유자(헌법불합치결정)**

'주택가액이 높다는 이유만으로 주거 목적의 1주택 장기보유자에게 부과되는 종부세의 부과방식이 불합리하고 과도하기 때문에 2009년 12월 31일까지 그 법규를 고치라는 것' 이 헌법불합치결정의 내용이다. 이에 따라 정부와 여당은 올해 정기국회에서 부과대상가액과 세율을 헌법재판소의 결정에 맞게 조율 중에 있다(여당이 검토하고 있는 종부세 개편안을 보면, 2009년부터 종부세 과세기준금액을 6억원에서 9억원으로 상향하고, 주거 목적 1주택 장기보유기간은 8~10년으로 정하여 종부세의 10%를, 60세 이상자는 추가로 30%를 더 감면하여 주는 것으로 하고 있다. 그러나 이 같은 개편안에 대하여 야당이 반대하고 있어 국회통과 여부는 아직 미지수이다).

하나 더! **부동산**

- 위헌결정 : 심판 대상 법률에 대해 헌법재판관 9명 중 6명의 찬성으로 내려지며 위헌결정이 있으면 해당 법률은 즉시 효력을 상실한다.
- 헌법불합치결정 : 법률의 위헌성은 인정되지만 효력을 상실시킬 경우 당장 법적 공백이나 사회적 혼란이 예상될 때, 해당 조항의 효력을 한시적으로 유지 또는 중지시키기 위해 내려지는 결정이다.

3. 양도소득세의 완화

1가구 1주택 양도세 과세요건이 6억원 초과 주택에서 9억원 초과로 상향되었으며, 2주택자 중과세율(50%) 대상에서 제외되는 저가주택 기준점이 기존의 수도권 · 광역시의 경우 1억원 이하에서, 수도권은 현행대로 유지되나 지방광역시는 3억원으로 변경되었다. 그러나 1가구 1주택자의 비과세요건과 1가구 2주택의 중과세(50%)와 1가구 3주택 이상 중과세(60%)는 현행대로 유지된다. 또한 2009년부터 양도세의 세율이 인하된다.

● **양도세의 과세표준 및 일반세율**

현행(9~36%)		개정(6~33%)	
과세표준	세 율	과세표준	세 율
1,000만원 이하	9%	1,200만원 이하	6%
1,000~4,000만원 이하	18%	1,200~4,600만원 이하	15%
4,000~8,000만원 이하	27%	4,600~8,800만원 이하	24%
8,000만원 초과	36%	8,800만원 초과	33%

● **장기보유 특별공제 확대**

1가구 1주택의 장기보유(3년 이상) 특별공제액이 기존 연 4%씩 공제되고, 최대 80%(20년 보유 시)까지 공제되던 것이 연 8%씩 공제되고, 최대 80%(10년 보유 시)로 확대된다. 그러나 일반건물 · 토지는 종전대로 연 3%, 최대 30%(10년 이상 보유 시)는 그대로 유지된다.

질의 및 답변(종합부동산세 위헌결정 관련)

질의 1 **종합부동산세를 세대합산으로 계산하여 이미 납부한 경우 환급받는 절차는 어떻게 되는가?**

종합부동산세를 결정할 때 세대합산으로 계산한 것은 위헌이라는 헌법재판소의 결정(2008년 11월 13일)이 내려졌다. 따라서 종합부동산세에 대한 경정청구서를 이미 납부한 세금의 법정신고기간(2006년 또는 2007년 12월 15일)에서 3년 이내에 관할 세무서에 제출하여야 한다. 경정청구를 제출한 날로부터 2개월 이내 세무서에서 처리 결과를 통지하게 된다.

※ 경정청구는 법정 신고기간 내에 세금을 납부하였지만 부당하게 세금을 더 납부하였거나 잘못 납부한 경우 돌려받을 수 있는 절차이다.

질의 2 **공시가격 10억원 주택을 부부 각 2분의 1 지분 공동명의로 인하여 종부세를 납부한 경우는 어떻게 되는가?**

종합부동산세로 2006년 납부한 금액과 2007년 납부한 금액 전액과 그에 따른 연 5%의 이자를 포함하여 환급받을 수 있다. 세대합산의 위헌으로 인하여 인별과세 시 부부 각각 5억원씩 주택을 소유하게 되고 그 금액은 종부세 과세기준금액인 6억원보다 적으므로 종부세는 각각 전액 면제되기 때문이다.

질의 3 **공시가격 15억원 주택을 부부가 같은 지분으로 공동명의인 경우 종합부동산세는 어떻게 되는가?**

부부는 주택을 각 2분의1 지분을 소유하고 있는 경우이므로 인별계산 시 각 7억 5천원이 된다. 종부세의 과세기준금액이 6억원이므로 6억원을 초과하는 1억 5천만원에 대하여 각각 종합부동세를 납부하여야 한다.

※ 2008년 가을 정기국회에서 종부세 과세기준금액과 세율을 놓고 개정안이 상정 중이다.

질의 4	2006년~2007년까지 종부세를 납부하고 이의신청 등 불복절차를 하지 않은 경우에는 어떻게 되는가?
	이 경우에도 구제받을 수 있다. 1994년 토지초과이득세법의 위헌결정 때에는 이의신청 등 불복절차를 거치지 않은 사람은 구제될 수 없었으나 이후 경정청구권제도가 도입되어서 납부기한(매년 12월 15일) 이후 3년 이내에 관할세무서에 경정청구를 하면 가능하다.

질의 5	세대별 합산과세 위헌결정의 효력이 2005년에 납부한 종합부동산세에도 적용되나?
	2005년에는 종합부동산세의 부과방식이 개인별 합산이었으므로 적용되지 않는다. 2006년와 2007년의 종부세가 대상이 된다.

01

SECTION

부동산 취득과 관련된 세제

부동산 취득단계에서 납부해야 할 조세로 먼저 취득세와 등록세가 있으며 또한 취득세에 부가되는 농어촌특별세와 등록세에 부가되는 지방교육세가 있다. 구체적인 세율은 상속, 매매 등 취득원인에 따라 다르며 여기서는 법원경매로 인한 경우를 기준으로 설명하고자 한다.

취득세

재산권 기타 권리를 취득한 경우(부동산, 차량, 골프회원권 등) 과세되는 조세이다. 경제적 유통과정에서 나타나는 담세력을 포착하여 과세하는 유통세이며, 취득자에게 조세를 부과하는 지방세로서 특별시, 광역시, 도세이다. 세율은 각 지방자치단체의 조례에 의해 달라질 수 있다.

1. 신고 · 납부기간

부동산을 취득한 날로부터 30일 이내에 해당 시 · 군 · 구청에 취득세를 신고, 납부하여야 한다. 기한을 넘기면 신고불성실가산세(20%) 및 납부불성실가산세(1일 만분의 3)가 추가로 부과된다.

2. 세율

사실상 취득가격(매수가격)의 1%이다.

3. 취득세에 덧붙여 부과되는 조세

전용면적 85㎡ 이상 주택인 경우 취득세를 납부할 때 취득세액의 10%에 상당하는 농어촌특별세를 함께 납부하여야 한다.

하나 더! **농어촌특별세**

농어업의 경쟁력 강화와 농어촌산업기반시설의 확충 및 농어촌지역개발사업을 위하여 필요한 재원을 확보할 목적으로 한시적으로 제정된 부가세적 성격을 가진 조세이다.

등록세

등록세는 재산권, 기타 권리의 이동사항을 공부에 등기 또는 등록할 때에 그 등기 또는 등록을 받는 자에게 과세하는 지방세 중에서 도세이며 보통세이다. 과세대상은 재산권, 기타 권리의 취득 · 이전 · 변경 또는 소멸에 관한 등기 또는 등록할 때이다

1. 신고기간

- 등록세의 신고기간은 등기 · 등록을 하기 전까지 납부하면 된다. 따라서 취득세와 같이 신고 및 납부불성실가산세는 부과되지 않는다.
- 취득한 부동산의 소유권이전등기는 해당 시 · 군 · 구청에서 등록세확인서를 발급받아 시중은행에 납부하고 등기신청서에 '영수필확인서'를 첨부하여 등기신청을 하여야 한다.

2. 세율

등록세의 과세표준은 부동산가액 · 채권금액 등으로서 다양하며, 세율은 정액세율(定額稅率)과 정률세율(定率稅率)로 되어 있다. 경매로 인한 소유권이전등기 시 납부하여야 하는 등록세는 매수가격의 1%이다.

3. 등록세에 덧붙여 부과되는 조세

등록세를 납부할 때 등록세액의 20%에 상당하는 지방교육세를 함께 납부하여야 한다.

하나 더!

지방교육세

지방교육의 질적 향상에 필요한 지방교육재정의 확충에 소요되는 재원을 확보하기 위하여 등록세, 레저세, 주민세균등할, 재산세 등 일정한 지방세에 부가하여 과세하는 목적세로서 특별시세 · 광역시세 · 도세로 구분된다.

02 SECTION 부동산 보유와 관련된 세제

부동산 보유단계에서 납부하여야 할 세금은 재산세(지방세)와 종합부동산세(국세)이다. 2005년부터 주택은 건물과 토지를 통합하여 재산세를 과세하며 일정 기준 금액을 초과하는 경우 종합부동산세가 과세된다.

종합부동산세

종합부동산세는 2005년 1월 부동산의 보유에 대한 조세부담의 형평성을 제고하며 부동산 가격안정 등을 목적으로 신설되었다. 전국의 부동산을 유형별로 구분하여 인별로 합산한 결과 일정 기준 금액을 초과하여 보유하는 자에게 과세되는 세금이다. 세대별 합산은 위헌 결정으로 폐지되었다.

1. 신고 · 납부기간

매년 12월 1일부터 12월 15일까지 부동산 소유자의 주소지 관할세무서에 자진신고납부한다. 또한 납기개시 5일 전(11월 26일)까지 관할세무서장이 납부세액을 결정고지한 경우 납세자는 납부기간인 12월 1일~15일까지 납부해도 된다.

2. 세율

주택인 경우 현행 종합부동산세의 과세표준세율은 3억원 이하 1%, 3~14억원 이하 1.5%, 14 ~ 94억원 이하 2%, 94억원 초과는 3%이다. 그러나 2008년 정기국회에서 정부와 여당이 검토하고 있는 종부세 개편안을 보면 기준과세 6억 이상(부부공동명의인 경우 3억공제), 종부세율을 0.5~1%로 인하하는 내용을 담고 있다(그러나 이와 같은 개편안에 대하여 야당이 반대하고 있어 국회통과 여부는 아직 미지수이다).

3. 종합부동산세와 덧붙여 부과되는 조세

종합부동산세가 과세되는 경우 납부해야 할 종합부동산세액의 20%에 해당하는 금액을 농어촌특별세로 함께 납부하여야 한다.

재산세

매년 6월 1일 현재 토지와 건물 등 부동산을 사실상 보유한 자에 대하여 부과되는 조세이다. 다만 공유재산인 경우 그 지분에 해당하는 부분에 대하여 그 지분권자를 납세의무자로 본다.

1. 납부기한

건물분 재산세와 주택분 재산세의 2분의 1은 매년 7월 16일~7월 31일까지 토지분 재산세와 주택분 재산세의 2분의 1은 9월 16일~9월 30일까지 납부하여야 한다.

2. 세율

주택(토지 포함)인 경우 주택공시가격을 기준으로, 토지인 경우에는 개별공시지가가 시가표준액이 된다. 세율은 주택인 경우 시가표준액에 50%, 토지인 경우 시가표준액에 55%가 적용된 과세표준 금액에 따라 0.15%부터 0.5%까지 세율이 적용된다(과표적용률을 공시가격의 50%로 동결하는 개정안이 제출되어 있는 상태이다).

3. 재산세와 덧붙여 부과되는 조세

재산세액의 20%에 해당되는 금액을 지방교육세로 부과된다. 또한 공동시설세, 도시계획세는 재산세 납세고지서에 함께 병기하여 부과된다.

하나 더!

- 공동시설세 : 소방시설, 오물처리시설, 수리시설, 기타 공공시설에 필요한 비용에 충당하기 위하여 그 시설로 인하여 이익을 받는 자에 대하여 부과하는 목적세이다,
- 도시계획세 : 도시계획사업에 필요한 비용에 충당하기 위하여 도시계획구역 안에 있는 토지, 건축물 또는 주택을 과세대상으로 하여 부과하는 목적세이다.

03
SECTION

부동산 양도와 관련된 세제

우리나라 소득세법은 과세소득이 되는 소득의 종류를 제한적으로 열거하고 있다. 현행 소득세법상 양도소득의 과세 대상으로 토지, 건물, 부동산에 관한 권리(지상권, 전세권, 부동산을 취득할 수 있는 권리) 등이 있다.

양도소득세

양도소득세(양도세)는 부동산을 양도 또는 이전하는 때에 발생하는 세금이다. 여기서 '양도'라 함은 자산에 대한 등기 또는 등록에 관계없이 그 자산이 유상으로 사실상 이전되는 것을 말한다.

1. 신고 · 납부기간

양도소득세는 납세의무자가 관할세무서장에게 과세표준과 세액을 자진신고납부를 하는 제도이다. 양도소득세액이 1천만원을 초과하는 경우 분납 및 물납이 가능하다.

2. 세율

양도소득세의 세율은 초과누진세율, 차등비례세율, 탄력세율이 적용된다. 현행 기본세율은 9~36%이나 2009년부터 6~33%로 인하된다.

3. 양도소득세와 덧붙여 부과되는 조세

부동산을 처분하는 때에는 양도소득세(국세)와 양도소득세액의 10%를 주민세(지방세)도 함께 납부하여야 한다.

질의 및 답변(부동산 양도)

질의 1 **1세대 여부의 판정기준은?**

1세대 1주택에서 '1세대'라 함은 거주자 및 배우자가 그들과 동일한 주소 또는 거소에서 생계를 같이하는 가족과 함께 구성하는 1세대를 말한다. '생계를 같이 하는 가족'이라 함은 동일한 생활공간에서 동일한 생활자금으로 생계를 같이하는 거주자와 그 배우자의 직계존비속(그 배우자를 포함) 및 형제자매이다. 동일세대의 여부는 양도 당시의 주민등록표에 의해 판단하고 실제 거주내용과 다른 경우에는 그에 따라 판단하게 된다. 따라서 주민등록상으로는 동일 세대원으로 등재돼 있더라도 사실상 따로 거주하고 있고 생계를 같이 하지 않으면 동일 세대원으로 보지 않는다. 다만, 이 경우에는 납세자가 객관적인 증빙자료를 첨부해 생계를 같이 하고 있지 않다는 사실을 입증해야 한다. 1세대 1주택 해당여부는 양도일 현재를 기준으로 판단한다.

질의 2 **주택의 양도소득세 부과에 있어 주택의 판정기준은?**

주택은 사실상 주거용으로 사용하는 건물을 말하며, 공부상의 내용 또는 등기 내용에 관계없이 거주의 목적으로 사용되는 건축물을 주택으로 본다.

1. 주택과 주택 외의 건물부분은 임대 여부와 관계없이 사실상 사용하는 용도로 판단한다. 사실상 용도가 불분명한 경우에는 공부상의 용도에 의한다.
2. 1세대 1주택의 해당 여부를 판정함에 있어 임대하고 있는 점포 등 영업용 건물에 속한 주거용 방은 주택으로 보지 않는다.
3. 겸용주택에 부설된 계단 등 시설물은 사실상 사용용도에 따라 구분하되 용도가 불분명한 경우에는 주택면적과 주택 외 면적의 비율로 안분계산한다.
4. 2층 겸용주택으로 2층으로 올라가기 위한 2층 전용계단이 1층에 설치되어 있는 경우 그 계단 부분은 주택으로 본다.
5. 겸용주택의 지하실은 실질 사용하는 용도에 따라 판단하는 것이며, 사용용도가 명확하지 않은 경우에는 주택의 면적과 주택 이외의 면적의 비율로 안분계산한다.

질의 3 고가주택가액의 범위는?

"고가주택"이란 주택 및 이에 부수되는 토지의 양도 당시의 실지거래가액의 합계액이 9억원을 초과하는 것을 말한다. 겸용주택의 1세대 1주택 판정시 주택의 면적이 주택 외의 면적보다 커서 전체를 주택으로 보는 경우에는 주택 외의 부분을 포함한 전체 실거래가액을 가지고 고가주택 여부를 판정한다.

※ 1세대 1주택인 고가주택을 가진 자가 다른 주택을 취득하여 일시적으로 2주택이 된 경우 다른 주택을 취득한 날로부터 1년 이내에 고가주택을 양도하는 때에는 일시적 2주택 비과세 특례규정을 적용하여 9억원을 초과하는 부분의 양도소득에 대하여만 양도소득세를 과세한다.

질의 4 비수도권 미분양주택을 취득하여 다주택자가 된 경우?

2008년 11월 3일부터 2010년 12월 31일까지 비수도권 미분양주택을 취득(계약일 기준)한 경우 다주택자라도 양도소득세 중과대상에서 제외되어 일반(기본)세율을 적용받게 된다. 다만, 기존 주택이 아닌 취득한 미분양주택을 팔 때만 혜택이 주어진다. 세제 혜택이 주어지는 미분양주택은 준공 여부와 상관없이 현재 미분양 상태인 경우도 해당된다. 또한 2008년 11월 3일 현재 사업승인을 받았거나 분양하는 사업승인을 신청한 건설사가 분양하는 주택 중 미분양된 주택도 대상이 된다. 그러나 2008년 11월 4일 이후 건설사가 사업승인을 신청해 미분양된 주택은 이 혜택에서 제외된다.

※ 미분양주택을 매입에 따른 양도세혜택을 받으려면 시장, 군수 또는 구청장이 발행한 미분양주택확인서 사본과 매매계약서 사본을 납세지 관할세무서에 제출하면 된다.

질의 5 **비수도권 미분양주택을 여러 채 구입해도 양도세 중과 대상에서 제외되나 ?**

향후 해당 미분양주택을 매각할 때 양도세 중과에서 제외된다. 일반(기본)세율이 적용된다. 또한 장기보유특별공제혜택도 주어진다.

질의 6 **1가구 1주택자의 비과세의 요건은 어떻게 되는가?**

1주택을 소유한 1세대가 3년 보유(서울, 과천, 5대 신도시는 3년 보유 및 2년 거주)한 주택(양도가액 9억원 이하)을 양도한 경우 1가구 1주택자의 비과세 요건에 해당되어 양도세가 부과되지 않는다. 다만 주택가액이 9억원을 초과한 경우 그 초과분에 대하여는 양도세를 납부하여야 한다.

※ 5대신도시는 분당, 일산, 평촌, 산본, 중동을 말한다.

질의 7 **아파트를 소유하면서 농가를 구입하여 헐어버린 경우 양도세는?**

「양도소득세법」을 적용할 때 국내에 두 개의 주택을 소유하고 있는 자가 그 중 한 주택을 헐어버리고 나대지 상태로 보유하고 있는 동안에는 1주택만을 소유한 것으로 보며, 주택을 신축(재개발, 재건축은 제외)할 때는 신축주택의 취득시기(사용검사필증 교부일)가 도래하기 전까지만 1세대 1주택으로 보고 그 다음부터는 1세대 2주택으로 본다. 따라서 농가주택을 헐어버리고 새로 주택을 신축할 경우 아파트가 1가구 1주택의 비과세 요건을 갖추고 있으면 신축된 건물에 대하여 사용검사필증을 교부받기 전에 그 아파트를 양도하면 아파트에 대한 양도소득세를 비과세받을 수 있다.

질의 8 실수요 목적으로 비수도권 주택을 취득해 2주택자가 된 경우?

1세대 1주택자가 실수요 목적으로 비수도권 주택을 취득한 후 기존 주택을 먼저 매각한 경우 지금까지는 1년 이내에 기존 주택을 매각하여야만 비과세 혜택을 주었으나 앞으로는 기간에 관계없이 기존 주택을 먼저 매각해도 보유 및 거주요건만 갖추면 비과세혜택이 주어진다.
실수요 목적으로 취득한 비수도권 주택을 먼저 매각(주택가격 상관 없음)한 경우 2주택자에게 적용되는 50%의 중과가 적용되지 않고 일반세율로 과세된다. 3년 이상 보유 시 연 3%씩 최대 30%까지 장기보유특별공제혜택이 주어진다.

※ 실수요 목적

실수요 목적은 ① 근무 형편상 직장의 변경이나 전근 등을 이유로 비수도권 주택을 매입했을 경우(양도세 납부 시 재직증명서를 제출하여 입증하여야 함) ② 사녀의 고등학교·대학교 취학을 위해 비수도권 주택을 매입한 경우(유치원·초등학교·중학교는 해당되지 않는다) ③ 1년 이상 질병 치료나 요양을 하는 경우(요양증명서필요)이다.

질의 9 부득이한 사유로 3년 이상 보유하지 않아도 비과세 되는 경우?

▶ 해외 이주 또는 1년 이상 계속하여 국외거주를 필요로 하는 취학, 근무상의 형편으로 세대 전원이 출국하는 경우
▶ 년 이상 거주한 「임대주택법」상의 건설임대주택을 취득 등기하여 양도하는 경우
▶ 당해 주택에서 1년 이상 거주하였으나 취학, 직장 이전 등 부득이한 사정으로 3년 보유기간을 채우지 못한 채 세대 전원이 다른 시·군으로 거주이전하게 된 경우

질의 10 **주상복합 건물이 주택으로 인정되는 경우?**

1세대 1주택의 규정을 적용함에 있어서 한 동의 건물이 주택과 주택 외의 부분으로 되어 있는 겸용주택의 경우와 한 울타리 내에 주택과 주택 외의 건물이 있는 경우에는 그 전부를 주택으로 본다. 다만, 주택의 면적이 주택 외의 면적보다 작거나 같을 때는 주택 외의 부분은 주택으로 보지 않는다.

질의 11 **취학 · 직장의 이전 · 질병 등 부득이한 사유가 있는 경우?**

1년 이상 거주한 주택을 취학, 근무상의 형편, 질병의 요양, 기타 부득이한 사유로 양도하는 경우 다음과 같은 요건을 갖춘 경우 3년 이상 보유기간의 제한을 받지 아니한다.

▶ 당해 주택에서 1년 이상 거주할 것
▶ 세대 전원이 다른 시 · 군으로 거주이전할 것
▶ 양도일 현재 부득이한 사유가 발생할 것
▶ 부득이한 사유가 다음 중 하나에 해당할 것
 - 교육법에 의한 학교에의 취학(유치원 · 초등학교 · 중학교는 제외)
 - 직장의 변경이나 전근 등 근무상의 형편
 - 1년 이상의 치료나 요양을 필요로 하는 질병의 치료 또는 요양

※ **부득이한 사유로 주택을 양도하는 경우에도 반드시 1년 이상을 거주한 후에 양도해야 비과세 적용을 받을 수 있으므로 이 점을 특히 유의해야 한다.**

질의 12 해외이주 또는 출국하는 경우에도 부득이 한 사유에 해당되는가?

「해외이주법」에 의한 해외이주로 세대 전원이 출국하는 경우와 1년 이상 계속하여 국외거주를 필요로 하는 취학 또는 근무상의 형편으로 세대전원이 출국하는 경우 출국 후 2년 이내에 양도하면 보유기간 및 거주기간에 관계없이 비과세한다.

해외이주로 세대 전원이 출국함으로써 비거주자가 된 상태에서 1주택을 양도하는 경우에는 출국 후 2년 이내에 양도해야 보유기간 및 거주기간에 관계없이 비과세받을 수 있으며, 해외이주신고확인서를 교부받은 경우에는 발행일로부터 1년 내에 출국하면서 출국 전에 다른 주택을 취득하지 않을 조건으로 주택을 양도하는 경우 비과세한다.

질의 13 재개발 · 재건축기간 중에 취득한 주택을 양도하는 경우?

주택을 소유한 1세대가 그 주택에 대한 재개발 · 재건축사업의 시행으로, 그 사업시행기간 중에 다른 주택을 취득하여 거주하다가 재개발 · 재건축된 주택으로 이사하게 되어 다른 주택을 양도하는 경우에는 3년 미만을 보유했더라도 다음 요건을 모두 충족하는 경우 비과세된다.

- ▶ 사업시행인가일 이후 다른 주택을 취득하고 1년 이상 거주
- ▶ 재개발 · 재건축주택 완공 전 또는 완공 후 1년 이내에 다른 주택 양도
- ▶ 완공후 1년 이내 재개발 · 재건축주택으로 세대 전원이 이사하고 1년 이상 거주

※ 취학, 근무상 형편, 질병요양 등의 경우는 세대원 일부가 이사하지 않더라도 가능하다

질의 14 상속을 받음으로 2주택인 된 경우 그 중 1주택을 양도할 경우?

종전주택을 양도하는 경우 1주택을 보유한 1세대가 1주택을 상속받아 2주택이 된 경우 상속받은 주택은 일반주택의 1세대 1주택 비과세 여부를 판정할 때 주택 수에 포함하지 않는다. 따라서 종전주택이 양도일 현재 비과세 요건을 갖췄으면 양도소득세는 과세되지 않는다.

- 피상속인(사망한 사람)이 상속개시 당시 두 채 이상의 주택을 소유한 경우에는 피상속인을 기준으로 소유기간이 가장 긴 1주택에 대해서만 상속주택의 특례가 적용되며 하나의 주택을 여러 사람이 공동으로 상속하는 때에는 종전주택 양도시 상속지분이 가장 큰 상속인이 상속주택을 소유한 것으로 본다.
- 상속주택을 먼저 양도하는 경우 양도소득세가 과세된다. 따라서 상속받은 주택이라도 일반주택과 마찬가지로 양도당시 1세대 1주택 비과세 요건을 갖춰야 양도소득세가 과세되지 않는다.

질의 15 미등기전매로 자산을 양도할 경우 불이익은?

▶ 양도소득세 비과세 및 감면 혜택을 받지 못한다.
▶ 장기보유특별공제를 받지 못한다.
▶ 양도소득 기본공제를 받지 못한다.
▶ 70%의 높은 세율이 적용된다.

※ 등기를 하지 않고 자산을 양도하면 양도일이 속하는 연도의 다음 연도 6월 1일부터 10년 이내에는 언제든지 양도소득세를 부과할 수 있다. 따라서 이 기간 내에 등기상의 양도자 또는 취득자에 대해 양도소득세 조사를 하거나 기타의 사유로 미등기 양도 사실이 밝혀지면 무거운 세금을 물게 된다.

질의 16 노부모를 모시기 위해 세대를 합쳐 2주택인 된 경우 비과세 요건은?

- ▶ 양도하는 주택이 양도일 현재 1세대 1주택 비과세 요건을 갖출 것
- ▶ 세대를 합친 날로부터 2년 이내에 양도할 것
- ▶ 노부모(남 60세, 여 55세 이상, 본인 또는 배우자의 직계존속)를 봉양할 것

※ 세대를 합친 날로부터 2년 이내에 먼저 양도하는 주택에 대해 양도소득세가 비과세된다.

질의 17 1세대 1주택 비과세 요건 중 '보유기간 3년'의 계산방법은?

- ▶ 일반적인 경우(원칙) : 취득일부터 양도일까지이다. 즉, 당해 주택의 대금을 청산한 날, 대금을 청산하기 전에 소유권이전등기를 한 경우에는 등기접수일, 대금을 청산한 날이 분명하지 않은 경우에는 등기접수일을 기준으로 한다.
- ▶ 동일 세대원 간에 소유권 변동이 있는 경우 : 세대 전체를 기준으로 3년 이상 보유 여부를 판정한다.
- ▶ 주택을 배우자에게 증여한 후 배우자가 양도하는 경우 : 증여자의 보유기간과 수증자의 보유기간을 합해 계산한다.
- ▶ 이혼위자료로 주택을 받은 아내가 그 주택을 양도하는 경우 : 아내의 보유기간만 가지고 판단한다.
- ▶ 재산분할청구권으로 취득한 주택의 보유기간 : 소유권을 이전해 준 다른 이혼자의 당초 부동산 취득일부터 양도일까지의 기간을 합한 기간이다.
- ▶ 증여받은 주택을 이혼 후 양도하는 경우 : 증여받은 날(증여등기 접수일)부터 보유기간을 계산한다.
- ▶ 주택을 상속받은 경우 : 피상속인의 사망일부터 계산한다. 다만, 동일 세대원이던 피상속인으로부터 상속받은 주택은 피상속인의 취득일부터 계산한다.

질의 18 혼인으로 집이 2주택이 된 경우 양도세는?

각각 1주택을 보유한 남녀가 혼인함으로써 1세대 2주택이 된 경우, 혼인한 날로부터 2년 이내에 먼저 양도하는 주택에 대해 양도소득세를 비과세한다.

비과세 요건

▶ 양도하는 주택이 양도일 현재 1세대 1주택 비과세 요건을 갖출 것

▶ 혼인한 날로부터 2년 이내에 양도할 것

질의 19 2년 미만 보유 부동산에 대한 양도 시 절세방법은?

부동산을 양도하는 경우 보유기간이 2년 이상이냐 2년 미만이냐에 따라서 양도소득세 부담액이 크게 달라진다. 왜냐하면 보유기간이 2년 이상이면 양도소득의 크기에 따라 9%에서 36%까지(2009 개정은 6~33%)의 세율이 적용되지만 보유기간이 2년 미만이면 40%의 세율이 적용되고 특히 보유기간이 1년 미만이면 50%로 높은 세율이 적용되기 때문이다. 따라서 이 경우 잔금지급일을 양도시기에 맞추어 조절하면 절세의 효과가 있을 수 있다.

질의 20 재개발 · 재건축기간도 주택 보유기간에 포함되는가?

보유하던 주택이 「도시 및 주거환경정비법」에 의한 재개발 · 재건축으로 완공된 경우 보유기간은 종전 주택의 보유기간, 재개발 · 재건축 공사기간, 완공주택 보유기간을 통산한다.

질의 21 비과세되는 입주권은?

1세대 1주택자인 재개발 · 재건축 조합의 조합원이 재개발 · 재건축 조합을 통해 취득한 입주권을 양도하는 경우 종전 주택이 관리처분계획 인가일과 주택의 철거일 중 빠른 날에 비과세 요건을 충족하고 다음의 어느 하나에 해당되는 경우에는 부동산을 취득할 수 있는 권리임에도 불구하고 양도소득세가 비과세된다.

- ▶ 양도일 현재 다른 주택이 없는 경우
- ▶ 양도일 현재 당해 조합원 입주권 외에 1주택을 소유한 경우로서 주택을 취득한 날로부터 1년 이내에 조합원 입주권을 양도하는 경우

질의 22 토지 등을 사업시행자에게 양도한 경우?

재개발구역 내의 토지 등을 사업시행자에게 양도하고, 그 대가로 관리처분계획에 따라 취득한 토지 또는 건축시설은 환지(換地)로 보므로 양도소득세 과세대상이 아니다.

질의 23 1세대 2주택자의 주택 중 1주택이 입주권으로 전환된 경우?

실수요 목적으로 입주권을 보유한 것이 아니므로 주택양도 시 1세대 1주택 양도세의 비과세에 해당되지 않는다.

질의 24 재개발 · 재건축 입주권이나 아파트를 매각한 경우 양도소득세의 비과세 여부?

재개발 · 재건축 조합원입주권은 부동산을 취득할 수 있는 권리로서 원칙적으로 주택이 아니므로 1세대 1주택 비과세규정이 적용되지 않는다. 그러나 다음의 경우에는 1세대 1주택 비과세와의 형평성 차원에서 양도소득세가 비과세된다.

▶ 재개발 · 재건축의 조합원으로서 관리처분계획의 인가일(그 전에 기존 주택이 철거되는 경우에는 기존 주택의 철거일) 현재 기존 주택이 비과세 되는 1세대 1주택 요건에 해당하고 기존 주택 대신에 받은 조합원입주권을 양도할 경우

▶ 이 경우 관리처분계획의 인가일(그 전에 기존 주택이 철거되는 경우에는 기존 주택의 철거일) 현재 기존 주택을 3년 이상 보유(서울 · 과천 · 5대 신도시소재 주택의 경우에는 3년 이상 보유 및 2년 이상 거주) 하였어야 하며, 위 관리처분계획의 인가일 뿐만 아니라 조합원입주권 양도일 현재에도 다른 주택이 없거나 양도일 현재 1조합원입주권 외에 1주택을 소유한 경우 1주택을 취득한 날부터 1년 이내에 당해 조합원입주권을 양도할 경우 양도소득세가 과세되지 않는다.

▶ 종전 주택의 재개발 · 재건축에 따른 재개발 · 재건축 아파트의 완성일(사용검사일 또는 사용승인일) 이후에 이를 양도하는 경우 종전 주택의 취득일부터 재개발 · 재건축 아파트의 양도일까지 기간을 통산하여 3년 이상 보유(서울 · 과천 · 5대 신도시 소재 주택의 경우에는 3년 이상 보유 및 2년 이사 거주)하고, 양도 당시 다른 주택이 없거나 양도일 현재 1조합원입주권 또는 1주택을 소유한 경우 1조합원입주권 또는 1주택을 취득한 날부터 1년 이내에 당해 재개발 · 재건축 아파트를 양도할 경우

질의 25 1세대 1주택자가 재건축 조합원입주권을 취득하고 종전 주택을 양도하는 경우 ?

다음과 같은 경우에는 양도소득세가 비과세된다.

▶ 재건축주택이 완공되기 전 또는 완공된 후 1년 이내에 종전의 주택을 양도하여야 한다.

▶ 재건축주택이 완공된 후 1년 이내에 재건축주택으로 세대 전원이 이사하여 1년 이상 거주할 것(다만 세대원일부가 취학, 요양, 근무상 형편 등으로 이사하지 않은 경우는 예외)

▶ 종전 주택이 1세대 1주택 비과세 요건을 갖추고 있어야 한다. 즉 서울 및 5대신도시는 2년 거주 3년 보유 이외 지역은 3년 보유를 하여야 하고 주택가격이 9억원을 초과하지 않는 경우이다.

질의 26 소유권이전 시 등기원인을 '이혼위자료 지급'으로 하는 경우의 양도세 부과 여부?

당사자 간의 합의에 의하거나 법원의 확정판결에 의해 일정액의 위자료를 지급하기로 하고 동 위자료지급에 갈음해 당사자 일방이 소유하고 있던 부동산의 소유권을 이전해 주는 것은 그 자산을 양도한 것으로 본다. 따라서 양도세 부과의 대상이 된다. 다만, 이전해 주는 부동산이 1세대 1주택으로써 비과세요건을 갖춘 때에는 등기원인을 이와 같이 하더라도 양도소득세가 과세되지 않는다.

질의 27 등기원인을 '재산분할청구에 의한 소유권이전'으로 하는 경우?

「민법 제839조의2」에서 규정하는 재산분할청구로 부동산 소유권이 이전되는 경우에는 부부 공동의 노력으로 이룩한 공동재산을 이혼으로 인해 이혼자 일방이 당초 취득시부터 자기지분인 재산을 환원받는 것으로 보기 때문에 양도 및 증여로 보지 않는다. 따라서 등기원인을 이와 같이 하면 양도소득세 및 증여세를 부담하지 않고 소유권을 이전할 수 있다.

질의 28 3주택 이상을 보유한 다주택자인 경우 양도세 중과세는?

▶ 60%의 높은 세율이 적용된다.
▶ 장기보유특별공제를 받지 못한다.
▶ 기타 보유세 부담이 늘어날 수 있다.

※ 따라서 1세대 3주택을 면하는 것이 절세의 지름길이며, 기존의 3주택자에 해당되어 주택을 양도할 예정이라면 위와 같이 맨 처음 양도하는 주택은 중과세되므로 소유주택 중 어느 주택을 먼저 양도할 것인가를 꼼꼼히 따져봐야 세부담을 조금이라도 줄일 수 있다.

질의 29 양도세와 관련된 농어촌특별세는 어떤 경우에 신고 · 납부해야 하나?

「조세특례제한법」에 의해 양도세 비과세 및 감면 등을 받은 경우에는 감면받은 세액의 20%를 농어촌특별세로 신고 · 납부해야 한다. 다만, 8년 이상 농지소재지에 거주하면서 직접 경작한 농지를 양도해 양도세가 감면된 경우에는 농어촌특별세가 과세되지 않는다.

질의 30 해외부동산을 양도한 경우 신고는 어떻게?

해외부동산을 양도한 경우에는 양도일이 속하는 달의 말일부터 2월 이내에 주소지 관할세무서에 양도소득과세표준 예정신고 · 납부를 해야 한다. 예정신고를 하고 세금을 납부하는 경우 납부해야 할 세금의 10%를 공제받게 된다(예정신고납부 세액공제). 만일 예정신고 기한 내에 양도소득과세표준 신고 · 납부를 하지 못한 경우에는 다음해 5월 양도소득 과세표준 확정신고 기간(5월 1일~ 5월 31일) 중에 확정신고 · 납부를 해야 한다. 다만, 예정신고를 하지 않고 확정신고 · 납부하는 경우에는 납부할 세액의 10%를 공제받을 수 없다.

질의 31 배우자가 증여받은 주택을 양도하는 경우, 양도소득세의 과세 여부?

배우자가 주택 1채를 증여받은 후에 그 증여받은 주택을 양도한 경우 부부의 보유기간을 합하여 3년 이상 보유(서울 · 과천 · 5대 신도시 소재 주택의 경우에는 3년 이상 보유 및 2년 이상 거주)하고, 양도 당시 부부와 그 세대원 명의로 다른 주택이 없으면 1세대 1주택으로 보아 양도소득세가 비과세된다.

※ 배우자가 1주택을 증여받은 후 이혼한 상태에서 증여받은 1주택을 양도하는 경우에는 증여받은 날(증여등기 접수일)부터 3년 이상 보유(서울 · 과천 · 5대 신도시 소재 주택의 경우에는 3년 이상 보유 및 2년 이상 거주)하고, 양도 당시 양도인과 그 세대원 명의로 다른 주택이 없으면 1세대 1주택으로써 양도소득세가 과세되지 않는다.

질의 32 실지거래가액에 의한 양도차익 계산방법은?

양도차익 = 실지양도가액-필요경비

1. 실지 양도가액 : 상대방으로부터 실제 수수하는 거래금액(매도가격)을 말한다.
2. 필요경비
   ① 취득에 소요된 비용(취득세 및 등록세, 부동산중개수수료 등 취득에 소요된 모든 비용)
   ② 취득 후 지출한 비용
   - 본래의 용도를 변경하기 위한 개조비용
   - 엘리베이터 또는 냉난방장치 설치비용
   - 빌딩 등의 피난시설 등 설치비용
   - 기타 개량 · 확장 · 증설 등 위와 유사한 성질의 비용

   ※ 예를 들면 새시 설치비용, 발코니 개조비용, 난방시설 교체비용 등

   ③ 양도비용 : 자산을 양도하기 위하여 직접 지출한 계약서 작성비용, 공증비용, 인지대, 광고료, 소개비 등

   ※ 양도차익에서 장기보유특별공제와 기본공제(250만원)을 차감하고 세율을 곱하면 납부할 양도소득세가 된다.

질의 33 양도세를 확정신고 · 납부할 때 주민세는 얼마나?

주민세는 양도소득세 납부 세액의 10%가 과세되므로 양도소득세 신고와 함께 신고 · 납부해야 한다.

질의 34 세대원으로부터 주택을 증여받은 후 양도할 경우

양도인(예컨대 : 아들)이 동일 세대원인 가족(예컨대 : 아버지)으로부터 주택 1채를 증여 받은 후 그 증여받은 주택을 양도할 경우 증여자(아버지)의 보유기간과 수증자(아들)의 보유기간을 합하여 3년 이상 보유(서울 · 과천 · 5대 신도시 소재 주택의 경우에는 3년 이상 보유 및 2년 이상 거주)하고, 양도 당시 증여자, 수증자, 세대원 명의로 다른 주택이 없으면 1세대 1주택으로 보아 양도소득세가 비과세된다.

※ 이 경우 양도 당시 증여자와 수증자는 반드시 동일 세대원이어야 한다.

부록

매각절차에 따른 부동산경매 서식

서식-1 경매실행 예정사실 통지확인서
서식-2 부동산강제경매신청서
서식-3 강제경매개시결정에 대한 이의신청서
서식-4 부동산임의경매신청서
서식-5 부동산경매개시결정에 대한 이의신청서
서식-6 부동산일괄매각신청서
서식-7 권리신고 겸 배당요구신청서
서식-8 배당요구신청서
서식-9 권리신고서
서식-10 채권계산서
서식-11 통지서
서식-12 공유자 우선매수신고서
서식-13 유치권권리신고서
서식-14 경매신청취하서
서식-15 매각기일 변경(연기) 신청서
서식-16 경매절차속행신청서
서식-17 경매취하서
서식-18 경매취하동의서
서식-19 법원보관금 환급신청서
서식-20 매각허가기일변경신청서
서식-21 매각허가에 대한 이의신청서
서식-22 항고장
서식-23 부동산재평가신청서
서식-24 매각결정취소신청서
서식-25 채권상계신청서
서식-26 채권상계에 대한 이의신청서
서식-27 매수인의 채무인수신청서
서식-28 매각대금납입신청서
서식-29 매각대금완납증명원
서식-30 매수신청보증금 반환청구신청서
서식-31 배당표
서식-32 배당이의 안내문
서식-33 소제기증명원
서식-34 배당이의소제기에 관한 신고서
서식-35 배당실시신청서
서식-36 배당액 영수증
서식-37 부기 및 환부신청서
서식-38 부동산소유권이전등기촉탁신청서
서식-39 부동산인도명령신청서
서식-40 인도명령결정문
서식-41 집행관송달신청서
서식-42 보정서
서식-43 명도확인서
서식-44 강제집행신청서

부록

- 주택임대차보호법
- 주택임대차보호법 시행령
- 상가건물임대차보호법
- 상가건물임대차보호법 시행령
- 민사집행법

서식-1

경매실행예정사실통지확인서

채권자 ○○○

채무자 ○○○
등기부상 주소(송달연월일)
주민등록상 주소(송달연월일)

소유자 ○○○
등기부상 주소(송달연월일)
주민등록상 주소(송달연월일)

첨　부

1. 특수(내용증명)우편물수령증 ○부
1. 경매신청일 1개월 이내에 발급된 주민등록표 초본

년　월　일

채권자

서식-2

부동산강제경매신청서

채 권 자 : ○○○
주소
채 무 자 : ○○○
주소

청구금액 : 원금 원 및 이에 대한 년 월 일부터 다 갚을 때까지 연 %비율에 의한 금원
경매할 부동산의 표시 : 별지 목록 기재와 같음

경매의 원인된 채권과 집행할 수 있는 집행권원

채무자는 채권자에게 법원 가 청구사건의 년 월 일 선고한 판결 (또는 공증인 작성 호 공정증서)의 집행력 있는 정본에 기하여 위 청구금액을 변제하여야 할 것이나 이를 이행하지 아니하므로 위 부동산에 대한 강제경매 절차를 개시하여 주시기 바랍니다.

첨 부 서 류

1. 집행력있는 정본
1. 송달증명서
1. 부동산등기부등본
1. 별지목록

년 월 일

위 채권자 ○○○ (인)
연락처(☎)

○○지방법원 귀중

서식-3

강제경매개시결정에 대한 이의신청서

사건번호 :　　　타경　　호
신청인(채무자) : ○○○
　　　　　　　　주소
피신청인(채권자) : ○○○
　　　　　　　　　주소

신 청 취 지

위 사건에 관하여　　년　　월　　일 귀원이 행한 강제경매개시결정은 이를 취소한다.
피신청인의 본건 강제경매신청은 이를 기각한다.
라는 재판을 구함.

신 청 이 유

1. 채권자인 피신청인은 채무자인 신청인과의 사이의 ○○지방법원 ○호 ○○청구사건의 집행력 있는 판결정본에 기하여　　년　　월　　일 귀원에 강제경매신청을 하여,　　년　　월　　일 위 개시결정이 되어, 이 결정이　　년　　월　　일 채무자인 신청인에게 송달되었습니다.
2. 그런데 위 강제집행의 전제인 위 채무명의는 신청인에게는 송달되지 않은 것으로서 그 송달 전에 위 개시결정을 한 것은 집행개시 요건의 흠결이 있음에도 불구하고 행한 위법한 것이므로 본건 이의를 신청하는 바입니다.

년　　월　　일

위 신청인(채무자) ○○○ (인)
연락처(☎)

○○ 지방법원　　귀중

※ 유의사항

1) 이해관계인은 매각대금을 완납할 때까지 법원에 개시결정에 대한 이의신청을 할 수 있고 이의사유는 집행법원이 준수하여야 할 경매절차상의 형식적 하자로서 개시결정전의 것이어야 함이 원칙이나, 채무명의의 존재는 집행속행요건이기도 하므로, 그 실효와 같은 사유는 그 후에 발생한 것이라도 무방합니다.
2) 신청서에는 1,000원의 인지를 붙여 1통을 집행법원에 제출하고, 이의재판정본 송달료를(2회분)납부하여야 합니다.

서식-4

부 동 산 임 의 경 매 신 청 서

채 권 자 : 성명 ○○○

주소

채 무 자 : 성명 ○○○

주소

청구금액 : 원금 원 및 이에 대한 년 월 일부터 다 갚을 때까지 연 %비율 에 의한 금원

경매할 부동산의 표시 : 별지 목록 기재와 같음

담보권과 피담보채권의 표시

채무자는 채권자에게 년 월 일 금 원을, 이자는 연 %, 변제기일 년 월 일로 정하여 대여하였고, 위 채무의 담보로 별지목록 기재 부동산에 대하여 지방법원 등기 접수 제 호로서 근저당권설정등기를 마쳤는데, 채무자는 변제기일이 경과하여도 아직까지 변제하지 아니하므로 위 청구금액의 변제에 충당하기 위하여 위 부동산에 대하여 담보권 실행을 위한 경매절차를 개시하여 주시기 바랍니다.

첨 부 서 류

1. 부동산등기부등본 1통
1. 근저당설정계약서(채권증서 또는 원인증서 포함) 사본 1통
1. 별지목록

년 월 일

위 채권자 ○○○ (인)

연락처(☎)

○○지방법원 귀중

서식-5

부동산경매개시결정에 대한 이의신청서

사건번호 : 타경 호
신 청 인(채무자 겸 소유자) :
피신청인(채권자) :

신청취지

1. ○○지방법원 년 월 일자로 별지목록기재 부동산에 대한 매각허가결정을 취소하고 이 사건 경매신청을 기각한다.
라는 재판을 구함.

신청이유

1. 신청인이 피신청인으로부터 년 월 일 채권 최고액 금 원의 근저당설정계약을 체결하여 피신청인 청구금액의 금원채무를 신청인이 부담하고 있는 사실 및 위 채무불이행으로 인하여 피신청인이 경매를 신청하여 년 월 일자 경매개시결정된 사실은 인정한다.
2. 위 부동산의 경매개시결정된 후 신청인은 변제를 위하여 최선을 다하였으나 매각허가 결정 후에야 피신청인에게 원금 원에다 년 월 일부터 년 월 일(완제일)까지 연%의 지연이자 원 및 경매비용 원 합계금 원정을 변제하고 위 경매신청을 취하였습니다.
3. 그러나 매수인은 위 경매신청 취하에 동의치 않으므로 부득이 본 이의신청으로 신청취지와 같은 재판을 구합니다.

첨부서류

1. 경매취하서
1. 변제증서
1. 별지목록

년 월 일

위 신청인 ○○○(인)
연락처(☎)

○○지방법원 귀중

※ 유의사항

1) 경매개시결정 후 매수인의 동의가 없을 때 사용하는 양식입니다.
2) 신청서에는 1,000원의 인지를 붙여 1통을 집행법원에 제출하고 이의재판정본 송달료를 (2회분) 납부하여야 합니다.

서식-6

부동산일괄매각신청서

사건번호
채 권 자 : ○○○
채 무 자 : ○○○

위 사건에 관하여 매각 목적 부동산들은 모두가 일단을 이루고 있는 부동산으로서 이들을 모두 동일인에게 매수시키는 것이 경제적 효용가치가 높을 뿐 아니라, 이들이 분할매각됨으로써 장차 복잡한 법률관계의 야기를 사전에 예방하기 위하여 이를 일괄 매각하여 주시기 바랍니다.

년 월 일

채 권 자 ○○○(인)
연락처(☎)

○○지방법원 귀중

※ 유의사항
수개의 부동산에 관하여 동시에 경매신청이 있는 경우에는 부동산별로 최저 입찰가격을 정하여 매각하는 개별매각이 원칙이나, 법원은 이해관계인의 합의에 구애되지 않고 일괄매각을 결정할 수도 있습니다.

서식-7

권리신고 겸 배당요구신청서

사건번호 : 타경 호
채 권 자 : ○○○
채 무 자 : ○○○
소 유 자 : ○○○

본인은 이 사건 경매절차에서 임대보증금을 우선변제받기 위하여 아래와 같이 권리신고 겸 배당요구를 하오니 매각대금에서 우선배당을 하여 주시기 바랍니다.

아 래

1. 계 약 일 : . . .
2. 계약당사자 : 임대인(소유인)
   임차인
3. 임대차기간 : . . .부터 . . .까지(년 간)
4. 임대보증금 : 전세 원
   보증금 원에 월세
5. 임 차 부 분 : 전부 (방 칸), 일부(층 방 칸)
   (※뒷면에 임차부분을 특정한 내부구조도를 그려주시기 바랍니다.)
6. 주택인도일(입주한 날) : . . .
7. 주민등록 전입신고일 : . . .
8. 확정일자 유무 : □ 유(. . .). □ 무
9. 전세권(주택임차권) 등기 유무 : □ 유(. . .). □ 무

첨부서류

1. 임대차계약서 사본 1통
2. 주민등록등본 1통

년 월 일

권리신고 겸 배당요구자 ○○○ (인)
연락처(☎)

○○지방법원 귀중

서식-8

배 당 요 구 신 청 서

사건번호　　타경　　호
채 권 자
채 무 자
배당요구채권자
주소

배당요구채권

1. 금　　　원정
○○법원 가단(합) 호 청구사건의 집행력 있는 판결정본에 기한 채권 금　　　원의 변제금
1. 위 원금에 대한　　년　월　일 이후 완제일까지 연　푼의 지연손해금

신 청 원 인

위 채권자 채무자 간의 귀원　　타경　　호 부동산강제경매사건에 관하여 채권자는 채무자에 대하여 전기 집행력 있는 정본에 기한 채권을 가지고 있으므로 위 매각대금에 관하여 배당요구를 합니다.

년　　월　　일

위 배당요구채권자 ○○○ (인)
연락처(☎)

○○지방법원　귀중

※ 유의사항

실체법상 우선변제청구권이 있는 채권자, 집행력 있는 정본을 가진 채권자 및 경매신청의 등기 후 가압류한 채권자는 배당요구종기까지 배당요구할 수 있으며, 배당요구는 채권의 원인과 수액을 기재한 서면으로 하여야 합니다.

서식-9

권 리 신 고 서

사　건　　타경　호
채 권 자 ○○○
채 무 자 ○○○
권리신고인 : ○○○
주 소

위 당사자간 귀 원　　타경　　호 부동산강제(임의)경매사건에 관하여, 권리신고인은 이 건 경매부동산에 대하여 주택임대차보호법 제8조 소정의 권리가 있는바, 증빙서류를 첨부하여 신고합니다.

첨 부 서 류

1. 주민등록표 등본
1. 임대차계약서

년　월　일
위 신고인 ○○○ (인)

○○지방법원　귀중

서식-10

채권계산서

사건번호 타경 호
채 권 자
채 무 자

위 사건에 관하여 배당요구채권자 는(은) 아래와 같이 채권계산서를 제출합니다.

년 월 일

채권자(배당요구채권자) : ○○○ (인)
연락처(☎)

○○지방법원 귀중

아 래

1. 원금 원정
   (단 년 월 일자 대여금)
1. 이자 원정
   (단 년 월 일부터 년 월 일까지의 연 푼의 이율에 의한 이자금)
1. 기타(집행비용 등 필요할 경우 기재)

합계 금 원정

※유의사항

1) 집행법원의 제출최고에 의하여 제출하는 채권계산서에는 ① 채권의 임금, ② 이자, ③ 비용, ④ 기타 부대채권을 기재합니다.
2) 인지는 붙이지 않고 1통을 제출합니다.

서식-11

○○ 지방 법원

통 지 서

공 유 자 ○○○ 귀하

사건번호 타경 호

채 권 자 ○○○

채 무 자 ○○○

귀하가 위 채무자와 공유하고 있는 별지 목록 기재 부동산에 대한 위 채무자의 지분에 관하여 위 채권자로부터 강제(임의)경매신청이 있는바, 위 사건의 경매기일까지 위 채무자의 지분을 우선 매수할 것을 신고할 수 있음을 알려드립니다.

년 월 일

법원사무관 ○○○(인)

서식-12

공유자우선매수신고서

사　건　타경　호
채 권 자　　　　○○○
채 무 자(소유자)　○○○
공 유 자　　　　○○○

부동산의 표시

별지목록 기재와 같습니다.

1. 위 당사자간의 귀 원　타경　호 부동산공유지분 강제(임의)경매사건에 관하여 경매기일이　.　.　인 바 신청인(공유자)은 경매 최고매수신고가격과 동일한 가격으로 우선매수할 것을 사전에 신고합니다.
2. 보증금 기타 경매절차에 관하여는 매각기일에 출석하여 절차를 거치겠습니다.

첨 부 서 류

1. 등기부 등본　　1통
1. 주민등록 등본　　1통
(매수공유자)

년　월　일

우선매수신고인 공유자 ○○○(인)

○○지방법원　귀중

※ 유의사항

공유자는 매각기일까지 우선매수신고를 할 수 있다.

서식-13

유 치 권 권 리 신 고 서

사건번호 타경 호
채권자
채무자 겸 소유자
유치권자
유치권신청금액 원

위 사건에 관하여 공사수급업자인 ○○○는(은) 아래와 같이 별지기재 부동산에 대하여 유치권을 행사하고 있음을 신고합니다.

- 아 래 -

1. 수급인은 위 채무자겸 소유자와 년 월 일에 건물도급계약을 체결하고 목적부동산을 완성하였습니다.
2. 그러나 수급인이 도급계약의 내용대로 건물을 완성하였으나 채무자 겸 소유자는 총 공사대금 320,000,000원 중 120,000,000원만 지급을 하고 나머지 금액인 200,000,000원은 지급하지 않고 있습니다. 따라서 수급인은 건물의 인도와 동시에 공사대금의 채권을 확보하기 위하여 동시이행의 항변권으로 목적건물을 점유하면서 유치권자로서의 권리를 행사하고 있습니다.

※ 각 해당되는 사건사유를 순서대로 적으면 된다.

3. 위와 같이 유치권권리신고자는 목적부동산에 관하여 적법한 유치권을 행사하고 있으므로 이에 유치권의 신고를 합니다.

첨부서류

1. 건축도급계약서 사본 1부
1. 사업자등록증 사본
1. 부동산의 표시

년 월 일
위 유치권자 : (인)

○ ○지방법원 귀중

서식-14

경 매 신 청 취 하 서

사　　건　　타경　　호

채 권 자

채 무 자

위 당사자간 귀 원　　타경　호 부동산강제(임의)경매사건은 금번 당사자간에 화해가 되었으므로 별지목록 기재의 부동산에 대한 경매신청을 취하합니다.

년　　월　　일

위 채권자 ○○○(인)

○○지방법원　경매 ○○계　귀중

매각기일 변경 신청서
연기

사건번호 타경 호
채 권 자
채 무 자

위 사건에 관하여 . . . : 로 매각기일이 지정되었음을 통지받았는바 당사자 사이에 화해가 진행되는 중이므로 변경(연기)을 요청하오니 조치하여 주시기 바랍니다.

년 월 일

채 권 자 ○○○ (인)
연락처(☎)

○○지방법원 귀중

서식-16

경매절차속행신청서

사　　건　　타경　호
채권자
채무자

위 당사자간 귀 원　　타경　　호 부동산강제(임의)경매 신청사건에 관하여 채무자는 동법원 카　경매 절차정지 가처분결정에 의하여 위 경매절차가 정지 중에 있는 바, 동 경매절차정지가 처분 결정은 채권자의 취소신청에 의하여 별첨 결정정본과 같이 취소되었으므로 경매절차를 속행하여 주시기를 신청합니다.

첨부서류

1. 결정정본　　　　　　　　　　1통
1. 확정증명　　　　　　　　　　1통

년　　월　　일
위 채권자　○○○ (인)

○○지방법원　귀중

서식-17

경 매 취 하 서

사건번호　　타경　　호
채 권 자
채 무 자

위 사건의 채권자는 채무자로부터 채권 전액을 변제(또는 합의가 되었으므로)받았으므로 별지목록기재 부동산에 대한 경매신청을 취하합니다.

첨 부 서 류

1. 취하서부본(소유자와 같은 수)　　1통
1. 등록세 영수필확인서(경매기입등기발소등기용)　　1통

년　　월　　일

채권자 ○○○(인)
연락처(☎)

○○지방법원　귀중

(최고가매수신고인 또는 매수인의 동의를 표시하는 경우)
위 경매신청취하에 동의함.

년　　월　　일

위 동의자(최고가 매수신고인 또는 낙찰인)　　(인)
연락처(☎)

※ 유의사항

1) 경매신청은 매수인의 대금납부까지 취하할 수 있는 바, 경매신청취하로 압류효력은 소멸하나 매수신고 후 경매신청을 취하하려면 최고가매수신고인(차순위매수신고인 포함)의 동의가 있어야 합니다.
2) 동의를 요하는 경우에는 동의서를 작성하여 취하서에 첨부하거나 또는 취하서 말미에 동의의 뜻을 표시하고 본인이 아닌 경우에는 인감증명을 첨부하여야 합니다.

서식-18

경 매 취 하 동 의 서

사건번호　　타경　　호

채 권 자 ○○○

채 무 자 ○○○

소 유 자 ○○○

위 사건에 관하여 매수인은 채권자가 위 경매신청을 취하하는데 대하여 동의합니다.

첨 부 서 류

1. 매수인 인감증명　　　　1통

년　　월　　일

매수인 ○○○ (인)

연락처(☎)

○○지방법원　귀중

서식-19

법원보관금환급신청서

사건번호　　타경　　호
채 권 자 ○○○
채 무 자 ○○○

위 사건에 관하여 신청채권자가 납부한 경매예납잔여금의 환급을 신청합니다.

환급청구금액　　　　　　　원
신청인 주소
신청인 주민등록번호

년　월　일

신청인(채권자) ○○○ (인)
연락처(☎)

○○지방법원　귀중

※ 유의사항

1) 환급청구금액을 정확히 알지 못하는 경우 공란으로 제출하시고 신청인은 주민등록증과 도장을 지참하십시오.
2) 대리인에게 위임시 위임장과 인감증명을 제출하여야 합니다.

매각허가기일변경신청서

사건번호 타경 호
채권자
채무자
신청인
(최고가매수신고인)

위 당사자 간 귀원 타경 호 부동산 강제(임의)경매 사건에 관하여 신청인 년 월 일로 지정된 매각허가결정기일을 아래와 같이 변경 신청하오니 허가하여 주시기 바랍니다.

아 래

1. 신청인은 타경 호 부동산의 최고가 매수인으로서 년 월 일 귀원의 매각기일에 최고가매수자가 된 후 농지취득자격증명원을 발급받기 위하여 ○○군 ○○읍 농지위원회를 방문하였으나 동 증명원을 발급하여야 하는 공무원이 매각부동산이 소재하는 현장에 직접 방문한 후 증명원의 발급 여부를 결정하여 준다고 하여 아직 증명원을 발급받지 못하였습니다.
2. 따라서 부득이 매각결정기일까지 농지취득자격증명원을 제출할 수 없으므로 담당공무원이 증명원을 발급하여 주는 즉시 동 증명원을 제출하고자 하오니 매각허각결정기일을 변경하여 주시기 바랍니다.

년 월 일

위 신청인(최고가매수신고인) (서명 또는 인)
주소

○○지방법원 귀중

서식-21

매각허가에 대한 이의신청서

사건번호　　타경　　호
채 무 자(이의신청인) ○○○
주　소
채 권 자(상대방) ○○○
주　소

위 사건에 관하여 다음과 같이 이의 신청합니다.

신 청 취 지

별지목록 기재 부동산에 대한 매각은 이를 불허한다.
라는 재판을 구함.

신 청 이 유

년　　월　　일

채무자(이의신청인) ○○○ (인)
연락처(☎)

○○지방법원　귀중

※ 유의사항

신청서에는 인지를 붙일 필요가 없고, 채권자(상대방)는 특정하지 않을 수도 있으며, 법원은 이 신청에 대하여 결정을 하지 아니할 수도 있습니다.

서식-22

항 고 장

사 건 타경 호

항고인(채무자) ○○○

주소

위 사건에 관하여 귀원이 년 월 일에 한 결정은 년 월 일에 그 송달을 받았으나, 전부 불복이므로 항고를 제기합니다.

원결정의 표시

항 고 취 지

원결정을 취소하고 다시 상당한 재판을 구함.

항 고 이 유

첨부서류

1.

1.

년 월 일

위 항고인 ○○○ (인)

연락처(☎)

○○지방법원 귀중

※ 유의사항

1) 이해관계인은 매각허부 여부의 결정에 따라 손해를 볼 경우에만 그 결정에 대하여 즉시항고를 할 수 있고 매각허가에 정당한 이유가 없거나 결정에 적은 것 외의 조건으로 허가하여야 한다고 주장하는 매수인 또는 매수허가를 주장하는 매수신고인도 즉시항고를 할 수 있습니다.

2) 매각허가결정에 대한 항고는 민사집행법에 규정한 매각허가에 대한 이의신청사유가 있다거나, 그 결정절차에 중대한 잘못이 있는 것을 이유로 드는 때에만 할 수 있습니다.

3) 매각허가결정에 대하여 항고를 하고자 하는 사람은 보증으로 매각대금의 10분의 1에 해당하는 금전 또는 법원이 인정한 유가증권을 공탁하여야 합니다.

서식-23

부동산재평가신청서

사 건 타경 호
채권자 ○○○
채무자 ○○○

위 당사자간 귀 원 타경 호 부동산강제(임의)경매 신청사건에 관하여, . . .경매목적물인 별지목록 기재 부동산에 대한 동 법원 카 호 강제집행의 정지결정이 있었던 바, 금번 그 집행정지가 해제되어 집행절차가 속행하게 되었으나 최초경매일부터 3년여가 경과하고 그 동안의 지가변동으로 인하여 경매목적물 토지의 가격에 상당한 변화가 있었으므로, 위 토지를 재평가한 후에 경매기일을 지정하여 주시기 바랍니다.

첨부서류

1. 부동산과세시가기준표 1통

년 월 일

위 채무자 ○○○ (인)

○○지방법원 귀중

서식-24

매 각 결 정 취 소 신 청 서

사건번호　타경　호

매 수 인

부동산표시

매수인이 매수한 위 부동산에는 아래와 같은 사유가 있으므로 위 건에 관한 매각허가결정을 취소하여 주시기 바랍니다.

아　래

년　월　일

매수인 ○○○ (인)

○○지방법원　귀중

서식-25

채 권 상 계 신 청 서

사　　건 : 타경　호
채 권 자 : ○○○
채 무 자 : ○○○

위 사건에 관하여 매수인이 납부 매각대금을 민사집행법 제143조 제2항에 의하여 매수인이 채권자로서 배당받을 금액한도로 상계하여 주시기 바랍니다.

년　　월　　일

위 채권자 : ○○○ (인)

○○지방법원　귀중

※ 유의사항

채권자가 매수인인 경우에 그 채권에 배당액이 매입대금을 지급함에 충분한 때에는 매입대금의 상계로 채권이 소멸될 수 있으며, 이미 배당기일이 정해져 있는 경우에는 상계신청으로 인하여 배당기일은 새로 지정될 수 있다.

서식-26

채권상계에 대한 이의신청서

사 건 타경 호
신청인(배당요구채권자)
채권자(매수인) ○○○
채무자(소유자) ○○○

위 당사자간 귀원 타경 호 부동산강제(임의)경매사건에 관하여 경매신청채권자(매수인)이 . . .에 대한 채권상계신청에는 이 사건에 배당요구한 이해관계인 신청인의 상계할 채권에 대하여 기재되어 있지 않으므로 본 이의신청을 합니다.

년 월 일
위 신청인(배당요구 채권자) ○○○ (인)

○○지방법원 경매 ○○계 귀중

서식-27

매수인의 채무인수신청서

사 건 타경 호
신청인(매수인) ○○○
채권자 ○○○
채무자 ○○○

위 부동산강제(임의)경매사건에 관하여 신청인 본 건 부동산을 경락받아 대금을 납부하고자 하는 바, 매각대금의 범위에서 선순위 저당권자 ○○○가 가지고 있는 채무자에 대한 다음의 채권을 채무자가 부담하고 있는 동일한 조건으로, 채권자의 동의를 받아 동 채무를 인수하고자 하오니 허가하여 주시기 바랍니다.

다 음

1. 제1번 근저당권
   금 원 및 . . . 부터 . . . 까지 년 할의 비율에 의한 지연손해금

2. 위 동의할 채권자
   1번 저당권자 ○○○
   주소

년 월 일
위 신청인(매수인) ○○○ (인)

○○지방법원 경매 ○○계 귀중

서식-28

매 각 대 금 납 입 신 청 서

사 건　　타경　호
채 권 자 ○○○
채 무 자 ○○○
소 유 자 ○○○
매 수 인 ○○○

위 사건에 관하여 매수인은　　년　월　일에 대금지급기일 지정을 받았으나 사정에 의하여 지정일에 납입하지 못하였으므로 다음과 같이 매수잔대금, 지연이자 및 진행된 경매절차의 비용을 합산하여 대금납입을 신청합니다.

매수금액 :
보 증 금 :
잔 대 금 :
지연이자 : (잔대금×경과일수/365×20%)

년　월　일

매수인 ○○○ (인)
연락저(☎)

○○지방법원　귀중

서식-29

매각대금완납증명원

사　건　　　　타경　　호
채권자 ○○○
채무자 ○○○
소유자 ○○○
매수인 ○○○

위 사건의 별지목록기재 부동산을 금　　　　　　원에 낙찰받아　.　.　.에 그 대금전액을 납부하였음을 증명하여 주시기 바랍니다.

년　　월　　일

매수인 ○○○ (인)
연락처(☎)

○○지방법원　귀중

※ 유의사항

1) 매각부동산 목록을 첨부합니다.
2) 2부를 작성합니다(원본에 500원 인지를 붙임).

서식-30

매수신청보증금 반환청구신청서

채 권 자 ○○○
채 무 자 ○○○

위 당사자 간의 타경 호 부동산강제(임의)경매사건에 관하여 년 월 일 매각기일에 있어서 신청인은 다음 부동산에 대하여 최고가 (차순위)입찰자로 신청을 하고 매수가격의 10분의 1에 해당하는 보증금 원을 납부하였던 바 년 월 일 매각이 취하되어 (차순위일 경우 최고가 입찰인이 대금납부를 하였으므로), 입찰보증금을 반환하여 주시기 바랍니다.

년 월 일

위 신청인(매수인, 차순위신고인) ○○○ (인)

○○지방법원 귀중

※ 유의사항

매각 후 경매가 취하되었거나 매수자가 대금납부한 후 차순위 신청자는 입찰보증금을 곧 받을 수 없습니다.

서식-31

○○법원
배 당 표

타경 부동산강제(임의)경매

배 당 할 금 액 ①		금 원		
명세	매각대금균등배열	금 원		
	이자	금 원		
	전경락인의경매보증금	금 원		
	항고보증금	금 원		
집 행 비 용 ②		금 원		
실제 배당 할금액 ① - ②		금 원		
매 각 부 동 산				
채 권 자				
채권금액	원금	원	원	원
	이자	원	원	원
	비용	원	원	원
	계	원	원	원
배 당 순 위				
이 유				
배 당 비 율				
배 당 액		원	원	원
잔 여 액		원	원	원
비 용 비 례 액		원	원	원
공 탁 번 호 (공 탁 일)		년금제 호 (. . .)	년금제 호 (. . .)	년금제 호 (. . .)

년 월 일

판사 ○○○ ㊞

서식-32

배 당 이 의 안 내 문

배당에 대한 이의를 제기하신 분께

귀하는 오늘 실시한 배당에 관하여 이의를 하셨습니다.

귀하가 하신 이의가 효력을 발휘하기 위하여는 다음의 절차를 꼭 밟아야 합니다.

1. 귀하는 오늘부터 1주일 내에 오늘 배당받은 다른 채권자들 중 귀하가 이의를 제기하신 채권자를 상대로 배당이의소송을 제기하셔야 합니다. 그리고 그 소송을 제기하였다는 증명서(소장을 제출하신 곳에서 발부받을 수 있습니다)와 소장의 사본을 경매계의 담당계장에게 제출하셔야 합니다.
2. 귀하가 1주일 내에 위 서류를 제출하시면 법원에서는 소송의 대상이 된 배당금을 공탁하여 놓습니다.
3. 귀하가 제기하신 배당이의소송에서 배당표를 변경하는 판결을 받으신 경우에는 그 판결에 확정증명서를 첨부하여 경매계에 제출하십시오. 그러면 그 판결 내용대로 다시 배당을 실시합니다.

배당에 대한 이의를 받으신 분께

귀하는 오늘 실시한 배당에 관하여 다른 채권자로부터 이의를 받으셨습니다.

귀하가 확정적으로 배당을 받기 위해서는 다음의 점을 유념하시기 바랍니다.

1. 귀하에 대한 배당금 중 이의 대상이 아닌 나머지 부분은 바로 지급됩니다.
2. 이의를 제기한 채권자가 오늘부터 1주일이 다 지나도록 귀하를 상대로 배당이의소송을 제기하지 아니하면 경매계에 오셔서 이의의 대상이었던 배당금을 청구하실 수 있습니다.
3. 귀하를 상대로 1주일 내에 위 소송이 제기되면 귀하에게 배당하려고 하였던 배당금은 공탁하여 놓습니다.
4. 배당이의소송에서 귀하가 승소판결을 받으시거나 배당표의 내용을 일부 변경하는 판결을 받으신 경우에는 확정증명서를 첨부하여 경매계에 제출하십시오. 그러면 그 판결 내용대로 다시 배당을 실시합니다.

소 제 기 증 명 원

원 고 ○○○
피 고 ○○○

원고가 . . . 피고에 대하여 귀원 가합 호로 별지 소장과 같은 배당이의 소송을 제기한 사실을 증명하여 주시기 바랍니다.

년 월 일

원고 ○○○(인)

○○지방법원 귀중

위 증명함

년 월 일

○○ 지방법원

배당이의소제기에 관한 신고서

사 건 타기 (배당절차)
신청인(배당요구채권자) ○○○
피신청인(압류채권자 ○○○

위 당사자간 타기 배당절차 사건에 관하여 신청인(배당요구채권자)은 년 월 일 배당기일 배당표에 대한 이의를 신청하고 그 이의가 완결되지 않은 상태인 바, 위 신청인은 년 월 일○○ 지방법원에 대하여 배당이의의 소를 제기하였으므로 별지 소제기증명원을 첨부하여 신고합니다.

첨 부 서류

1. 소제기증명원

년 월 일

위 신청인(배당요구채권자) ○○○ (인)

○○ 지방법원 귀중

배당실시신청서

사　건　　　타기　　호(배당)
채 권 자 ○○○
채 무 자 ○○○

위 당사자간　귀 원　　　타기　　호 배당사건에 관하여 별지첨부 취하간주증명원과 같이 배당이의소송사건의 소를 취하하였으므로, 이미 작성된 배당표로 배당을 실시하여 주시기 바랍니다.

첨 부 서류

1. 취하간주증명원

년　　월　　일
취 채권자 ○○○ (인)

○○ 지방법원　귀중

서식-36

배 당 액 영 수 증

사건번호 타경 호
채 권 자 ○○○
채 무 자 ○○○

위 사건에 관하여 집행력 있는 정본에 기한 집행채권액 원 중 그 일부인 원을 배당액으로서 정히 영수함

년 월 일

위 영수인 채권자(배당요구채권자) ○○○ (인)
연락처(☎)

○○지방법원 귀중

※ 유의사항

채권 전부의 배당을 받는 채권자는 배당액지급증을 수령하는 동시에 집행력 있는 정본 또는 공정증서(채권증서) 등을 채무자에게 교부하여야 하고, 채권의 일부만 배당받는 채권자는 집행력 있는 정본 또는 공정증서(채권증서) 등을 제출하여 배당액을 기입하여 반환받음과 동시에 배당액 영수증을 제출하셔야 합니다.

서식-37

부기 및 환부신청서

사　건　타경　호
채 권 자 ○○○
채 무 자 ○○○

위 당사자 간의 위 사건에 관하여 귀원에서 배당을 실시하고 채권 중 아직 나머지 잔액이 있으므로 후일을 위하여 채권원인증서에 배당액을 부기하여 채권원인증서를 환부하여 주시기 바랍니다.

첨 부 : 영수증

년　월　일

위 채권자 ○○○ (인)
연락처(☎)

○○지방법원　귀중

※ 유의사항

채권원인증서 사본이 있을 경우에는 지참하시기 바랍니다.

서식-38

부동산소유권이전등기촉탁신청서

사건번호 타경 호
채 권 자 ○○○
채 무 자(소유자) ○○○
매 수 인 ○○○

위 사건에 관하여 매수인 는(은) 귀원으로부터 매각허가결정을 받고 년 월 일 대금전액을 완납하였으므로 별지목록기재 부동산에 대하여 소유권이전 및 말소등기를 촉탁하여 주시기 바랍니다.

첨부서류

1. 부동산등기부등본 1통
1. 토지대장등본 1통
1. 건축물관리대장 1통
1. 공시지가확인서 1통
1. 주민등록등본 1통
1. 등록세 영수증(이전, 말소)
1. 대법원수입증시 - 이전 7,000원, 말소 1건당 2,000원(토지, 건물 각각임)
1. 별지목록 4통

년 월 일

신청인(매수인) ○○○ (인)
연락처(☎)

○○ 지방법원 귀중

※ 유의사항

매수인이 대금을 완납하고 등기촉탁 신청을 하면 법원은 매각허가결정등본을 첨부하여 매수인의 소유권이전등기, 매수인이 인수하지 아니한 부동산 위의 부담의 기입말소, 경매개시결정등기말소 등을 촉탁하게 됩니다. 이 경우의 비용은 매수인 부담이며, 매수부동산 금액이 일정 금액 이하인 경우에는 부동산양도신고확인서의 첨부가 불필요한 경우도 있습니다.

서식-39

부동산인도명령신청서

사건번호　　　타경　　호
신청인(매수인)　○○○
　　　　　　　　주 소
피신청인(임차인) ○○○
　　　　　　　　주 소

위 사건에 관하여 매수인은 　　.　　.　　.에 매각대금을 완납한 후 채무자(소유자, 부동산점유자)에게 별지 매수부동산의 인도를 청구하였으나 채무자가 불응하고 있으므로, 귀원 소속 집행관으로 하여금 채무자의 위 부동산에 대한 점유를 풀고 이를 매수인에게 인도하도록 하는 명령을 발령하여 주시기 바랍니다.

년　　월　　일

신청인(매수인) ○○○ (인)
연락처(☎)

○○ 지방법원　귀중

※ 유의사항

1) 낙찰인은 대금완납 후 6개월 내에 채무자, 소유자 또는 부동산 점유자에 대하여 부동산을 매수인에게 인도할 것을 법원에 신청할 수 있습니다.
2) 신청서에는 1,000원의 인지를 붙이고 1통을 집행법원에 제출하며 인도명령정본 송달료(2회분)를 납부하셔야 합니다.

서식-40

인 도 명 령 결 정 문

○○지방법원
결　　정

사　건　　　타기　　부동산인도명령
신청인(매수인)　○○○
주 소

피신청인(채무자)　○○○
주 소

주　문　　피신청인은 신청인에게 별지 목록기재부동산을 인도하라.
이　유　　이 법원　　타경　　부동산강제(임의)경매사건에 관하여 신청인의 인도명령 신청이 이유있다고 인정되므로 주문과 같이 결정한다.

년　월　일

판사 ○○○

서식-41

집 행 관 송 달 신 청 서

사건번호　　타경　　호

채 권 자 ○○○

채 무 자 ○○○

소 유 자 ○○○

위 사건에 관하여 소유자는 경매신청서에 기재된 주소지에 거주하고 있으면서 고의로 송달을 불능시키고 있으니 귀원 집행관으로 하여금 송달토록 하여 주시기 바랍니다.

첨부 서류

1. 주민등록등본　　　　1통

년　　월　　일

채 권 자 ○○○ (인)

연락처(☎)

○○ 지방법원　귀중

서식-42

보 정 서

사건번호　　타경　　호
채 권 자 ○○○
채 무 자 ○○○

귀원의 보정명령에 대하여 다음과 같이 보정합니다.

다 음

1.

2.

3.

년 월 일

신청인 ○○○ (인)
연락처(☎)

※ 유의사항

보정명령이 송달되면 흠결사항을 보정기간 내에 하셔야 합니다. 만약 그 기간을 어기면 불이익을 받을 수 있기 때문에 보정이 어려울 경우에는 기간연장을 받는 등 처리경과를 해당 경매계에 알려 주어야 합니다.

서식-43

명 도 확 인 서

사건번호　　타경　호
이　름
주　소

위 사건에서 위 임차인은 임차보증금에 따른 배당금을 받기위해 매수인에게 목적부동산을 명도하였음을 확인합니다.

첨부서류 : 매수인 명도확인용 인감증명서 1통

년　월　일

매수인　○○○ (인)
연락처(☎)

○○ 지방법원　귀중

※ 유의사항

1) 주소는 경매기록에 기재된 주소와 같아야 하며, 이는 주민등록상 주소이어야 합니다.
2) 임차인이 배당금을 찾기 전에 이사를 하기 어려운 실정이므로, 매수인과 임차인간에 이사날짜를 미리 정하고 이를 신뢰할 수 있다면, 임차인이 이사하기 전에 매수인은 명도확인서를 해줄 수도 있습니다.

서식-44

강 제 집 행 신 청 서

○○ 지방법원 집행관사무소 집행관 귀하

<table>
<tr><td rowspan="3">채
권
자</td><td>성 명</td><td colspan="2"></td><td>주민등록번호
(사업자번호)</td><td></td></tr>
<tr><td>증서상주소
현 주 소</td><td colspan="2"></td><td>전 화
핸드폰</td><td></td></tr>
<tr><td>대 리 인</td><td colspan="2">성 명
주 소</td><td>전 화
핸드폰</td><td></td></tr>
<tr><td rowspan="2">채
무
자</td><td>성 명</td><td colspan="2"></td><td>주민등록번호
(사업자번호)</td><td></td></tr>
<tr><td>증서상주소
현 주 소</td><td colspan="4"></td></tr>
<tr><td colspan="2">집행목적물 소재지</td><td colspan="4">채무자의 주소지와 같음(다른 경우는 아래에 기재함)</td></tr>
<tr><td colspan="2">집 행 권 원</td><td colspan="4">○○ 지방법원 제 호
공증인가 합동법률사무소</td></tr>
<tr><td colspan="2">집행의 목적물 및
집 행 방 법</td><td colspan="4">동산압류, 동산가압류, 동산가처분, 부동산점유이전금지가처분, 건물명도
철거, 부동산 인도, 자동차인도, 기타( )</td></tr>
<tr><td colspan="2">청 구 금 액</td><td colspan="4">금 원정(₩)</td></tr>
<tr><td colspan="2">이 자</td><td colspan="4">위 금에 대하여 . . .부터 완제일까지 연 % 이자</td></tr>
</table>

위 집행권원에 기한 집행을 하여 주시기 바랍니다.

년 월 일

※ 첨부서류

1. 집행권원 1통 채권자 ○○○ (인)
2. 송달증명서 1통 대리인 ○○○ (인)
3. 위임장 1통 채권자(대리인) 주민등록번호

※ 특약사항

1. 본인이 수령할 예납금 전액을 본인의 비용부담 하에 오른쪽에 표시한 예금계좌에 입금하여 주실 것을 신청합니다.

채권자(대리인) ○○○ (인)

<table>
<tr><td rowspan="3">예
금
계
좌</td><td>개설은행</td><td></td></tr>
<tr><td>예 금 주</td><td></td></tr>
<tr><td>계좌번호</td><td></td></tr>
</table>

2. 집행관이 계산한 수수료 기타 비용의 예납통지 또는 강제집행 속행의사 유무 확인 촉구를 2회 이상 받고도 채권자가 상당한 기간 내에 그 예납 또는 속행의 의사표시를 하지 아니한 때에는 본건 강제집행 위임을 취하한 것으로 보고 완결처분해도 이의 없음.

채권자(대리인) ○○○ (인)

주택임대차보호법 [일부개정 2008. 3. 21 법률 제8923호]

제1조 (목적) 이 법은 주거용 건물의 임대차(賃貸借)에 관하여 「민법」에 대한 특례를 규정함으로써 국민 주거생활의 안정을 보장함을 목적으로 한다.[전문개정 2008.3.21]

제2조 (적용 범위) 이 법은 주거용 건물(이하 "주택"이라 한다)의 전부 또는 일부의 임대차에 관하여 적용한다. 그 임차주택(賃借住宅)의 일부가 주거 외의 목적으로 사용되는 경우에도 또한 같다.[전문개정 2008.3.21]

제3조 (대항력 등)

① 임대차는 그 등기(登記)가 없는 경우에도 임차인(賃借人)이 주택의 인도(引渡)와 주민등록을 마친 때에는 그 다음 날부터 제삼자에 대하여 효력이 생긴다. 이 경우 전입신고를 한 때에 주민등록이 된 것으로 본다.

② 국민주택기금을 재원으로 하여 저소득층 무주택자에게 주거생활 안정을 목적으로 전세임대주택을 지원하는 법인이 주택을 임차한 후 지방자치단체의 장 또는 그 법인이 선정한 입주자가 그 주택을 인도받고 주민등록을 마쳤을 때에는 제1항을 준용한다. 이 경우 대항력이 인정되는 법인은 대통령령으로 정한다.

③ 임차주택의 양수인(讓受人)(그 밖에 임대할 권리를 승계한 자를 포함한다)은 임대인(賃貸人)의 지위를 승계한 것으로 본다.

④ 이 법에 따라 임대차의 목적이 된 주택이 매매나 경매의 목적물이 된 경우에는 「민법」 제575조 제1항 · 제3항 및 같은 법 제578조를 준용한다.

⑤ 제4항의 경우에는 동시이행의 항변권(抗辯權)에 관한 「민법」 제536조를 준용한다.[전문개정 2008.3.21]

제3조의2 (보증금의 회수)

① 임차인(제3조 제2항의 법인을 포함한다. 이하 같다)이 임차주택에 대하여 보증금반환청구소송의 확정판결이나 그 밖에 이에 준하는 집행권원(執行權原)에 따라서 경매를 신청하는 경우에는 집행개시(執行開始)요건에 관한 「민사집행법」 제41조에도 불구하고 반대의무(反對義務)의 이행이나 이행의 제공을 집행개시의 요건으로 하지 아니한다.

② 제3조 제1항 또는 제2항의 대항요건(對抗要件)과 임대차계약증서(제3조 제2항의 경우에는 법인과 임대인 사이의 임대차계약증서를 말한다)상의 확정일자(確定日字)를 갖춘 임차인은 「민사집행법」에 따른 경매 또는 「국세징수법」에 따른 공매(公賣)를 할 때에 임차주택(대지를 포함한다)의 환가대금(換價代金)에서 후순위권리자(後順位權利者)나 그 밖의 채권자보다 우선하여 보증금을 변제(辨濟)받을 권리가 있다.

③ 임차인은 임차주택을 양수인에게 인도하지 아니하면 제2항에 따른 보증금을 받을 수 없다.

④ 제2항에 따른 우선변제의 순위와 보증금에 대하여 이의가 있는 이해관계인은 경매법원이나 체납

처분청에 이의를 신청할 수 있다.

⑤ 제4항에 따라 경매법원에 이의를 신청하는 경우에는 「민사집행법」 제152조부터 제161조까지의 규정을 준용한다.

⑥ 제4항에 따라 이의신청을 받은 체납처분청은 이해관계인이 이의신청일부터 7일 이내에 임차인을 상대로 소(訴)를 제기한 것을 증명하면 해당 소송이 끝날 때까지 이의가 신청된 범위에서 임차인에 대한 보증금의 변제를 유보(留保)하고 남은 금액을 배분하여야 한다. 이 경우 유보된 보증금은 소송의 결과에 따라 배분한다.[전문개정 2008.3.21]

제3조의3 (임차권등기명령)

① 임대차가 끝난 후 보증금을 반환받지 못한 임차인은 임차주택의 소재지를 관할하는 지방법원·지방법원지원 또는 시·군 법원에 임차권등기명령을 신청할 수 있다.

② 임차권등기명령의 신청서에는 다음 각 호의 사항을 적어야 하며, 신청의 이유와 임차권등기의 원인이 된 사실을 소명(疎明)하여야 한다.

1. 신청의 취지 및 이유
2. 임대차의 목적인 주택(임대차의 목적이 주택의 일부분인 경우에는 해당 부분의 도면을 첨부한다)
3. 임차권등기의 원인이 된 사실(임차인이 제3조 제1항 또는 제2항에 따른 대항력을 취득하였거나 제3조의2 제2항에 따른 우선변제권을 취득한 경우에는 그 사실)
4. 그 밖에 대법원규칙으로 정하는 사항

③ 다음 각 호의 사항 등에 관하여는 「민사집행법」 제280조 제1항, 제281조, 제283조, 제285조, 제286조, 제288조 제1항·제2항 본문, 제289조, 제290조 제2항 중 제288조 제1항에 대한 부분, 제291조 및 제293조를 준용한다. 이 경우 "가압류"는 "임차권등기"로, "채권자"는 "임차인"으로, "채무자"는 "임대인"으로 본다.

1. 임차권등기명령의 신청에 대한 재판
2. 임차권등기명령의 결정에 대한 임대인의 이의신청 및 그에 대한 재판
3. 임차권등기명령의 취소신청 및 그에 대한 재판
4. 임차권등기명령의 집행

④ 임차권등기명령의 신청을 기각(棄却)하는 결정에 대하여 임차인은 항고(抗告)할 수 있다.

⑤ 임차인은 임차권등기명령의 집행에 따른 임차권등기를 마치면 제3조 제1항 또는 제2항에 따른 대항력과 제3조의2 제2항에 따른 우선변제권을 취득한다. 다만, 임차인이 임차권등기 이전에 이미 대항력이나 우선변제권을 취득한 경우에는 그 대항력이나 우선변제권은 그대로 유지되며, 임차권등기 이후에는 제3조 제1항 또는 제2항의 대항요건을 상실하더라도 이미 취득한 대항력이나 우선변제권을 상실하지 아니한다.

⑥ 임차권등기명령의 집행에 따른 임차권등기가 끝난 주택(임대차의 목적이 주택의 일부분인 경우에는 해당 부분으로 한정한다)을 그 이후에 임차한 임차인은 제8조에 따른 우선변제를 받을 권리가 없다.

⑦ 임차권등기의 촉탁(囑託), 등기공무원의 임차권등기 기입(記入) 등 임차권등기명령을 시행하는 데에 필요한 사항은 대법원규칙으로 정한다.

⑧ 임차인은 제1항에 따른 임차권등기명령의 신청과 그에 따른 임차권등기와 관련하여 든 비용을 임대인에게 청구할 수 있다.[전문개정 2008.3.21]

제3조의4 (「민법」에 따른 주택임대차등기의 효력 등)

① 「민법」 제621조에 따른 주택임대차등기의 효력에 관하여는 제3조의3 제5항 및 제6항을 준용한다.

② 임차인이 대항력이나 우선변제권을 갖추고 「민법」 제621조 제1항에 따라 임대인의 협력을 얻어 임대차등기를 신청하는 경우에는 신청서에 「부동산등기법」 제156조의 사항 외에 다음 각 호의 사항을 적어야 하며, 이를 증명할 수 있는 서면(임대차의 목적이 주택의 일부분인 경우에는 해당 부분의 도면을 포함한다)을 첨부하여야 한다.

1. 주민등록을 마친 날
2. 임차주택을 점유(占有)한 날
3. 임대차계약증서상의 확정일자를 받은 날[전문개정 2008.3.21]

제3조의5 (경매에 의한 임차권의 소멸) 임차권은 임차주택에 대하여 「민사집행법」에 따른 경매가 행하여진 경우에는 그 임차주택의 경락(競落)에 따라 소멸한다. 다만, 보증금이 모두 변제되지 아니한, 대항력이 있는 임차권은 그러하지 아니하다.[전문개정 2008.3.21]

제4조 (임대차기간 등)

① 기간을 정하지 아니하거나 2년 미만으로 정한 임대차는 그 기간을 2년으로 본다. 다만, 임차인은 2년 미만으로 정한 기간이 유효함을 주장할 수 있다.

② 임대차기간이 끝난 경우에도 임차인이 보증금을 반환받을 때까지는 임대차관계가 존속되는 것으로 본다.[전문개정 2008.3.21]

제5조 삭제 〈1989.12.30〉

제6조 (계약의 갱신)

① 임대인이 임대차기간이 끝나기 6개월 전부터 1개월 전까지의 기간에 임차인에게 갱신거절(更新拒絕)의 통지를 하지 아니하거나 계약조건을 변경하지 아니하면 갱신하지 아니한다는 뜻의 통지를 하지 아니한 경우에는 그 기간이 끝난 때에 전 임대차와 동일한 조건으로 다시 임대차한 것으로 본다. 임차인이 임대차기간이 끝나기 1개월 전까지 통지하지 아니한 경우에도 또한 같다.

② 제1항의 경우 임대차의 존속기간은 정하지 아니한 것으로 본다.

③ 2기(期)의 차임액(借賃額)에 달하도록 연체하거나 그 밖에 임차인으로서의 의무를 현저히 위반한 임차인에 대하여는 제1항을 적용하지 아니한다.[전문개정 2008.3.21]

제6조의2 (묵시적 갱신의 경우 계약의 해지)

① 제6조 제1항의 경우 임차인은 언제든지 임대인에게 계약해지(契約解止)를 통지할 수 있다.

② 제1항에 따른 해지는 임대인이 그 통지를 받은 날부터 3개월이 지나면 그 효력이 발생한다.[전문개정 2008.3.21]

제7조 (차임 등의 증감청구권) 당사자는 약정한 차임이나 보증금이 임차주택에 관한 조세, 공과금, 그 밖의 부담의 증감이나 경제사정의 변동으로 인하여 적절하지 아니하게 된 때에는 장래에 대하여 그 증감을 청구할 수 있다. 다만, 증액의 경우에는 대통령령으로 정하는 기준에 따른 비율을 초과하지 못한다.[전문개정 2008.3.21]

제7조의2 (월차임 전환 시 산정률의 제한) 보증금의 전부 또는 일부를 월 단위의 차임으로 전환하는 경우에는 그 전환되는 금액에 「은행법」에 따른 금융기관에서 적용하는 대출금리와 해당 지역의 경제 여건 등을 고려하여 대통령령으로 정하는 비율을 곱한 월차임(月借賃)의 범위를 초과할 수 없다.[전문개정 2008.3.21]

제8조 (보증금 중 일정액의 보호)

① 임차인은 보증금 중 일정액을 다른 담보물권자(擔保物權者)보다 우선하여 변제받을 권리가 있다. 이 경우 임차인은 주택에 대한 경매신청의 등기 전에 제3조 제1항의 요건을 갖추어야 한다.

② 제1항의 경우에는 제3조의2 제4항부터 제6항까지의 규정을 준용한다.

③ 제1항에 따라 우선변제를 받을 임차인 및 보증금 중 일정액의 범위와 기준은 주택가액(대지의 가액을 포함한다)의 2분의 1의 범위에서 대통령령으로 정한다.[전문개정 2008.3.21]

제9조 (주택 임차권의 승계)

① 임차인이 상속인 없이 사망한 경우에는 그 주택에서 가정공동생활을 하던 사실상의 혼인 관계에 있는 자가 임차인의 권리와 의무를 승계한다.

② 임차인이 사망한 때에 사망 당시 상속인이 그 주택에서 가정공동생활을 하고 있지 아니한 경우에는 그 주택에서 가정공동생활을 하던 사실상의 혼인 관계에 있는 자와 2촌 이내의 친족이 공동으로 임차인의 권리와 의무를 승계한다.

③ 제1항과 제2항의 경우에 임차인이 사망한 후 1개월 이내에 임대인에게 제1항과 제2항에 따른 승계 대상자가 반대의사를 표시한 경우에는 그러하지 아니하다.

④ 제1항과 제2항의 경우에 임대차 관계에서 생긴 채권 · 채무는 임차인의 권리의무를 승계한 자에게 귀속된다.[전문개정 2008.3.21]

제10조 (강행규정) 이 법에 위반된 약정(約定)으로서 임차인에게 불리한 것은 그 효력이 없다.[전문개정 2008.3.21]

제11조 (일시사용을 위한 임대차) 이 법은 일시사용하기 위한 임대차임이 명백한 경우에는 적용하지 아니한다.[전문개정 2008.3.21]

제12조 (미등기 전세에의 준용) 주택의 등기를 하지 아니한 전세계약에 관하여는 이 법을 준용한다.

이 경우 "전세금"은 "임대차의 보증금"으로 본다.[전문개정 2008.3.21]

제13조 (「소액사건심판법」의 준용) 임차인이 임대인에 대하여 제기하는 보증금반환청구소송에 관하여는 「소액사건심판법」 제6조, 제7조, 제10조 및 제11조의2를 준용한다.[전문개정 2008.3.21]

부칙 〈제3379호, 1981.3.5〉

① (시행일) 이 법은 공포한 날로부터 시행한다.

② (경과조치) 이 법은 이 법 시행 후 체결되거나 갱신된 임대차에 이를 적용한다. 다만, 제3조의 규정은 이 법 시행 당시 존속중인 임대차에 대하여도 이를 적용하되 이 법 시행 전에 물권을 취득한 제3자에 대하여는 그 효력이 없다.

부칙 〈제3682호, 1983.12.30〉

① (시행일) 이 법은 1984년 1월 1일부터 시행한다.

② (경과조치의 원칙) 이 법은 특별한 규정이 있는 경우를 제외하고는 이 법 시행 전에 생긴 사항에 대하여도 이를 적용한다. 그러나 종전의 규정에 의하여 생긴 효력에는 영향을 미치지 아니한다.

③ (차임 등의 증액청구에 관한 경과조치) 제7조 단서의 개정규정은 이 법 시행 전에 차임등의 증액청구가 있은 경우에는 이를 적용하지 아니한다.

④ (소액보증금의 보호에 관한 경과조치) 제8조의 개정규정은 이 법 시행 전에 임차주택에 대하여 담보물권을 취득한 자에 대하여는 이를 적용하지 아니한다.

부칙 〈제4188호, 1989.12.30〉

① (시행일) 이 법은 공포한 날부터 시행한다.

② (존속중인 임대차에 관한 경과조치) 이 법은 특별한 규정이 있는 경우를 제외하고는 이 법 시행 당시에 존속중인 임대차에 대하여도 이를 적용한다.

③ (담보물권자에 대한 경과조치) 이 법 시행 전에 임차주택에 대하여 담보물권을 취득한 자에 대하여는 종전의 규정에 의한다.

④ (임대차기간에 대한 경과조치) 이 법 시행 당시 존속중인 임대차의 기간에 대하여는 종전의 규정에 의한다.

⑤ (소액보증금에 관한 경과조치) 이 법 시행 당시 종전의 제8조의 규정에 의한 소액보증금에 해당하는 경우에는 종전의 규정에 의한다.

부칙(정부부처명칭등의변경에따른건축법등의정비에관한법률) 〈제5454호, 1997.12.13〉

이 법은 1998년 1월 1일부터 시행한다. 〈단서 생략〉

부칙 〈제5641호, 1999.1.21〉

① (시행일) 이 법은 1999년 3월 1일부터 시행한다.

② (존속중인 임대차에 관한 경과조치) 이 법은 특별한 규정이 있는 경우를 제외하고는 이 법 시행 당시 존속중인 임대차에 대하여도 이를 적용한다.

③ (임대차등기에 관한 경과조치) 제3조의4의 개정규정은 이 법 시행전에 이미 경료된 임대차등기에 대하여는 이를 적용하지 아니한다.

부칙 〈제6541호, 2001.12.29〉

이 법은 공포 후 6월이 경과한 날부터 시행한다.

부칙(민사집행법) 〈제6627호, 2002.1.26〉

제1조 (시행일) 이 법은 2002년 7월 1일부터 시행한다.

제2조 내지 제5조 생략

제6조 (다른 법률의 개정) ① 내지 〈41〉 생략

〈42〉주택임대차보호법 중 다음과 같이 개정한다.

제3조의2 제1항 중 "채무명의"를 "집행권원"으로, "민사소송법 제491조의2"를 "민사집행법 제41조"로 하고, 같은 조 제2항 중 "민사소송법"을 "민사집행법"으로 하며, 같은 조 제5항 중 "민사소송법 제590조 내지 제597조"를 "민사집행법 제152조 내지 제161조"로 한다.

제3조의3 제3항 중 "민사소송법 제700조 제1항, 제701조, 제703조, 제704조, 제706조 제1항 · 제3항 · 제4항 전단, 제707조, 제710조"를 "민사집행법 제280조 제1항, 제281조, 제283조, 제285조, 제286조, 제288조 제1항 · 제2항 · 제3항 전단, 제289조 제1항 내지 제4항, 제290조 제2항 중 제288조 제1항에 대한 부분, 제291조, 제293조"로 한다.

제3조의5 본문 중 "민사소송법"을 "민사집행법"으로 한다.

〈43〉내지 〈55〉생략

제7조 생략

부칙(민사집행법) 〈제7358호, 2005.1.27〉

제1조 (시행일) 이 법은 공포 후 6월이 경과한 날부터 시행한다.

제2조 생략

제3조 (다른 법률의 개정) ① 생략

② 주택임대차보호법중 다음과 같이 개정한다.

제3조의3 제3항 전단 중 "민사집행법 제280조 제1항, 제281조, 제283조, 제285조, 제286조, 제288조 제1항 · 제2항 · 제3항 전단, 제289조 제1항 내지 제4항"을 "민사집행법 제280조제1항, 제281조, 제283조, 제285조, 제286조, 제288조 제1항 · 제2항 본문, 제289조"로 한다.

③ 생략

제4조 생략

부칙 〈제8583호, 2007.8.3〉

이 법은 공포 후 3개월이 경과한 날부터 시행한다.

부칙 〈제8923호, 2008.3.21〉

이 법은 공포한 날부터 시행한다.

주택임대차보호법 시행령 [일부개정 2008.8.21 대통령령 제20971호]

제1조 (목적) 이 영은 「주택임대차보호법」에서 위임된 사항과 그 시행에 관하여 필요한 사항을 정함을 목적으로 한다.[전문개정 2008.8.21]

제1조의2 (대항력이 인정되는 법인) 「주택임대차보호법」(이하 "법"이라 한다) 제3조 제2항 후단에서 "대항력이 인정되는 법인"이란 다음 각 호의 법인을 말한다.

1. 「대한주택공사법」에 따른 대한주택공사
2. 「지방공기업법」 제49조에 따라 주택사업을 목적으로 설립된 지방공사[전문개정 2008. 8.21]

제2조 (차임 등 증액청구의 기준 등)

① 법 제7조에 따른 차임이나 보증금(이하 "차임 등"이라 한다)의 증액청구는 약정한 차임 등의 20분의 1의 금액을 초과하지 못한다.

② 제1항에 따른 증액청구는 임대차계약 또는 약정한 차임 등의 증액이 있은 후 1년 이내에는 하지 못한다.[전문개정 2008.8.21]

제2조의2 (월차임 전환 시 산정률) 법 제7조의2에서 "대통령령으로 정하는 비율"이란 연 1할4푼을 말한다.[전문개정 2008.8.21]

제3조 (보증금 중 일정액의 범위 등)

① 법 제8조에 따라 우선변제를 받을 보증금 중 일정액의 범위는 다음 각 호의 구분에 의한 금액 이하로 한다.

1. 「수도권정비계획법」에 따른 수도권 중 과밀억제권역 : 2천만원
2. 광역시(군지역과 인천광역시지역은 제외한다) : 1천700만원
3. 그 밖의 지역 : 1천400만원

② 임차인의 보증금 중 일정액이 주택가액의 2분의 1을 초과하는 경우에는 주택가액의 2분의 1에

해당하는 금액까지만 우선변제권이 있다.

③ 하나의 주택에 임차인이 2명 이상이고, 그 각 보증금 중 일정액을 모두 합한 금액이 주택가액의 2분의 1을 초과하는 경우에는 그 각 보증금 중 일정액을 모두 합한 금액에 대한 각 임차인의 보증금 중 일정액의 비율로 그 주택가액의 2분의 1에 해당하는 금액을 분할한 금액을 각 임차인의 보증금 중 일정액으로 본다.

④ 하나의 주택에 임차인이 2명 이상이고 이들이 그 주택에서 가정공동생활을 하는 경우에는 이들을 1명의 임차인으로 보아 이들의 각 보증금을 합산한다.[전문개정 2008.8.21]

제4조 (우선변제를 받을 임차인의 범위) 법 제8조에 따라 우선변제를 받을 임차인은 보증금이 다음 각 호의 구분에 의한 금액 이하인 임차인으로 한다.[전문개정 2008.8.21]

1. 「수도권정비계획법」에 따른 수도권 중 과밀억제권역 : 6천만원
2. 광역시(군지역과 인천광역시지역은 제외한다) : 5천만원
3. 그 밖의 지역 : 4천만원

부칙 〈제11441호, 1984.6.14〉

이 영은 공포한 날로부터 시행한다.

부칙 〈제12283호, 1987.12.1〉

① (시행일) 이 영은 공포한 날로부터 시행한다.

② (소액보증금의 범위변경에 따른 경과조치) 이 영 시행 전에 임차주택에 대하여 담보물권을 취득한 자에 대하여는 종전의 규정을 적용한다.

부칙 〈제12930호,1990.2.19〉

이 영은 공포한 날부터 시행한다.

부칙 〈제14785호, 1995.10.19〉

① (시행일) 이 영은 공포한 날부터 시행한다.

② (경과조치) 이 영 시행 전에 임차주택에 대하여 담보물권을 취득한 자에 대하여는 종전의 규정에 의한다.

부칙 〈제17360호, 2001.9.15〉

① (시행일) 이 영은 공포한 날부터 시행한다.

② (경과조치) 이 영 시행 전에 임차주택에 대하여 담보물권을 취득한 자에 대하여는 종전의 규정에 의한다.

부칙 〈제17627호, 2002.6.19〉

이 영은 2002년 6월 30일부터 시행한다.

부칙 〈제20334호, 2007.10.23〉

이 영은 2007년 11월 4일부터 시행한다.

부칙 〈제20971호, 2008.8.21〉

제1조 (시행일) 이 영은 공포한 날부터 시행한다.

제2조 (경과조치) 이 영 시행 전에 임차주택에 대하여 담보물권을 취득한 자에 대하여는 종전의 규정에 따른다.

상가건물임대차보호법 [일부개정 2005.1.27 법률 7358호]

제1조 (목적) 이 법은 상가건물 임대차에 관하여 민법에 대한 특례를 규정함으로써 국민 경제생활의 안정을 보장함을 목적으로 한다.

제2조 (적용범위)

① 이 법은 상가건물(제3조 제1항의 규정에 의한 사업자등록의 대상이 되는 건물을 말한다)의 임대차(임대차 목적물의 주된 부분을 영업용으로 사용하는 경우를 포함한다)에 대하여 적용한다. 다만, 대통령령이 정하는 보증금액을 초과하는 임대차에 대하여는 그러하지 아니하다.

② 제1항 단서의 규정에 의한 보증금액을 정함에 있어서는 당해 지역의 경제여건 및 임대차 목적물의 규모 등을 감안하여 지역별로 구분하여 규정하되, 보증금 외에 차임이 있는 경우에는 그 차임액에 은행법에 의한 금융기관의 대출금리 등을 감안하여 대통령령이 정하는 비율을 곱하여 환산한 금액을 포함하여야 한다.

제3조 (대항력 등)

① 임대차는 그 등기가 없는 경우에도 임차인이 건물의 인도와 부가가치세법 제5조, 소득세법 제168조 또는 법인세법 제111조의 규정에 의한 사업자등록을 신청한 때에는 그 다음 날부터 제3자에 대하여 효력이 생긴다.

② 임차건물의 양수인(그 밖에 임대할 권리를 승계한 자를 포함한다)은 임대인의 지위를 승계한 것으로 본다.

③ 민법 제575조 제1항 · 제3항 및 제578조의 규정은 이 법에 의하여 임대차의 목적이 된 건물이 매매 또는 경매의 목적물이 된 경우에 이를 준용한다.

④ 민법 제536조의 규정은 제3항의 경우에 이를 준용한다.

제4조 (등록사항 등의 열람 · 제공)

① 건물의 임대차에 이해관계가 있는 자는 건물의 소재지 관할 세무서장에게 다음 각호의 사항의 열람 또는 제공을 요청할 수 있다. 이때 관할 세무서장은 정당한 사유없이 이를 거부할 수 없다.

1. 임대인 · 임차인의 성명, 주소, 주민등록번호(임대인 · 임차인이 법인 또는 법인 아닌 단체인 경우에는 법인명 또는 단체명, 대표자, 법인등록번호, 본점 · 사업장소재지)
2. 건물의 소재지, 임대차 목적물 및 면적
3. 사업자등록 신청일
4. 사업자등록 신청일 당시의 보증금 및 차임, 임대차기간
5. 임대차계약서상의 확정일자를 받은 날
6. 임대차계약이 변경 또는 갱신된 경우에는 변경된 일자, 보증금 및 차임, 임대차기간, 새로운 확정일자를 받은 날
7. 그 밖에 대통령령이 정하는 사항

② 제1항의 규정에 의한 자료의 열람 및 제공과 관련하여 필요한 사항에 대하여는 대통령령으로 정한다.

제5조 (보증금의 회수)

① 임차인이 임차건물에 대하여 보증금반환청구소송의 확정판결 그 밖에 이에 준하는 집행권원에 기한 경매를 신청하는 경우에는 민사집행법 제41조의 규정에 불구하고 반대의무의 이행 또는 이행의 제공을 집행개시의 요건으로 하지 아니한다.

② 제3조 제1항의 대항요건을 갖추고 관할 세무서장으로부터 임대차계약서상의 확정일자를 받은 임차인은 민사집행법에 의한 경매 또는 국세징수법에 의한 공매시 임차건물(임대인 소유의 대지를 포함한다)의 환가대금에서 후순위권리자 그 밖의 채권자보다 우선하여 보증금을 변제받을 권리가 있다.

③ 임차인은 임차건물을 양수인에게 인도하지 아니하면 제2항의 규정에 의한 보증금을 수령할 수 없다.

④ 제2항의 규정에 의한 우선변제의 순위와 보증금에 대하여 이의가 있는 이해관계인은 경매법원 또는 체납처분청에 이의를 신청할 수 있다.

⑤ 민사집행법 제152조 내지 제161조의 규정은 제4항의 규정에 의하여 경매법원에 이의를 신청하는 경우에 이를 준용한다.

⑥ 제4항의 규정에 의하여 이의신청을 받은 체납처분청은 이해관계인이 이의신청일부터 7일 이내에 임차인을 상대로 소를 제기한 것을 증명한 때에는 당해 소송의 종결시까지 이의가 신청된 범위 안에서 임차인에 대한 보증금의 변제를 유보하고 잔여금액을 배분하여야 한다. 이 경우 유보된 보증금은 소송의 결과에 따라 배분한다.

제6조 (임차권등기명령)

① 임대차가 종료된 후 보증금을 반환받지 못한 임차인은 임차건물의 소재지를 관할하는 지방법원 · 지방법원지원 또는 시 · 군법원에 임차권등기명령을 신청할 수 있다.

② 임차권등기명령의 신청에는 다음 각호의 사항을 기재하여야 하며, 신청의 이유 및 임차권등기의 원인이 된 사실은 이를 소명하여야 한다.

1. 신청의 취지 및 이유
2. 임대차의 목적인 건물(임대차의 목적이 건물의 일부분인 경우에는 그 도면을 첨부한다)
3. 임차권등기의 원인이 된 사실(임차인이 제3조 제1항의 규정에 의한 대항력을 취득하였거나 제5조 제2항의 규정에 의한 우선변제권을 취득한 경우에는 그 사실)
4. 그 밖에 대법원규칙이 정하는 사항

③ 민사집행법 제280조 제1항, 제281조, 제283조, 제285조, 제286조, 제288조 제1항 · 제2항 본문, 제289조, 제290조 제2항 중 제288조 제1항에 대한 부분, 제291조, 제293조의 규정은 임차권등기명령의 신청에 대한 재판, 임차권등기명령의 결정에 대한 임대인의 이의신청 및 그에 대한 재판, 임차권등기명령의 취소신청 및 그에 대한 재판 또는 임차권등기명령의 집행 등에 관하여 이를 준용한다. 이 경우 "가압류"는 "임차권등기"로, "채권자"는 "임차인"으로, "채무자"는 "임대인"으로 본다. 〈개정 2005.1.27〉

④ 임차권등기명령신청을 기각하는 결정에 대하여 임차인은 항고할 수 있다.

⑤ 임차권등기명령의 집행에 의한 임차권등기가 경료되면 임차인은 제3조 제1항의 규정에 의한 대항력 및 제5조 제2항의 규정에 의한 우선변제권을 취득한다. 다만, 임차인이 임차권등기 이전에 이미 대항력 또는 우선변제권을 취득한 경우에는 그 대항력 또는 우선변제권이 그대로 유지되며, 임차권등기 이후에는 제3조 제1항의 대항요건을 상실하더라도 이미 취득한 대항력 또는 우선변제권을 상실하지 아니한다.

⑥ 임차권등기명령의 집행에 의한 임차권등기가 경료된 건물(임대차의 목적이 건물의 일부분인 경우에는 해당 부분에 한한다)을 그 이후에 임차한 임차인은 제14조의 규정에 의한 우선변제를 받을 권리가 없다.

⑦ 임차권등기의 촉탁, 등기관의 임차권등기 기입 등 임차권등기명령의 시행에 관하여 필요한 사항은 대법원규칙으로 정한다.

⑧ 임차인은 제1항의 규정에 의한 임차권등기명령의 신청 및 그에 따른 임차권등기와 관련하여 소요된 비용을 임대인에게 청구할 수 있다.

제7조 (민법의 규정에 의한 임대차등기의 효력 등)

① 제6조 제5항 및 제6항의 규정은 민법 제621조의 규정에 의한 건물임대차등기의 효력에 관하여 이를 준용한다.

② 임차인이 대항력 또는 우선변제권을 갖추고 민법 제621조 제1항의 규정에 의하여 임대인의 협력을 얻어 임대차등기를 신청하는 경우에는 신청서에 부동산등기법 제156조에 규정된 사항 외에

다음 각호의 사항을 기재하여야 하며, 이를 증명할 수 있는 서면(임대차의 목적이 건물의 일부분인 경우에는 해당부분의 도면을 포함한다)을 첨부하여야 한다.

1. 사업자등록을 신청한 날
2. 임차건물을 점유한 날
3. 임대차계약서상의 확정일자를 받은 날

제8조 (경매에 의한 임차권의 소멸) 임차권은 임차건물에 대하여 민사집행법에 의한 경매가 행하여진 경우에는 그 임차건물의 경락에 의하여 소멸한다. 다만, 보증금이 전액 변제되지 아니한 대항력이 있는 임차권은 그러하지 아니하다.

제9조 (임대차기간 등)

① 기간의 정함이 없거나 기간을 1년 미만으로 정한 임대차는 그 기간을 1년으로 본다. 다만, 임차인은 1년 미만으로 정한 기간이 유효함을 주장할 수 있다.

② 임대차가 종료한 경우에도 임차인이 보증금을 반환받을 때까지는 임대차 관계는 존속하는 것으로 본다.

제10조 (계약갱신 요구 등)

① 임대인은 임차인이 임대차기간 만료 전 6월부터 1월까지 사이에 행하는 계약갱신 요구에 대하여 정당한 사유없이 이를 거절하지 못한다. 다만, 다음 각호의 1의 경우에는 그러하지 아니하다.

1. 임차인이 3기의 차임액에 달하도록 차임을 연체한 사실이 있는 경우
2. 임차인이 거짓 그 밖의 부정한 방법으로 임차한 경우
3. 쌍방 합의하에 임대인이 임차인에게 상당한 보상을 제공한 경우
4. 임차인이 임대인의 동의 없이 목적 건물의 전부 또는 일부를 전대한 경우
5. 임차인이 임차한 건물의 전부 또는 일부를 고의 또는 중대한 과실로 파손한 경우
6. 임차한 건물의 전부 또는 일부가 멸실되어 임대차의 목적을 달성하지 못할 경우
7. 임대인이 목적 건물의 전부 또는 대부분을 철거하거나 재건축하기 위해 목적 건물의 점유 회복이 필요한 경우
8. 그 밖에 임차인이 임차인으로서의 의무를 현저히 위반하거나 임대차를 존속하기 어려운 중대한 사유가 있는 경우

② 임차인의 계약갱신요구권은 최초의 임대차 기간을 포함한 전체 임대자 기산이 5년을 초과하지 않는 범위 내에서만 행사할 수 있다.

③ 갱신되는 임대차는 전 임대차와 동일한 조건으로 다시 계약된 것으로 본다. 다만, 차임과 보증금은 제11조의 규정에 의한 범위 안에서 증감할 수 있다.

④ 임대인이 제1항의 기간 이내에 임차인에 대하여 갱신거절의 통지 또는 조건의 변경에 대한 통지를 하지 아니한 경우에는 그 기간이 만료된 때에 전임대차와 동일한 조건으로 다시 임대차한 것으로 본다. 이 경우에 임대차의 존속기간은 정함이 없는 것으로 본다.

⑤ 제4항의 경우 임차인은 언제든지 임대인에 대하여 계약해지의 통고를 할 수 있고, 임대인이 그 통고를 받은 날부터 3월이 경과하면 그 효력이 발생한다.

제11조 (차임 등의 증감청구권)

① 차임 또는 보증금이 임차건물에 관한 조세, 공과금 그 밖의 부담의 증감이나 경제사정의 변동으로 인하여 상당하지 아니하게 된 때에는 당사자는 장래에 대하여 그 증감을 청구할 수 있다. 그러나 증액의 경우에는 대통령령이 정하는 기준에 따른 비율을 초과하지 못한다.

② 제1항의 규정에 의한 증액청구는 임대차계약 또는 약정한 차임 등의 증액이 있은 후 1년 이내에는 이를 하지 못한다.

제12조 (월차임 전환시 산정률의 제한) 보증금의 전부 또는 일부를 월 단위의 차임으로 전환하는 경우에는 그 전환되는 금액에 은행법에 의한 금융기관에서 적용하는 대출금리 및 당해 지역의 경제여건 등을 감안하여 대통령령이 정하는 비율을 곱한 월차임의 범위를 초과할 수 없다.

제13조 (전대차관계에 대한 적용 등)

① 제10조 내지 제12조의 규정은 전대인과 전차인의 전대차관계에 적용한다.

② 임대인의 동의를 받고 전대차계약을 체결한 전차인은 임차인의 계약갱신요구권 행사기간 범위 내에서 임차인을 대위하여 임대인에게 계약갱신요구권을 행사할 수 있다.

제14조 (보증금중 일정액의 보호)

① 임차인은 보증금중 일정액을 다른 담보물권자보다 우선하여 변제받을 권리가 있다. 이 경우 임차인은 건물에 대한 경매신청의 등기 전에 제3조제1항의 요건을 갖추어야 한다.

② 제5조 제4항 내지 제6항의 규정은 제1항의 경우에 이를 준용한다.

③ 제1항의 규정에 의하여 우선변제를 받을 임차인 및 보증금 중 일정액의 범위와 기준은 임대건물가액(임대인 소유의 대지 가액을 포함한다)의 3분의 1의 범위 안에서 당해 지역의 경제여건, 보증금 및 차임 등을 고려하여 대통령령으로 정한다.

제15조 (강행규정) 이 법의 규정에 위반된 약정으로서 임차인에게 불리한 것은 그 효력이 없다.

제16조 (일시사용을 위한 임대차) 이 법은 일시사용을 위한 임대차임이 명백한 경우에는 이를 적용하지 아니한다.

제17조 (미등기전세에의 준용) 이 법은 목적건물의 등기하지 아니한 전세계약에 관하여 이를 준용한다. 이 경우 "전세금"은 "임대차의 보증금"으로 본다.

제18조 (소액사건심판법의 준용) 소액사건심판법 제6조 · 제7조 · 제10조 및 제11조의2의 규정은 임차

인이 임대인에 대하여 제기하는 보증금반환청구소송에 관하여 이를 준용한다.

부칙 〈제6542호, 2001.12.29〉

① (시행일) 이 법은 2002년 11월 1일부터 시행한다. 〈개정 2002.8.26〉

② (적용례) 이 법은 이 법 시행 후 체결되거나 갱신된 임대차부터 적용한다. 다만, 제3조 · 제5조 및 제14조의 규정은 이 법 시행 당시 존속중인 임대차에 대하여도 이를 적용하되, 이 법 시행 전에 물권을 취득한 제3자에 대하여는 그 효력이 없다.

③ (기존 임차인의 확정일자 신청에 대한 경과조치) 이 법 시행 당시의 임차인으로서 제5조의 규정에 의한 보증금 우선변제의 보호를 받고자 하는 자는 이 법 시행 전에 대통령령이 정하는 바에 따라 건물의 소재지 관할 세무서장에게 임대차계약서상의 확정일자를 신청할 수 있다.

부칙 〈제6718호, 2002.8.26〉

이 법은 공포한 날부터 시행한다.

부칙(민사집행법) 〈제7358호, 2005.1.27〉

제1조 (시행일) 이 법은 공포 후 6월이 경과한 날부터 시행한다.

제2조 생략

제3조 (다른 법률의 개정) ① 상가건물임대차보호법 중 다음과 같이 개정한다.

제6조 제3항 전단 중 "민사집행법 제280조 제1항, 제281조, 제283조, 제285조, 제286조, 제288조 제1항 · 제2항 · 제3항 본문, 제289조 제1항 내지 제4항"을 "민사집행법 제280조 제1항, 제281조, 제283조, 제285조, 제286조, 제288조 제1항 · 제2항 본문, 제289조"로 한다.

② 및 ③ 생략

제4조 생략

상가건물임대차보호법 시행령 [일부개정 2008.8.21 대통령령 제20970호]

제1조 (목적) 이 영은 「상가건물임대차보호법」에서 위임된 사항과 그 시행에 관하여 필요한 사항을 정하는 것을 목적으로 한다. 〈개정 2008.8.21〉

제2조 (적용범위)

① 「상가건물임대차보호법」(이하 "법"이라 한다) 제2조 제1항 단서에서 "대통령령이 정하는 보증금액"이라 함은 다음 각호의 구분에 의한 금액을 말한다. 〈개정 2008.8.21〉

1. 서울특별시 : 2억6천만원
2. 「수도권정비계획법」에 따른 수도권중 과밀억제권역(서울특별시를 제외한다) : 2억1천만원
3. 광역시(군지역과 인천광역시지역을 제외한다) : 1억6천만원
4. 그 밖의 지역 : 1억5천만원

② 법 제2조 제2항의 규정에 의하여 보증금 외에 차임이 있는 경우의 차임액은 월 단위의 차임액으로 한다.

③ 법 제2조 제2항에서 "대통령령이 정하는 비율"이라 함은 1분의 100을 말한다.

제3조 (등록사항 등의 열람 · 제공)

① 상가건물의 임대차에 이해관계가 있는 자는 법 제4조제1항의 규정에 의하여 등록사항 등의 열람 또는 제공을 요청하는 때에는 별지 제1호 서식에 의한 요청서에 이해관계가 있는 자임을 입증할 수 있는 서류를 첨부하여 당해 건물의 소재지를 관할하는 세무서장에게 제출하여야 한다.

② 법 제4조 제1항의 규정에 의한 등록사항 등의 열람 또는 제공은 사업자등록신청서 · 사업자등록정정신고서 및 그 첨부서류와 확정일자를 기재한 장부 중 열람을 요청한 사항을 열람하게 하거나, 별지 제2호 서식에 의한 현황서나 건물도면의 등본을 교부하는 방법에 의한다.

③ 법 제4조 제1항의 규정에 의한 등록사항 등의 열람 또는 제공은 전자적 방법에 의할 수 있다.

④ 법 제4조 제1항 제7호에서 "그 밖에 대통령령이 정하는 사항"이라 함은 임대차의 목적이 건물의 일부분인 경우 그 부분의 도면을 말한다.

제4조 (차임 등 증액청구의 기준) 법 제11조 제1항의 규정에 의한 차임 또는 보증금의 증액청구는 청구 당시의 차임 또는 보증금의 100분의 9의 금액을 초과하지 못한다. 〈개정 2008.8.21〉

제5조 (월차임 전환시 산정률) 법 제12조에서 "대통령령이 정하는 비율"이라 함은 연 1할5푼을 말한다.

제6조 (우선변제를 받을 임차인의 범위) 법 제14조의 규정에 의하여 우선변제를 받을 임차인은 보증금과 차임이 있는 경우 법 제2조 제2항의 규정에 의하여 환산한 금액의 합계가 다음 각호의 구분에 의한 금액 이하인 임차인으로 한다. 〈개정 2008.8.21〉

1. 서울특별시 : 4천500만원
2. 「수도권정비계획법」에 의한 수도권 중 과밀억제권역(서울특별시를 제외한다) : 3천900만원
3. 광역시(군지역과 인천광역시지역을 제외한다) : 3천만원
4. 그 밖의 지역 : 2천500만원

제7조 (우선변제를 받을 보증금의 범위 등)

① 법 제14조의 규정에 의하여 우선변제를 받을 보증금중 일정액의 범위는 다음 각호의 구분에 의한 금액 이하로 한다. 〈개정 2008.8.21〉

1. 서울특별시 : 1천350만원
2. 「수도권정비계획법」에 의한 수도권 중 과밀억제권역(서울특별시를 제외한다) : 1천170만원
3. 광역시(군지역과 인천광역시지역을 제외한다) : 900만원
4. 그 밖의 지역 : 750만원

② 임차인의 보증금 중 일정액이 상가건물의 가액의 3분의 1을 초과하는 경우에는 상가건물의 가액의 3분의 1에 해당하는 금액에 한하여 우선변제권이 있다.

③ 하나의 상가건물에 임차인이 2인 이상이고, 그 각 보증금 중 일정액의 합산액이 상가건물의 가액의 3분의 1을 초과하는 경우에는 그 각 보증금 중 일정액의 합산액에 대한 각 임차인의 보증금중 일정액의 비율로 그 상가건물의 가액의 3분의 1에 해당하는 금액을 분할한 금액을 각 임차인의 보증금중 일정액으로 본다.

부칙 〈제17757호, 2002.10.14〉

① (시행일) 이 영은 2002년 11월 1일부터 시행한다.

② (기존 임차인의 확정일자 신청에 대한 경과조치) 이 영 공포 후 법 부칙 제3항의 규정에 의하여 임대차계약서상의 확정일자를 신청하고자 하는 자는 임대차계약서와 함께 사업자등록증을 제시하여야 한다.

부칙(행정정보의 공동이용 및 문서감축을 위한 국가채권관리법 시행령 등 일부 개정령) 〈제19507호, 2006.6.12〉

이 영은 공포한 날부터 시행한다.

부칙 〈제20970호, 2008.8.21〉

제1조 (시행일) 이 영은 공포한 날부터 시행한다.

제2조 (경과조치) 이 영 시행 당시 존속 중인 상가건물임대차계약에 대하여는 종전의 규정에 따른다. 다만, 제4조의 개정규정은 그러하지 아니하다.

민사집행법 [일부개정 2007.8.3 법률 제8622호]

제1편 총칙

제1조 (목적) 이 법은 강제집행, 담보권 실행을 위한 경매, 민법 · 상법, 그 밖의 법률의 규정에 의한 경매(이하 "민사집행"이라 한다) 및 보전처분의 절차를 규정함을 목적으로 한다.

제2조 (집행실시자) 민사집행은 이 법에 특별한 규정이 없으면 집행관이 실시한다.

제3조 (집행법원)

① 이 법에서 규정한 집행행위에 관한 법원의 처분이나 그 행위에 관한 법원의 협력사항을 관할하는 집행법원은 법률에 특별히 지정되어 있지 아니하면 집행절차를 실시할 곳이나 실시한 곳을 관할하는 지방법원이 된다.

② 집행법원의 재판은 변론 없이 할 수 있다.

제4조 (집행신청의 방식) 민사집행의 신청은 서면으로 하여야 한다.

제5조 (집행관의 강제력 사용)

① 집행관은 집행을 하기 위하여 필요한 경우에는 채무자의 주거 · 창고 그 밖의 장소를 수색하고, 잠근 문과 기구를 여는 등 적절한 조치를 할 수 있다.

② 제1항의 경우에 저항을 받으면 집행관은 경찰 또는 국군의 원조를 요청할 수 있다.

③ 제2항의 국군의 원조는 법원에 신청하여야 하며, 법원이 국군의 원조를 요청하는 절차는 대법원 규칙으로 정한다.

제6조 (참여자) 집행관은 집행하는 데 저항을 받거나 채무자의 주거에서 집행을 실시하려는데 채무자나 사리를 분별할 지능이 있는 그 친족 · 고용인을 만나지 못한 때에는 성년 두 사람이나 특별시 · 광역시의 구 또는 동 직원, 시 · 읍 · 면 직원(도농복합형태의 시의 경우 동지역에서는 시 직원, 읍 · 면 지역에서는 읍 · 면 직원) 또는 경찰공무원 중 한 사람을 증인으로 참여하게 하여야 한다.

제7조 (집행관에 대한 원조요구)

① 집행관 외의 사람으로서 법원의 명령에 의하여 민사집행에 관한 직무를 행하는 사람은 그 신분 또는 자격을 증명하는 문서를 지니고 있다가 관계인이 신청할 때에는 이를 내보여야 한다.

② 제1항의 사람이 그 직무를 집행하는 데 저항을 받으면 집행관에게 원조를 요구할 수 있다.

③ 제2항의 원조요구를 받은 집행관은 제5조 및 제6조에 규정된 권한을 행사할 수 있다.

제8조 (공휴일 · 야간의 집행)

① 공휴일과 야간에는 법원의 허가가 있어야 집행행위를 할 수 있다.

② 제1항의 허가명령은 민사집행을 실시할 때에 내보여야 한다.

제9조 (기록열람 · 등본부여) 집행관은 이해관계 있는 사람이 신청하면 집행기록을 볼 수 있도록 허가하고, 기록에 있는 서류의 등본을 교부하여야 한다.

제10조 (집행조서)

① 집행관은 집행조서(執行調書)를 작성하여야 한다.

② 제1항의 조서(調書)에는 다음 각호의 사항을 밝혀야 한다.

1. 집행한 날짜와 장소
2. 집행의 목적물과 그 중요한 사정의 개요
3. 집행참여자의 표시
4. 집행참여자의 서명날인
5. 집행참여자에게 조서를 읽어 주거나 보여 주고, 그가 이를 승인하고 서명날인한 사실
6. 집행관의 기명날인 또는 서명

③ 제2항 제4호 및 제5호의 규정에 따라 서명날인할 수 없는 경우에는 그 이유를 적어야 한다.

제11조 (집행행위에 속한 최고, 그 밖의 통지)

① 집행행위에 속한 최고(催告) 그 밖의 통지는 집행관이 말로 하고 이를 조서에 적어야 한다.

② 말로 최고나 통지를 할 수 없는 경우에는 민사소송법 제181조 · 제182조 및 제187조의 규정을 준용하여 그 조서의 등본을 송달한다. 이 경우 송달증서를 작성하지 아니한 때에는 조서에 송달한 사유를 적어야 한다.

③ 집행하는 곳과 법원의 관할구역 안에서 제2항의 송달을 할 수 없는 경우에는 최고나 통지를 받을 사람에게 대법원규칙이 정하는 방법으로 조서의 등본을 발송하고 그 사유를 조서에 적어야 한다.

제12조 (송달 · 통지의 생략) 채무자가 외국에 있거나 있는 곳이 분명하지 아니한 때에는 집행행위에 속한 송달이나 통지를 하지 아니하여도 된다.

제13조 (외국송달의 특례)

① 집행절차에서 외국으로 송달이나 통지를 하는 경우에는 송달이나 통지와 함께 대한민국 안에 송달이나 통지를 받을 장소와 영수인을 정하여 상당한 기간 이내에 신고하도록 명할 수 있다.

② 제1항의 기간 이내에 신고가 없는 경우에는 그 이후의 송달이나 통지를 하지 아니할 수 있다.

제14조 (주소 등이 바뀐 경우의 신고의무)

① 집행에 관하여 법원에 신청이나 신고를 한 사람 또는 법원으로부터 서류를 송달받은 사람이 송달받을 장소를 바꾼 때에는 그 취지를 법원에 바로 신고하여야 한다.

② 제1항의 신고를 하지 아니한 사람에 대한 송달은 달리 송달할 장소를 알 수 없는 경우에는 법원에 신고된 장소 또는 종전에 송달을 받던 장소에 대법원규칙이 정하는 방법으로 발송할 수 있다.

③ 제2항의 규정에 따라 서류를 발송한 경우에는 발송한 때에 송달된 것으로 본다.

제15조 (즉시항고)

① 집행절차에 관한 집행법원의 재판에 대하여는 특별한 규정이 있어야만 즉시항고(卽時抗告)를 할 수 있다.

② 항고인(抗告人)은 재판을 고지받은 날부터 1주의 불변기간 이내에 항고장(抗告狀)을 원심법원에 제출하여야 한다.

③ 항고장에 항고이유를 적지 아니한 때에는 항고인은 항고장을 제출한 날부터 10일 이내에 항고이유서를 원심법원에 제출하여야 한다.

④ 항고이유는 대법원규칙이 정하는 바에 따라 적어야 한다.

⑤ 항고인이 제3항의 규정에 따른 항고이유서를 제출하지 아니하거나 항고이유가 제4항의 규정에 위반한 때 또는 항고가 부적법하고 이를 보정(補正)할 수 없음이 분명한 때에는 원심법원은 결정으로 그 즉시항고를 각하하여야 한다.

⑥ 제1항의 즉시항고는 집행정지의 효력을 가지지 아니한다. 다만, 항고법원(재판기록이 원심법원에 남아 있는 때에는 원심법원)은 즉시항고에 대한 결정이 있을 때까지 담보를 제공하게 하거나 담보를 제공하게 하지 아니하고 원심재판의 집행을 정지하거나 집행절차의 전부 또는 일부를 정지하도록 명할 수 있고, 담보를 제공하게 하고 그 집행을 계속하도록 명할 수 있다.

⑦ 항고법원은 항고장 또는 항고이유서에 적힌 이유에 대하여서만 조사한다. 다만, 원심재판에 영향을 미칠 수 있는 법령위반 또는 사실오인이 있는지에 대하여 직권으로 조사할 수 있다.

⑧ 제5항의 결정에 대하여는 즉시항고를 할 수 있다.

⑨ 제6항 단서의 규정에 따른 결정에 대하여는 불복할 수 없다.

⑩ 제1항의 즉시항고에 대하여는 이 법에 특별한 규정이 있는 경우를 제외하고는 민사소송법 제3편 제3장 중 즉시항고에 관한 규정을 준용한다.

제16조 (집행에 관한 이의신청)

① 집행법원의 집행절차에 관한 재판으로서 즉시항고를 할 수 없는 것과, 집행관의 집행처분, 그 밖에 집행관이 지킬 집행절차에 대하여서는 법원에 이의를 신청할 수 있다.

② 법원은 제1항의 이의신청에 대한 재판에 앞서, 채무자에게 담보를 제공하게 하거나 제공하게 하지 아니하고 집행을 일시 정지하도록 명하거나, 채권자에게 담보를 제공하게 하고 그 집행을 계속하도록 명하는 등 잠정처분(暫定處分)을 할 수 있다.

③ 집행관이 집행을 위임받기를 거부하거나 집행행위를 지체하는 경우 또는 집행관이 계산한 수수료에 대하여 다툼이 있는 경우에는 법원에 이의를 신청할 수 있다.

제17조 (취소결정의 효력)

① 집행절차를 취소하는 결정, 집행절차를 취소한 집행관의 처분에 대한 이의신청을 기각 · 각하하는 결정 또는 집행관에게 집행절차의 취소를 명하는 결정에 대하여는 즉시항고를 할 수 있다.

② 제1항의 결정은 확정되어야 효력을 가진다.

제18조 (집행비용의 예납 등)

① 민사집행의 신청을 하는 때에는 채권자는 민사집행에 필요한 비용으로서 법원이 정하는 금액을 미리 내야 한다. 법원이 부족한 비용을 미리 내라고 명하는 때에도 또한 같다.

② 채권자가 제1항의 비용을 미리 내지 아니한 때에는 법원은 결정으로 신청을 각하하거나 집행절차를 취소할 수 있다.

③ 제2항의 규정에 따른 결정에 대하여는 즉시항고를 할 수 있다.

제19조 (담보제공 · 공탁 법원)

① 이 법의 규정에 의한 담보의 제공이나 공탁은 채권자나 채무자의 보통재판적(普通裁判籍)이 있는 곳의 지방법원 또는 집행법원에 할 수 있다.

② 당사자가 담보를 제공하거나 공탁을 한 때에는, 법원은 그의 신청에 따라 증명서를 주어야 한다.

③ 이 법에 규정된 담보에는 특별한 규정이 있는 경우를 제외하고는 민사소송법 제122조 · 제123조 · 제125조 및 제126조의 규정을 준용한다.

제20조 (공공기관의 원조) 법원은 집행을 하기 위하여 필요하면 공공기관에 원조를 요청할 수 있다.

제21조 (재판적) 이 법에 정한 재판적(裁判籍)은 전속관할(專屬管轄)로 한다.

제22조 (시 · 군법원의 관할에 대한 특례) 다음 사건은 시 · 군법원이 있는 곳을 관할하는 지방법원 또는 지방법원지원이 관할한다.

1. 시 · 군법원에서 성립된 화해 · 조정(민사조정법 제34조 제4항의 규정에 따라 재판상의 화해와 동일한 효력이 있는 결정을 포함한다. 이하 같다) 또는 확정된 지급명령에 관한 집행문부여의 소, 청구에 관한 이의의 소 또는 집행문부여에 대한 이의의 소로서 그 집행권원에서 인정된 권리가 소액사건심판법의 적용대상이 아닌 사건
2. 시 · 군법원에서 한 보전처분의 집행에 대한 제3자이의의 소
3. 시 · 군법원에서 성립된 화해 · 조정에 기초한 대체집행 또는 간접강제
4. 소액사건심판법의 적용대상이 아닌 사건을 본안으로 하는 보전처분

제23조 (민사소송법의 준용 등)

① 이 법에 특별한 규정이 있는 경우를 제외하고는 민사집행 및 보전처분의 절차에 관하여는 민사소송법의 규정을 준용한다.

② 이 법에 정한 것 외에 민사집행 및 보전처분의 절차에 관하여 필요한 사항은 대법원규칙으로 정한다.

제2편 강제집행

제1장 총칙

제24조 (강제집행과 종국판결) 강제집행은 확정된 종국판결(終局判決)이나 가집행의 선고가 있는 종국판결에 기초하여 한다.

제25조 (집행력의 주관적 범위)

① 판결이 그 판결에 표시된 당사자 외의 사람에게 효력이 미치는 때에는 그 사람에 대하여 집행하거나 그 사람을 위하여 집행할 수 있다. 다만, 민사소송법 제71조의 규정에 따른 참가인에 대하여는 그러하지 아니하다.

② 제1항의 집행을 위한 집행문(執行文)을 내어 주는데 대하여는 제31조 내지 제33조의 규정을 준용한다.

제26조 (외국판결의 강제집행)

① 외국법원의 판결에 기초한 강제집행은 대한민국 법원에서 집행판결로 그 적법함을 선고하여야 할 수 있다.

② 집행판결을 청구하는 소(訴)는 채무자의 보통재판적이 있는 곳의 지방법원이 관할하며, 보통재판적이 없는 때에는 민사소송법 제11조의 규정에 따라 채무자에 대한 소를 관할하는 법원이 관할한다.

제27조 (집행판결)

① 집행판결은 재판의 옳고 그름을 조사하지 아니하고 하여야한다.

② 집행판결을 청구하는 소는 다음 각호 가운데 어느 하나에 해당하면 각하하여야 한다.

1. 외국법원의 판결이 확정된 것을 증명하지 아니한 때
2. 외국판결이 민사소송법 제217조의 조건을 갖추지 아니한 때

제28조 (집행력 있는 정본)

① 강제집행은 집행문이 있는 판결정본(이하 "집행력 있는 정본"이라 한다)이 있어야 할 수 있다.

② 집행문은 신청에 따라 제1심 법원의 법원서기관 · 법원사무관 · 법원주사 또는 법원주사보(이하 "법원사무관 등"이라 한다)가 내어 주며, 소송기록이 상급심에 있는 때에는 그 법원의 법원사무관등이 내어 준다.

③ 집행문을 내어 달라는 신청은 말로 할 수 있다.

제29조 (집행문)

① 집행문은 판결정본의 끝에 덧붙여 적는다.

② 집행문에는 "이 정본은 피고 아무개 또는 원고 아무개에 대한 강제집행을 실시하기 위하여 원고 아무개 또는 피고 아무개에게 준다."라고 적고 법원사무관 등이 기명날인하여야 한다.

제30조 (집행문부여)

① 집행문은 판결이 확정되거나 가집행의 선고가 있는 때에만 내어 준다.

② 판결을 집행하는 데에 조건이 붙어 있어 그 조건이 성취되었음을 채권자가 증명하여야 하는 때에는 이를 증명하는 서류를 제출하여야만 집행문을 내어 준다. 다만, 판결의 집행이 담보의 제공을 조건으로 하는 때에는 그러하지 아니하다.

제31조 (승계집행문)

① 집행문은 판결에 표시된 채권자의 승계인을 위하여 내어 주거나 판결에 표시된 채무자의 승계인에 대한 집행을 위하여 내어 줄 수 있다. 다만, 그 승계가 법원에 명백한 사실이거나, 증명서로 승계를 증명한 때에 한한다.

② 제1항의 승계가 법원에 명백한 사실인 때에는 이를 집행문에 적어야 한다.

제32조 (재판장의 명령)

① 재판을 집행하는 데에 조건을 붙인 경우와 제31조의 경우에는 집행문은 재판장(합의부의 재판장 또는 단독판사를 말한다. 이하 같다)의 명령이 있어야 내어 준다.

② 재판장은 그 명령에 앞서 서면이나 말로 채무자를 심문(審問)할 수 있다.

③ 제1항의 명령은 집행문에 적어야 한다.

제33조 (집행문부여의 소) 제30조 제2항 및 제31조의 규정에 따라 필요한 증명을 할 수 없는 때에는 채권자는 집행문을 내어 달라는 소를 제1심 법원에 제기할 수 있다.

제34조 (집행문부여 등에 관한 이의신청)

① 집행문을 내어 달라는 신청에 관한 법원사무관등의 처분에 대하여 이의신청이 있는 경우에는 그 법원사무관 등이 속한 법원이 결정으로 재판한다.

② 집행문부여에 대한 이의신청이 있는 경우에는 법원은 제16조 제2항의 처분에 준하는 결정을 할 수 있다.

제35조 (여러 통의 집행문의 부여)

① 채권자가 여러 통의 집행문을 신청하거나 전에 내어 준 집행문을 돌려주지 아니하고 다시 집행문을 신청한 때에는 재판장의 명령이 있어야만 이를 내어 준다.

② 재판장은 그 명령에 앞서 서면이나 말로 채무자를 심문할 수 있으며, 채무자를 심문하지 아니하고 여러 통의 집행문을 내어 주거나 다시 집행문을 내어 준 때에는 채무자에게 그 사유를 통지하여야 한다.

③ 여러 통의 집행문을 내어 주거나 다시 집행문을 내어 주는 때에는 그 사유를 원본과 집행문에 적어야 한다.

제36조 (판결원본에의 기재) 집행문을 내어 주는 경우에는 판결원본 또는 상소심 판결정본에 원고 또

는 피고에게 이를 내어 준다는 취지와 그 날짜를 적어야 한다.

제37조 (집행력 있는 정본의 효력) 집행력 있는 정본의 효력은 전국 법원의 관할구역에 미친다.

제38조 (여러 통의 집행력 있는 정본에 의한 동시집행) 채권자가 한 지역에서 또는 한 가지 방법으로 강제집행을 하여도 모두 변제를 받을 수 없는 때에는 여러 통의 집행력 있는 정본에 의하여 여러 지역에서 또는 여러 가지 방법으로 동시에 강제집행을 할 수 있다.

제39조 (집행개시의 요건)

① 강제집행은 이를 신청한 사람과 집행을 받을 사람의 성명이 판결이나 이에 덧붙여 적은 집행문에 표시되어 있고 판결을 이미 송달하였거나 동시에 송달한 때에만 개시할 수 있다.

② 판결의 집행이 그 취지에 따라 채권자가 증명할 사실에 매인 때 또는 판결에 표시된 채권자의 승계인을 위하여 하는 것이거나 판결에 표시된 채무자의 승계인에 대하여 하는 것일 때에는 집행할 판결 외에, 이에 덧붙여 적은 집행문을 강제집행을 개시하기 전에 채무자의 승계인에게 송달하여야 한다.

③ 증명서에 의하여 집행문을 내어 준 때에는 그 증명서의 등본을 강제집행을 개시하기 전에 채무자에게 송달하거나 강제집행과 동시에 송달하여야 한다.

제40조 (집행개시의 요건)

① 집행을 받을 사람이 일정한 시일에 이르러야 그 채무를 이행하게 되어 있는 때에는 그 시일이 지난 뒤에 강제집행을 개시할 수 있다.

② 집행이 채권자의 담보제공에 매인 때에는 채권자는 담보를 제공한 증명서류를 제출하여야 한다. 이 경우의 집행은 그 증명서류의 등본을 채무자에게 이미 송달하였거나 동시에 송달하는 때에만 개시할 수 있다.

제41조 (집행개시의 요건)

① 반대의무의 이행과 동시에 집행할 수 있다는 것을 내용으로 하는 집행권원의 집행은 채권자가 반대의무의 이행 또는 이행의 제공을 하였다는 것을 증명하여야만 개시할 수 있다.

② 다른 의무의 집행이 불가능한 때에 그에 갈음하여 집행할 수 있다는 것을 내용으로 하는 집행권원의 집행은 채권자가 그 집행이 불가능하다는 것을 증명하여야만 개시할 수 있다.

제42조 (집행관에 의한 영수증의 작성 · 교부)

① 채권자가 집행관에게 집행력 있는 정본을 교부하고 강제집행을 위임한 때에는 집행관은 특별한 권한을 받지 못하였더라도 지급이나 그 밖의 이행을 받고 그에 대한 영수증서를 작성하고 교부할 수 있다. 집행관은 채무자가 그 의무를 완전히 이행한 때에는 집행력 있는 정본을 채무자에게 교부하여야 한다.

② 채무자가 그 의무의 일부를 이행한 때에는 집행관은 집행력 있는 정본에 그 사유를 덧붙여 적고 영수증서를 채무자에게 교부하여야 한다.

③ 채무자의 채권자에 대한 영수증 청구는 제2항의 규정에 의하여 영향을 받지 아니한다.

제43조 (집행관의 권한)

① 집행관은 집행력 있는 정본을 가지고 있으면 채무자와 제3자에 대하여 강제집행을 하고 제42조에 규정된 행위를 할 수 있는 권한을 가지며, 채권자는 그에 대하여 위임의 흠이나 제한을 주장하지 못한다.

② 집행관은 집행력 있는 정본을 가지고 있다가 관계인이 요청할 때에는 그 자격을 증명하기 위하여 이를 내보여야 한다.

제44조 (청구에 관한 이의의 소)

① 채무자가 판결에 따라 확정된 청구에 관하여 이의하려면 제1심 판결법원에 청구에 관한 이의의 소를 제기하여야 한다.

② 제1항의 이의는 그 이유가 변론이 종결된 뒤(변론 없이 한 판결의 경우에는 판결이 선고된 뒤)에 생긴 것이어야 한다.

③ 이의이유가 여러 가지인 때에는 동시에 주장하여야 한다.

제45조 (집행문부여에 대한 이의의 소) 제30조 제2항과 제31조의 경우에 채무자가 집행문부여에 관하여 증명된 사실에 의한 판결의 집행력을 다투거나, 인정된 승계에 의한 판결의 집행력을 다투는 때에는 제44조의 규정을 준용한다. 다만, 이 경우에도 제34조의 규정에 따라 집행문부여에 대하여 이의를 신청할 수 있는 채무자의 권한은 영향을 받지 아니한다.

제46조 (이의의 소와 잠정처분)

① 제44조 및 제45조의 이의의 소는 강제집행을 계속하여 진행하는 데에는 영향을 미치지 아니한다.

② 제1항의 이의를 주장한 사유가 법률상 정당한 이유가 있다고 인정되고, 사실에 대한 소명(疎明)이 있을 때에는 수소법원(受訴法院)은 당사자의 신청에 따라 판결이 있을 때까지 담보를 제공하게 하거나 담보를 제공하게 하지 아니하고 강제집행을 정지하도록 명할 수 있으며, 담보를 제공하게 하고 그 집행을 계속하도록 명하거나 실시한 집행처분을 취소하도록 명할 수 있다.

③ 제2항의 재판은 변론 없이 하며 급박한 경우에는 재판장이 할 수 있다.

④ 급박한 경우에는 집행법원이 제2항의 권한을 행사할 수 있다. 이 경우 집행법원은 상당한 기간 이내에 제2항에 따른 수소법원의 재판서를 제출하도록 명하여야 한다.

⑤ 제4항 후단의 기간을 넘긴 때에는 채권자의 신청에 따라 강제집행을 계속하여 진행한다.

제47조 (이의의 재판과 잠정처분)

① 수소법원은 이의의 소의 판결에서 제46조의 명령을 내리고 이미 내린 명령을 취소 · 변경 또는 인가할 수 있다.

② 판결 중 제1항에 규정된 사항에 대하여는 직권으로 가집행의 선고를 하여야 한다.

③ 제2항의 재판에 대하여는 불복할 수 없다.

제48조 (제3자이의의 소)

① 제3자가 강제집행의 목적물에 대하여 소유권이 있다고 주장하거나 목적물의 양도나 인도를 막을 수 있는 권리가 있다고 주장하는 때에는 채권자를 상대로 그 강제집행에 대한 이의의 소를 제기할 수 있다. 다만, 채무자가 그 이의를 다투는 때에는 채무자를 공동피고로 할 수 있다.
② 제1항의 소는 집행법원이 관할한다. 다만, 소송물이 단독판사의 관할에 속하지 아니할 때에는 집행법원이 있는 곳을 관할하는 지방법원의 합의부가 이를 관할한다.
③ 강제집행의 정지와 이미 실시한 집행처분의 취소에 대하여는 제46조 및 제47조의 규정을 준용한다. 다만, 집행처분을 취소할 때에는 담보를 제공하게 하지 아니할 수 있다.

제49조 (집행의 필수적 정지 · 제한) 강제집행은 다음 각호 가운데 어느 하나에 해당하는 서류를 제출한 경우에 정지하거나 제한하여야 한다.

1. 집행할 판결 또는 그 가집행을 취소하는 취지나, 강제집행을 허가하지 아니하거나 그 정지를 명하는 취지 또는 집행처분의 취소를 명한 취지를 적은 집행력 있는 재판의 정본
2. 강제집행의 일시정지를 명한 취지를 적은 재판의 정본
3. 집행을 면하기 위하여 담보를 제공한 증명서류
4. 집행할 판결이 있은 뒤에 채권자가 변제를 받았거나, 의무이행을 미루도록 승낙한 취지를 적은 증서
5. 집행할 판결, 그 밖의 재판이 소의 취하 등의 사유로 효력을 잃었다는 것을 증명하는 조서등본 또는 법원사무관등이 작성한 증서
6. 강제집행을 하지 아니한다거나 강제집행의 신청이나 위임을 취하한다는 취지를 적은 화해조서(和解調書)의 정본 또는 공정증서(公正證書)의 정본

제50조 (집행처분의 취소 · 일시유지)

① 제49조 제1호 · 제3호 · 제5호 및 제6호의 경우에는 이미 실시한 집행처분을 취소하여야 하며, 같은 조 제2호 및 제4호의 경우에는 이미 실시한 집행처분을 일시적으로 유지하게 하여야 한다.
② 제1항에 따라 집행처분을 취소하는 경우에는 제17조의 규정을 적용하지 아니한다.

제51조 (변제증서 등의 제출에 의한 집행정지의 제한)

① 제49조 제4호의 증서 가운데 변제를 받았다는 취지를 적은 증서를 제출하여 강제집행이 정지되는 경우 그 정지기간은 2월로 한다.
② 제49조 제4호의 증서 가운데 의무이행을 미루도록 승낙하였다는 취지를 적은 증서를 제출하여 강제집행이 정지되는 경우 그 정지는 2회에 한하며 통산하여 6월을 넘길 수 없다.

제52조 (집행을 개시한 뒤 채무자가 죽은 경우)

① 강제집행을 개시한 뒤에 채무자가 죽은 때에는 상속재산에 대하여 강제집행을 계속하여 진행한다.
② 채무자에게 알려야 할 집행행위를 실시할 경우에 상속인이 없거나 상속인이 있는 곳이 분명하지 아니하면 집행법원은 채권자의 신청에 따라 상속재산 또는 상속인을 위하여 특별대리인을 선임하여야 한다.
③ 제2항의 특별대리인에 관하여는 민사소송법 제62조 제3항 내지 제6항의 규정을 준용한다.

제53조 (집행비용의 부담)

① 강제집행에 필요한 비용은 채무자가 부담하고 그 집행에 의하여 우선적으로 변상을 받는다.

② 강제집행의 기초가 된 판결이 파기된 때에는 채권자는 제1항의 비용을 채무자에게 변상하여야 한다.

제54조 (군인 · 군무원에 대한 강제집행)

① 군인 · 군무원에 대하여 병영 · 군사용 청사 또는 군용 선박에서 강제집행을 할 경우 법원은 채권자의 신청에 따라 군판사 또는 부대장(部隊長)이나 선장에게 촉탁하여 이를 행한다.

1. 제8조의2 제1항 단서를 위반하여 등록을 하지 아니한 자

② 촉탁에 따라 압류한 물건은 채권자가 위임한 집행관에게 교부하여야 한다.

제55조 (외국에서 할 집행)

① 외국에서 강제집행을 할 경우에 그 외국 공공기관의 법률상 공조를 받을 수 있는 때에는 제1심 법원이 채권자의 신청에 따라 외국 공공기관에 이를 촉탁하여야 한다.

② 외국에 머물고 있는 대한민국 영사(領事)에 의하여 강제집행을 할 수 있는 때에는 제1심 법원은 그 영사에게 이를 촉탁하여야 한다.

제56조 (그 밖의 집행권원) 강제집행은 다음 가운데 어느 하나에 기초하여서도 실시할 수 있다.

1. 항고로만 불복할 수 있는 재판
2. 가집행의 선고가 내려진 재판
3. 확정된 지급명령
4. 공증인이 일정한 금액의 지급이나 대체물 또는 유가증권의 일정한 수량의 급여를 목적으로 하는 청구에 관하여 작성한 공정증서로서 채무자가 강제집행을 승낙한 취지가 적혀 있는 것
5. 소송상 화해, 청구의 인낙(認諾) 등 그 밖에 확정판결과 같은 효력을 가지는 것

제57조 (준용규정) 제56조의 집행권원에 기초한 강제집행에 대하여는 제58조 및 제59조에서 규정하는 바를 제외하고는 제28조 내지 제55조의 규정을 준용한다.

제58조 (지급명령과 집행)

① 확정된 지급명령에 기한 강제집행은 집행문을 부여받을 필요없이 지급명령 정본에 의하여 행한다. 다만, 다음 각호 가운데 어느 하나에 해당하는 경우에는 그러하지 아니하다.

1. 지급명령의 집행에 조건을 붙인 경우
2. 당사자의 승계인을 위하여 강제집행을 하는 경우
3. 당사자의 승계인에 대하여 강제집행을 하는 경우

② 채권자가 여러 통의 지급명령 정본을 신청하거나, 전에 내어준 지급명령 정본을 돌려주지 아니하고 다시 지급명령 정본을 신청한 때에는 법원사무관등이 이를 부여한다. 이 경우 그 사유를 원본과 정본에 적어야 한다.

③ 청구에 관한 이의의 주장에 대하여는 제44조 제2항의 규정을 적용하지 아니한다.

④ 집행문부여의 소, 청구에 관한 이의의 소 또는 집행문부여에 대한 이의의 소는 지급명령을 내린 지방법원이 관할한다.
⑤ 제4항의 경우에 그 청구가 합의사건인 때에는 그 법원이 있는 곳을 관할하는 지방법원의 합의부에서 재판한다.

제59조 (공정증서와 집행)

① 공증인이 작성한 증서의 집행문은 그 증서를 보존하는 공증인이 내어 준다.
② 집행문을 내어 달라는 신청에 관한 공증인의 처분에 대하여 이의신청이 있는 때에는 그 공증인의 사무소가 있는 곳을 관할하는 지방법원 단독판사가 결정으로 재판한다.
③ 청구에 관한 이의의 주장에 대하여는 제44조 제2항의 규정을 적용하지 아니한다.
④ 집행문부여의 소, 청구에 관한 이의의 소 또는 집행문부여에 대한 이의의 소는 채무자의 보통재판적이 있는 곳의 법원이 관할한다. 다만, 그러한 법원이 없는 때에는 민사소송법 제11조의 규정에 따라 채무자에 대하여 소를 제기할 수 있는 법원이 관할한다.

제60조 (과태료의 집행)

① 과태료의 재판은 검사의 명령으로 집행한다.
② 제1항의 명령은 집행력 있는 집행권원과 같은 효력을 가진다.

제2장 금전채권에 기초한 강제집행

제1절 재산명시절차 등

제61조 (재산명시신청)

① 금전의 지급을 목적으로 하는 집행권원에 기초하여 강제집행을 개시할 수 있는 채권자는 채무자의 보통재판적이 있는 곳의 법원에 채무자의 재산명시를 요구하는 신청을 할 수 있다. 다만, 민사소송법 제213조에 따른 가집행의 선고가 붙은 판결 또는 같은 조의 준용에 따른 가집행의 선고가 붙어 집행력을 가지는 집행권원의 경우에는 그러하지 아니하다.
② 제1항의 신청에는 집행력 있는 정본과 강제집행을 개시하는데 필요한 문서를 붙여야 한다.

제62조 (재산명시신청에 대한 재판)

① 재산명시신청에 정당한 이유가 있는 때에는 법원은 채무자에게 재산상태를 명시한 재산목록을 제출하도록 명할 수 있다.
② 재산명시신청에 정당한 이유가 없거나, 채무자의 재산을 쉽게 찾을 수 있다고 인정한 때에는 법원은 결정으로 이를 기각하여야 한다.
③ 제1항 및 제2항의 재판은 채무자를 심문하지 아니하고 한다.
④ 제1항의 결정은 신청한 채권자 및 채무자에게 송달하여야 하고, 채무자에 대한 송달에서는 결정에 따르지 아니할 경우 제68조에 규정된 제재를 받을 수 있음을 함께 고지하여야 한다.
⑤ 제4항의 규정에 따라 채무자에게 하는 송달은 민사소송법 제187조 및 제194조에 의한 방법으로는 할 수 없다.

⑥ 제1항의 결정이 채무자에게 송달되지 아니한 때에는 법원은 채권자에게 상당한 기간을 정하여 그 기간 이내에 채무자의 주소를 보정하도록 명하여야 한다.

⑦ 채권자가 제6항의 명령을 받고도 이를 이행하지 아니한 때에는 법원은 제1항의 결정을 취소하고 재산명시신청을 각하하여야 한다.

⑧ 제2항 및 제7항의 결정에 대하여는 즉시항고를 할 수 있다.

⑨ 채무자는 제1항의 결정을 송달받은 뒤 송달장소를 바꾼 때에는 그 취지를 법원에 바로 신고하여야 하며, 그러한 신고를 하지 아니한 경우에는 민사소송법 제185조 제2항 및 제189조의 규정을 준용한다.

제63조 (재산명시명령에 대한 이의신청)

① 채무자는 재산명시명령을 송달받은 날부터 1주 이내에 이의신청을 할 수 있다.

② 채무자가 제1항에 따라 이의신청을 한 때에는 법원은 이의신청사유를 조사할 기일을 정하고 채권자와 채무자에게 이를 통지하여야 한다.

③ 이의신청에 정당한 이유가 있는 때에는 법원은 결정으로 재산명시명령을 취소하여야 한다.

④ 이의신청에 정당한 이유가 없거나 채무자가 정당한 사유 없이 기일에 출석하지 아니한 때에는 법원은 결정으로 이의신청을 기각하여야 한다.

⑤ 제3항 및 제4항의 결정에 대하여는 즉시항고를 할 수 있다.

제64조 (재산명시기일의 실시)

① 재산명시명령에 대하여 채무자의 이의신청이 없거나 이를 기각한 때에는 법원은 재산명시를 위한 기일을 정하여 채무자에게 출석하도록 요구하여야 한다. 이 기일은 채권자에게도 통지하여야 한다.

② 채무자는 제1항의 기일에 강제집행의 대상이 되는 재산과 다음 각호의 사항을 명시한 재산목록을 제출하여야 한다.

1. 재산명시명령이 송달되기 전 1년 이내에 채무자가 한 부동산의 유상양도(有償讓渡)
2. 재산명시명령이 송달되기 전 1년 이내에 채무자가 배우자, 직계혈족 및 4촌 이내의 방계혈족과 그 배우자, 배우자의 직계혈족과 형제자매에게 한 부동산 외의 재산의 유상양도
3. 재산명시명령이 송달되기 전 2년 이내에 채무자가 한 재산상 무상처분(無償處分). 다만, 의례적인 선물은 제외한다.

③ 재산목록에 적을 사항과 범위는 대법원규칙으로 정한다.

④ 제1항의 기일에 출석한 채무자가 3월 이내에 변제할 수 있음을 소명한 때에는 법원은 그 기일을 3월의 범위 내에서 연기할 수 있으며, 채무자가 새 기일에 채무액의 3분의 2 이상을 변제하였음을 증명하는 서류를 제출한 때에는 다시 1월의 범위 내에서 연기할 수 있다.

제65조 (선서)

① 채무자는 재산명시기일에 재산목록이 진실하다는 것을 선서하여야 한다.

② 제1항의 선서에 관하여는 민사소송법 제320조 및 제321조의 규정을 준용한다. 이 경우 선서서(宣誓書)에는 다음과 같이 적어야 한다.

"양심에 따라 사실대로 재산목록을 작성하여 제출하였으며, 만일 숨긴 것이나 거짓
작성한 것이 있으면 처벌을 받기로 맹세합니다."

제66조 (재산목록의 정정)

① 채무자는 명시기일에 제출한 재산목록에 형식적인 흠이 있거나 불명확한 점이 있는 때에는 제65조의 규정에 의한 선서를 한 뒤라도 법원의 허가를 얻어 이미 제출한 재산목록을 정정할 수 있다.

② 제1항의 허가에 관한 결정에 대하여는 즉시항고를 할 수 있다.

제67조 (재산목록의 열람 · 복사) 채무자에 대하여 강제집행을 개시할 수 있는 채권자는 재산목록을 보거나 복사할 것을 신청할 수 있다.

제68조 (채무자의 감치 및 벌칙)

① 채무자가 정당한 사유 없이 다음 각호 가운데 어느 하나에 해당하는 행위를 한 경우에는 법원은 결정으로 20일 이내의 감치(監置)에 처한다.

1. 명시기일 불출석
2. 재산목록 제출 거부
3. 선서 거부

② 채무자가 법인 또는 민사소송법 제52조의 사단이나 재단인 때에는 그 대표자 또는 관리인을 감치에 처한다.

③ 법원은 감치재판기일에 채무자를 소환하여 제1항 각호의 위반행위에 대하여 정당한 사유가 있는지 여부를 심리하여야 한다.

④ 제1항의 결정에 대하여는 즉시항고를 할 수 있다.

⑤ 채무자가 감치의 집행 중에 재산명시명령을 이행하겠다고 신청한 때에는 법원은 바로 명시기일을 열어야 한다.

⑥ 채무자가 제5항의 명시기일에 출석하여 재산목록을 내고 선서하거나 신청채권자에 대한 채무를 변제하고 이를 증명하는 서면을 낸 때에는 법원은 바로 감치결정을 취소하고 그 채무자를 석방하도록 명하여야 한다.

⑦ 제5항의 명시기일은 신청채권자에게 통지하지 아니하고도 실시할 수 있다. 이 경우 제6항의 사실을 채권자에게 통지하여야 한다.

⑧ 제1항 내지 제7항의 규정에 따른 재판절차 및 그 집행 그 밖에 필요한 사항은 대법원규칙으로 정한다.

⑨ 채무자가 거짓의 재산목록을 낸 때에는 3년 이하의 징역 또는 500만원 이하의 벌금에 처한다.

⑩ 채무자가 법인 또는 민사소송법 제52조의 사단이나 재단인 때에는 그 대표자 또는 관리인을 제9항의 규정에 따라 처벌하고, 채무자는 제9항의 벌금에 처한다.

제69조 (명시신청의 재신청) 재산명시신청이 기각·각하된 경우에는 그 명시신청을 한 채권자는 기각·각하사유를 보완하지 아니하고서는 같은 집행권원으로 다시 재산명시신청을 할 수 없다.

제70조 (채무불이행자명부 등재신청)

① 채무자가 다음 각호 가운데 어느 하나에 해당하면 채권자는 그 채무자를 채무불이행자명부(債務不履行者名簿)에 올리도록 신청할 수 있다.

1. 금전의 지급을 명한 집행권원이 확정된 후 또는 집행권원을 작성한 후 6월 이내에 채무를 이행하지 아니하는 때. 다만, 제61조 제1항 단서에 규정된 집행권원의 경우를 제외한다.
2. 제68조 제1항 각호의 사유 또는 같은 조 제9항의 사유 가운데 어느 하나에 해당하는 때

② 제1항의 신청을 할 때에는 그 사유를 소명하여야 한다.

③ 제1항의 신청에 대한 재판은 제1항 제1호의 경우에는 채무자의 보통재판적이 있는 곳의 법원이 관할하고, 제1항 제2호의 경우에는 재산명시절차를 실시한 법원이 관할한다.

제71조 (등재신청에 대한 재판)

① 제70조의 신청에 정당한 이유가 있는 때에는 법원은 채무자를 채무불이행자명부에 올리는 결정을 하여야 한다.

② 등재신청에 정당한 이유가 없거나 쉽게 강제집행할 수 있다고 인정할 만한 명백한 사유가 있는 때에는 법원은 결정으로 이를 기각하여야 한다.

③ 제1항 및 제2항의 재판에 대하여는 즉시항고를 할 수 있다. 이 경우 민사소송법 제447조의 규정은 준용하지 아니한다.

제72조 (명부의 비치)

① 채무불이행자명부는 등재결정을 한 법원에 비치한다.

② 법원은 채무불이행자명부의 부본을 채무자의 주소지(채무자가 법인인 경우에는 주된 사무소가 있는 곳) 시(구가 설치되지 아니한 시를 말한다. 이하 같다)·구·읍·면의 장(도농복합형태의 시의 경우 동지역은 시·구의 장, 읍·면지역은 읍·면의 장으로 한다. 이하 같다)에게 보내야 한다.

③ 법원은 채무불이행자명부의 부본을 대법원규칙이 정하는 바에 따라 일정한 금융기관의 장이나 금융기관 관련단체의 장에게 보내어 채무자에 대한 신용정보로 활용하게 할 수 있다.

④ 채무불이행자명부나 그 부본은 누구든지 보거나 복사할 것을 신청할 수 있다.

⑤ 채무불이행자명부는 인쇄물 등으로 공표되어서는 아니된다.

제73조 (명부등재의 말소)

① 변제, 그 밖의 사유로 채무가 소멸되었다는 것이 증명된 때에는 법원은 채무자의 신청에 따라 채무불이행자명부에서 그 이름을 말소하는 결정을 하여야 한다.

② 채권자는 제1항의 결정에 대하여 즉시항고를 할 수 있다. 이 경우 민사소송법 제447조의 규정은 준용하지 아니한다.

③ 채무불이행자명부에 오른 다음 해부터 10년이 지난 때에는 법원은 직권으로 그 명부에 오른 이

름을 말소하는 결정을 하여야 한다.

④ 제1항과 제3항의 결정을 한 때에는 그 취지를 채무자의 주소지(채무자가 법인인 경우에는 주된 사무소가 있는 곳) 시 · 구 · 읍 · 면의 장 및 제72조 제3항의 규정에 따라 채무불이행자명부의 부본을 보낸 금융기관 등의 장에게 통지하여야 한다.

⑤ 제4항의 통지를 받은 시 · 구 · 읍 · 면의 장 및 금융기관 등의 장은 그 명부의 부본에 오른 이름을 말소하여야 한다.

第74조 (재산조회)

① 재산명시절차의 관할 법원은 다음 각호의 어느 하나에 해당하는 경우에는 그 재산명시를 신청한 채권자의 신청에 따라 개인의 재산 및 신용에 관한 전산망을 관리하는 공공기관 · 금융기관 · 단체 등에 채무자명의의 재산에 관하여 조회할 수 있다. 〈개정 2005.1.27〉

1. 재산명시절차에서 채권자가 제62조 제6항의 규정에 의한 주소보정명령을 받고도 민사소송법 제194조 제1항의 규정에 의한 사유로 인하여 채권자가 이를 이행할 수 없었던 것으로 인정되는 경우
2. 재산명시절차에서 채무자가 제출한 재산목록의 재산만으로는 집행채권의 만족을 얻기에 부족한 경우
3. 재산명시절차에서 제68조 제1항 각호의 사유 또는 동조 제9항의 사유가 있는 경우

② 채권자가 제1항의 신청을 할 경우에는 조회할 기관 · 단체를 특정하여야 하며 조회에 드는 비용을 미리 내야 한다.

③ 법원이 제1항의 규정에 따라 조회할 경우에는 채무자의 인적 사항을 적은 문서에 의하여 해당 기관 · 단체의 장에게 채무자의 재산 및 신용에 관하여 그 기관 · 단체가 보유하고 있는 자료를 한꺼번에 모아 제출하도록 요구할 수 있다.

④ 공공기관 · 금융기관 · 단체 등은 정당한 사유 없이 제1항 및 제3항의 조회를 거부하지 못한다.

第75조 (재산조회의 결과 등)

① 법원은 제74조 제1항 및 제3항의 규정에 따라 조회한 결과를 채무자의 재산목록에 준하여 관리하여야 한다.

② 제74조 제1항 및 제3항의 조회를 받은 기관 · 단체의 장이 정당한 사유 없이 거짓 자료를 제출하거나 자료를 제출할 것을 거부한 때에는 결정으로 500만원 이하의 과태료에 처한다.

③ 제2항의 결정에 대하여는 즉시항고를 할 수 있다.

第76조 (벌칙)

① 누구든지 재산조회의 결과를 강제집행 외의 목적으로 사용하여서는 아니된다.

② 제1항의 규정에 위반한 사람은 2년 이하의 징역 또는 500만원 이하의 벌금에 처한다.

第77조 (대법원규칙) 제74조 제1항 및 제3항의 규정에 따라 조회를 할 공공기관 · 금융기관 · 단체 등의 범위 및 조회절차, 제74조 제2항의 규정에 따라 채권자가 내야 할 비용, 제75조제1항의 규정에 따른 조회결과의 관리에 관한 사항, 제75조 제2항의 규정에 의한 과태료의 부과절차 등은 대법원규

칙으로 정한다.

제2절 부동산에 대한 강제집행

제1관 통칙

제78조 (집행방법)

① 부동산에 대한 강제집행은 채권자의 신청에 따라 법원이 한다.

② 강제집행은 다음 각호의 방법으로 한다.

1. 강제경매
2. 강제관리

③ 채권자는 자기의 선택에 의하여 제2항 각호 가운데 어느 한 가지 방법으로 집행하게 하거나 두 가지 방법을 함께 사용하여 집행하게 할 수 있다.

④ 강제관리는 가압류를 집행할 때에도 할 수 있다.

제79조 (집행법원)

① 부동산에 대한 강제집행은 그 부동산이 있는 곳의 지방법원이 관할한다.

② 부동산이 여러 지방법원의 관할구역에 있는 때에는 각 지방법원에 관할권이 있다. 이 경우 법원이 필요하다고 인정한 때에는 사건을 다른 관할 지방법원으로 이송할 수 있다.

제2관 강제경매

제80조 (강제경매신청서) 강제경매신청서에는 다음 각호의 사항을 적어야 한다.

1. 채권자 · 채무자와 법원의 표시
2. 부동산의 표시
3. 경매의 이유가 된 일정한 채권과 집행할 수 있는 일정한 집행권원

제81조 (첨부서류)

① 강제경매신청서에는 집행력 있는 정본 외에 다음 각호 가운데 어느 하나에 해당하는 서류를 붙여야 한다.

1. 채무자의 소유로 등기된 부동산에 대하여는 등기부등본
2. 채무자의 소유로 등기되지 아니한 부동산에 대하여는 즉시 채무자명의로 등기할 수 있다는 것을 증명할 서류. 다만, 그 부동산이 등기되지 아니한 건물인 경우에는 그 건물이 채무자의 소유임을 증명할 서류, 그 건물의 지번 · 구조 · 면적을 증명할 서류 및 그 건물에 관한 건축허가 또는 건축신고를 증명할 서류

② 채권자는 공적 장부를 주관하는 공공기관에 제1항 제2호 단서의 사항들을 증명하여 줄 것을 청구할 수 있다.

③ 제1항 제2호 단서의 경우에 건물의 지번 · 구조 · 면적을 증명하지 못한 때에는, 채권자는 경매신청과 동시에 그 조사를 집행법원에 신청할 수 있다.

④ 제3항의 경우에 법원은 집행관에게 그 조사를 하게 하여야 한다.

⑤ 강제관리를 하기 위하여 이미 부동산을 압류한 경우에 그 집행기록에 제1항 각호 가운데 어느 하나에 해당하는 서류가 붙어 있으면 다시 그 서류를 붙이지 아니할 수 있다.

제82조 (집행관의 권한)

① 집행관은 제81조 제4항의 조사를 위하여 건물에 출입할 수 있고, 채무자 또는 건물을 점유하는 제3자에게 질문하거나 문서를 제시하도록 요구할 수 있다.

② 집행관은 제1항의 규정에 따라 건물에 출입하기 위하여 필요한 때에는 잠긴 문을 여는 등 적절한 처분을 할 수 있다.

제83조 (경매개시결정 등)

① 경매절차를 개시하는 결정에는 동시에 그 부동산의 압류를 명하여야 한다.

② 압류는 부동산에 대한 채무자의 관리 · 이용에 영향을 미치지 아니한다.

③ 경매절차를 개시하는 결정을 한 뒤에는 법원은 직권으로 또는 이해관계인의 신청에 따라 부동산에 대한 침해행위를 방지하기 위하여 필요한 조치를 할 수 있다.

④ 압류는 채무자에게 그 결정이 송달된 때 또는 제94조의 규정에 따른 등기가 된 때에 효력이 생긴다.

⑤ 강제경매신청을 기각하거나 각하하는 재판에 대하여는 즉시항고를 할 수 있다.

제84조 (배당요구의 종기결정 및 공고)

① 경매개시결정에 따른 압류의 효력이 생긴 때(그 경매개시결정전에 다른 경매개시결정이 있은 경우를 제외한다)에는 집행법원은 절차에 필요한 기간을 감안하여 배당요구를 할 수 있는 종기(終期)를 첫 매각기일 이전으로 정한다.

② 배당요구의 종기가 정하여진 때에는 법원은 경매개시결정을 한 취지 및 배당요구의 종기를 공고하고, 제91조 제4항 단서의 전세권자 및 법원에 알려진 제88조 제1항의 채권자에게 이를 고지하여야 한다.

③ 제1항의 배당요구의 종기결정 및 제2항의 공고는 경매개시결정에 따른 압류의 효력이 생긴 때부터 1주 이내에 하여야 한다.

④ 법원사무관등은 제148조 제3호 및 제4호의 채권자 및 조세, 그 밖의 공과금을 주관하는 공공기관에 대하여 채권의 유무, 그 원인 및 액수(원금 · 이자 · 비용, 그 밖의 부대채권(附帶債權)을 포함한다)를 배당요구의 종기까지 법원에 신고하도록 최고하여야 한다.

⑤ 제148조 제3호 및 제4호의 채권자가 제4항의 최고에 대한 신고를 하지 아니한 때에는 그 채권자의 채권액은 등기부등본 등 집행기록에 있는 서류와 증빙(證憑)에 따라 계산한다. 이 경우 다시 채권액을 추가하지 못한다.

⑥ 법원은 특별히 필요하다고 인정하는 경우에는 배당요구의 종기를 연기할 수 있다.

⑦ 제6항의 경우에는 제2항 및 제4항의 규정을 준용한다. 다만, 이미 배당요구 또는 채권신고를 한 사람에 대하여는 같은 항의 고지 또는 최고를 하지 아니한다.

제85조 (현황조사)

① 법원은 경매개시결정을 한 뒤에 바로 집행관에게 부동산의 현상, 점유관계, 차임(借賃) 또는 보증

금의 액수, 그 밖의 현황에 관하여 조사하도록 명하여야 한다.

② 집행관이 제1항의 규정에 따라 부동산을 조사할 때에는 그 부동산에 대하여 제82조에 규정된 조치를 할 수 있다.

제86조 (경매개시결정에 대한 이의신청)

① 이해관계인은 매각대금이 모두 지급될 때까지 법원에 경매개시결정에 대한 이의신청을 할 수 있다.

② 제1항의 신청을 받은 법원은 제16조 제2항에 준하는 결정을 할 수 있다.

③ 제1항의 신청에 관한 재판에 대하여 이해관계인은 즉시항고를 할 수 있다.

제87조 (압류의 경합)

① 강제경매절차 또는 담보권 실행을 위한 경매절차를 개시하는 결정을 한 부동산에 대하여 다른 강제경매의 신청이 있는 때에는 법원은 다시 경매개시결정을 하고, 먼저 경매개시결정을 한 집행절차에 따라 경매한다.

② 먼저 경매개시결정을 한 경매신청이 취하되거나 그 절차가 취소된 때에는 법원은 제91조 제1항의 규정에 어긋나지 아니하는 한도 안에서 뒤의 경매개시결정에 따라 절차를 계속 진행하여야 한다.

③ 제2항의 경우에 뒤의 경매개시결정이 배당요구의 종기 이후의 신청에 의한 것인 때에는 집행법원은 새로이 배당요구를 할 수 있는 종기를 정하여야 한다. 이 경우 이미 제84조 제2항 또는 제4항의 규정에 따라 배당요구 또는 채권신고를 한 사람에 대하여는 같은 항의 고지 또는 최고를 하지 아니한다.

④ 먼저 경매개시결정을 한 경매절차가 정지된 때에는 법원은 신청에 따라 결정으로 뒤의 경매개시결정(배당요구의 종기까지 행하여진 신청에 의한 것에 한한다)에 기초하여 절차를 계속하여 진행할 수 있다. 다만, 먼저 경매개시결정을 한 경매절차가 취소되는 경우 제105조 제1항 제3호의 기재사항이 바뀔 때에는 그러하지 아니하다.

⑤ 제4항의 신청에 대한 재판에 대하여는 즉시항고를 할 수 있다.

제88조 (배당요구)

① 집행력 있는 정본을 가진 채권자, 경매개시결정이 등기된 뒤에 가압류를 한 채권자, 민법 · 상법, 그 밖의 법률에 의하여 우선변제청구권이 있는 채권자는 배당요구를 할 수 있다.

② 배당요구에 따라 매수인이 인수하여야 할 부담이 바뀌는 경우 배당요구를 한 채권자는 배당요구의 종기가 지난 뒤에 이를 철회하지 못한다.

제89조 (이중경매신청 등의 통지) 법원은 제87조 제1항 및 제88조 제1항의 신청이 있는 때에는 그 사유를 이해관계인에게 통지하여야 한다.

제90조 (경매절차의 이해관계인) 경매절차의 이해관계인은 다음 각호의 사람으로 한다.

1. 압류채권자와 집행력 있는 정본에 의하여 배당을 요구한 채권자
2. 채무자 및 소유자

3. 등기부에 기입된 부동산 위의 권리자
4. 부동산 위의 권리자로서 그 권리를 증명한 사람

제91조 (인수주의와 잉여주의의 선택 등)

① 압류채권자의 채권에 우선하는 채권에 관한 부동산의 부담을 매수인에게 인수하게 하거나, 매각대금으로 그 부담을 변제하는 데 부족하지 아니하다는 것이 인정된 경우가 아니면 그 부동산을 매각하지 못한다.

② 매각부동산 위의 모든 저당권은 매각으로 소멸된다.

③ 지상권 · 지역권 · 전세권 및 등기된 임차권은 저당권 · 압류채권 · 가압류채권에 대항할 수 없는 경우에는 매각으로 소멸된다.

④ 제3항의 경우 외의 지상권 · 지역권 · 전세권 및 등기된 임차권은 매수인이 인수한다. 다만, 그중 전세권의 경우에는 전세권자가 제88조에 따라 배당요구를 하면 매각으로 소멸된다.

⑤ 매수인은 유치권자(留置權者)에게 그 유치권(留置權)으로 담보하는 채권을 변제할 책임이 있다.

제92조 (제3자와 압류의 효력)

① 제3자는 권리를 취득할 때에 경매신청 또는 압류가 있다는 것을 알았을 경우에는 압류에 대항하지 못한다.

② 부동산이 압류채권을 위하여 의무를 진 경우에는 압류한 뒤 소유권을 취득한 제3자가 소유권을 취득할 때에 경매신청 또는 압류가 있다는 것을 알지 못하였더라도 경매절차를 계속하여 진행하여야 한다.

제93조 (경매신청의 취하)

① 경매신청이 취하되면 압류의 효력은 소멸된다.

② 매수신고가 있은 뒤 경매신청을 취하하는 경우에는 최고가매수신고인 또는 매수인과 제114조의 차순위매수신고인의 동의를 받아야 그 효력이 생긴다.

③ 제49조 제3호 또는 제6호의 서류를 제출하는 경우에는 제1항 및 제2항의 규정을, 제49조 제4호의 서류를 제출하는 경우에는 제2항의 규정을 준용한다.

제94조 (경매개시결정의 등기)

① 법원이 경매개시결정을 하면 법원사무관 등은 즉시 그 사유를 등기부에 기입하도록 등기관(登記官)에게 촉탁하여야 한다.

② 등기관은 제1항의 촉탁에 따라 경매개시결정사유를 기입하여야 한다.

제95조 (등기부등본의 송부) 등기관은 제94조에 따라 경매개시결정사유를 등기부에 기입한 뒤 그 등기부의 등본을 법원에 보내야 한다.

제96조 (부동산의 멸실 등으로 말미암은 경매취소)

① 부동산이 없어지거나 매각 등으로 말미암아 권리를 이전할 수 없는 사정이 명백하게 된 때에는

법원은 강제경매의 절차를 취소하여야 한다.

② 제1항의 취소결정에 대하여는 즉시항고를 할 수 있다.

제97조 (부동산의 평가와 최저매각가격의 결정)

① 법원은 감정인(鑑定人)에게 부동산을 평가하게 하고 그 평가액을 참작하여 최저매각가격을 정하여야 한다.

② 감정인은 제1항의 평가를 위하여 필요하면 제82조제1항에 규정된 조치를 할 수 있다.

③ 감정인은 제7조의 규정에 따라 집행관의 원조를 요구하는 때에는 법원의 허가를 얻어야 한다.

제98조 (일괄매각결정)

① 법원은 여러 개의 부동산의 위치 · 형태 · 이용관계 등을 고려하여 이를 일괄매수하게 하는 것이 알맞다고 인정하는 경우에는 직권으로 또는 이해관계인의 신청에 따라 일괄매각하도록 결정할 수 있다.

② 법원은 부동산을 매각할 경우에 그 위치 · 형태 · 이용관계 등을 고려하여 다른 종류의 재산(금전채권을 제외한다)을 그 부동산과 함께 일괄매수하게 하는 것이 알맞다고 인정하는 때에는 직권으로 또는 이해관계인의 신청에 따라 일괄매각하도록 결정할 수 있다.

③ 제1항 및 제2항의 결정은 그 목적물에 대한 매각기일 이전까지 할 수 있다.

제99조 (일괄매각사건의 병합)

① 법원은 각각 경매신청된 여러 개의 재산 또는 다른 법원이나 집행관에 계속된 경매사건의 목적물에 대하여 제98조 제1항 또는 제2항의 결정을 할 수 있다.

② 다른 법원이나 집행관에 계속된 경매사건의 목적물의 경우에 그 다른 법원 또는 집행관은 그 목적물에 대한 경매사건을 제1항의 결정을 한 법원에 이송한다.

③ 제1항 및 제2항의 경우에 법원은 그 경매사건들을 병합한다.

제100조 (일괄매각사건의 관할) 제98조 및 제99조의 경우에는 민사소송법 제31조에 불구하고 같은 법 제25조의 규정을 준용한다. 다만, 등기할 수 있는 선박에 관한 경매사건에 대하여서는 그러하지 아니하다.

제101조 (일괄매각절차)

① 제98조 및 제99조의 일괄매각결정에 따른 매각절차는 이 관의 규정에 따라 행한다. 다만, 부동산 외의 재산의 압류는 그 재산의 종류에 따라 해당되는 규정에서 정하는 방법으로 행하고, 그 중에서 집행관의 압류에 따르는 재산의 압류는 집행법원이 집행관에게 이를 압류하도록 명하는 방법으로 행한다.

② 제1항의 매각절차에서 각 재산의 대금액을 특정할 필요가 있는 경우에는 각 재산에 대한 최저매각가격의 비율을 정하여야 하며, 각 재산의 대금액은 총대금액을 각 재산의 최저매각가격비율에 따라 나눈 금액으로 한다. 각 재산이 부담할 집행비용액을 특정할 필요가 있는 경우에도 또한 같다.

③ 여러 개의 재산을 일괄매각하는 경우에 그 가운데 일부의 매각대금으로 모든 채권자의 채권액과

강제집행비용을 변제하기에 충분하면 다른 재산의 매각을 허가하지 아니한다. 다만, 토지와 그 위의 건물을 일괄매각하는 경우나 재산을 분리하여 매각하면 그 경제적 효용이 현저하게 떨어지는 경우 또는 채무자의 동의가 있는 경우에는 그러하지 아니하다.

④ 제3항 본문의 경우에 채무자는 그 재산 가운데 매각할 것을 지정할 수 있다.

⑤ 일괄매각절차에 관하여 이 법에서 정한 사항을 제외하고는 대법원규칙으로 정한다.

제102조 (남을 가망이 없을 경우의 경매취소)

① 법원은 최저매각가격으로 압류채권자의 채권에 우선하는 부동산의 모든 부담과 절차비용을 변제하면 남을 것이 없겠다고 인정한 때에는 압류채권자에게 이를 통지하여야 한다.

② 압류채권자가 제1항의 통지를 받은 날부터 1주 이내에 제1항의 부담과 비용을 변제하고 남을 만한 가격을 정하여 그 가격에 맞는 매수신고가 없을 때에는 자기가 그 가격으로 매수하겠다고 신청하면서 충분한 보증을 제공하지 아니하면, 법원은 경매절차를 취소하여야 한다.

③ 제2항의 취소 결정에 대하여는 즉시항고를 할 수 있다.

제103조 (강제경매의 매각방법)

① 부동산의 매각은 집행법원이 정한 매각방법에 따른다.

② 부동산의 매각은 매각기일에 하는 호가경매(呼價競賣), 매각기일에 입찰 및 개찰하게 하는 기일입찰 또는 입찰기간 이내에 입찰하게 하여 매각기일에 개찰하는 기간입찰의 세 가지 방법으로 한다.

③ 부동산의 매각절차에 관하여 필요한 사항은 대법원규칙으로 정한다.

제104조 (매각기일과 매각결정기일 등의 지정)

① 법원은 최저매각가격으로 제102조 제1항의 부담과 비용을 변제하고도 남을 것이 있다고 인정하거나 압류채권자가 제102조 제2항의 신청을 하고 충분한 보증을 제공한 때에는 직권으로 매각기일과 매각결정기일을 정하여 대법원규칙이 정하는 방법으로 공고한다.

② 법원은 매각기일과 매각결정기일을 이해관계인에게 통지하여야 한다.

③ 제2항의 통지는 집행기록에 표시된 이해관계인의 주소에 대법원규칙이 정하는 방법으로 발송할 수 있다.

④ 기간입찰의 방법으로 매각할 경우에는 입찰기간에 관하여도 제1항 내지 제3항의 규정을 적용한다.

제105조 (매각물건명세서 등)

① 법원은 다음 각호의 사항을 적은 매각물건명세서를 작성하여야 한다.

1. 부동산의 표시
2. 부동산의 점유자와 점유의 권원, 점유할 수 있는 기간, 차임 또는 보증금에 관한 관계인의 진술
3. 등기된 부동산에 대한 권리 또는 가처분으로서 매각으로 효력을 잃지 아니하는 것
4. 매각에 따라 설정된 것으로 보게 되는 지상권의 개요

② 법원은 매각물건명세서 · 현황조사보고서 및 평가서의 사본을 법원에 비치하여 누구든지 볼 수 있도록 하여야 한다.

제106조 (매각기일의 공고내용) 매각기일의 공고내용에는 다음 각호의 사항을 적어야 한다.

1. 부동산의 표시
2. 강제집행으로 매각한다는 취지와 그 매각방법
3. 부동산의 점유자, 점유의 권원, 점유하여 사용할 수 있는 기간, 차임 또는 보증금약정 및 그 액수
4. 매각기일의 일시 · 장소, 매각기일을 진행할 집행관의 성명 및 기간입찰의 방법으로 매각할 경우에는 입찰기간 · 장소
5. 최저매각가격
6. 매각결정기일의 일시 · 장소
7. 매각물건명세서 · 현황조사보고서 및 평가서의 사본을 매각기일 전에 법원에 비치하여 누구든지 볼 수 있도록 제공한다는 취지
8. 등기부에 기입할 필요가 없는 부동산에 대한 권리를 가진 사람은 채권을 신고하여야 한다는 취지
9. 이해관계인은 매각기일에 출석할 수 있다는 취지

제107조 (매각장소) 매각기일은 법원 안에서 진행하여야 한다. 다만, 집행관은 법원의 허가를 얻어 다른 장소에서 매각기일을 진행할 수 있다.

제108조 (매각장소의 질서유지) 집행관은 다음 각호 가운데 어느 하나에 해당한다고 인정되는 사람에 대하여 매각장소에 들어오지 못하도록 하거나 매각장소에서 내보내거나 매수의 신청을 하지 못하도록 할 수 있다.

1. 다른 사람의 매수신청을 방해한 사람
2. 부당하게 다른 사람과 담합하거나 그 밖에 매각의 적정한 실시를 방해한 사람
3. 제1호 또는 제2호의 행위를 교사(敎唆)한 사람
4. 민사집행절차에서의 매각에 관하여 형법 제136조 · 제137조 · 제140조 · 제140조의2 · 제142조 · 제315조 및 제323조 내지 제327조에 규정된 죄로 유죄판결을 받고 그 판결확정일부터 2년이 지나지 아니한 사람

제109조 (매각결정기일)

① 매각결정기일은 매각기일부터 1주 이내로 정하여야 한다.
② 매각결정절차는 법원 안에서 진행하여야 한다.

제110조 (합의에 의한 매각조건의 변경)

① 최저매각가격 외의 매각조건은 법원이 이해관계인의 합의에 따라 바꿀 수 있다.
② 이해관계인은 배당요구의 종기까지 제1항의 합의를 할 수 있다.

제111조 (직권에 의한 매각조건의 변경)

① 거래의 실상을 반영하거나 경매절차를 효율적으로 진행하기 위하여 필요한 경우에 법원은 배당요구의 종기까지 매각조건을 바꾸거나 새로운 매각조건을 설정할 수 있다.
② 이해관계인은 제1항의 재판에 대하여 즉시항고를 할 수 있다.

③ 제1항의 경우에 법원은 집행관에게 부동산에 대하여 필요한 조사를 하게 할 수 있다.

제112조 (매각기일의 진행) 집행관은 기일입찰 또는 호가경매의 방법에 의한 매각기일에는 매각물건명세서 · 현황조사보고서 및 평가서의 사본을 볼 수 있게 하고, 특별한 매각조건이 있는 때에는 이를 고지하며, 법원이 정한 매각방법에 따라 매수가격을 신고하도록 최고하여야 한다.

제113조 (매수신청의 보증) 매수신청인은 대법원규칙이 정하는 바에 따라 집행법원이 정하는 금액과 방법에 맞는 보증을 집행관에게 제공하여야 한다.

제114조 (차순위매수신고)

① 최고가매수신고인 외의 매수신고인은 매각기일을 마칠 때까지 집행관에게 최고가매수신고인이 대금지급기한까지 그 의무를 이행하지 아니하면 자기의 매수신고에 대하여 매각을 허가하여 달라는 취지의 신고(이하 "차순위매수신고"라 한다)를 할 수 있다.

② 차순위매수신고는 그 신고액이 최고가매수신고액에서 그 보증액을 뺀 금액을 넘는 때에만 할 수 있다.

제115조 (매각기일의 종결)

① 집행관은 최고가매수신고인의 성명과 그 가격을 부르고 차순위매수신고를 최고한 뒤, 적법한 차순위매수신고가 있으면 차순위매수신고인을 정하여 그 성명과 가격을 부른 다음 매각기일을 종결한다고 고지하여야 한다.

② 차순위매수신고를 한 사람이 둘 이상인 때에는 신고한 매수가격이 높은 사람을 차순위매수신고인으로 정한다. 신고한 매수가격이 같은 때에는 추첨으로 차순위매수신고인을 정한다.

③ 최고가매수신고인과 차순위매수신고인을 제외한 다른 매수신고인은 제1항의 고지에 따라 매수의 책임을 벗게 되고, 즉시 매수신청의 보증을 돌려 줄 것을 신청할 수 있다.

④ 기일입찰 또는 호가경매의 방법에 의한 매각기일에서 매각기일을 마감할 때까지 허가할 매수가격의 신고가 없는 때에는 집행관은 즉시 매각기일의 마감을 취소하고 같은 방법으로 매수가격을 신고하도록 최고할 수 있다.

⑤ 제4항의 최고에 대하여 매수가격의 신고가 없어 매각기일을 마감하는 때에는 매각기일의 마감을 다시 취소하지 못한다.

제116조 (매각기일조서)

① 매각기일조서에는 다음 각호의 사항을 적어야 한다.

1. 부동산의 표시
2. 압류채권자의 표시
3. 매각물건명세서 · 현황조사보고서 및 평가서의 사본을 볼 수 있게 한 일
4. 특별한 매각조건이 있는 때에는 이를 고지한 일
5. 매수가격의 신고를 최고한 일
6. 모든 매수신고가격과 그 신고인의 성명 · 주소 또는 허가할 매수가격의 신고가 없는 일

7. 매각기일을 마감할 때까지 허가할 매수가격의 신고가 없어 매각기일의 마감을 취소하고 다시 매수가격의 신고를 최고한 일
8. 최종적으로 매각기일의 종결을 고지한 일시
9. 매수하기 위하여 보증을 제공한 일 또는 보증을 제공하지 아니하므로 그 매수를 허가하지 아니한 일
10. 최고가매수신고인과 차순위매수신고인의 성명과 그 가격을 부른 일

② 최고가매수신고인 및 차순위매수신고인과 출석한 이해관계인은 조서에 서명날인하여야 한다. 그들이 서명날인할 수 없을 때에는 집행관이 그 사유를 적어야 한다.

③ 집행관이 매수신청의 보증을 돌려 준 때에는 영수증을 받아 조서에 붙여야 한다.

제117조 (조서와 금전의 인도) 집행관은 매각기일조서와 매수신청의 보증으로 받아 돌려주지 아니한 것을 매각기일부터 3일 이내에 법원사무관 등에게 인도하여야 한다.

제118조 (최고가매수신고인 등의 송달영수인신고)

① 최고가매수신고인과 차순위매수신고인은 대한민국 안에 주소 · 거소와 사무소가 없는 때에는 대한민국 안에 송달이나 통지를 받을 장소와 영수인을 정하여 법원에 신고하여야 한다.

② 최고가매수신고인이나 차순위매수신고인이 제1항의 신고를 하지 아니한 때에는 법원은 그에 대한 송달이나 통지를 하지 아니할 수 있다.

③ 제1항의 신고는 집행관에게 말로 할 수 있다. 이 경우 집행관은 조서에 이를 적어야 한다.

제119조 (새 매각기일) 허가할 매수가격의 신고가 없이 매각기일이 최종적으로 마감된 때에는 제91조 제1항의 규정에 어긋나지 아니하는 한도에서 법원은 최저매각가격을 상당히 낮추고 새 매각기일을 정하여야 한다. 그 기일에 허가할 매수가격의 신고가 없는 때에도 또한 같다.

제120조 (매각결정기일에서의 진술)

① 법원은 매각결정기일에 출석한 이해관계인에게 매각허가에 관한 의견을 진술하게 하여야 한다.

② 매각허가에 관한 이의는 매각허가가 있을 때까지 신청하여야 한다. 이미 신청한 이의에 대한 진술도 또한 같다.

제121조 (매각허가에 대한 이의신청사유) 매각허가에 관한 이의는 다음 각호 가운데 어느 하나에 해당하는 이유가 있어야 신청할 수 있다.

1. 강제집행을 허가할 수 없거나 집행을 계속 진행할 수 없을 때
2. 최고가매수신고인이 부동산을 매수할 능력이나 자격이 없는 때
3. 부동산을 매수할 자격이 없는 사람이 최고가매수신고인을 내세워 매수신고를 한 때
4. 최고가매수신고인, 그 대리인 또는 최고가매수신고인을 내세워 매수신고를 한 사람이 제108조 각호 가운데 어느 하나에 해당되는 때
5. 최저매각가격의 결정, 일괄매각의 결정 또는 매각물건명세서의 작성에 중대한 흠이 있는 때
6. 천재지변, 그 밖에 자기가 책임을 질 수 없는 사유로 부동산이 현저하게 훼손된 사실 또는 부동산에 관한 중대한 권리관계가 변동된 사실이 경매절차의 진행 중에 밝혀진 때

7. 경매절차에 그 밖의 중대한 잘못이 있는 때

제122조 (이의신청의 제한) 이의는 다른 이해관계인의 권리에 관한 이유로 신청하지 못한다.

제123조 (매각의 불허)

① 법원은 이의신청이 정당하다고 인정한 때에는 매각을 허가하지 아니한다.

② 제121조에 규정한 사유가 있는 때에는 직권으로 매각을 허가하지 아니한다. 다만, 같은 조 제2호 또는 제3호의 경우에는 능력 또는 자격의 흠이 제거되지 아니한 때에 한한다.

제124조 (과잉매각되는 경우의 매각불허가)

① 여러 개의 부동산을 매각하는 경우에 한 개의 부동산의 매각대금으로 모든 채권자의 채권액과 강제집행비용을 변제하기에 충분하면 다른 부동산의 매각을 허가하지 아니한다. 다만, 제101조 제3항 단서에 따른 일괄매각의 경우에는 그러하지 아니하다.

② 제1항 본문의 경우에 채무자는 그 부동산 가운데 매각할 것을 지정할 수 있다.

제125조 (매각을 허가하지 아니할 경우의 새 매각기일)

① 제121조와 제123조의 규정에 따라 매각을 허가하지 아니하고 다시 매각을 명하는 때에는 직권으로 새 매각기일을 정하여야 한다.

② 제121조 제6호의 사유로 제1항의 새 매각기일을 열게 된 때에는 제97조 내지 제105조의 규정을 준용한다.

제126조 (매각허가여부의 결정선고)

① 매각을 허가하거나 허가하지 아니하는 결정은 선고하여야 한다.

② 매각결정기일조서에는 민사소송법 제152조 내지 제154조와 제156조 내지 제158조 및 제164조의 규정을 준용한다.

③ 제1항의 결정은 확정되어야 효력을 가진다.

제127조 (매각허가결정의 취소신청)

① 제121조 제6호에서 규정한 사실이 매각허가결정의 확정 뒤에 밝혀진 경우에는 매수인은 대금을 낼 때까지 매각허가결정의 취소신청을 할 수 있다.

② 제1항의 신청에 관한 결정에 대하여는 즉시항고를 할 수 있다.

제128조 (매각허가결정)

① 매각허가결정에는 매각한 부동산, 매수인과 매각가격을 적고 특별한 매각조건으로 매각한 때에는 그 조건을 적어야 한다.

② 제1항의 결정은 선고하는 외에 대법원규칙이 정하는 바에 따라 공고하여야 한다.

제129조 (이해관계인 등의 즉시항고)

① 이해관계인은 매각허가 여부의 결정에 따라 손해를 볼 경우에만 그 결정에 대하여 즉시항고를 할 수 있다.

② 매각허가에 정당한 이유가 없거나 결정에 적은 것 외의 조건으로 허가하여야 한다고 주장하는 매수인 또는 매각허가를 주장하는 매수신고인도 즉시항고를 할 수 있다.

③ 제1항 및 제2항의 경우에 매각허가를 주장하는 매수신고인은 그 신청한 가격에 대하여 구속을 받는다.

제130조 (매각허가여부에 대한 항고)

① 매각허가결정에 대한 항고는 이 법에 규정한 매각허가에 대한 이의신청사유가 있다거나, 그 결정절차에 중대한 잘못이 있다는 것을 이유로 드는 때에만 할 수 있다.

② 민사소송법 제451조 제1항 각호의 사유는 제1항의 규정에 불구하고 매각허가 또는 불허가결정에 대한 항고의 이유로 삼을 수 있다.

③ 매각허가결정에 대하여 항고를 하고자 하는 사람은 보증으로 매각대금의 10분의 1에 해당하는 금전 또는 법원이 인정한 유가증권을 공탁하여야 한다.

④ 항고를 제기하면서 항고장에 제3항의 보증을 제공하였음을 증명하는 서류를 붙이지 아니한 때에는 원심법원은 항고장을 받은 날부터 1주 이내에 결정으로 이를 각하하여야 한다.

⑤ 제4항의 결정에 대하여는 즉시항고를 할 수 있다.

⑥ 채무자 및 소유자가 한 제3항의 항고가 기각된 때에는 항고인은 보증으로 제공한 금전이나 유가증권을 돌려 줄 것을 요구하지 못한다.

⑦ 채무자 및 소유자 외의 사람이 한 제3항의 항고가 기각된 때에는 항고인은 보증으로 제공한 금전이나, 유가증권을 현금화한 금액 가운데 항고를 한 날부터 항고기각결정이 확정된 날까지의 매각대금에 대한 대법원규칙이 정하는 이율에 의한 금액(보증으로 제공한 금전이나, 유가증권을 현금화한 금액을 한도로 한다)에 대하여는 돌려 줄 것을 요구할 수 없다. 다만, 보증으로 제공한 유가증권을 현금화하기 전에 위의 금액을 항고인이 지급한 때에는 그 유가증권을 돌려 줄 것을 요구할 수 있다.

⑧ 항고인이 항고를 취하한 경우에는 제6항 또는 제7항의 규정을 준용한다.

제131조 (항고심의 절차)

① 항고법원은 필요한 경우에 반대진술을 하게 하기 위하여 항고인의 상대방을 정할 수 있다.

② 한 개의 결정에 대한 여러 개의 항고는 병합한다.

③ 항고심에는 제122조의 규정을 준용한다.

제132조 (항고법원의 재판과 매각허가여부결정) 항고법원이 집행법원의 결정을 취소하는 경우에 그 매각허가 여부의 결정은 집행법원이 한다.

제133조 (매각을 허가하지 아니하는 결정의 효력) 매각을 허가하지 아니한 결정이 확정된 때에는 매수인과 매각허가를 주장한 매수신고인은 매수에 관한 책임이 면제된다.

제134조 (최저매각가격의 결정부터 새로 할 경우) 제127조의 규정에 따라 매각허가결정을 취소한 경우에는 제97조 내지 제105조의 규정을 준용한다.

제135조 (소유권의 취득시기) 매수인은 매각대금을 다 낸 때에 매각의 목적인 권리를 취득한다.

제136조 (부동산의 인도명령 등)

① 법원은 매수인이 대금을 낸 뒤 6월 이내에 신청하면 채무자 · 소유자 또는 부동산 점유자에 대하여 부동산을 매수인에게 인도하도록 명할 수 있다. 다만, 점유자가 매수인에게 대항할 수 있는 권원에 의하여 점유하고 있는 것으로 인정되는 경우에는 그러하지 아니하다.

② 법원은 매수인 또는 채권자가 신청하면 매각허가가 결정된 뒤 인도할 때까지 관리인에게 부동산을 관리하게 할 것을 명할 수 있다.

③ 제2항의 경우 부동산의 관리를 위하여 필요하면 법원은 매수인 또는 채권자의 신청에 따라 담보를 제공하게 하거나 제공하게 하지 아니하고 제1항의 규정에 준하는 명령을 할 수 있다.

④ 법원이 채무자 및 소유자 외의 점유자에 대하여 제1항 또는 제3항의 규정에 따른 인도명령을 하려면 그 점유자를 심문하여야 한다. 다만, 그 점유자가 매수인에게 대항할 수 있는 권원에 의하여 점유하고 있지 아니함이 명백한 때 또는 이미 그 점유자를 심문한 때에는 그러하지 아니하다.

⑤ 제1항 내지 제3항의 신청에 관한 결정에 대하여는 즉시항고를 할 수 있다.

⑥ 채무자 · 소유자 또는 점유자가 제1항과 제3항의 인도명령에 따르지 아니할 때에는 매수인 또는 채권자는 집행관에게 그 집행을 위임할 수 있다.

제137조 (차순위매수신고인에 대한 매각허가여부결정)

① 차순위매수신고인이 있는 경우에 매수인이 대금지급기한까지 그 의무를 이행하지 아니한 때에는 차순위매수신고인에게 매각을 허가할 것인지를 결정하여야 한다. 다만, 제142조 제4항의 경우에는 그러하지 아니하다.

② 차순위매수신고인에 대한 매각허가결정이 있는 때에는 매수인은 매수신청의 보증을 돌려 줄 것을 요구하지 못한다.

제138조 (재매각)

① 매수인이 대금지급기한 또는 제142조 제4항의 다시 정한 기한까지 그 의무를 완전히 이행하지 아니하였고, 차순위매수신고인이 없는 때에는 법원은 직권으로 부동산의 재매각을 명하여야 한다.

② 재매각절차에도 종전에 정한 최저매각가격, 그 밖의 매각조건을 적용한다.

③ 매수인이 재매각기일의 3일 이전까지 대금, 그 지급기한이 지난 뒤부터 지급일까지의 대금에 대한 대법원규칙이 정하는 이율에 따른 지연이자와 절차비용을 지급한 때에는 재매각절차를 취소하여야 한다. 이 경우 차순위매수신고인이 매각허가결정을 받았던 때에는 위 금액을 먼저 지급한 매수인이 매매목적물의 권리를 취득한다.

④ 재매각절차에서는 전의 매수인은 매수신청을 할 수 없으며 매수신청의 보증을 돌려 줄 것을 요구하지 못한다.

제139조 (공유물지분에 대한 경매)

① 공유물지분을 경매하는 경우에는 채권자의 채권을 위하여 채무자의 지분에 대한 경매개시결정이 있음을 등기부에 기입하고 다른 공유자에게 그 경매개시결정이 있다는 것을 통지하여야 한다. 다만, 상당한 이유가 있는 때에는 통지하지 아니할 수 있다.

② 최저매각가격은 공유물 전부의 평가액을 기본으로 채무자의 지분에 관하여 정하여야 한다. 다만, 그와 같은 방법으로 정확한 가치를 평가하기 어렵거나 그 평가에 부당하게 많은 비용이 드는 등 특별한 사정이 있는 경우에는 그러하지 아니하다.

제140조 (공유자의 우선매수권)

① 공유자는 매각기일까지 제113조에 따른 보증을 제공하고 최고매수신고가격과 같은 가격으로 채무자의 지분을 우선 매수하겠다는 신고를 할 수 있다.

② 제1항의 경우에 법원은 최고가매수신고가 있더라도 그 공유자에게 매각을 허가하여야 한다.

③ 여러 사람의 공유자가 우선 매수하겠다는 신고를 하고 제2항의 절차를 마친 때에는 특별한 협의가 없으면 공유지분의 비율에 따라 채무자의 지분을 매수하게 한다.

④ 제1항의 규정에 따라 공유자가 우선매수신고를 한 경우에는 최고가매수신고인을 제114조의 차순위매수신고인으로 본다.

제141조 (경매개시결정등기의 말소) 경매신청이 매각허가 없이 마쳐진 때에는 법원사무관등은 제94조와 제139조 제1항의 규정에 따른 기입을 말소하도록 등기관에게 촉탁하여야 한다.

제142조 (대금의 지급)

① 매각허가결정이 확정되면 법원은 대금의 지급기한을 정하고, 이를 매수인과 차순위매수신고인에게 통지하여야 한다.

② 매수인은 제1항의 대금지급기한까지 매각대금을 지급하여야 한다.

③ 매수신청의 보증으로 금전이 제공된 경우에 그 금전은 매각대금에 넣는다.

④ 매수신청의 보증으로 금전 외의 것이 제공된 경우로서 매수인이 매각대금 중 보증액을 뺀 나머지 금액만을 낸 때에는, 법원은 보증을 현금화하여 그 비용을 뺀 금액을 보증액에 해당하는 매각대금 및 이에 대한 지연이자에 충당하고, 모자라는 금액이 있으면 다시 대금지급기한을 정하여 매수인으로 하여금 내게 한다.

⑤ 제4항의 지연이자에 대하여는 제138조 제3항의 규정을 준용한다.

⑥ 차순위매수신고인은 매수인이 대금을 모두 지급한 때 매수의 책임을 벗게 되고 즉시 매수신청의 보증을 돌려 줄 것을 요구할 수 있다.

제143조 (특별한 지급방법)

① 매수인은 매각조건에 따라 부동산의 부담을 인수하는 외에 배당표(配當表)의 실시에 관하여 매각대금의 한도에서 관계채권자의 승낙이 있으면 대금의 지급에 갈음하여 채무를 인수할 수 있다.

② 채권자가 매수인인 경우에는 매각결정기일이 끝날 때까지 법원에 신고하고 배당받아야 할 금액을 제외한 대금을 배당기일에 낼 수 있다.

③ 제1항 및 제2항의 경우에 매수인이 인수한 채무나 배당받아야 할 금액에 대하여 이의가 제기된 때에는 매수인은 배당기일이 끝날 때까지 이에 해당하는 대금을 내야 한다.

제144조 (매각대금 지급 뒤의 조치)

① 매각대금이 지급되면 법원사무관 등은 매각허가결정의 등본을 붙여 다음 각호의 등기를 촉탁하여야 한다.

1. 매수인 앞으로 소유권을 이전하는 등기
2. 매수인이 인수하지 아니한 부동산의 부담에 관한 기입을 말소하는 등기
3. 제94조 및 제139조 제1항의 규정에 따른 경매개시결정등기를 말소하는 등기

② 제1항의 등기에 드는 비용은 매수인이 부담한다.

제145조 (매각대금의 배당)

① 매각대금이 지급되면 법원은 배당절차를 밟아야 한다.

② 매각대금으로 배당에 참가한 모든 채권자를 만족하게 할 수 없는 때에는 법원은 민법 · 상법, 그 밖의 법률에 의한 우선순위에 따라 배당하여야 한다.

제146조 (배당기일) 매수인이 매각대금을 지급하면 법원은 배당에 관한 진술 및 배당을 실시할 기일을 정하고 이해관계인과 배당을 요구한 채권자에게 이를 통지하여야 한다. 다만, 채무자가 외국에 있거나 있는 곳이 분명하지 아니한 때에는 통지하지 아니한다.

제147조 (배당할 금액 등)

① 당할 금액은 다음 각호에 규정한 금액으로 한다.

1. 대금
2. 제138조 제3항 및 제142조 제4항의 경우에는 대금지급기한이 지난 뒤부터 대금의 지급 · 충당까지의 지연이자
3. 제130조 제6항의 보증(제130조 제8항에 따라 준용되는 경우를 포함한다.)
4. 제130조 제7항 본문의 보증 가운데 항고인이 돌려 줄 것을 요구하지 못하는 금액 또는 제130조제7항 단서의 규정에 따라 항고인이 낸 금액(각각 제130조 제8항에 따라 준용되는 경우를 포함한다.)
5. 제138조 제4항의 규정에 의하여 매수인이 돌려줄 것을 요구할 수 없는 보증(보증이 금전 외의 방법으로 제공되어 있는 때에는 보증을 현금화하여 그 대금에서 비용을 뺀 금액)

② 제1항의 금액 가운데 채권자에게 배당하고 남은 금액이 있으면, 제1항 제4호의 금액의 범위 안에서 제1항 제4호의 보증 등을 제공한 사람에게 돌려준다.

③ 제1항의 금액 가운데 채권자에게 배당하고 남은 금액으로 제1항 제4호의 보증 등을 돌려주기 부족한 경우로서 그 보증 등을 제공한 사람이 여럿인 때에는 제1항 제4호의 보증 등의 비율에 따라 나누어 준다.

제148조 (배당받을 채권자의 범위) 제147조 제1항에 규정한 금액을 배당받을 채권자는 다음 각호에 규정된 사람으로 한다.

1. 배당요구의 종기까지 경매신청을 한 압류채권자
2. 배당요구의 종기까지 배당요구를 한 채권자
3. 첫 경매개시결정등기 전에 등기된 가압류채권자
4. 저당권 · 전세권, 그 밖의 우선변제청구권으로서 첫 경매개시결정등기 전에 등기되었고 매각으로 소멸하는 것을 가진 채권자

제149조 (배당표의 확정)

① 법원은 채권자와 채무자에게 보여 주기 위하여 배당기일의 3일전에 배당표원안(配當表原案)을 작성하여 법원에 비치하여야 한다.

② 법원은 출석한 이해관계인과 배당을 요구한 채권자를 심문하여 배당표를 확정하여야 한다.

제150조 (배당표의 기재 등)

① 배당표에는 매각대금, 채권자의 채권의 원금, 이자, 비용, 배당의 순위와 배당의 비율을 적어야 한다.

② 출석한 이해관계인과 배당을 요구한 채권자가 합의한 때에는 이에 따라 배당표를 작성하여야 한다.

제151조 (배당표에 대한 이의)

① 기일에 출석한 채무자는 채권자의 채권 또는 그 채권의 순위에 대하여 이의할 수 있다.

② 제1항의 규정에 불구하고 채무자는 제149조 제1항에 따라 법원에 배당표원안이 비치된 이후 배당기일이 끝날 때까지 채권자의 채권 또는 그 채권의 순위에 대하여 서면으로 이의할 수 있다.

③ 기일에 출석한 채권자는 자기의 이해에 관계되는 범위 안에서는 다른 채권자를 상대로 그의 채권 또는 그 채권의 순위에 대하여 이의할 수 있다.

제152조 (이의의 완결)

① 제151조의 이의에 관계된 채권자는 이에 대하여 진술하여야 한다.

② 관계인이 제151조의 이의를 정당하다고 인정하거나 다른 방법으로 합의한 때에는 이에 따라 배당표를 경정(更正)하여 배당을 실시하여야 한다.

③ 제151조의 이의가 완결되지 아니한 때에는 이의가 없는 부분에 한하여 배당을 실시하여야 한다.

제153조 (불출석한 채권자)

① 기일에 출석하지 아니한 채권자는 배당표와 같이 배당을 실시하는 데에 동의한 것으로 본다.

② 기일에 출석하지 아니한 채권자가 다른 채권자가 제기한 이의에 관계된 때에는 그 채권자는 이의를 정당하다고 인정하지 아니한 것으로 본다.

제154조 (배당이의의 소 등)

① 집행력 있는 집행권원의 정본을 가지지 아니한 채권자(가압류채권자를 제외한다)에 대하여 이의한 채무자와 다른 채권자에 대하여 이의한 채권자는 배당이의의 소를 제기하여야 한다.

② 집행력 있는 집행권원의 정본을 가진 채권자에 대하여 이의한 채무자는 청구이의의 소를 제기하

여야 한다.

③ 이의한 채권자나 채무자가 배당기일부터 1주 이내에 집행법원에 대하여 제1항의 소를 제기한 사실을 증명하는 서류를 제출하지 아니한 때 또는 제2항의 소를 제기한 사실을 증명하는 서류와 그 소에 관한 집행정지재판의 정본을 제출하지 아니한 때에는 이의가 취하된 것으로 본다.

第155조 (이의한 사람 등의 우선권 주장) 이의한 채권자가 제154조 제3항의 기간을 지키지 아니한 경우에도 배당표에 따른 배당을 받은 채권자에 대하여 소로 우선권 및 그 밖의 권리를 행사하는 데 영향을 미치지 아니한다.

第156조 (배당이의의 소의 관할)

① 제154조 제1항의 배당이의의 소는 배당을 실시한 집행법원이 속한 지방법원의 관할로 한다. 다만, 소송물이 단독판사의 관할에 속하지 아니할 경우에는 지방법원의 합의부가 이를 관할한다.

② 여러 개의 배당이의의 소가 제기된 경우에 한 개의 소를 합의부가 관할하는 때에는 그 밖의 소도 함께 관할한다.

③ 이의한 사람과 상대방이 이의에 관하여 단독판사의 재판을 받을 것을 합의한 경우에는 제1항 단서와 제2항의 규정을 적용하지 아니한다.

第157조 (배당이의의 소의 판결) 배당이의의 소에 대한 판결에서는 배당액에 대한 다툼이 있는 부분에 관하여 배당을 받을 채권자와 그 액수를 정하여야 한다. 이를 정하는 것이 적당하지 아니하다고 인정한 때에는 판결에서 배당표를 다시 만들고 다른 배당절차를 밟도록 명하여야 한다.

第158조 (배당이의의 소의 취하간주) 이의한 사람이 배당이의의 소의 첫 변론기일에 출석하지 아니한 때에는 소를 취하한 것으로 본다.

第159조 (배당실시절차 · 배당조서)

① 법원은 배당표에 따라 제2항 및 제3항에 규정된 절차에 의하여 배당을 실시하여야 한다.

② 채권 전부의 배당을 받을 채권자에게는 배당액지급증을 교부하는 동시에 그가 가진 집행력 있는 정본 또는 채권증서를 받아 채무자에게 교부하여야 한다.

③ 채권 일부의 배당을 받을 채권자에게는 집행력 있는 정본 또는 채권증서를 제출하게 한 뒤 배당액을 적어서 돌려주고 배당액지급증을 교부하는 동시에 영수증을 받아 채무자에게 교부하여야 한다.

④ 제1항 내지 제3항의 배당실시절차는 조서에 명확히 적어야 한다.

第160조 (배당금액의 공탁)

① 배당을 받아야 할 채권자의 채권에 대하여 다음 각호 가운데 어느 하나의 사유가 있으면 그에 대한 배당액을 공탁하여야 한다.

1. 채권에 정지조건 또는 불확정기한이 붙어 있는 때
2. 가압류채권자의 채권인 때

3. 제49조 제2호 및 제266조 제1항 제5호에 규정된 문서가 제출되어 있는 때
4. 저당권설정의 가등기가 마쳐져 있는 때
5. 제154조 제1항에 의한 배당이의의 소가 제기된 때
6. 민법 제340조 제2항 및 같은 법 제370조에 따른 배당금액의 공탁청구가 있는 때

② 채권자가 배당기일에 출석하지 아니한 때에는 그에 대한 배당액을 공탁하여야 한다.

제161조 (공탁금에 대한 배당의 실시)

① 법원이 제160조 제1항의 규정에 따라 채권자에 대한 배당액을 공탁한 뒤 공탁의 사유가 소멸한 때에는 법원은 공탁금을 지급하거나 공탁금에 대한 배당을 실시하여야 한다.

② 제1항에 따라 배당을 실시함에 있어서 다음 각호 가운데 어느 하나에 해당하는 때에는 법원은 배당에 대하여 이의하지 아니한 채권자를 위하여서도 배당표를 바꾸어야 한다.

1. 제160조 제1항 제1호 내지 제4호의 사유에 따른 공탁에 관련된 채권자에 대하여 배당을 실시할 수 없게 된 때
2. 제160조 제1항 제5호의 공탁에 관련된 채권자가 채무자로부터 제기당한 배당이의의 소에서 진 때
3. 제160조 제1항 제6호의 공탁에 관련된 채권자가 저당물의 매각대가로부터 배당을 받은 때

③ 제160조 제2항의 채권자가 법원에 대하여 공탁금의 수령을 포기하는 의사를 표시한 때에는 그 채권자의 채권이 존재하지 아니하는 것으로 보고 배당표를 바꾸어야 한다.

④ 제2항 및 제3항의 배당표변경에 따른 추가 배당기일에 제151조의 규정에 따라 이의할 때에는 종전의 배당기일에서 주장할 수 없었던 사유만을 주장할 수 있다.

제162조 (공동경매) 여러 압류채권자를 위하여 동시에 실시하는 부동산의 경매절차에는 제80조 내지 제161조의 규정을 준용한다.

제3관 강제관리

제163조 (강제경매규정의 준용) 강제관리에는 제80조 내지 제82조, 제83조 제1항 · 제3항 내지 제5항, 제85조 내지 제89조 및 제94조 내지 제96조의 규정을 준용한다.

제164조 (강제관리개시결정)

① 강제관리를 개시하는 결정에는 채무자에게는 관리사무에 간섭하여서는 아니되고 부동산의 수익을 처분하여서도 아니된다고 명하여야 하며, 수익을 채무자에게 지급할 제3자에게는 관리인에게 이를 지급하도록 명하여야 한다.

② 수확하였거나 수확할 과실(果實)과, 이행기에 이르렀거나 이르게 될 과실은 제1항의 수익에 속한다.

③ 강제관리개시결정은 제3자에게는 결정서를 송달하여야 효력이 생긴다.

④ 강제관리신청을 기각하거나 각하하는 재판에 대하여는 즉시항고를 할 수 있다.

제165조 (강제관리개시결정 등의 통지) 법원은 강제관리를 개시하는 결정을 한 부동산에 대하여 다시

강제관리의 개시결정을 하거나 배당요구의 신청이 있는 때에는 관리인에게 이를 통지하여야 한다.

제166조 (관리인의 임명 등)

① 관리인은 법원이 임명한다. 다만, 채권자는 적당한 사람을 관리인으로 추천할 수 있다.

② 관리인은 관리와 수익을 하기 위하여 부동산을 점유할 수 있다. 이 경우 저항을 받으면 집행관에게 원조를 요구할 수 있다.

③ 관리인은 제3자가 채무자에게 지급할 수익을 추심(推尋)할 권한이 있다.

제167조 (법원의 지휘 · 감독)

① 법원은 관리에 필요한 사항과 관리인의 보수를 정하고, 관리인을 지휘 · 감독한다.

② 법원은 관리인에게 보증을 제공하도록 명할 수 있다.

③ 관리인에게 관리를 계속할 수 없는 사유가 생긴 경우에는 법원은 직권으로 또는 이해관계인의 신청에 따라 관리인을 해임할 수 있다. 이 경우 관리인을 심문하여야 한다.

제168조 (준용규정) 제3자가 부동산에 대한 강제관리를 막을 권리가 있다고 주장하는 경우에는 제48조의 규정을 준용한다.

제169조 (수익의 처리)

① 관리인은 부동산수익에서 그 부동산이 부담하는 조세, 그 밖의 공과금을 뺀 뒤에 관리비용을 변제하고, 그 나머지 금액을 채권자에게 지급한다.

② 제1항의 경우 모든 채권자를 만족하게 할 수 없는 때에는 관리인은 채권자 사이의 배당협의에 따라 배당을 실시하여야 한다.

③ 채권자 사이에 배당협의가 이루어지지 못한 경우에 관리인은 그 사유를 법원에 신고하여야 한다.

④ 제3항의 신고가 있는 경우에는 제145조 · 제146조 및 제148조 내지 제161조의 규정을 준용하여 배당표를 작성하고 이에 따라 관리인으로 하여금 채권자에게 지급하게 하여야 한다.

제170조 (관리인의 계산보고)

① 관리인은 매년 채권자 · 채무자와 법원에 계산서를 제출하여야 한다. 그 업무를 마친 뒤에도 또한 같다.

② 채권자와 채무자는 계산서를 송달받은 날부터 1주 이내에 집행법원에 이에 대한 이의신청을 할 수 있다.

③ 제2항의 기간 이내에 이의신청이 없는 때에는 관리인의 책임이 면제된 것으로 본다.

④ 제2항의 기간 이내에 이의신청이 있는 때에는 관리인을 심문한 뒤 결정으로 재판하여야 한다. 신청한 이의를 매듭지은 때에는 법원은 관리인의 책임을 면제한다.

제171조 (강제관리의 취소)

① 강제관리의 취소는 법원이 결정으로 한다.

② 채권자들이 부동산수익으로 전부 변제를 받았을 때에는 법원은 직권으로 제1항의 취소결정을 한다.

③ 제1항 및 제2항의 결정에 대하여는 즉시항고를 할 수 있다.

④ 강제관리의 취소결정이 확정된 때에는 법원사무관 등은 강제관리에 관한 기입등기를 말소하도록 촉탁하여야 한다.

제3절 선박 등에 대한 강제집행

이하 생략

부칙 〈제6627호, 2002.1.26〉

제1조 (시행일) 이 법은 2002년 7월 1일부터 시행한다.

제2조 (계속사건에 관한 경과조치)

① 이 법 시행 전에 신청된 집행사건에 관하여는 종전의 규정에 따른다.

② 이 법 시행 당시 종전의 민사소송법의 규정에 따라 이 법 시행 전에 행한 집행처분 그 밖의 행위는 이 법의 적용에 관하여는 이 법의 해당 규정에 따라 한 것으로 본다.

③ 제1항 및 제2항에 규정한 것 외에 이 법의 시행 당시 이미 법원에 계속되거나 집행관이 취급하고 있는 사건의 처리에 관하여 필요한 사항은 대법원규칙으로 정한다.

제3조 (관할에 관한 경과조치) 이 법 시행 당시 법원에 계속 중인 사건은 이 법에 따라 관할권이 없는 경우에도 종전의 규정에 따라 관할권이 있으면 그에 따른다.

제4조 (법정기간에 대한 경과조치) 이 법 시행 전부터 진행된 법정기간과 그 계산은 종전의 규정에 따른다.

제5조 (법 적용의 시간적 범위) 이 법은 이 법 시행 전에 생긴 사항에도 적용한다. 다만, 종전의 규정에 따라 생긴 효력에는 영향을 미치지 아니한다.

부칙 〈제7358호, 2005.1.27〉

제1조 (시행일) 이 법은 공포 후 6월이 경과한 날부터 시행한다.

제2조 (계속사건에 관한 경과조치) 이 법 시행 전에 신청된 재산조회 사건 · 동산에 대한 강제집행 사건 · 보전명령 사건 · 보전명령에 대한 이의 및 취소신청 사건에 관하여는 종전의 규정에 의한다. 다만, 보전명령이 종국판결로 선고된 경우에는 이에 대한 상소 또는 취소 신청이 이 법 시행 후에 된 경우에도 종전의 규정에 의한다.

제3조 (다른 법률의 개정)

① 상가건물임대차보호법 중 다음과 같이 개정한다.

제6조제3항 전단 중 "민사집행법 제280조 제1항, 제281조, 제283조, 제285조, 제286조, 제288조 제1항 · 제2항 · 제3항 본문, 제289조 제1항 내지 제4항"을 "민사집행법 제280조 제1항, 제281조, 제283조, 제285조, 제286조, 제288조 제1항 · 제2항 본문, 제289조"로 한다.

② 주택임대차보호법 중 다음과 같이 개정한다.

제3조의3 제3항 전단 중 "민사집행법 제280조 제1항, 제281조, 제283조, 제285조, 제286조, 제288조 제1항 · 제2항 · 제3항 전단, 제289조 제1항 내지 제4항"을 "민사집행법 제280조제1항, 제281조, 제283조, 제285조, 제286조, 제288조 제1항 · 제2항 본문, 제289조"로 한다.

③ 개인채무자회생법 중 다음과 같이 개정한다.

제25조 제1항 단서 중 "민사집행법 제246조(압류금지채권) 제1항 제4호"를 "민사집행법 제246조(압류금지채권) 제1항 제4호 · 제5호"로 한다.

제4조 (다른 법령과의 관계) 이 법 시행 당시 다른 법령에서 종전의 민사집행법의 규정을 인용한 경우에 이 법 중 그에 해당하는 규정이 있는 때에는 그 규정에 갈음하여 이 법의 해당 규정을 인용한 것으로 본다.